CRIMES SEXUAIS COM ADOLESCENTES

(PARTICULARIDADES DOS ARTIGOS 174 E 175 DO CÓDIGO PENAL PORTUGUÊS)

MARIA DO CARMO SARAIVA DE MENEZES DA SILVA DIAS
(Juíza de Direito)

CRIMES SEXUAIS COM ADOLESCENTES

(PARTICULARIDADES DOS ARTIGOS 174 E 175 DO CÓDIGO PENAL PORTUGUÊS)

TÍTULO:	CRIMES SEXUAIS COM ADOLESCENTES (PARTICULARIDADES DOS ARTIGOS 174 E 175 DO CÓDIGO PENAL PORTUGUÊS)
AUTORA:	MARIA DO CARMO SARAIVA DE MENEZES DA SILVA DIAS
EDITOR:	EDIÇÕES ALMEDINA, SA Rua da Estrela, n.º 6 3000-161 Coimbra Telef.: 239 851 904 Fax: 239 851 901 www.almedina.net editora@almedina.net
EXECUÇÃO GRÁFICA:	CLÁUDIA MAIROS Email: claudia_mairos@yahoo.com
IMPRESSÃO	G.C. - GRAFICA DE COIMBRA, LDA. PALHEIRA - ASSAFRAGE 3001-453 COIMBRA Email: producao@graficadecoimbra.pt
	Janeiro, 2006
DEPÓSITO LEGAL:	236220/05

Toda a reprodução desta obra, por fotocópia ou outro qualquer processo, sem prévia autorização escrita do Editor, é ilícita e passível de procedimento judicial contra o infractor.

A todos os que estão perto e longe,
vivendo com o sonho e a realidade.

És uma gaivota e tens de seguir o teu destino de gaivota. Tens de voar. Quando o conseguires, Ditosa, garanto-te que serás feliz, e então os teus sentimentos para conosco e os nossos para contigo serão mais intensos e belos, porque será a amizade entre seres totalmente diferentes.

Luis Sepúlveda, *História de uma gaivota e do gato que a ensinou a voar* (tradução do espanhol – Chile – por Pedro Tamen), 12ª ed.: ASA, 2003.

NOTA PRÉVIA

O texto que agora se publica corresponde, no essencial, à dissertação de Mestrado em Ciências Jurídico-Criminais apresentada com o título "Sobre as incriminações previstas nos artigos 174 (actos sexuais com adolescentes) e 175 (actos homossexuais com adolescentes) do Código Penal Português", em 2001, na Faculdade de Direito do Porto da Universidade Católica Portuguesa.

Esse primeiro trabalho académico resultou, em larga medida, da superior orientação e do constante estímulo científico e humano da Professora Doutora Anabela Miranda Rodrigues e teve a honra e o privilégio de ter sido arguido pelo Professor Doutor Manuel da Costa Andrade. A ambos, bem como ao Professor Doutor Taipa de Carvalho que participou nas respectivas provas públicas de Mestrado realizadas em 1/7/2002, a autora presta a sua admiração e reconhecimento pelas proveitosas lições que recolheu e continua a recolher, as quais têm sido relevantes ao longo da sua carreira profissional - não deixando, também, de dedicar uma palavra de agradecimento a todos quantos a ajudaram e apoiaram na consecução deste projecto.

Este livro, como se dizia, retoma esse estudo, contudo, dado o par de anos entretanto decorrido, actualiza esse texto anterior à luz da legislação portuguesa e internacional ultimamente publicada, bem como da bibliografia entretanto produzida.

Com esta amplificação documental e com as reflexões que já constavam da sua versão académica, pretende contribuir para uma aberta discussão sobre "abusos sexuais com adolescentes" e lançar algumas questões que se prendem com as reconhecidas perplexidades do Direito. Neste sentido, é também dirigido a todos quantos se confrontam, no seu dia a dia, com as dificuldades inerentes ao exercício da prática judiciária.

DESENVOLVIMENTO DE SIGLAS

AAFDL – Associação Académica da Faculdade de Direito de Lisboa

Ac. – Acordão

AE – Projecto Alternativo Alemão

BFDUC – Boletim da Faculdade de Direito da Universidade de Coimbra

BMJ – Boletim do Ministério da Justiça

CC – Código Civil

CE – Comunidade Europeia

CJ – Colectânea de Jurisprudência

CP – Código Penal

CPP – Código de Processo Penal

CRP – Constituição da República Portuguesa

CESE – Comité Económico e Social Europeu

DR – Diário da República

DSM – Manual diagnóstico e estatístico das perturbações mentais, da Associação Psiquiátrica Americana

JGG – Jugendgerichtsgesetz

JO – Jornal Oficial das Comunidades Europeias, hoje Jornal Oficial da União Europeia

Jo – Journal officiel (Francês)

ONG – Organismo Não Governamental

OTM – Organização Tutelar de Menores

PE – Parlamento Europeu

RLJ – Revista de Legislação e Jurisprudência

RMP – Revista do Ministério Público

ROA – Revista da Ordem de Advogados

RPCC – Revista Portuguesa de Ciência Criminal

RSCDPC – Revue de science criminelle et de droit pénal comparé

RITalDPP – Rivista Italiana di Diritto e Procedura Penale

SSTS – Sentenças do Tribunal Supremo Espanhol

StGB – Strafgesetzbuch (Código Penal)

StPO – Strafprozeßordnung (Código Processual Penal)

STJ – Supremo Tribunal de Justiça

TA – Tratado de Amesterdão

TCE – Tratado da Comunidade Europeia

TEDH – Tribunal Europeu dos Direitos do Homem

TJ – Tribunal de Justiça das Comunidades Europeias

TRP – Tribunal da Relação do Porto

TRC- Tribunal da Relação de Coimbra

TRL – Tribunal da Relação de Lisboa

TRE – Tribunal da Relação de Évora

UE – União Europeia

INTRODUÇÃO

É objectivo deste estudo analisar as incriminações previstas nos artigos 174 (actos sexuais com adolescentes) e 175 (actos homossexuais com adolescentes) do Código Penal Português com vista a apurar se, do ponto de vista político-criminal, subsistem razões que justifiquem, hoje em dia, a manutenção de tais tipos de crime.

Nesse sentido, faremos uma abordagem aos antecedentes históricos no Direito Português, desde as Ordenações até à actualidade, para avaliar a evolução do âmbito de cada uma dessas incriminações, particularmente a nível do tipo objectivo de ilícito (procurando caracterizar os sujeitos e a conduta típica em cada bloco legislativo analisado), do tipo subjectivo de ilícito, bem como da pena.

Simultaneamente, procuraremos analisar, numa perspectiva crítica, a sucessiva legislação penal indicada, para aferir da postura do legislador relativamente ao âmbito de protecção de cada uma das ditas incriminações, assinalando as restrições ou alargamentos introduzidos ao longo dos tempos.

Em contraponto, realizaremos uma incursão pelo direito comparado, cotejando a legislação penal actual relativa ao chamado capítulo dos «crimes sexuais contra menores», existente na Alemanha, Áustria, Bélgica, Dinamarca, Espanha, França, Inglaterra e País de Gales, Itália e Suíça. Procuraremos particularizar as incriminações existentes nos referidos países, dirigidas especialmente à protecção dos jovens adolescentes, quando está em causa o relacionamento sexual *hoc sensu* consentido.

Através deste exercício comparativo, pretendemos realçar as semelhanças ou diferenças com os tipos previstos nos artigos 174 e 175 do Código Penal Português, tendo em atenção os interesses ou valores que terão justificado a necessidade de intervenção penal nesta área.

De seguida, iremos investigar e analisar a *ratio* das incriminações em estudo no actual Código Penal Português. Para tanto, com vista a indicar a perspectiva do legislador português, começaremos por expor de forma sumária a importância da noção de bem jurídico-penal, dentro de uma concepção contemporânea do direito penal, para melhor compreender o carácter subsidiário e fragmentário da intervenção penal na protecção de bens jurídicos essenciais que «garantam e promovam as condições mínimas à livre e pacífica convivência humana».

Realçaremos, igualmente, a necessidade de estabelecer uma nítida separação entre o direito e a moral, procurando ainda determinar e individualizar o bem jurídico a proteger na área dos «crimes sexuais» em geral e na dos «crimes sexuais contra menores» em particular, tendo em atenção, neste último domínio, que o essencial é proteger de forma directa e eficaz o livre e pleno desenvolvimento da personalidade do menor, inclusive na esfera sexual, partindo do pressuposto que, os jovens entre 14 e 16 anos são sujeitos de direitos e deveres, que já gozam de uma certa capacidade de determinação sexual, capacidade essa que deve ser reconhecida como forma de melhor assegurar a sua maturidade sexual.

Passaremos depois a enunciar os fundamentos específicos invocados pelo legislador para justificar os tipos em análise, a fim de aquilatar da sua pertinência nesta área dos crimes sexuais destinada à protecção dos jovens entre 14 e 16 anos.

A partir daqui, faremos diversas considerações críticas, procurando demonstrar que, as condutas típicas descritas nas incriminações previstas nos artigos 174 e 175 do Código Penal Português, não envolvem prejuízo nem colocam em perigo o desenvolvimento da personalidade do adolescente, concluindo-se não constituírem, os comportamentos descritos nos tipos em análise, lesões particularmente graves do bem jurídico protegido, que reclamem intervenção penal.

Sugere-se, depois, a posição a adoptar *de lege ferenda*, tendo em atenção os pressupostos que podem justificar a intervenção penal dirigida à protecção dos adolescentes, caracterizando o destinatário da tutela, definindo genericamente o conceito de abuso sexual e particularizando as suas consequências mais relevantes, acautelando a necessidade de o distinguir das intromissões que não chegam a constituir abuso, apontando formas de tutela (não penal e penal) a seguir.

Neste último contexto, procuraremos demonstrar, por um lado, que através de meios não penais é possível de forma eficaz evitar muitas das "intromissões" dos adultos na sexualidade dos adolescentes ainda imaturos - designadamente quando pela falta de gravidade, ou porque não colocam em causa o desenvolvimento da personalidade dos jovens, permitem concluir pela desnecessidade da intervenção penal -, e, por outro, que a tutela penal deverá ser reservada àquelas situações de "abuso sexual" mais graves e intoleráveis, que afectem, de forma directa, o desenvolvimento da personalidade dos adolescentes ainda imaturos sexualmente e às que envolvam adolescentes que, embora com capacidade de se determinarem sexualmente, se encontrem numa situação de dependência em relação à pessoa que deles abusa, para além das situações de lenocínio e tráfico de menores (sobre as quais apenas nos referiremos pontualmente na medida do necessário à exposição).

Finalmente indicaremos as vias a seguir, consoante se opte pela descriminalização dos tipos previstos nos artigos 174 e 175 do Código Penal Português ou pela sua despenalização com reformulação dos tipos existentes (artigos 173 e 176 do Código Penal Português), enumerando-se situações que se entende serem merecedoras de tutela penal quando as vítimas são adolescentes entre 14 e 16/18 anos.

Nesta área a que nos circunscrevemos, mesmo com a eliminação das incriminações previstas nos artigos 174 e 175, apontamos como caminho a seguir, tratar como abuso sexual todas as situações que prejudicassem gravemente o desenvolvimento do adolescente, considerando inválido o consentimento dado pelo adolescente que ainda é imaturo (*v.g.* abuso da vulnerabilidade do adolescente - resultante de uma relação de confiança ou de uma relação de poder, uso de erro ou engano no âmbito de uma relação de poder), ou que está privado da liberdade de decisão (*v.g.* por se encontrar sujeito a uma relação de dependência, ou por estar em situação de necessidade, por razões económicas ou psicológicas).

Concluiremos o presente trabalho com uma síntese de princípios estruturais que, na nossa opinião, devem orientar a intervenção penal nesta área dos crimes sexuais dirigida à tutela dos adolescentes, indicando possíveis caminhos que consideramos melhor optimizar a protecção directa do concreto bem jurídico a proteger, quando as vítimas são adolescentes entre 14 e 16/18 anos e o relacionamento ou actividade sexual é por eles consentido.

CAPÍTULO I

Antecedentes históricos no direito português dos crimes de "estupro" e de "homossexualidade com menores": desde as Ordenações até à entrada em vigor do Código Penal na versão do DL nº 400/82 de 23/9.

1. do crime de estupro.

1.1. Nas Ordenações[1].

Principal legislação então vigente.

Nas Ordenações Afonsinas, seu Livro V, autonomizado no Título VIIII, sob a epígrafe *«do que dorme com moça virgem, ou viúva por sua vontade»*, surge pela primeira vez tipificado o crime que, mais tarde, foi designado de estupro voluntário.

Justificava-se então a introdução dessa lei, feita no reinado de D. Afonso IV, pela preocupação de castigar «pecados muito maus, contra a

---

[1] Cf. *Ordenações Afonsinas, Manuelinas e Filipinas,* Lisboa: ed. da Fundação Calouste Gulbenkian, respectivamente de 1984, de 1984 e de 1985.

vontade de Deus», que atentavam contra os usos e costumes e que traziam «grandes danos» para a «prol comunal da terra»[2].

Segundo esse diploma legal, o sujeito passivo do crime teria de ser mulher virgem ou viúva honesta[3], enquanto o sujeito activo teria de pertencer ao género masculino (cit. Título VIIII, § 1).

---

[2] Ao lado dessa incriminação, encontram-se outras, inseridas em diversos Títulos do Livro V das *Ordenações Afonsinas, Manuelinas e Filipinas*, que também punem a prática consentida de cópula («dormir») com mulher fora do âmbito do casamento ou com mulher que tem a fama de ser casada. Assim, nas *Ordenações Afonsinas*, encontramos as seguintes incriminações: «do que dorme com mulher casada por sua vontade» (Título VII), «do que casa ou dorme com parenta ou manceba daquele, com quem vive» (Título XI), «do oficial do Rei, que dorme com mulher, que perante ele requer desembargo algum» (Título XV), «do frade que é achado com alguma mulher, que seja logo entregue a seu maior» (Título XXI), «do que dorme com mulher que é casada de facto e não de direito, por causa de algum divido ou cunhadia» (Título XXIII) e «do judeu ou mouro que dorme com alguma cristã, ou do cristão que dorme com alguma moura ou judia» (Título XXV) - incriminações estas que se mantiveram nas Ordenações que se sucederam (ver, nas *Ordenações Manuelinas*, as incriminações equivalentes inseridas nos Títulos XIII «dos que dormem com suas parentas, e afins e cunhadas», XV «do que dorme com mulher casada», XVII «do que dorme com mulher casada de facto e não de direito», XVIII «do que casa ou dorme com parenta, ou criada, ou escrava branca daquele com quem vive», XX «do oficial do Rei que dorme com mulher que perante ele requer», XXI «do judeu ou mouro que dorme com alguma cristã ou o cristão que dorme com moura ou judia», XXII «o que entra em Mosteiro, ou tira freira, ou dorme com ela, ou a recolhe em casa» e XXVII «do frade que for achado com alguma mulher, que logo seja entrega a seu maior»; e, nas *Ordenações Filipinas*, os Títulos XIV «do infiel que dorme com alguma cristã, e do cristão que dorme com infiel», XV «do que entra em mosteiro, ou tira freira, ou dorme com ela, ou a recolhe em casa», XVI «do que dorme com a mulher, que anda no Paço, ou entra em casa de alguma pessoa para dormir com mulher virgem, ou viúva honesta, ou escrava branca de guarda», XVII «dos que dormem com suas parentas e afins», XX «do oficial do Rei que dorme com mulher que perante ele requer», XXI «dos que dormem com mulheres orfãs, ou menores, que estão a seu cargo», XXII «do que casa com mulher virgem, ou viúva que estiver em poder de seu pai, mãe, avô, ou senhor, sem sua vontade», XXIV «do que casa, ou dorme com parenta, criada, ou escrava branca daquele, com quem vive», XXVI «do que dorme com mulher casada de facto, e não de direito, ou que está em fama de casada» e XXXI «que o frade que for achado com alguma mulher, logo seja entregue a seu superior»).

[3] Na época, o sujeito passivo do crime previsto no citado Título VIIII era determinado pelo critério qualitativo da «virgindade» nas solteiras e da «honestidade» nas viúvas - não importando a idade. O limite da idade só foi introduzido com as Ordenações Manuelinas.

O que significava, também, a nível do sujeito passivo, que o valor da «virgindade» nas solteiras era equivalente ao da «honestidade» nas viúvas, valores esses que simbolizavam «castidade» e «pureza».

A acção típica consistia em «fazer maldades nos seus corpos», sendo o meio de execução a indução «por afagos ou por outras maneiras», nestas estando incluídas as «dádivas».

Era, assim, pressuposto deste crime, o consentimento da vítima, o qual era alcançado através de indução, elemento típico que sugeria influência no domínio da vontade do sujeito passivo.

Podemos, pois, dizer que o meio de execução, que mais tarde foi definido como «sedução», surge aqui no seu sentido mais amplo, abrangendo qualquer manifestação exterior que induzisse, determinasse a vítima a aceitar a prática da acção típica.

Acção típica que incluía naturalmente a cópula, no sentido genérico de união sexual entre indivíduos de sexo diferente e, também, qualquer outro acto heterossexual[4] distinto da cópula, cometido no corpo da vítima, que constituísse «maldade», actos esses sempre considerados pecaminosos.

A sanção imposta (dada como «conselho») era o casamento (se elas quiserem e eles forem «convinhavéis» para casar com elas) mas, se não casassem, tinham então que lhes dar um dote por forma a que elas pudessem vir a ter um «casamento convinhável»[5] (cit. Título VIIII, § 1).

O «casamento convinhável», que sempre poderia ser substituído pela obrigação de dotar a vítima (forma de também «compensar» a virgindade corrompida)[6], era o meio preferencial de «anular» ou «redimir» o pecado cometido e deveria realizar-se em curto espaço de tempo, de acordo com os usos da terra.

---

[4] Atento o género dos sujeitos do crime descrito no mesmo Título VIIII, os actos em questão apenas podiam ser de natureza heterossexual.

[5] A sanção do «casamento convinhável» ou, em alternativa, a obrigação de dotar, aplicava-se quer a vítima fosse mulher virgem ou viúva honesta.

[6] Havendo queixa (por corrupção da virgindade por meio de afago, induzimento, ou dádivas) de alguma mulher ou de alguma outra pessoa, que a tivesse em seu poder, o homem denunciado era preso e levado ao lugar onde corrompeu a virgem. Se pagasse (em

Se porventura eles não casassem no período de tempo que lhes fora concedido, então, caso tivessem bens, seriam constrangidos a pagar esse casamento em dobro e, se os não tivessem, tudo dependia da sua condição, sendo certo que, se fossem fidalgos, perderiam os «maravidis»[7] e eram expulsos («deitados fora») da terra e, se o não fossem, seriam açoitados por toda a vila e expulsos («deitados fora») da terra para sempre (cit. Título VIIII, § 1)[8].

---

ouro ou prata ou dinheiro) o bastante para «compensar», segundo a qualidade das pessoas, a dita virgindade corrompida, era solto, aguardando o pleito em liberdade, caso contrário, isto é, se não pagasse a dita «caução», mantinha-se preso até que o pleito fosse desembargado. Depois, se fosse condenado por sentença definitiva, a mulher corrompida da sua virgindade seria compensada com a caução adiantada pelo agente quando fora solto; mas, se essa caução não fosse bastante, isto é suficiente, seria paga, no mais que faltasse, pelos bens dos juízes que tinham fixado e recebido uma caução tão pequena (cit. Título VIIII, § 2). Se fosse demandado homem que tivesse corrompido, pela força e forçosamente, a virgindade da vítima, então seria preso e, preso responderia, até ao fim do pleito. Mas, se se chegasse à conclusão que tinha sido demandado maliciosamente, deveria ser corrigido e emendado o erro, como fosse de direito. Se, entretanto, nas averiguações se apurasse que a virgindade foi corrompida por afago ou doações que por ele fossem feitas, sem uso da força, então fixar-se-ia uma caução idónea para «compensar» a virgindade e, seria solto, respondendo em liberdade, nos mesmos moldes que se a queixa tivesse sido apresentada com verdade (cit. Título VIIII, § 3). O pagamento da corrupção da virgindade com os bens do Juiz, no caso de a caução ser pequena, apenas vigorou no domínio das Ordenações Afonsinas e Manuelinas, não passando para as Filipinas, apesar de haver quem entendesse, com pesar, que era uma «importante e útil medida que a nova legislação não aproveitou» (assim, nota 1, p. 1173, das cit. *Ordenações Filipinas,* Livros IV e V).

[7] «Maravidi» ou «maravedi» é o nome de uma antiga moeda árabe, que circulava em Portugal, cujo valor variava bastante, embora em geral valesse à volta de 27 réis (cf. *Grande Enciclopédia Portuguesa e Brasileira*, Lisboa: Editorial Enciclopédia, 1978, vol. XVI, p. 241).

[8] Também, no reinado de D. Afonso IV, foi feita uma lei que censurava «o que casa com mulher virgem, ou viúva, que está em poder de seu pai, ou mãe, avô ou tutor sem sua vontade» (Título XIII). Segundo essa lei feita em Estremoz em 21/9/1378 – que surgiu por causa dos usos dos casamentos «escondidos» (sem consentimento do pai, mãe, avô ou tutor), que traziam muitos danos a essas mulheres, que casavam com quem as não merecia, ficando difamadas porque não podiam provar o casamento e ficando os filhos «desamparados» (isto é, sem amparo paternal visto que o casamento era escondido), para além de suscitarem muitas mortes e homicídios entre os parentes delas, o que era preciso evitar – os homens que a partir de então casassem com tais mulheres sem consentimento daqueles

As sanções variavam consoante a classe social do sujeito activo e condição do sujeito passivo, beneficiando por regra de penas privilegiadas (não corporais e, em geral, sem efeitos perpétuos) os que tivessem bens e os fidalgos[9].

No reinado de D. João I, manifestaram-se preocupações com os abusos e aproveitamentos de algumas mulheres que, tardiamente, demandavam homens acusando-os de terem corrompido a sua virgindade, por tais situações acarretarem dificuldades nas provas a apresentar e até por darem azo a injustiças.

Por isso, foi feita a lei que constitui o Título X («que não possam demandar a virgindade depois de passarem 3 anos») do mesmo Livro V das Ordenações Afonsinas[10].

---

com quem vivem, ou que as criam, ou que as tenham em seu poder, caso tivessem bens ao tempo que com elas casassem, perderiam esses bens em favor dos que não deram o consentimento e, caso estes os não quisessem, ficariam para o Rei. Além disso, eram considerados homens sem honra, em qualquer lugar que vivessem. No caso de não terem bens, se não fossem fidalgos, ficavam difamados para sempre e deviam ser açoitados por toda a vila onde isso acontecesse, sendo também postos fora da vila para sempre; se fossem fidalgos, eram difamados, não «aportelados» para sempre e deitados fora da terra. «Aportelado» significava «juiz de aldeia, abaixo de juiz municipal, que tinha atribuições para ouvir e decidir das cousas no portelo, pequeno tribunal da aldeia» (HERCULANO, Alexandre, História de Portugal, 2ª ed., pp. 249-251, citado na Grande Enciclopédia Portuguesa e Brasileira, vol. II, p. 993).

[9] Curiosamente, a Lei de D. Afonso IV que constitui o Título VII («do que dorme com mulher casada por sua vontade») do Livro V das Ordenações Afonsinas, sanciona com pena de morte o fidalgo que comete adultério com mulher de outro fidalgo.

[10] Consta do preâmbulo da lei que constitui o Título X do Livro V das Ordenações Afonsinas que, a mesma surgiu, com o fim de evitar aproveitamentos e abusos por parte de algumas mulheres (aquelas que «fazem dos seus corpos o que lhes apraz») - que passados 10, 15 e 20 anos demandavam alguns homens, acusando-os de as terem corrompido na sua virgindade, pedindo que lhes dessem casamento – e, também, para acabar com demandas falsas. Por isso, foi estabelecido que, qualquer mulher (de qualquer estado e condição) que disser que algum homem a houve de virgindade depois dessa lei, só o podia demandar em juízo até 3 anos após dele partir (quer da casa dele, quer da casa onde fora por ele mantida). Aquelas que tivessem saído há 5 anos (contados até à feitura dessa lei), podiam ainda demandar a sua virgindade até 1 ano após a feitura dessa lei ou, se com eles ainda vivessem, teriam um ano, a contar do dia em que partissem, para os demandar.

Nas Ordenações Manuelinas, Livro V, Título XXIII, sob a epígrafe *«do que dorme com moça virgem, com viúva honesta por sua vontade, ou entra em casa de outrem para com cada uma delas dormir, ou com escrava branca de guarda. E do que dorme com mulher, que anda no Paço»*, mantém-se a estrutura básica da incriminação correspondente das Ordenações anteriores, acrescentando-se circunstâncias qualificativas e, também, introduzindo-se algumas inovações, que incluem restrições e alargamentos no tipo.

Assim, apesar de se manter, no sujeito passivo, a confusão entre solteiras virgens e viúvas honestas, limitou-se a equiparação anteriormente existente, recorrendo-se ao critério da idade e ao da dependência da viúva honesta (não podia ter mais de 25 anos e teria de estar em poder do pai ou do avô paterno), salientando-se, dessa forma, que era essencialmente a inexperiência e a inconsideração da vítima[11], que merecia a protecção penal (cit. Título XXIII, § 3).

Restringiu-se, pois, a área de tutela típica quando, a nível do sujeito passivo, se deixou de proteger quer a viúva honesta que tivesse mais de 25 anos, quer a viúva honesta que fosse menor dessa idade, mas que já não estivesse em poder de seu pai ou do avô paterno.

A acção típica também foi limitada quando passou a referir-se apenas ao acto de «dormir» (e já não todas «as maldades», como sucedia anteriormente) com o sujeito passivo, o que supõe querer só abranger a prática de cópula, no sentido genérico atrás apontado, sem preocupações de encontrar a sua definição ou delimitação exacta.

O crime era qualificado em função do lugar e da qualidade de certas pessoas, designadamente quando se puniam aqueles (qualquer homem, independentemente da sua condição social) que entravam em casa de outro[12], dormindo com virgem ou viúva honesta, sendo neste caso casti-

---

[11] «Inexperiência» e «inconsideração» que não deixavam de pressupor e depender da honestidade da vítima.

[12] Ao mesmo tempo que, por um lado, se restringia o tipo, por outro, o mesmo era alargado quando, no mesmo Título XXIII, § 4, também se punia a simples introdução em casa de outrem para dormir com alguma mulher livre, ainda que não consumassem o acto

gados com a pena de degredo (que era tanto maior quanto mais elevada fosse a categoria da pessoa, dono da casa onde fora cometido o crime) e com a sanção económica de pagar o «dote» (que garantiria o futuro «casamento convinhável»), admitindo-se, porém, o casamento entre ambos, se fosse querido pelos dois e o dono da casa consentisse e perdoasse, o que relevava as penas de degredo e de dotar a vítima (cit. Título XXIII, §§ 4 e 5).

A nível das sanções foi, assim, introduzida a pena do degredo para cada um dos lugares de África, pelo tempo que fosse determinado pelo Rei, para o caso de não se realizar o casamento, não tendo o sujeito activo bens que permitissem pagar a quantia fixada pelo juiz para o futuro casamento da moça[13].

Qualificava, ainda, o crime, a circunstância do sujeito passivo ser mulher que andasse na casa do Rei, ou na casa da Rainha ou do Príncipe. Neste caso, além das penas acima referidas e, de outras que merecesse, o agente perderia toda a sua fazenda, sendo metade para a Câmara do Rei e a outra metade para os cativos[14] (cit. Título XXIII, § 6).

Ainda nas Ordenações Manuelinas, o exercício do direito de queixa pela «corrompida» foi restringido a 1 ano contado do dia em que o «cor-

---

de dormir. Nesse caso, se o dono da casa fosse escudeiro de linhagem ou cavaleiro e, o sujeito activo fosse peão, este seria açoitado e sofreria a pena de degredo por 5 anos para a ilha de S. Tomé com baraço e pregão; se o sujeito activo fosse escudeiro ou pessoa que não pudesse ser açoitada, sofreria a pena de degredo com um pregão na audiência por outros 5 anos para o Além, e se, a pessoa em cuja casa entrou, fosse de classe superior à sua, teria uma maior pena de degredo, segundo a qualidade do dono da casa.

[13] Do mesmo Título XXIII resultava que, sempre que não fosse paga a quantia fixada, sendo o agente fidalgo ou pessoa de condição que não devesse ser açoutado, ficaria apenas com a pena de degredo mas, se fosse pessoa a quem pudesse ser aplicado açoite, além do degredo, era açoutado com baraço e pregão pela vila. Se entretanto, em vida da vítima, o agente viesse a adquirir alguns bens, seria obrigado a pagar metade da dita condenação económica.

[14] O «cofre dos cativos» era o cofre onde eram arrecadadas as esmolas que todos os anos eram enviadas por nau para as cidades da costa marroquina, sendo destinadas ao resgate dos cativos (cristãos que lá tinham sido aprisionados pelos sarracenos) portugueses (cf. *Grande Enciclopédia Portuguesa e Brasileira*, vol. VI, p. 306).

ruptor» deixou de ter afeição por ela, salvo por via da restituição, se fosse menor de 25 anos ou tendo justo impedimento que a tivesse impedido de demandar naquele período de 1 ano (cit. Título XXIII, § 2).

Por sua vez, nas Ordenações Filipinas[15], no Livro V, surge o Título XXIII com a epígrafe «*do que dorme com mulher virgem, ou viúva honesta por sua vontade*», que mantém a mesma incriminação, na sua forma simples, sem inovações de relevo, estando prevista a forma qualificada da mesma infracção no Título XVI sob a epígrafe «*do que dorme com mulher que anda no Paço ou entra em casa de alguma pessoa para dormir com mulher virgem ou viúva honesta ou escrava branca de guarda*».

As exigências para os sujeitos passivos mantiveram-se iguais às já existentes nas Ordenações Manuelinas mas, no Título CXXXV[16] do mesmo Livro V, já se teve o cuidado de proteger os agentes menores de certa idade, especificando-se em que moldes eram sujeitos às sanções previstas para os delitos que cometessem.

Equivaliam à cópula as expressões, então utilizadas em diversas incriminações, como «ajuntamento carnal», «pecar com mulher» e «dormir».

Durante o período de tempo de vigência das Ordenações, não existiram preocupações de definir ou caracterizar qualquer desses actos, embora todas eles significassem, em termos genéricos, união sexual entre um homem e uma mulher, no sentido do referido «ajuntamento carnal».

---

[15] As Ordenações Filipinas, que entraram em vigor no início do séc. XVII, são fruto da reforma das anteriores Ordenações (neste sentido, CAVALEIRO DE FERREIRA, Manuel, *Lições de Direito Penal, Parte Geral, I, A lei penal e a teoria do crime no Código Penal de 1982*, 4ª ed. reimp., Lisboa: Verbo, 1997, p. 6).

[16] No referido Título CXXXV do Livro V das *Ordenações Filipinas*, sob a epígrafe «quando os menores serão punidos pelos delitos que fizerem», estipulou-se, para ambos os sexos, que: se o delinquente fosse menor de 17 anos, ainda que o crime cometido fosse sancionado com a pena de morte, nunca a mesma lhe seria aplicada, devendo ser substituída, segundo o arbítrio do julgador, por pena menor; se o delinquente tivesse entre 17 até 20 anos, ficava ao arbítrio do julgador dar-lhe a pena total ou diminuir-lha; finalmente se o delinquente passasse dos 20 anos teria a mesma pena total como se tivesse idade superior a 25 anos.

Os restantes actos, que não integrassem essa união sexual, concreta-mente «os tocamentos desonestos», apenas eram punidos em função da sua gravidade quando estivessem próximos dos actos *contra natura*, sendo tratados a propósito do crime de sodomia.

As sanções previstas para as supra referidas infracções mantiveram-se também sem alterações de relevo em relação às anteriores.

Os sujeitos ao degredo – que, em geral, tanto podiam ser os agentes do crime, como as vítimas[17], dependendo das incriminações violadas - eram levados para África ou para o Brasil, sendo as mulheres, em casos particulares[18], levadas para Castro-Marim.

---

[17] Em geral, nas Ordenações, as mulheres que, no texto supra, identificamos como «vítimas», eram também punidas, em determinados casos, na medida em que, de alguma forma, tivessem contribuído para o cometimento do dito «pecado». Era o que sucedia, de-signadamente, quando estivessem envolvidos, cristãos ou cristãs (Título XXV das *Ordenações Afonsinas*, Título XXI das *Ordenações Manuelinas*, Título XIV das *Ordenações Filipinas*), no incesto ou equivalente (Título XI das *Ordenações Afonsinas*, Título XIII das *Ordenações Manuelinas*, Título XVII das *Ordenações Filipinas*), no adultério (Título XII das *Ordenações Afonsinas*, Título XV das *Ordenações Manuelinas*, Título XXV das *Ordenações Filipinas*), quando se tratava de mulher «manceba» ou «bar-regãa» (Títulos VIII e XVIIII das *Ordenações Afonsinas*, Títulos XXIV e XXVI das *Ordenações Manuelinas* e Títulos XXVII e XXX das *Ordenações Filipinas*) - as quais, eram sempre condenadas, além dos casos extremos da pena de morte (como sucedia no adultério por exp.), em multa, sujeitas a degredo, e, reincidindo, por exp. com Clérigos (Título XVI das *Ordenações Manuelinas*), chegavam a ser degredadas para sempre para o Brasil; em casos particulares podiam ainda ser condenadas em penas corporais, além do costumado «pregão» e, se por exp. vivessem com homem cortesão ou que costumasse andar na Côrte (Título XXIV das *Ordenações Manuelinas*), além de serem condenadas em multa (dois mil réis) eram degredadas por um ano para fora da Côrte e, sendo «pescadeiras, padeiras, regateiras ou usarem doutros semelhantes mesteres na Côrte», deixavam de poder exercer tais actividades quer na Côrte, quer na cidade de Lisboa. A punição dessas mulheres só era afastada nos casos em que fosse utilizada força, ou que tivessem agido por ignorância ou estivessem privadas da razão. Essas sanções para as próprias «vítimas» eram na época justificadas desde logo face ao papel da mulher na sociedade, que mais não era do que uma «coisa», por regra propriedade do homem.

[18] Veja-se, por exp., a incriminação prevista no Título XVII do Livro V das *Ordenações Filipinas* («dos que dormem com suas parentes e afins»).

Mas, também, terceiros podiam ser castigados com penas de «fazenda» e de «degredo», como era o caso das testemunhas de casamento feito com mulher «virgem ou viúva honesta, que não passasse de 25 anos» e que estivesse em poder de outrem (isto é, nos casos em que o casamento não era consentido por aquelas pessoas - pai, mãe, avô, ou outrem com quem ela vivesse - das quais ela dependia)[19].

No Título XVIII, com a epígrafe «*do que dorme por força com qualquer mulher*[20], *ou trava dela, ou a leva por sua vontade*», incriminava-se ainda (no § 3) o rapto por «sedução» de mulher virgem ou honesta, que não fosse casada.

Também aqui a «sedução» exigia indução (dessas mulheres) por dádivas, afagos ou prometimentos, o que era entendido como uma forma enganosa de levar a vítima para outro lugar.

Manteve-se o prazo de 1 ano para o exercício do direito de queixa pela corrompida, nos mesmos moldes previstos nas Ordenações Manuelinas.

Análise crítica.

Compulsando toda essa legislação, importa ter presente que a maior parte das leis que constituem as Ordenações Afonsinas foram feitas entre

---

[19] Ver Título XXII do Livro V das *Ordenações Filipinas* («do que casa com mulher virgem, ou viúva que estiver em poder de seu pai, mãe, avô, ou senhor, sem sua vontade»). O agente desse crime só não seria punido (o que aproveitava às testemunhas que passavam também a não incorrer em pena) se, casando com a mulher, fosse público e notório, que fora o melhor para ela, dado que, o pai, mãe, ou pessoa em cujo poder estava, não conseguiria «arranjar» melhor casamento.

[20] Sujeito passivo do crime de violação previsto também no dito Título XVIII do Livro V das *Ordenações Filipinas* era qualquer mulher, incluindo a prostituta e a escrava (branca ou negra), embora as penas variassem em função da sua condição (no caso da prostituta e da escrava, não era executada a pena de morte, a não ser que o rei assim o determinasse). De notar que, a pena de morte não era relevada ainda que o «forçador» casasse com a «mulher forçada». Porém, ao que parece, a referida pena de morte não era aplicada de forma tão rigorosa.

os séculos XIII e XV, sendo as compilações posteriores (Manuelinas e Filipinas) fruto de reformas e actualizações das primeiras[21].

As leis que foram integradas nas Ordenações Afonsinas, surgiram como reacção à «justiça privada»[22] que até então imperava, sendo uma manifestação da crescente centralização do poder real, que chamava a si, acabando por monopolizar, o poder punitivo[23].

Nessas leis, aparecem enunciados casuisticamente, de acordo com as preocupações da época, vários tipos de crimes, podendo hoje dizer-se, seguindo Teresa Beleza[24], que as penas correspondentes se caracterizam pela «*crueldade, arbítrio, transmissibilidade e desigualdade*».

---

[21] A este propósito ALMEIDA COSTA, Mário Júlio, *História do Direito Português*, 3ª ed. Coimbra: Almedina, 1999, p. 274, refere que «os anos de 1446 e de 1447 foram, presumivelmente, o da entrega do projecto concluído e o da publicação das Ordenações» Afonsinas. Acrescenta, *ob. cit.*, pp. 282-283, que a edição integral das Ordenações Manuelinas terá sido «feita em 1514» e «só em 1521, ano da morte do rei, se verificou a edição definitiva das Ordenações Manuelinas». Segundo o mesmo Autor, *ob. cit.*, p. 289, as Ordenações Filipinas «através da Lei de 11/1/1603, iniciaram a sua vigência». As Ordenações vigoraram - embora pontualmente corrigidas designadamente através de legislação extravagante - até à publicação do Código Criminal de 1852 (neste sentido, EDUARDO CORREIA, *Direito Criminal* (com a colaboração de Figueiredo Dias), vol. I, reimp., Coimbra: Almedina, 1999, pp. 101-106).

[22] A justiça ou vingança privada foi abolida com uma lei da época de D. Afonso IV – cf. Título LIII do Livro V das *Ordenações Afonsinas* (assim, EDUARDO CORREIA, *ob. cit.*, p. 102).

[23] Assim, EDUARDO CORREIA, *ob. cit.*, p. 102 e BELEZA, Teresa Pizarro, *Direito Penal*, 2ª ed. reimp. Lisboa: AAFDL, 1995, vol. I, pp. 361-367. Refere, ainda, Teresa Beleza, que a incriminação do duelo (constante do Título XLIII, «dos que fazem desafio», do Livro V das *Ordenações Afonsinas*) «tem a ver com a reacção do poder central contra a utilização da força punitiva pelos particulares».

[24] BELEZA, Teresa Pizarro, *ob. cit.*, p. 366. Ainda sobre as Ordenações, alude à exposição «um pouco confusa dos vários crimes e de várias penas, que frequentemente são mais ou menos deixadas ao arbítrio do juíz». No mesmo sentido, EDUARDO CORREIA, *ob. cit.*, pp. 102-103 e FIGUEIREDO DIAS, Jorge e COSTA ANDRADE, Manuel, *Direito Penal. Questões fundamentais. A doutrina geral do crime* (apontamentos e materiais de estudo da cadeira de Direito Penal do 3º ano), Coimbra: ed. policopiada, Faculdade de Direito da Universidade de Coimbra, 1996, p. 96.

A cultura cristã medieval teve forte influência na feitura dos vários diplomas legais que constituíram as Ordenações[25].

Aliás, todas as incriminações a que nos referimos, eram encaradas como «pecados infernais», o que significava que «crime» e «pecado» se confundiam, consubstanciando-se aquele numa desobediência à vontade divina.

Valores como os de «virgindade», «honestidade», «bom nome» e «honra da família» eram equivalentes, espelhando o tipo de sociedade existente na época, que cultivava a «virtude» e a «moral»[26].

Todos esses valores, que contendem com a moralidade, foram-se transmitindo ao longo dos séculos, merecendo a protecção do direito penal até praticamente aos nossos dias, como adiante se verá.

Obviamente que as mulheres que não fossem virgens ou honestas – ressalvando as religiosas que estavam sempre acima de qualquer suspeita, pois o que nesse caso estava em causa era a honra do Mosteiro - não mereciam protecção penal a não ser que tivessem sido forçadas[27].

---

[25] Sobre a influência da tradição romano-cristã na legislação portuguesa, ver BELEZA, José, «O princípio da igualdade e a lei penal. O crime de estupro voluntário simples e a discriminação em razão do sexo», in Estudos em Homenagem ao Prof. Doutor J. J. Teixeira Ribeiro, III Iuridica, Boletim da Faculdade de Direito, Universidade de Coimbra, número especial, 1983, pp. 474-495.

[26] Não esquecer a condenação da Igreja Católica à proposição maçónica que sustentava «a superioridade da (boa) fama à pudicícia» - assim SILVA DIAS, Graça e José Sebastião da, Os Primórdios da Maçonaria em Portugal, vol. I, tomo I, Lisboa: Instituto Nacional de Investigação Científica, 1980, p. 25.

[27] Das leis de D. Afonso IV e de D. Pedro, incluídas no Título VI do Livro V das Ordenações Afonsinas, p. 29 ss., resultava que no crime, hoje designado de «violação», incorria todo o homem, de qualquer estado e condição, que forçosamente e pela força dormir com mulher casada, ou religiosa, ou moça virgem, ou viúva, que honestamente vivesse. O sujeito passivo desse crime era então unicamente a mulher de vida honesta. A sanção aplicada era a pena de morte, o que já vinha do Direito Romano - Lex Julia de vi publica (El Digesto de Justiniano, Pamplona: editorial Aranzadi, 1975, vol. III, p. 695). As Ordenações Manuelinas e Filipinas (cf. Título XIIII do livro V das Ordenações Manuelinas, p. 50 ss. e Título XVIII do livro V das Ordenações Filipinas, p. 1168), ampliaram a área de tutela típica desse crime quando passaram a incluir qualquer mulher como sujeito passivo, justificando-se esta "inovação" com a alegação de que mesmo uma

De salientar que, sendo a estrutura familiar tipicamente patriarcal, a mulher em geral era tratada como ser inferior, sendo-lhe inata a «fraqueza de entender»[28].

As mulheres estavam naturalmente subordinadas ao homem, sendo objecto de «troca entre estes, que são os verdadeiros sujeitos»[29].

O comportamento heterossexual ainda que "consentido" pelo sujeito passivo – cuja punição autónoma, com as Ordenações Manuelinas, foi restringida ao acto de dormir (sem preocupações de o definir), fora das situações permitidas, isto é, fora do âmbito do casamento ou fora de situações equiparadas a este - era encarado numa perspectiva exclusivamente religiosa (católica entenda-se), tendo sempre em vista um casamento de conveniência, razão pela qual este se transformou na pena eleita no tipo de incriminação em estudo.

Claro que, o tipo de sanções escolhidas («casamento de conveniência» ou «dote») geraram os intemporais oportunismos e abusos, designadamente resultantes dos «negócios» mais ou menos coagidos que proliferavam.

Após a revolução de 1640, «em Lei de 29/1/1643, procedeu-se à expressa confirmação e revalidação das Ordenações»[30], mas, entretanto, começaram a ser publicadas «leis» avulsas - que vieram a ser designadas como «legislação extravagante» - as quais alteraram e/ou complementaram as Ordenações Filipinas.

---

prostituta podia ter um resto de honestidade, pois, quando resistia à violência, não era prostituta. A não execução da pena de morte se a mulher fosse escrava ou se ganhasse dinheiro com o seu corpo, mostra que, apesar de tudo, se valorizava a condição social do sujeito passivo e a sua honestidade, ainda que fosse precária.

[28] Cf. Título LXI do Livro IV das *Ordenações Filipinas*, p. 858. Ver também BELEZA, Teresa Pizarro, *Mulheres, Direito, Crime ou a Perplexidade de Cassandra*, Lisboa: AAFDL, 1990, p. 141.

[29] BELEZA, Teresa Pizarro, *ob. ult. cit.*, pp. 474-475.

[30] Assim, ALMEIDA COSTA, Mário Júlio, *ob. cit.*, p. 291.

1.2. Na legislação extravagante.

Diplomas legais mais significativos[31].

Face às crescentes preocupações em acabar com oportunismos, quer dos sujeitos activos que buscavam o «prémio do casamento vantajoso», quer dos pais dos sujeitos passivos que se tornavam «chantagistas», surge a Lei de 19/6/1775, publicada no reinado de D. José, que «providencia sobre a aliciação, sedução e corrupção dos filhos-família de ambos os sexos»[32].

Esta Lei, que, no seu preâmbulo, designava o crime descrito no Título XXIII do Livro V das Ordenações Manuelinas e das Filipinas como de «estupro», veio ampliar o crime de rapto por sedução (previsto no Título XVIII do Livro V das mesmas Ordenações, que era de natureza pública), passando a punir com 10 anos de degredo para as galés, sendo peões e, em outros 10 anos para Angola, sendo nobres, aqueles «contra os quais se provasse, que aliciaram, solicitaram e corromperam as filhas alheias, que vivem com boa e honesta educação em casa de seus pais, parentes, tutores e curadores, para fins libidinosos ou para conseguirem por este ilícito meio um casamento que não conseguiriam pelos da razão e da decência», sanções essas que passaram a ser igualmente aplicadas aos pais «que aliciarem, e solicitarem filhos alheios para entrarem nas suas casas, e nelas terem trato, comunicação com suas filhas, a fim de se queixarem depois deles, e os obrigarem a que com elas casem», os quais, além disso, deixavam de poder ser ouvidos em juízo sobre tais queixas.

Também as «vítimas» (as ditas filhas-família ou as que estivessem sob tutela ou curadoria) que, com injúria de seus pais e parentes, se deixassem corromper, eram castigadas na medida em que ficavam «desnatu-

---

[31] Consultadas Leis de 19/6/1775 e de 6/10/1784 nas *Ordenações Filipinas,* Livros V e IV, respectivamente pp. 1050 -1051 e pp. 1029 -1031.

[32] No preâmbulo dessa Carta de Lei aludia-se ao género feminino como «um sexo frágil».

ralizadas das famílias a que pertencessem e inábeis para delas herdarem, ou haverem alimentos»[33].

Ainda sobre esta matéria, mas já no reinado de D. Maria I, é publicada a Lei de 6/10/1784 que «regula a solenidade dos esponsais e providencia acerca das querelas de estupro»[34].

No respectivo preâmbulo refere-se que se acaba com a exigência de queixa por parte das mulheres virgens que se deixam corromper por sua vontade, para evitar que se pratique «o estupro, como meio ilícito e criminoso de adquirir o direito ao matrimónio ou ao dote».

Proíbem-se então as mulheres com mais de 17 anos, ainda que tivessem contraído casamento, de se queixarem em juízo a não ser que tivessem sido realmente forçadas mas, apesar dessa proibição, concedia-se aos seus pais, tutores ou curadores e, na falta destes, aos seus irmãos, a querela pela traição e aleivosia[35].

Nesta última situação, havendo queixa, sancionava-se a dita corrupção da mulher maior de 17 anos, de acordo com o arbítrio do Juiz, mas no mínimo com a pena de degredo por 5 anos para as colónias de África ou da Ásia, se os sujeitos activos fossem maiores de 17 anos de idade.

Quando a corrompida fosse menor de 17 anos, caso em que elas próprias podiam também apresentar queixa[36], além das referidas penas

---

[33] BELEZA, José, *ob. cit.*, p. 505, analisando criticamente esta legislação, salienta que eram "antes os interesses de preservação da riqueza patrimonial" - e não "uma política de «bons costumes»"- que impulsionavam o legislador.

[34] BELEZA, José, *ob. cit.*, pp. 506-507, volta a realçar que, com esta Lei de 6/10/1784, «o que se quis atingir, tanto através do formalismo dos esponsais como através da limitação das querelas do estupro, foi um controle sobre as ligações matrimoniais e sobre os efeitos dela decorrentes, designadamente os da riqueza patrimonial».

[35] JORDÃO, Levy Maria, *Commentario ao Codigo Penal Portuguez*, Lisboa: Tip. de José Batista Morando, 1854, vol. IV, pp. 170-171, em anotação ao artigo 399 do Código Penal de 1852.

[36] O diferente regime de apresentação de queixa pela própria estuprada consoante a sua idade (maior ou menor de 17 anos), é explicado por BELEZA, José, *ob. cit.*, pp. 507-510, como resultando «do valor atribuído à sedução», que claramente se presumia no caso da menor de 17 anos e que, sendo maior dessa idade, dificultava a perseguição do agente, significando «uma mistura do enfraquecido artifício da sedução presumida, com a ideia de

arbitrárias, os agentes do crime eram obrigados a dotar a jovem, segundo a sua condição e qualidade, sendo, no mais, revogada a legislação anterior contida no Título XXIII do Livro V das Ordenações Filipinas e a contida na Lei de 19/6/1775 relativa ao «estupro voluntário».

Isto significa que, enquanto vigorou esta Lei de 6/10/1784, as viúvas[37] e as próprias virgens maiores de 17 anos (mas não os pais, tutores, curadores, e na falta destes, seus irmãos) deixaram de beneficiar de protecção *directa* a nível do crime de estupro voluntário, isto é, no que respeita às «uniões sexuais» por elas consentidas.

Quanto aos restantes actos sexuais consentidos só eram punidos, embora por incriminação diversa, se fossem considerados *contra natura*.

Análise crítica.

Esta legislação extravagante visou especialmente continuar a assegurar a protecção do casamento, entendido como instituição sagrada, único pilar da sociedade e, ao mesmo tempo, proteger não só a «riqueza patrimonial das famílias que a tinham» como também proteger a própria

---

que o estupro da mulher virgem importa sempre uma ofensa aos seus parentes ou às pessoas incumbidas de velar por ela – ou seja, uma ofensa às pessoas a quem a lei foi, precisamente, conceder direito de querelar o estuprador».

[37] Mesmo as viúvas menores de 17 anos, com defende LUÍS OSÓRIO, *Notas ao Código Penal Português*, 2ª ed. Coimbra: Coimbra Editora, 1924, vol. III, p. 234. Porém, BELEZA, José, *ob. cit.*, p. 525, nota 225, entende o contrário, referindo que "a lei de 1784 já só se referia às mulheres virgens, e era ainda em cumprimento do disposto nas Ordenações (Liv. V, Título XXIII, § 3) que se aplicavam as penas do crime ao estuprador de «viúva honesta», que não passasse dos 25 anos e que estivesse em poder do seu pai ou avô paterno". Por isso, entende que só com o Código Penal de 1886 deixa de ser punido o estupro de viúva. Para nós torna-se difícil acompanhar aqui José Beleza, na medida em que da própria Lei de 6/10/1784 consta a expressa revogação da legislação contida no Título XXIII do Livro V das *Ordenações Filipinas*, não tendo sido feita qualquer ressalva para as viúvas.

Antecedentes históricos no direito português do crime de "estupro" 35

estrutura familiar[38] (concretamente os pais, ou na sua falta, os avós, os tutores ou os curadores) das «desordenadas paixões», dos «vícios» e dos «escândalos» que pervertem os «costumes[39] e impedem o feliz êxito dos matrimónios com grave e considerável prejuízo do bem público (...)»[40].

Torna-se claro que se elegeu o critério da idade da vítima (sempre mulher)[41] para justificar a necessidade de protecção penal adicional das menores de 17 anos.

Assim, a mulher maior de 17 anos é considerada com maturidade sexual para resistir à sedução (isto não obstante a protecção concedida à família a que pertence) e a menor dessa idade presume-se que não tem essa capacidade, isto é, não tem discernimento e reflexão necessários para resistir à sedução.

Também a Lei de 6/10/1784, restringe a incriminação do estupro voluntário quando deixa de fazer referência às viúvas, dessa forma realçando a necessidade de salvaguardar particularmente a inexperiência (inconsideração) das jovens menores de 17 anos, inexperiência essa que, todavia, não deixa de ser associada à preservação dos «bons costumes» sexuais.

---

[38] BELEZA, José, *ob. cit.*, p. 451, chama a atenção para a estrutura familiar «caracterizada por uma forte predominância da autoridade masculina», o que já vinha do direito romano e se manteve durante vários séculos.

[39] Tal como já sucedia nas Ordenações, ao «lado da lei, os estilos da Corte e o costume» eram fonte do direito nacional (assim, ALMEIDA COSTA, Mário Júlio, *ob. cit.*, p. 304).

[40] Nos reinados de D. José e D. Maria I, vivia-se sob a influência do pensamento iluminista (assim, ALMEIDA COSTA, Mário Júlio, *ob. cit.*, p. 359 e anotação de FIGUEIREDO DIAS, Jorge (dir.), *Comentário Conimbricense do Código Penal, Parte Especial, Tomo I, Artigos 131 a 201,* Coimbra: Coimbra Editora, 1999, p. 561). O que significou, também, que o direito penal deixou de se fundamentar em pressupostos religiosos, para passar a ser concebido como uma das função do Estado, sendo este entendido a partir de um pacto ou contrato social, através do qual «os homens mutuamente concordam em se unir numa comunidade e formar um corpo político» (assim, CABRAL MONCADA, Luís, *Filosofia do Direito e do Estado*, Coimbra: Coimbra Editora, 1995, vol. I, p. 214).

[41] Neste sentido BELEZA DOS SANTOS, "O crime de estupro voluntário", *RLJ,* ano 57º, n º 2249, 1924, p. 19.

Mantêm-se a sobrevalorização da virgindade e, ao mesmo tempo, o resultado da acção típica - antes caracterizado com o acto de «dormir» - começa a ser identificado com o acto de «estuprar», o que revela uma certa preocupação de adequar (embora de forma valorativa) a terminologia desta incriminação.

Ainda no reinado de D. Maria I, através do Decreto de 31/3/1778, foi criada uma «Junta de Ministros» com o objectivo de proceder à reforma geral do direito vigente e, portanto, à reforma das Ordenações Filipinas e da legislação extravagante entretanto publicada[42].

Diversos projectos foram entretanto apresentados - entre eles o Projecto do Código Criminal de Mello Freire e o Projecto de José Manuel Veiga[43]– não tendo, contudo, logrado aprovação.

---

[42] Em meados do séc. XVIII e durante o séc. XIX, surge o movimento codificador que, segundo ALMEIDA COSTA, Mário Júlio, *ob. cit.,* pp. 418-419, se traduziu «na elaboração de amplos corpos legislativos unitários, obedecendo a uma orgânica mais ou menos científica e que condensavam, autonomamente, as normas relativas aos ramos básicos do direito, já então individualizados». Porém, o mesmo Autor, *ob. cit.,* p. 384, refere que «a iniciativa de D. Maria I tinha um sentido muito diverso das codificações modernas, profundamente reformadoras, que no estrangeiro iam surgindo da confluência do pensamento jusracionalista e iluminista».

[43] BELEZA, José, *ob. cit.,* p. 512, recorda que o Projecto de Mello Freire (1789) estabelece quanto ao estupro voluntário "que «o que dormir com mulher virgem que tiver quinze anos completos, ou com viúva honesta, por sua vontade, não será por esta causa pronunciado criminoso no foro externo» (tit. XII, § 10), não podendo, pois, «a mulher que assim se deixar voluntariamente corromper (...) querelar nem obrigar o corruptor a casar com ela, ou a pagar-lhe casamento» (*idem*, § 11)". Acrescenta que, "mesmo no caso do estupro em menor de 15 anos, esta só tinha direito ao dote (*idem*, § 12), pelo que verdadeiramente quase se não podia mesmo falar em responsabilidade criminal do estuprador", pese embora continuasse "a recomendar-se a punição, embora com penas mais leves que as da Ordenação, nos casos de estupro voluntário qualificado pelo lugar ou qualidade das pessoas: tit. XII, § 13 a 17". Não se falando em sedução, conclui o Autor, *ob. cit.,* p. 515, "parece, pois, que a não punição do estupro simples de uma virgem maior de quinze anos tem, antes, para Mello Freire o sentido de um castigo para a própria mulher, que se deixa «corromper» fora do matrimónio e que, por isso, deve sofrê-lo sem o direito de querelar do sedutor: da punição do sedutor passava-se ao «pecado» e à «penitência» da seduzida". De notar, ainda, segundo o mesmo Autor, *ob. cit.,* p. 515, nota 191, que neste Projecto é "nítida a distinção entre estupro simples e rapto por sedução, que aí

Antecedentes históricos no direito português do crime de "estupro"   37

Só mais tarde, uma Comissão, que foi constituída em 1845, é que acabou por elaborar o primeiro Código Penal Português, o qual veio a ser promulgado, durante a ditadura de Saldanha, por Decreto de 10/12/1852.

1.3. No Código Penal de 1852.[44/45]

Tipo objectivo de ilícito.

Continuando o sujeito activo[46] a ser apenas representado pelo sexo masculino, este código distinguiu os diferentes tipos do crime de estupro

---

se punia nestes termos: «Aquele que sem verdadeira força, por dádivas, promessas e afagos induzir alguma mulher virgem ou viúva honesta para sair de casa de seus pais, tutores, ou curadores ou de outra pessoa sob cuja governança e guarda estiver, e de a levar consigo e fugir, será degredado para fora do reino até nossa mercê, para que case com ela» (tit. XII, § 21)". Quanto ao Projecto de José Manuel Veiga, publicado em 1837, BELEZA, José, *ob. cit.*, p. 517, refere que «(...) retoma a linha tradicional da punição do estupro voluntário simples». Salienta, ainda, como notas particulares do crime de estupro simples previsto neste Projecto, a acentuação do valor da virgindade, que é protegida até aos 17 anos da vítima, consagrando-se a novidade de que "a punição do «malefício» do desfloramento «consentido por meio de sedução e blandícias» parece já pressupor a real e efectiva sedução da menor, o que significa o repúdio do sistema tradicional da sedução presumida".

[44] As disposições legais citadas, sem referência ao respectivo diploma legal, reportam-se ao Código Penal na versão que estiver a ser objecto de análise.

[45] O Código Penal de 1852 sofreu forte influência do Código Penal Napoleónico de 1810, estando estruturado de forma a proteger em primeiro lugar os interesses do Estado (tendo subjacente a ideia de tutela centralista, desenvolvida designadamente por Hegel, do Estado-poder, ao qual se submetem os homens), depois os interesses da sociedade e, finalmente, os interesses do indivíduo, sendo este entendido como ser isolado, subordinado ao poder do Estado. Conferir, sobre esta matéria, FIGUEIREDO DIAS, Jorge, "O Código Penal Português de 1982 e a sua reforma", *RPCC,* ano 3, fasc. 2º-4º, Abril-Dezembro 1993, pp. 161-162. Sobre o pensamento de Hegel, ver CABRAL MONCADA, Luís, *ob. cit.,* pp. 279-301.

[46] Segundo o artigo 14, 1º do CP de 1852 «[nenhum] acto é criminoso quando o seu autor, no momento de o cometer, estava inteiramente privado de inteligência do mal que cometia». Criminosos eram só os indivíduos que tivessem a necessária inteligência e liber-

consoante a idade do sujeito passivo (sempre do sexo feminino) mas, a mulher com 25 ou mais anos de idade, deixou de merecer protecção penal a nível deste tipo de ilícito[47].

O legislador de 1852 retrocedeu em relação ao anterior, quando ampliou novamente a incriminação em estudo, a nível do sujeito passivo, voltando a proteger a «viúva honesta»[48] que fosse menor de 25 anos de idade, mesmo que não vivesse em casa dos pais ou avós.

Os diferentes tipos de estupro voluntário inseriam-se no Capítulo «dos crimes contra a honestidade».

No caso de a vítima ser menor de 12 anos o estupro era equiparado à violação (artigo 394 § único)[49].

---

dade (artigo 22 do mesmo código). Eram absolutamente inimputáveis os menores de 7 anos (artigo 23, 2º do mesmo código) e os maiores de 7 e menores de 14 anos, quando praticassem o acto sem o necessário discernimento (artigo 23, 3º). Funcionava como circunstância atenuante, nos termos do artigo 20, 1º do mesmo código, «[a] menoridade até aos 20 anos completos». A criminalidade plena começava a partir dos 20 anos completos (assim, SILVA FERRÃO, F. A. F., *Theoria do Direito Penal applicada ao Codigo Penal Portuguez*, Lisboa: Tipografia Universal, 1856, vol. I, p. 229).

[47] Porém, podiam ainda ser protegidas (tal como todas as vítimas maiores de 12 anos) por outras incriminações, designadamente, pelo crime de atentado ao pudor (artigo 391), se o acto sexual tivesse sido cometido com violência.

[48] No crime de estupro, o legislador de 1852 foi o que concedeu maior protecção às jovens viúvas, desde que, claro, fossem honestas. Não era só a ideia da «desprotecção» - que normalmente se associava ao estado de viuvez, não esquecendo o escasso ou nulo papel da mulher na sociedade da época - que justificava a intervenção penal, mas acima de tudo era a defesa do valor da «honestidade» que estava em causa, desde que associada a jovem que não ultrapassasse os 25 anos. Só por isso se poderá compreender a equiparação feita da viúva honesta à virgem da mesma idade, únicas mulheres que, na perspectiva do legislador de então, teriam algo em comum merecedor de tutela criminal, a saber, a «desprotecção» ou «desamparo», a que não seria alheia também uma certa ideia de «inexperiência» e «inconsideração».

[49] Segundo o corpo do citado artigo 394 do CP 1852: Aquele que tiver cópula ilícita com uma mulher, posto que não seja menor nem honesta, contra a sua vontade, por meios de violência ou por meios fraudulentos, tendentes a suspender o uso dos sentidos ou a tirar o conhecimento do crime, será degredado por toda a vida pelo crime de violação. Dispõe o § único do mesmo artigo: Se a pessoa violada for menor de 12 anos, será sempre aplicada a mesma pena, posto que não se prove que concorreu nenhuma das circunstâncias declaradas neste artigo.

Sendo o sujeito passivo mulher virgem ou viúva honesta maior de 12 e menor de 17 anos[50], presumia-se a sedução (artigo 392)[51].

Sendo mulher virgem ou viúva honesta maior de 17 e menor de 25 anos, exigia-se que o consentimento tivesse sido obtido por «meios fraudulentos de sedução», para que se verificassem todos os pressupostos do crime de estupro voluntário (artigo 393)[52], isto é, exigia-se aqui uma sedução qualificada dependente de prova efectiva.

A acção típica consistia em «estuprar», o que significava ajuntamento carnal (cópula ilícita) do homem com mulher virgem ou viúva honesta de determinadas idades, conseguido por meio de sedução[53].

---

[50] De esclarecer que, o Código Civil aprovado pela carta de lei de 1/7/1867, alterado pelo Decreto nº 19.126 de 16/12/1930, estabelecia no seu artigo 311 que, a maioridade, sem distinção de sexo, se atingia aos 21 anos. Porém, no corpo do artigo 306 do CC, consignava-se que a emancipação pelo casamento só produzia os efeitos legais, tendo o varão 18 anos completos e a mulher 16 e, tendo sido o casamento competentemente autorizado. No § único do mesmo artigo 306, estabelecia-se que «casando-se o menor, sem a necessária autorização, continuará a ser considerado como menor quanto à administração de bens, até à maioridade; mas ser-lhe-ão arbitrados dos rendimentos dos ditos bens os alimentos necessários ao seu estado». Já no artigo 1173, 4º do CC, se dispõe que a idade núbil era para os homens de 14 anos e para as mulheres de 12 anos. Com o Decreto nº 1 de 25/12/1910 a idade núbil passou a ser de 18 e 16 anos respectivamente para homens e mulheres. Após o Decreto nº 30.615 (que regulamentou a Concordata de 1940) reduziu-se a 16 e a 14 anos respectivamente o limite de idade civil do direito canónico. Claro que, atingida a idade núbil, desaparecia o impedimento dirimente absoluto mas surgia um novo impedimento dirimente relativo. É que não bastava atingir a idade núbil para poder casar: enquanto durasse a menoridade era preciso o consentimento dos pais ou dos seus representantes, para o menor casar. O casamento celebrado por quem não tivesse idade núbil era «nulo de pleno direito como se nunca tivesse existido» [cf. artigo 11 do Decreto nº 1 de 25/12/1910; ver também GOMES SILVA, *Lições de Direito de Família*, Parte II (segundo as prelecções ao 4º ano jurídico de 1946-47, coligidas por António Maria Pereira), Lisboa: ed. policop., pp. 63-65].

[51] Artigo 392 do CP 1852: Aquele que estuprar mulher virgem ou viúva honesta, maior de 12 anos e menor de 17 anos, terá a pena de degredo temporário.

[52] Artigo 393 do CP 1852: Aquele que por meios fraudulentos de sedução estuprar mulher virgem ou viúva honesta, maior de 17 anos e menor de 25 anos, terá a pena de prisão correccional de 1 até 3 anos.

[53] Cf. JORDÃO, Levy Maria, *ob. cit.*, p.152. Sobre o conteúdo valorativo (e não descritivo) do termo «estupro», ver BOIX REIG, Javier, *El delito de estupro fraudulento*,

Assim - ressalvado o caso particular da prática da cópula ilícita com mulher menor de 12 anos, que era sempre considerada violenta - a «sedução», característica do crime de estupro voluntário[54], era tudo o que não fosse uso de força física ou uso de qualquer dos meios típicos do crime de violação (previsto no corpo do artigo 394) em menor de certa idade, sendo presumida quanto ao resultado típico da cópula ilícita na mulher virgem ou viúva honesta maior de 12 e menor de 17 anos, exigindo-se adicionalmente a prova efectiva de «meios fraudulentos» quando o sujeito passivo do estupro fosse mulher virgem ou viúva honesta maior de 17 e menor de 25 anos.

Portanto, ressalvada a protecção especial concedida às menores até 17 anos[55], em geral, a prática *consentida* da cópula ilícita *sem sedução* apenas era punida desde que se verificassem os respectivos pressupostos do crime autónomo de ultraje público ao pudor (artigo 390)[56].

Madrid: Publicaciones del Instituto de Criminologia de la Universidad Complutense de Madrid, ano LXXIX, 1979, p. 37 ss..

[54] Assim, JORDÃO, Levy Maria, *ob. cit.*, p. 156, referindo que «o estupro só se verifica em mulher de menor idade, por isso que tem por base a sedução, e a lei supôs que só uma pessoa de menor idade podia sucumbir à sedução, por lhe faltar a descrição, atributo da maioridade».

[55] Protecção absoluta – de todo e qualquer contacto sexual - relativamente às vítimas menores de 12 anos; protecção absoluta quanto à prática de cópula ilícita em relação às virgens e viúvas honestas entre 12 e 17 anos; e, protecção relativa quanto à prática de cópula ilícita obtida por sedução fraudulenta, em relação a virgem ou viúva honesta entre 17 e 25 anos. A partir dos 12 anos, as mulheres que não fossem virgens nem viúvas honestas, podiam consentir na prática de quaisquer actos sexuais, incluindo a cópula ilícita, enquanto as virgens e as viúvas honestas apenas eram livres de consentir na prática de actos sexuais distintos da cópula, só podendo nesta consentir a partir dos 17 anos.

[56] Dispõe o artigo 390 do CP 1852: O ultraje público ao pudor, cometido por acção, ou a publicidade resulte do lugar ou de outras circunstâncias de que o crime for acompanhado, e posto que não haja ofensa individual da honestidade de alguma pessoa, será punido com a prisão de 3 dias a 1 ano, e multa correspondente. Quanto ao atentado ao pudor, segundo o corpo do artigo 391: "Todo o atentado contra o pudor de alguma pessoa de um ou outro sexo, que for cometido com violência, quer seja para satisfazer paixões lascivas, quer seja por outro qualquer motivo, será punido com o degredo temporário". Segundo o § único do mesmo artigo: "Se a pessoa ofendida for menor de 12 anos, a pena será em todo o caso a mesma, posto que não se prove violência". De notar que, na vigên-

Antecedentes históricos no direito português do crime de "estupro" 41

Isto é, desde que não houvesse publicidade, nem sedução (sedução que se presumia quanto à cópula no caso particular das vítimas virgens ou viúvas honestas maiores de 12 e menores de 17 anos), era reconhecido às virgens e às viúvas honestas maiores de 17 anos capacidade para consentirem na prática de cópula fora do âmbito do casamento[57].

Já as não virgens e as viúvas desonestas podiam consentir na cópula ilícita a partir dos 12 anos.

Tipo subjectivo de ilícito.

O crime de estupro, em qualquer das suas categorias, é doloso, exigindo por isso que o agente actue com intenção[58].

Assim, no caso do artigo 394 § único, a intenção manifestava-se pela vontade do agente praticar cópula ilícita com mulher que sabia ser menor de 12 anos.

No caso do artigo 392, a intenção traduzia-se na vontade do agente em praticar cópula ilícita com mulher que sabia que era virgem ou viúva honesta maior de 12 anos e menor de 17 anos.

No caso do artigo 393 a intenção traduzia-se na vontade do agente em, por meios fraudulentos de sedução, praticar cópula ilícita com mulher que sabia ser virgem ou viúva honesta maior de 17 anos e menor de 25 anos.

---

cia do Código Penal de 1852, o crime de atentado ao pudor exigia a prova do uso de violência, salvo quando fossem ofendidos menores de 12 anos.

[57] Resulta do artigo 391 do CP 1852 que os menores de 12 ou mais anos – mesmo que fossem virgens ou honestos - podiam consentir na prática de actos sexuais distintos da cópula ilícita (isto porque se presumia a sedução no caso particular da cópula ilícita cometida em mulher virgem ou viúva honesta maior de 12 e menor de 17 anos).

[58] A intenção podia ser directa, necessária ou eventual, aceitando-se uma presunção legal da intenção pela prática do facto criminoso, entendendo-se que incumbia ao réu provar o contrário, isto é, que essa intenção não existia.

A pena.

As sanções variavam consoante o tipo de crime de estupro cometido[59], sendo de pena de degredo por toda a vida no caso do artigo 394 § único, de pena de degredo temporário no caso do artigo 392 e de prisão correccional de 1 a 3 anos no caso do artigo 393.

Tal como na violação (designada também por estupro violento), igualmente no crime de estupro voluntário, havia a obrigação de dotar a mulher ofendida, mas o casamento fazia cessar toda a pena (artigo 400)[60].

Nos termos do artigo 399[61], as referidas penas só poderiam ser impostas, se houvesse queixa da pessoa ofendida, ou dos seus pais ou tutores, salvo se a pessoa ofendida fosse menor de 12 anos ou se fosse cometida alguma violência, qualificada pela lei como crime, cuja acusação não dependesse de acusação de parte.

Já então o legislador sentia necessidade de preservar a ofendida que quisesse ocultar o crime de que fora vítima, embora a sua motivação fosse que o estigma da «desonra» a não perseguisse por toda a vida[62].

---

[59] Agravava o estupro voluntário, o rapto de qualquer mulher virgem ou viúva honesta maior de 17 anos e menor de 25 anos, da casa ou lugar, em que com a devida autorização ela estiver, que for cometido com o seu consentimento (artigo 396 do CP 1852). Se o estupro se não consumasse, o rapto por sedução era punido com prisão correccional se a mulher fosse maior de 17 anos e menor de 25 anos e, era punido com a pena decretada no § único do artigo 343, mas agravada, no caso de a mulher ser maior de 12 anos e menor de 17 anos (§ único do mesmo artigo 396).

[60] Segundo o corpo do artigo 400 do CP 1852: Nos casos de estupro ou de violação, o criminoso será obrigado a dotar a mulher ofendida. Dispõe o § único do mesmo artigo: Se porém casar com ela, cessará toda a pena.

[61] Dispõe o artigo 399 do CP 1852: As penas declaradas nos artigos antecedentes não podem ser impostas, sem que haja queixa da pessoa ofendida, ou dos seus pais ou tutores, salvo nos casos seguintes: 1º- se a pessoa ofendida for menor de 12 anos; 2º- se foi cometida alguma violência, qualificada pela lei como crime, cuja acusação não dependa de acusação de parte.

[62] Assim, JORDÃO, Levy Maria, *ob. cit.*, p.170, referindo «(...) à parte ofendida pode interessar muitas vezes em ocultar um facto que, embora ela reclamasse a sua punição, sempre lhe serviria de desonra durante toda a sua vida no estado actual das ideias da sociedade».

Análise crítica.

As alterações legislativas introduzidas pelo CP de 1852 reflectem a defesa de uma idêntica concepção negativa de sexualidade, assente em princípios ético-sociais, própria de uma estrutura social baseada na divisão de papéis masculinos e femininos, onde o "poder, o privilégio e o prestígio" continuava a ser apenas concedido aos homens, estando a mulher sujeita ao poder marital, que sucedia ao poder paternal após o casamento.

Volta a realçar-se a equiparação entre honestidade e inexperiência, mantendo-se a perpétua defesa da «moral pública», designadamente sexual, chegando-se ao extremo de presumir a sedução no caso do estupro da jovem (mas apenas se for mulher virgem ou viúva honesta) maior de 12 e menor de 17 anos de idade.

Em relação ao regime penal anterior, o crime de estupro foi com este código largamente ampliado não só por se voltarem a proteger as viúvas honestas mas, também, porque essa protecção foi estendida até aos 25 anos de idade da vítima.

Silva Ferrão teceu duras mas lúcidas críticas, neste capítulo, ao Código Penal de 1852.

Entendia, em resumo, este Autor[63] que se devia deixar de proteger, com a dita incriminação (estupro voluntário ou não violento), as viúvas e as virgens de idade superior a 17 anos, por se tratar de situações distintas, não equiparáveis, que se devia eliminar a presunção legal da sedução entre o 12 e os 17 anos por contrariar as regras da experiência e, bem assim, se deveria retirar a expressão «meios fraudulentos de sedução» porque a fraude já era pressuposto de toda a sedução.

Também Levy Maria Jordão[64], manifestou o seu desacordo quanto à equiparação entre o estupro voluntário de mulher virgem e o de viúva

---

[63] SILVA FERRÃO, F. A. F., *Theoria do Direito Penal applicada ao Código Penal Portuguez*, Lisboa: Imprensa Nacional, 1857, vol. VII, pp. 218-230. Cf. ainda BELEZA DOS SANTOS, *ob. ult. cit.*, p. 20.

[64] JORDÃO, Levy Maria, *ob. cit.*, p.154.

44   *Crimes Sexuais com Adolescentes*

honesta e criticou as penas previstas para os diversos tipos de estupro, as quais, no seu entender, «sendo modeladas pelas das Ordenações, deveriam ser substituídas pelas de prisão com isolamento, atento o dano irreparável que o estupro causa», *maxime* numa virgem.

As críticas de Silva Ferrão e de Levy Maria Jordão (que, apesar de todas as críticas, não questionavam a pertinência da incriminação do estupro) foram ouvidas e atendidas pela Comissão encarregada de reformar o CP de 1852, reforma da qual resultou a Nova Reforma Penal de 14/6/1884 e, posteriormente, o CP aprovado por Decreto de 16/9/1886[65].

1.4. No Código Penal de 1886.

Tipo objectivo de ilícito.

Tal como sucedia anteriormente, o sujeito activo do crime de estupro só podia ser do género masculino[66].

---

[65] Sobre a abolição do crime de estupro no Código Italiano, MANZINI, 6º, 535 (apud LUÍS OSÓRIO, *ob. cit.*, vol. III, p. 235), escreve: «[concordamos] em que a abolição desta incriminação foi sábia e previdente, porque as antecipações matrimoniais, por parte de raparigas já maduras ainda quando, como na generalidade dos casos, não constituam um meio desonesto para impor ao amante a necessidade de matrimónio, revelam uma sintomática facilidade de tropeçar cujas consequências é justo que fiquem a cargo de quem possui essa excepcional fraqueza, como qualquer outro defeito pessoal».

[66] Segundo os arts. 26 e 42 nº 1 do CP de 1886, criminosos só podem ser os indivíduos que têm a necessária inteligência e liberdade, sendo os menores de 10 anos absolutamente inimputáveis. Nos termos do artigo 43, 1º do CP de 1886, eram considerados imputáveis os menores com mais de 10 até aos 14 anos se tivessem procedido com discernimento, embora a sua responsabilidade fosse muito atenuada nos termos do artigo 109. Para os agentes menores dos 14 aos 18 anos, a responsabilidade é ainda incompleta e a pena é também bastante atenuada nos termos do artigo 108. Dos 18 aos 21 anos a responsabilidade ainda é incompleta, sendo a pena atenuada nos termos do artigo 107. Dos 21 aos 70 anos consideravam-se plenamente imputáveis. Depois dos 70 anos volta a atenuar-se a responsabilidade de harmonia com o disposto no artigo 39, 3 (assim LUÍS OSÓRIO, *ob. cit.*, vol. I, p. 161). Salienta EDUARDO CORREIA, *Direito Criminal*, vol. I, pp. 331-332, que «[tudo] isto foi porém fundamentalmente revogado com a legislação penal sobre

Por sua vez, o sujeito passivo teria de pertencer ao género feminino e, além disso, teria de ser virgem maior de 12 e menor de 18 anos (artigo 392)[67].

Ao deixar de abranger a viúva (de qualquer idade) e a virgem de 18 anos ou mais, o legislador de 1886 voltou a restringir a área de tutela do crime de estupro[68].

O conceito de virgindade passou a ser entendido do ponto de vista médico-legal, sem recurso a presunções e sem exigências moralistas, ao contrário do defendido, entre outros, por Silva Ferrão e por alguma jurisprudência da época[69], onde de certa forma se continuava a confundir virgindade com pureza moral e com honra.

---

menores iniciada com a publicação do Decreto de 27/5/1911 e modificada por vários diplomas posteriores, agora sistematizados pela Organização Tutelar de Menores», aprovada pelo Decreto nº 44. 288 de 20/4/1962. Esclarece, ainda, *ibidem*, que com os artigos 62 e 64 do Decreto de 27/5/1911, a idade necessária à imputabilidade elevou-se para 16 anos, tendo-se «abandonado o critério do *discernimento*».

[67] Artigo 392 (estupro) do CP 1886: Aquele que, por meio de sedução, estuprar mulher virgem, maior de 12 e menor de 18 anos, terá a pena de prisão maior de 2 a 8 anos.

[68] Claro que, desde a entrada em vigor da Lei de 20/7/1912 (que voltará a ser analisada a propósito dos antecedentes históricos do crime de homossexualidade com menores) restava sempre a punição pelo atentado ao pudor, no caso de as vítimas serem menores de 16 anos. Desde então, no caso particular dos menores de 16 anos, a prática de cópula consentida (mesmo que não houvesse virgindade ou sedução) era sempre punida pelo crime de atentado ao pudor (artigo 391 § único). Se fossem maiores dessa idade o atentado ao pudor só era punido desde que fosse cometido com violência (art. 391). Mais à frente voltaremos ao atentado ao pudor.

[69] Ver a propósito, o comentário de BELEZA DOS SANTOS, *ob.ult. cit.*, p. 35, nota 1 - com citação de jurisprudência - lucidamente demonstrando a errada posição dos que defendem que «a virgindade se deve presumir até prova em contrário, porque é inata à mulher (...)». O mesmo Autor, *ob. cit.*, p. 34, defendia que não se deve confundir integridade do hímen com virgindade e que, a virgindade, «é o estado em que se encontra a mulher que ainda não consumou a cópula». Já, porém, LUÍS OSÓRIO, *ob. cit.*, vol. III, p. 235, entendia que, apesar de ser «sobretudo no sentido físico que a expressão (virgindade) tem sido entendida, deveria ser o sentido moral aquele que devia ser tomado em consideração, se não fossem os abusos a que esse facto daria certamente». Também SILVA FERRÃO, *ob. cit.* , vol. VII, p. 225, sustentava que não tendo o legislador definido a palavra virgem «deve esta entender-se tanto no sentido material como no sentido moral; tanto em relação à integridade do corpo, como da alma. A virgindade para ser atendida em juízo precisa de ser acompanhada da pureza».

A conduta típica exigia que o «estupro», isto é, a cópula ilícita[70] cometida em virgem maior de 12 e menor de 18 anos, fosse obtido por meio de sedução dependente de prova efectiva (acabando-se, por isso, com a presunção da sedução existente no Código Penal de 1852).

Inicialmente, no domínio do Código Penal de 1886, de acordo com a posição assumida por Luís Osório, foi defendido o conceito médico-legal de cópula, entendida esta como a penetração completa ou incompleta do membro viril na vagina (cópula vaginal).

Porém, quando foi conhecida a opinião de Beleza dos Santos[71], a jurisprudência passou a defender predominantemente o conceito ético-social de cópula (traduzida esta na introdução do membro viril nos órgãos sexuais da mulher ofendida), bastando a cópula vulvar ou vestibular com *emissio seminis* para se considerar verificado o crime de estupro voluntário, o mesmo sucedendo em relação ao crime de violação[72].

---

[70] Só o casamento tornava lícita a cópula. A propósito do artigo 393 (violação) do CP 1886, BELEZA, Teresa Pizarro, "Sem sombra de pecado. O repensar dos crimes sexuais na revisão do Código Pena", *in Jornadas de Direito Criminal, Revisão do Código Penal*, vol. I, Lisboa: Centro de Estudos Judiciários, 1996, pp. 166-167, diz que este crime se traduzia "na conjugação carnal obtida por um homem de uma mulher, fora das regras de acesso normal (casamento) à obtenção dessa mercadoria. Eram as regras de obtenção ilícita do acesso ao comércio carnal com uma mulher honesta, senão mesmo virgem - através do casamento com o consentimento paterno - que estavam fundamentalmente em causa na imagem tradicional da violação". Sobre esta incriminação, ver também, SILVA DIAS, Maria do Carmo S. M. da, "A propósito do crime de violação: ainda faz sentido a sua autonomização?", *RMP*, ano 21°, n° 81, Janeiro-Março 2000, pp. 57-90.

[71] BELEZA DOS SANTOS, "O crime de violação", *RLJ*, ano 57°, n° 2270, 1924, p. 354, defendia que, do ponto de vista moral e social, não importava que a intromissão do pénis fosse mais ou menos completa, que o coito fosse vulvar ou vaginal, por ambos terem igual valor e significação, sendo certo que o código não distinguia a cópula completa e incompleta - que eram equivalentes. Acrescentava, ainda, que não era elemento essencial da consumação do crime de violação que se desse a ejaculação de esperma na vagina da mulher.

[72] Ver MAIA GONÇALVES, Manuel, *Código Penal Português*, 5ª ed. Coimbra: Almedina, 1980, pp. 620-621 e CARMONA DA MOTA, J., "Crimes contra a liberdade sexual, crimes contra a autodeterminação sexual", in *Jornadas de Direito Criminal, Revisão do CP, Alterações ao Sistema Sancionatório e Parte Especial*, vol. II, Lisboa: Centro de Estudos Judiciários, 1998, p. 207.

Também o meio de execução «sedução» deu azo a diversas interpretações e, como é salientado por Beleza dos Santos, a jurisprudência dividiu-se, existindo fundamentalmente duas correntes extremas: uma interpretava-o de forma restritiva, considerando essencial a existência de fraude ou o engano e exigindo insistência ou reiteração nos meios utilizados; outra interpretava-o de forma tão ampla, que acabava por considerar seduzida toda a menor de 18 anos que fosse estuprada[73].

Beleza dos Santos, apoiando-se nos ensinamentos de Pereira e Souza, começa por dizer que a «palavra sedução implica a ideia de um processo de determinar alguém a praticar uma acção contrária ao seu dever ou aos seus interesses e que, sem a sedução não teria praticado», concluindo que, «no crime de estupro, *seduzir* quer dizer, portanto, empregar meios que determinem a ofendida a consentir na cópula ilícita, por tal forma que, se não fosse este processo usado pelo sedutor, a seduzida não teria dado para tal fim o seu consentimento».

Essencial é, portanto, nas palavras do citado Mestre, que «a sedução seja determinante do consentimento da estuprada»[74].

---

[73] BELEZA DOS SANTOS, *RLJ,* ano 57º, nº 2251, 1924, pp. 49-50. Mais à frente, este Autor recorda «que seduzir vem do verbo latino *seduco* que significa *afastar do bom caminho, desviar, enganar».* PEREIRA E SOUZA, Joaquim José Caetano, *Classes dos Crimes por ordem sistemática com as penas correspondentes*, 3ª ed., Lisboa, Tip. Rollandiana, 1820, vol. I, p. 216 (apud LUÍS OSÓRIO, *ob. cit.*, vol. III, p. 238), refere que «sedução é o engano artificioso que se emprega para induzir alguém a consentir em algum acto contrário à honra ou aos seus interesses». Para LISZT (apud LUÍS OSÓRIO, *ibidem, loc. cit.*), «a sedução supõe que se tenha obtido o consentimento com o abuso da inexperiência sexual e da menor força de resistência da mulher». Para ERBERMAYER (apud LUÍS OSÓRIO, *ibidem, loc. cit.*), «a simples cópula não basta para haver sedução, é além disso necessário que o homem como parte determinante tenha induzido a mulher, mediante o despertar de apetências sexuais ou outros meios e com abuso de inexperiência ou da menor força de resistência da mulher a permitir a desfloração».

[74] BELEZA DOS SANTOS, *RLJ,* ano 57º, nº 2251, 1924, p. 51, nota 1. Sobre a distinção entre a fraude que é elemento típico do crime de estupro violento e a sedução fraudulenta que pode existir no crime de estupro voluntário, esclarece que «a primeira fraude é a que vicia ou exclui o consentimento para o acto sexual, desfigurando as condições em que ele se realiza, por tal forma que se a mulher conhecesse essas condições não o teria praticado; a segunda é a que apenas incide sobre as consequências do consentimento da mulher, sobre a recompensa ou compensação que ela esperava».

Porém, apesar destes ensinamentos, a jurisprudência acabou por se inclinar para um conceito amplo de sedução[75], no qual abrangia o simples namoro e, no fundo, todas as manobras sexuais anteriores à cópula, entendida esta no sentido ético-social acima apontado[76].

Ainda na vigência do CP 1886, com a entrada em vigor da Lei de 20/7/1912, subiu (de 12) para os 16 anos a idade de protecção absoluta de quaisquer contactos sexuais com menores, existindo paralelamente uma protecção adicional, embora relativa, quanto às virgens maiores de 12 e menores de 18 anos, na medida em que, nestes casos, a prática consentida de cópula (ilícita) obtida por meio de sedução era punida pelo crime de estupro voluntário.

Por isso, Beleza dos Santos[77] concluía que, «no caso de a vítima ser maior de 12 e menor de 16 anos, o estupro é, em última análise, uma

---

[75] Ver jurisprudência citada por MAIA GONÇALVES, ob. cit., pp. 623-626. De esclarecer que, até por volta de 1980, por regra, a jurisprudência fazia depender o requisito da sedução, da exigência da prática de uma série de actos (não bastava um acto isolado), não violentos, idóneos a quebrar «a natural capacidade de resistência da mulher à primeira cópula» e, bem assim, da constante alusão a «actos de excitação genésica» ou «actos de excitação sexual» reiteradamente praticados, que levavam a mulher a «entregar-se sexualmente». Porém, já se ouviam algumas vozes dissonantes – ver o voto de vencido do Desembargador Sá Coimbra, no Ac. TRP de 4/7/1978, CJ, 1978, p. 1196 - que, procuravam atenuar os efeitos resultantes da inadequação de algumas incriminações – como era o caso do crime de estupro – com a nova realidade social.

[76] Também o Assento do STJ de 1/5/1936, publicado no DG, 1ª Série, de 21/5/1936, determinou que «a cópula, consentida ou não, com menor de 16 anos, quando não constitua crime de estupro ou de violação, constitui crime de atentado ao pudor previsto no artigo 391 do CP, combinado com o art. 27 da Lei de 20/7/1912». Este artigo 27 estabeleceu que o disposto no § único do artigo 391 do CP é aplicável sempre que a pessoa ofendida for menor de 16 anos. A Lei de 20/7/1912 foi expressamente revogada pelo artigo 97 do DL 35.042 de 20/10/1945. Posteriormente, o artigo 391 sofreu nova redacção que lhe foi dada pelo artigo 1 do DL 36.387 de 1/7/1947. No Ac. STJ de 14/7/1971, BMJ 209/65 ss., refere-se que é jurisprudência uniforme daquele Tribunal o entendimento de que integra «atentado ao pudor a cópula com menor de 16 anos, quando não constitua estupro ou violação».

[77] BELEZA DOS SANTOS, "O crime de atentado ao pudor", RLJ, ano 58º, nº 2290, 1926, p. 259.

forma especial de atentado ao pudor não violento (artigo 391 § único[78]), em que se exigem certos requisitos: o sexo feminino e a virgindade da ofendida, o emprego de sedução e a cópula realizada ou tentada».

Portanto, desde que passou a vigorar a Lei de 20/7/1912, se houvesse sedução, as virgens entre 16 anos e 18 anos apenas podiam consentir na prática de actos sexuais distintos da cópula (só com 18 anos podiam consentir na cópula), enquanto as não virgens podiam a partir dos 16 anos consentir na prática de quaisquer tipos de actos sexuais, incluindo também a cópula.

Desde que não houvesse publicidade, nem sedução, era reconhecido aos maiores de 16 anos capacidade para consentirem na prática de quaisquer actos sexuais, incluindo a cópula fora do âmbito do casamento.

Tipo subjectivo de ilícito.

O crime é doloso, isto é, intencional (é essencial que o agente tenha intenção de praticar ilicitamente a cópula por meio de sedução e que saiba que a efectuou com mulher virgem maior de 12 e menor de 18 anos), admitindo qualquer das suas modalidades.

Aceitando os ensinamentos de Manzini, Beleza dos Santos entende que «deve presumir-se o conhecimento da idade até prova em contrário e, por isso, não incumbe à acusação prová-lo, mas à defesa mostrar a ignorância do acusado»[79].

---

[78] Dispõe o corpo do artigo 391 (atentado ao pudor) do CP 1886: Todo o atentado contra o pudor de uma pessoa de um ou outro sexo, que for cometido com violência, quer seja para satisfazer paixões lascivas, quer seja por outro qualquer motivo, será punido com prisão. Segundo o § único do mesmo artigo: Se a pessoa ofendida for menor de 16 anos (esta idade dos 16 anos foi introduzida pela Lei de 20/7/1912), a pena será em todo o caso a mesma, posto que se não prove a violência.

[79] BELEZA DOS SANTOS, *RLJ,* ano 57º, nº 2251, 1924, p. 52.

A pena.

Além das nefastas consequências decorrentes da adopção de um conceito amplo de sedução, a verdade é que, também, a nível das sanções, o crime de estupro era punido de forma severa, isto é, com pena de prisão maior de 2 a 8 anos[80] - punição igual à do crime de violação - ou em alternativa (a partir da redacção introduzida pelo DL 35.042 de 20/10/1945), a pena de degredo temporário[81].

Acresce que, continuava a valorizar-se o casamento, como forma de pôr termo à acusação da ofendida (mulher virgem) e à prisão preventiva – sendo que, na redacção dada ao artigo 400 pelo Decreto nº 18.588 de 10/7/1930, o casamento implicava, no caso de condenação, uma suspensão da pena durante 5 anos desde que não houvesse divórcio ou separação por factos imputáveis ao marido - e o dote era obrigatório, mesmo no caso de haver casamento[82].

---

[80] Verificando-se qualquer das circunstâncias qualificativas previstas no artigo 398 do CP 1886, a moldura abstracta passava a ser de pena de prisão maior de 8 a 12 anos (cf. artigo 55 do mesmo código).

[81] Dispõe o artigo 392 (estupro) do CP de 1886, na redacção do DL 35.042 de 20/10/1945: «Aquele que, por meio de sedução, estuprar mulher virgem, maior de 12 e menor de 18 anos, terá a pena de prisão maior celular de 2 a 8 anos, ou, em alternativa, a pena de degredo temporário». Por isso, se compreende que, ainda na década de sessenta e setenta, existissem muitos jovens presos pelo crime de estupro (cf. nº de condenações apontados por FERREIRA RAMOS, Fernando João, "Estupro e Violação - Ontem e Hoje", in Jornadas de Direito Criminal, Revisão do CP, Alterações ao Sistema Sancionatório e Parte Especial, vol. II, Lisboa: Centro de Estudos Judiciários, 1998, p. 187). Por outro lado, importa também ter presente que, a partir da entrada em vigor do Dc. nº 20.431 de 24/10/1931, uma parte da jurisprudência passou a entender que o estuprador podia também incorrer (em concurso com o crime de estupro) no crime de corrupção de menores previsto no § único do art. 25 desse Decreto, quando a conduta ilícita desse causa ou contribuísse para a desmoralização, perversão ou desamparo do menor ofendido. O mesmo concurso de crimes era defendido relativamente ao agente do crime de atentado ao pudor (cf. jurisprudência indicada por MAIA GONÇALVES, ob. cit., pp. 652-655).

[82] Antes da redacção dada pelo Decreto nº 18.588 de 10/7/1930 ao artigo 400 do CP 1886 e, mesmo no domínio do CP de 1852, no caso do crime de estupro, o casamento com a ofendida fazia cessar a obrigação do dote. Após o Decreto nº 18.588 de 10/7/1930, o

O crime de estupro dependia de queixa salvo as excepções previstas no artigo 399 - designadamente se a vítima fosse miserável ou se achasse a cargo de estabelecimento de beneficência[83] - caso em que se tornava em crime de natureza pública.

Mas, havendo queixa e instaurado o processo, o perdão ou desistência não sustava o procedimento criminal.

Análise crítica.

Toda a legislação da época, designadamente a penal, atribuía à mulher um papel secundário e subalterno, deixando-a, na maior parte das vezes, desamparada e sem qualquer protecção jurídica.

Aliás, a mulher, em especial a casada, era então tratada como «coisa» susceptível de ser objecto de «apropriação», estando sujeita naturalmente a providências de depósito e a acções de entrega judicial[84].

---

artigo 400 (dote da ofendida e efeitos do casamento) passou a ter a seguinte redacção: Nos casos de estupro e nos de violação de mulher virgem, o criminoso será sempre obrigado a dotar a ofendida, ainda quando com ela case, sendo a importância do dote fixada pelo tribunal que conhecer da responsabilidade criminal do arguido. § 1º- Em qualquer dos casos a que se refere este artigo e em todos os previstos nos artigos antecedentes, o casamento porá termo à acusação da parte da ofendida e à prisão preventiva, prosseguindo a acção pública, à revelia, até julgamento final. § 2º- No caso de condenação a pena ficará simplesmente suspensa e só caducará se, decorridos cinco anos após o casamento, não houver divórcio ou separação judicial por factos somente imputáveis ao marido, porque, havendo-os, o réu cumprirá a pena. § 3º- Se a licença para o casamento nestas condições for negada por quem de direito, pertence ao juiz da causa o suprimento dessa licença.

[83] Artigo 399 (denúncia prévia) do CP 1886: Nos crimes previstos nos artigos antecedentes não tem lugar o procedimento criminal sem prévia denúncia do ofendido, ou dos seus pais, avós, marido, irmãos, tutores ou curadores, salvo nos casos seguintes: 1º- se a pessoa ofendida for menor de 12 anos; 2º- se foi cometida alguma violência qualificada pela lei como crime, cuja acusação não dependa da denúncia ou da acusação da parte; 3º- sendo pessoa miserável ou achando-se a cargo de estabelecimento de beneficência. § único: Depois de dada a denúncia e instaurado o processo criminal, o perdão ou desistência da parte não susta o procedimento criminal.

[84] Ver BELEZA, Teresa Pizarro, *Mulheres, Direito, Crime*, pp. 156-157. Mais à frente, *ob. cit.*, p. 476, refere que «os crimes de estupro e de rapto (arts. 392; 396) con-

A escassa protecção penal da mulher foi feita tendo em atenção primordialmente os interesses masculinos na medida em que estes, indirectamente, podiam ser lesados pela conduta daquela.

Mais do que a honra da mulher, protegia-se a honra do homem[85], sendo os "bons costumes", aliados à "honestidade", o «bem jurídico» protegido[86].

Mantinha-se, assim, a confusão entre direito e moral, o que também estava associado à concepção do direito penal na época.

O direito penal funcionava ainda como um instrumento ao serviço de determinadas ideologias morais.

Também, os conceitos de virgindade[87] e de sedução têm praticamente o mesmo significado ao longo dos tempos, reveladores da idêntica concepção masculina de sexualidade.

Esperava-se da mulher um comportamento sexual passivo, orientado para a procriação, que reprimisse qualquer manifestação de prazer sexual, prazer esse apenas reservado aos homens[88].

---

substanciam uma violação das regras, segundo as quais a troca só é legítima de pai para marido, com o consentimento daquele. Não há qualquer preocupação com a autonomia da mulher, sexual ou outra».

[85] Idêntica afirmação é feita por GIMBERNAT ORDEIG, Enrique, "La mujer y el CP Español", *in Estudios de Derecho Penal,* Madrid: Tecnos, 1990, p. 78 ss., a propósito da legislação penal espanhola antes da reforma de 1963.

[86] FARIA COSTA, José Francisco de, *O Perigo Em Direito Penal (Contributo para a sua Fundamentação e Compreensão Dogmáticas)*, Coimbra: Coimbra Editora, 1992, p. 233, refere que "os chamados bons costumes podem ainda continuar a ser olhados como um bem jurídico mediato (...) mas eles não são, seguramente, em termos jurídico-penais, um valor que, muito embora conjugado com todos os outros, deva merecer por si só uma autónoma protecção jurídico-penal".

[87] Como diz PRELHAZ NATSCHERADETZ, Karl, *O Direito Penal Sexual: conteúdo e limites*, Coimbra: Almedina, 1985, p. 80, "a virgindade e a castidade eram atributos do celibato e, a procriação no casamento, era uma das únicas possibilidades de expressão sexual". Era a influência da perspectiva negativa da igreja e da doutrina católica.

[88] PACHECO, José e GAMITO, Luís, *O sexo é de todas as idades*, Lisboa: Caminho, 1993, p. 94.

A mulher, enquanto específico sujeito passivo, apenas não era «catalogada» (não importando se era honesta ou não, a não ser para efeitos de determinação da medida concreta da pena a aplicar) no caso dos crimes de violação (artigo 393), rapto violento ou fraudulento (artigo 394) e de adultério do marido (artigo 404).

A cópula ilícita com mulher virgem tinha um valor ou preço, razão pela qual a obrigação de dotar a vítima, nos casos de estupro e de violação, se manteve ao longo dos tempos até 31/12/1982[89].

Antes de ser elevada para 16 anos a idade da imputabilidade, o agente, ainda que fosse bem mais novo do que a sua vítima – caso extremo de haver uma diferença teórica[90] de quase 8 anos - podia incorrer designadamente no crime de estupro previsto no Código Penal de 1886.

Porém, com o desenvolvimento e evolução das sociedades, assistiu-se a uma viragem e mudança de valores, a uma redefinição cada vez mais equilibrada e paritária dos papéis sociais, com a progressiva queda do «autoritarismo patriarcal» e da «supremacia masculina», começando a desenhar-se uma nova concepção de sexualidade (resultante designadamente das mudanças sociais e da emancipação gradual da mulher), que se torna patente a partir de finais de 1960[91] e que vai conduzir também à progressiva contestação da amplitude do crime de estupro e da gravidade das suas sanções.

---

[89] Nas palavras de BELEZA, Teresa Pizarro, "A Regularização Jurídica da Sexualidade no CP", *in Estudos Comemorativos do 150º Aniversario do Tribunal da Boa-Hora,* Ministério da Justiça, 1995, p. 171, "o dote correspondia a uma indemnização a receber pela mulher virgem, equivalente ao valor mercantil da perca da virgindade da mulher". Nesse sentido, paradigmático, o Ac. STJ de 31/10/58, *BMJ* 80/403, referindo que o dote se "destinava a indemnizar a mulher que perdia assim a possibilidade de conseguir um bom casamento".

[90] Dizemos «teoricamente» porque seria dificilmente concebível que um rapaz com 10 anos de idade imputável conseguisse, por meio de sedução, estuprar uma rapariga de quase 18 anos de idade.

[91] Um dos factores determinantes da dita «revolução sexual» foi a introdução, nos anos 60, da «pílula» (inventada em 1951), como método anticoncepcional, o que também contribuiu para a dissociação entre sexo e reprodução.

1.5. No Anteprojecto do Código Penal de 1966.

«Nova» configuração do tipo.

Consciente do clima de mudança que então alvoroçava a sociedade moderna, o Professor Eduardo Correia apresentou o seu anteprojecto do Código Penal, no qual propôs, para o crime de estupro (artigo 245)[92] - que inseriu na secção dos «crimes contra os costumes», no capítulo «dos crimes contra os fundamentos ético-sociais da vida social» - além da diminuição da pena (para pena de prisão até 2 anos), também a limitação do tipo a nível do sujeito passivo (por forma a ser apenas protegida a virgem de 16 anos e a virgem e impoluta de mais de 16 e menos de 18 anos) e a nível da conduta típica (a sedução apenas devia abranger o abuso de inexperiência ou a promessa séria de casamento[93]).

Na época (1966), em Portugal, ainda se justificava político-criminal-mente proteger a «virgindade» (das jovens até aos 16 anos, excepcional-mente até aos 18 anos) e, bem assim, proteger a «honra e os bons cos-tumes sexuais» (apenas das jovens virgens até aos 16 anos, alargando-se a protecção dos 16 aos 18 anos, se também fossem impolutas)[94], enquan-to valores supra-individuais da comunidade ou do Estado.

---

[92] *Actas das Sessões da Comissão Revisora do Código Penal, Parte Especial*, Lisboa: AAFDL, 1979, p. 193. Artigo 245 (estupro) do anteprojecto do CP 1966: Quem tiver cópula, fora do casamento, com menor virgem de 16 anos, ou com menor virgem e impoluta de mais de 16 anos mas com menos de 18 anos, abusando da sua inexperiência ou mediante promessa séria de casamento, será punido com prisão até 2 anos.

[93] FIGUEIREDO DIAS, Jorge, "Ónus de alegar e de provar em processo penal?", *RLJ*, ano 105º, nº 3473, 1972, p. 125, nota 1, a propósito do artigo 245 do Projecto de Eduardo Correia, refere que tal disposição «exige uma forma particularmente qualificada de sedução». Acrescenta que «neste sentido concorrem prementes razões jurídicas, so-ciais e de moralidade (...)».

[94] O que não é surpreendente, se pensarmos na sociedade portuguesa da época, que vivia fechada no passado, isolada do resto do mundo. Note-se que, em 1968, na República Federal Alemã, como reacção ao Projecto Governamental de 1962 (que mantinha a pena-lização de condutas contrárias à moral sexual tradicional, mesmo que não houvesse lesão de qualquer bem jurídico directamente determinável), surgiu o Projecto Alternativo (que descriminalizava condutas que não atentassem contra a liberdade sexual, enquanto valor

Claro que, ainda que não se provasse a dita sedução, nos crimes propostos de «atentado ao pudor com violência» (artigo 247[95]) e de «atentado ao pudor com pessoa inconsciente» (artigo 248[96]), sempre se protegiam os menores (qualquer pessoa) de 14 anos (cf. artigo 247 n° 2) e de 16 anos (cf. artigo 248 n° 2) respectivamente, que fossem vítimas de atentados ao pudor (e, portanto, também, vítimas de cópulas consentidas, independentemente de terem sido determinadas pela sedução ou de serem virgens) cometidos sem violência.

Ou seja, se as vítimas menores de 16 anos já não fossem virgens, a prática consentida da cópula era punida pelo crime de atentado ao pudor; se fossem virgens e houvesse a sedução típica, a prática da cópula consentida era punida pelo crime de estupro.

---

eminentemente pessoal, único valor ou bem jurídico, neste aspecto, merecedor de tutela penal) – projectos que pretendiam substituir o StGB de 1871. Sobre os programas de cada um dos Projectos citados ver, COSTA ANDRADE, Manuel, *Consentimento e Acordo em Direito Penal (Contributo para a Fundamentação de um Paradigma Dualista), Coimbra:* Coimbra Editora, 1991, pp. 388-390, RODRIGUES, Anabela Miranda, *A Determinação da Medida da Pena Privativa de Liberdade (Os Critérios da Culpa e da Prevenção),* Coimbra: Coimbra Editora, 1995, p. 265, nota 273 e ROXIN, Claus, *Derecho Penal, Parte General. Fundamentos. La estructura de la teoria del delito* (trad. da 2ª ed. de *Strafrecht. Allgemeiner Teil. Band I: Grundlagen. Der Aufbau der Verbrechenslehre*, 1994, tradução e notas por Diego-Manuel Luzón Peña, Miguel Díaz y Garcia Conlledo e Javier de Vicente Remesal), reimp., Madrid: Editorial Civitas, 2000, vol. I, p. 52.

[95] Artigo 247 (atentado ao pudor com violência) do anteprojecto do CP 1966: 1 - Quem, por meio de violência, ameaça grave ou depois de, para esse fim, a tornar inconsciente ou a ter posto na impossibilidade de resistir, praticar contra outra pessoa atentado ao pudor, será punido com prisão de 6 meses a 3 anos. 2 - Na mesma pena incorre quem, independentemente dos meios empregados, praticar atentado ao pudor contra menor de 14 anos. 3 - Entende-se por atentado ao pudor o comportamento pelo qual outrem é levado a sofrer, presenciar ou praticar um acto que viola, em grau elevado, os sentimentos gerais de pudor ou de moralidade sexual.

[96] Artigo 248 (atentado ao pudor com pessoa inconsciente) do anteprojecto do CP 1966: 1 - Quem praticar atentado ao pudor relativamente a pessoa inconsciente, incapaz de resistir fisicamente, ou portadora de anomalia mental, que lhe tire a capacidade para avaliar o sentido moral do atentado ao pudor ou se determinar de harmonia com essa avaliação, será punido com prisão de 3 meses a 3 anos. 2 - Na mesma pena incorre quem praticar atentado ao pudor contra menor de 16 anos.

Portanto, mantinha-se a proibição absoluta de quaisquer contactos sexuais com menores de 16 anos, sendo certo que a cópula consentida ainda podia ser punida se obtida por sedução em virgens e impolutas maiores de 16 e menores de 18 anos.

Recorde-se aqui a observação de Figueiredo Dias[97] - a propósito da sanção mais elevada prevista para o nº 2 do artigo 248 - no sentido de poder até «(...) dizer-se que são destituídos de dignidade penal os casos em que houve consentimento. Aliás, existe o perigo de, por este número, se vir a alargar a punição que se quis restringir no domínio do estupro».

Tais argumentos apenas mereceram, por parte da Comissão, um abaixamento da moldura abstracta do crime em questão.

Análise crítica.

Não há dúvidas que, neste anteprojecto do Código Penal, introduzi-ram-se alterações significativas no que respeita à concepção dos crimes sexuais em geral, alterações essas que em parte vieram mais tarde a ser aproveitadas quando foi aprovado o Código Penal na versão do DL nº 400/82 de 23/9.

Porém, o crime de estupro continuava a ser configurado tendo em vista apenas a protecção da perda da virgindade de mulher menor de certa idade, porque socialmente continuava a representar uma mancha na re-putação da sexualidade feminina.

Ou seja, continuava a apelar-se a valorações morais para justificar a legitimidade desta incriminação – sem se questionar a sua pertinência – mantendo-se «uma diferente possibilidade de livre disposição e manifes-tação da sexualidade de cada um dos sexos»[98].

A inovação da limitação do tipo a nível do sujeito passivo pouco si-gnificado teve, face à existência das restantes incriminações propostas, de-

---

[97] *Actas das Sessões da Comissão Revisora do Código Penal, Parte Especial*, 1979, p. 196.

[98] BELEZA, José, *ob. cit.*, p. 536.

signadamente, do crime de atentado ao pudor, acabando por se manter a anterior (CP 1886) protecção das virgens até aos 18 anos.

Isto porque a protecção da menor dos 16 aos 18 anos, com a exigência de que fosse virgem e impoluta, acabava por se aproximar da previsão do crime de estupro do CP 1886, na medida em que, certamente, seriam raros os casos em que as virgens dessa idade não fossem também consideradas impolutas.

Assim, o mérito desta «nova» configuração do crime de estupro acabou por se reconduzir especialmente, além da substancial redução da moldura abstracta, à limitação do meio típico da sedução que, todavia, pela utilização de conceitos indeterminados, acabava por deixar ao critério do julgador «uma larga margem de valoração» em nada inovadora, como se poderia facilmente adivinhar.

1.6. No Código Penal na versão do DL nº 400/82 de 23/9.

Tipo objectivo de ilícito.

O legislador de 1982, aproveitando parte do anteprojecto de Eduardo Correia, introduziu novas restrições ao tipo de estupro (artigo 204[99]).

A nível dos sujeitos, qualquer pessoa (sem distinção de sexo), podia ser sujeito activo ou passivo do crime de estupro.

Porém, o sujeito activo teria de ser maior de 16 anos e o passivo teria de ser maior de 14 e menor de 16 anos.

A idade mínima do sujeito activo (16 anos), tão próxima da do sujeito passivo, dava origem a que a própria inexperiência do agente pudesse não ser devidamente salvaguardada.

Deixou de se exigir, até pelo carácter ambivalente da incriminação, a prova da «virgindade» do sujeito passivo.

---

[99] Artigo 204 (estupro) do CP 1982: Quem tiver cópula com maior de 14 anos e menor de 16 anos, abusando da sua inexperiência ou mediante promessa séria de casamento, será punido com prisão até 2 anos.

O resultado típico do crime de estupro era, para o legislador, apenas a «cópula» - no sentido de penetração vaginal - e não também qualquer outro acto sexual que «normativamente» pudesse corresponder ou equivaler à cópula, como se entendia no domínio dos Códigos Penais anteriores.

O que, de resto, estava de acordo com a posição de Eduardo Correia, que entendia que a cópula só podia significar, no mundo do direito criminal, o percurso do membro viril na vagina, acrescentando, embora a propósito do crime de violação, que era necessário distinguir o acto análogo, "para aqueles que defendem que não é possível a cópula com menores de 12 anos, antes tão só actos análogos"[100].

Por isso, quando foi publicado o Código Penal, na versão de 1982, voltou a aderir-se ao conceito médico-legal de cópula, no sentido de cópula vaginal completa ou incompleta[101], pese embora houvesse quem continuasse a defender, mesmo no caso de vítimas maiores de 12 anos, um conceito amplo de cópula, nela cabendo o contacto com a vulva, por se entender que traduzia um começo de penetração[102].

---

[100] Ver *Actas* relativas à parte especial do anteprojecto do CP de 1966, p. 191.

[101] Também se entendia, e bem, que o "desfloramento" não era necessário para definir o conceito de cópula e, que não era exigível a ruptura himenial - caso contrário nunca haveria por exp. estupro de mulher portadora de hímen complacente. O coito vulvar ou vestibular com menores de 12 anos, ainda que sem *emissio seminis*, era entendido como "acto análogo", conceito este introduzido por razões ético-sociais de protecção jurídico-penal de menores de 12 anos no caso do crime de violação (cf. artigo 201 n° 2). Sobre o «acto análogo», vejam-se dois acórdãos publicados no intervalo de 7 dias, onde o Conselheiro Ferreira Vidigal mudou radicalmente de posição (no Ac. de 2/11/94, *CJ* de 1994, III, p. 222, defendeu-se que não sendo a *emissio seminis* exigida para a cópula, também não deve ser para o acto análogo - tese esta, a que a maior parte da jurisprudência aderiu: ver, entre outros, Ac. STJ de 16/11/95, *CJ STJ*, III, 239 e Ac 11/1/95, *CJ*, 1995, I, 180 - enquanto no Ac. de 9/11/94, *CJ STJ*, 1994, III, 248, defendeu-se, embora de forma minoritária, que não se podia falar em acto análogo quando, não se ultrapassando a vulva, não há *emissio seminis* porque nesse caso há acto sexual, há satisfação da libido masculina, mas é excessivo erigir a acção a acto análogo à cópula).

[102] Ver jurisprudência mencionada por CARMONA DA MOTA, *ob. cit.*, pp. 212-216.

O meio típico da chamada «sedução», foi restringido ao abuso de inexperiência e à promessa séria de casamento.

Porém, parte da jurisprudência passou a interpretar os conceitos de abuso de inexperiência e de promessa séria de casamento, recorrendo a uma moral sexual tradicional e conservadora[103].

Comentando o CP na versão de 1982, Simas Santos e Leal-Henriques[104], começam por procurar explicar o conceito de inexperiência, socorrendo-se de Nelson Hungria, quando este o define como sendo «a falta de conhecimento próprio, de experiência prática, sensível, sobre o domínio fisiopsíquico da libido», acabando aqueles Autores por concluir criticamente que, a experiência nada tem a ver com honestidade e que, «a inexperiência da vítima deve ser aferida em concreto e reportada ao consentimento para a cópula: este consentimento terá que advir, assim, directamente, da não avaliação do significado e consequências do acto sexual».

Quanto à sedução através de promessa de casamento, entendem que esta implica necessariamente, que essa promessa seja séria, apontando como exemplos os enumerados por Nelson Hungria, ao comentar expressão próxima, existente no Código Penal Brasileiro.

Por seu turno, Maia Gonçalves[105], entendia que as promessas de vida em comum, as dádivas e a excitação sexual continuada e persistente deixavam de ser, só por si, meio de sedução com relevância penal, sem prejuízo de, quando se tratasse de menor inexperiente, poderem integrar uma

---

[103] Aliás, mesmo até aos anos noventa, a jurisprudência portuguesa encarava todo o direito penal sexual à luz de uma determinada moral sexual masculina: ver, a título de exemplo, paradigma do conservadorismo, o célebre acórdão do STJ de 18/10/89, *BMJ* 390/161, que faz um exercício de elogio (quando desculpabiliza) ao «macho ibérico» e à sua coutada, que sugere dever continuar a ser defendida, tratando as mulheres que deles se aproximam como naturais «presas», que, por isso, tem de se sujeitar às consequências respectivas: copular!

[104] LEAL-HENRIQUES, Manuel de Oliveira e SIMAS SANTOS, Manuel José Carrilho, *O Código Penal de 1982, referências doutrinárias, indicações legislativas, resenha jurisprudencial*, Lisboa: Rei dos Livros, 1986, vol. III, p. 73.

[105] MAIA GONÇALVES, Manuel, *Código Penal Português. Anotado e Comentado e Legislação Complementar*, 7ª ed. Coimbra: Almedina, 1994, p. 517.

seducção por abuso de inexperiência, embora, relativamente a quem já não fosse virgem, só em casos extremos se poderia configurar um estupro cometido por meio de abuso de inexperiência.

Quanto à sedução, por meio de promessa séria de casamento, defendia que se devia exigir alguma reflexão e que, a seriedade das promessas, deveriam ser vistas através de apreciação feita pelo ofendido, e não através do sedutor, sob pena de cair-se perante "situações ilógicas e defraudadoras do pensamento legislativo", que a lei não perfilhava.

De qualquer forma, com o Código Penal na versão de 1982 - independentemente das interpretações (mais ou menos amplas) dadas ao conceito de cópula e ao meio típico da sedução - deixaram de beneficiar de protecção penal (designadamente através do crime de estupro) os maiores de 16 anos[106], não relevando o estado de virgindade, como sucedia anteriormente no domínio do Código Penal de 1886.

Claro que, a prática de cópula consentida com menor entre 14 e 16 anos, mesmo que não se provasse a sedução, continuava a ser punida – pelo menos assim o entendia a maior parte da jurisprudência[107] - embora pelo crime de atentado ao pudor do artigo 206 nº 2 (cuja moldura abstracta era de prisão até 1 ano)[108].

---

[106] Sempre, claro está, desde que as práticas sexuais fossem cometidas de forma consensual com jovens maiores de 16 anos. Caso contrário, isto é, se tivesse sido usada violência ou meio equiparado, restava sempre a punição pelo crime de atentado ao pudor ou de violação, consoante os casos.

[107] No sentido apontado no texto, entre outros, Ac. STJ de 3/4/91, *BMJ* 406/291 ss. e Ac. TRC de 08/03/1989, *CJ* 1989, II, 82. Em sentido contrário, defendendo que «não integra o crime do artigo 206 nº 2, a cópula com menor de 14 anos se esta praticou o acto espontaneamente, sem a tanto ser determinada por qualquer comportamento do arguido, tendo a consciência do acto e avaliando o seu sentido e alcance», ver Ac. STJ de 10/11/89, *BMJ* 391/214 ss..

[108] Artigo 206 (atentado ao pudor em pessoa inconsciente) do CP 1982: 1 - Quem praticar atentado ao pudor relativamente a pessoa inconsciente, incapaz de resistir fisicamente ou portadora de anomalia psíquica, que lhe tire a capacidade para avaliar o sentido moral do atentado ao pudor ou se determinar de harmonia com essa avaliação, será punido com prisão até 3 anos. 2 - Quem, independentemente das circunstâncias previstas no nº 1 do artigo 205 e no número anterior, praticar atentado ao pudor contra menor de 16 anos

Assim, importante era proibir a prática de quaisquer actos sexuais mesmo consentidos com menores 16 anos, sendo a prática de cópula consentida com menor de 16 anos e, portanto, também, com menores entre 14 e 16 anos, punida através de dois tipos legais de crime: ou pelo estupro ou residualmente pelo atentado ao pudor.

Tipo subjectivo de ilícito.

O crime de estupro exige imputação a título de dolo, não sendo punida a comissão negligente.

O dolo deve abarcar todos os elementos constitutivos do tipo objectivo de ilícito e admite qualquer das suas modalidades.

Para que se verifique o elemento intelectual do dolo é necessário que o agente tenha conhecimento da ilicitude ou ilegitimidade da prática da cópula em maior de 14 e menor de 16 anos, nas condições tipificadas na lei, isto é, através do abuso de inexperiência da vítima ou mediante promessa séria de casamento.

O elemento da vontade consiste no querer realizar a cópula, pelos meios referidos no tipo.

Assim, para a imputação a título de dolo é suficiente a vontade de praticar o acto (cópula) em maior de 14 e menor de 16 anos através dos meios típicos (abuso de inexperiência da vítima ou mediante promessa séria de casamento).

---

será punido com prisão até 1 ano. Artigo 205 (atentado ao pudor com violência) do mesmo código: 1 - Quem, por meio de violência, ameaça grave ou depois de, para esse fim, a tornar inconsciente ou a ter posto na impossibilidade de resistir, praticar contra outra pessoa atentado ao pudor, será punido com prisão até 3 anos. 2 - Na mesma pena incorre quem, independentemente dos meios empregados, praticar atentado ao pudor contra menor de 14 anos. 3 - Entende-se por atentado ao pudor o comportamento pelo qual outrem é levado a sofrer, presenciar ou praticar um acto que viola, em grau elevado, os sentimentos gerais de moralidade sexual.

62   *Crimes Sexuais com Adolescentes*

O erro censurável sobre o elemento típico da idade da vítima, previsto no artigo 210[109], conduz a uma atenuação especial.

A pena.

A nível das sanções, o CP na versão de 1982 operou uma importante restrição na medida em que, o crime de estupro, passou a ser punido apenas com prisão até 2 anos, o que significa também que, não se verificando a agravação prevista no artigo 208, a tentativa deixou de ser punida (artigo 23 nº1).

Por último, refira-se que o crime de estupro passou a ser, por natureza, semi-público, salvo as excepções previstas no artigo 211[110].

---

[109] Dispõe o artigo 210 (erro sobre a idade) do CP 1982: Quando o tipo legal de crime supuser uma certa idade da vítima e o agente, censuravelmente, a ignorar, a pena respectiva reduzir-se-á de metade no seu limite máximo. FIGUEIREDO DIAS, Jorge, "Ónus de alegar e de provar em processo penal?", *RLJ*, ano 105º, nº 3473, 1972, p. 128, comentando o Ac. STJ de 14/7/1971 (*BMJ* 209/65 ss.), critica a posição da jurisprudência que entendia, recair sobre a defesa, o ónus de alegar e provar que o réu desconhecia, por forma desculpável, a idade da ofendida, salientando que, em processo penal, não vale o «princípio da auto-responsabilidade probatória das partes, nem impende por conseguinte sobre estas (...) qualquer ónus de alegação, isto é, qualquer necessidade processual de afirmar, contradizer e impugnar». E, mais à frente (*RLJ*, ano 105º, nº 3474, p. 142), escreve: «uma coisa é a presunção, *de iure ou iuris tantum*, do dolo, absolutamente inadmissível (...) em qualquer terreno do direito penal moderno; outra coisa completamente diferente – e, esta sim, aceitável – seria a necessidade de o juiz comprovar a existência do dolo através de presunções naturais (não jurídicas) ligadas ao princípio da normalidade ou da regra geral ou às chamadas máximas da vida e regras da experiência». Acrescenta, *ob. cit.*, p. 143, nota 1, comentando o artigo 252 do anteprojecto de Eduardo Correia: «desta forma constrói, na realidade, tipos legais essencialmente dolosos mas em que, relativamente a um seu elemento constitutivo, deixa valer a mera negligência (crimes mistos de dolo e negligência)».

[110] Artigo 211 (necessidade de queixa) do CP 1982: 1 - Nos crimes previstos nos artigos antecedentes, o procedimento criminal depende de queixa do ofendido, do cônjuge ou de quem sobre a vítima exercer poder paternal, tutela ou curatela. 2 - O disposto no número anterior não se aplica quando a vítima for menor de 12 anos, o facto for cometido por meio de outro crime que não dependa de acusação ou queixa, quando o agente seja

Análise crítica.

Resulta da sistematização da parte especial do CP, na versão de 1982[111], que se parte de uma concepção personalista e humanista mas, em que o bem jurídico da liberdade sexual é ainda entendido como um valor supra-individual.

O tratamento dos crimes sexuais no CP na versão de 1982, como diz Costa Andrade[112], "reflecte largamente o postulado moderno da ilegitimidade de criminalização de quaisquer condutas por razões exclusivamente de ordem moral[113], tendo-se procedido à descriminalização generalizada dos crimes sem vítima e não sendo punidas quaisquer práticas sexuais que

---

qualquer das pessoas que nos termos do mesmo número anterior tenha legitimidade para requerer procedimento criminal ou ainda quando do crime resulte ofensa corporal grave, suicídio ou morte da vítima.

[111] Ver CP aprovado pelo DL nº 400/82 de 23/9, cujo Livro II, abre com o Título dos "crimes contra as pessoas", mas onde os crimes sexuais aparecem tratados na secção II, do capítulo I (Dos crimes contra os fundamentos ético-sociais da vida social), do Título III (Dos crimes contra valores e interesses da vida em sociedade).

[112] COSTA ANDRADE, Manuel, "O novo Código Penal e a moderna criminologia", in *Jornadas de Direito Criminal. O Novo Código Penal Português e Legislação Complementar*, fase I, Lisboa: Centro de Estudos Judiciários, 1983, p. 203. Acrescenta este Autor, *Consentimento e Acordo*, p. 643, a propósito do capítulo dos crimes sexuais do CP na versão de 1982, "neste domínio (da liberdade sexual entre adultos) a lei circunscreve a tutela penal às afrontas consideradas socialmente mais intoleráveis e mais carecidas da intervenção da *ultima ratio* da política criminal. A nível de direito comparado, a tutela da autenticidade e liberdade de expressão sexual do adulto normal, tende a bastar-se com a punição das práticas sexuais impostas mediante coacção". Também PRELHAZ NATSCHERADETZ, Karl, *ob. cit.*, p. 145, considera que "o direito penal sexual deve limitar-se a possibilitar a coexistência de diferentes concepções vigentes acerca da sexualidade e das diferentes formas de manifestação que cada uma dessas concepções implica (...)".

[113] Efectivamente, "o direito e a moral social constituem factos institucionais distintos, tanto nas suas fontes como no sistema de sanções" - PRELHAZ NATSCHERADETZ, Karl, *ob. cit.*, p. 66. No mesmo sentido, entre outros, FERREIRA DA CUNHA, Maria da Conceição, *«Constituição e crime». Uma perspectiva da criminalização e da descriminalização*, Porto: Universidade Católica Portuguesa - Editora, 1995, p. 137 ss..

não colidam com a liberdade e autenticidade de expressão sexual, isto é, as que ocorram em privado entre adultos", livremente consentidas.

A doutrina portuguesa já há muito tempo que aceitava que a "liberdade e a autenticidade da expressão sexual" - enquanto manifestação da livre realização e desenvolvimento da personalidade de cada homem – "[eram] os únicos bens jurídicos que o direito penal [estava] legitimado a tutelar nesta área"[114] mas, apesar disso, o legislador de 1982, não conseguiu construir o capítulo relativo aos crimes sexuais sem recorrer a uma determinada moral social sexual[115].

Todavia, já se notava que algo tinha mudado, o que resultou também da mencionada «redefinição dos papéis sociais atribuídos às mulheres e aos homens»[116], de uma nova perspectiva de família – passando a admitir-se a sua existência mesmo sem casamento - mostrando-se este código permeável a uma moderna concepção de sexualidade, perdendo sentido o conceito de virgindade[117], que era um dos valores anteriormente protegido, pese embora se continuasse a valorizar, mas de forma mais atenuada, a instituição do casamento - na medida em que integrava uma das modalidades da sedução no crime de estupro.

Além disso, este novo código reflectia, também, a adesão a uma concepção contemporânea do direito penal, procurando delimitar, embora ainda de forma ambígua, a fronteira entre a moral e o direito.

---

[114] FIGUEIREDO DIAS e COSTA ANDRADE, *Criminologia, o homem delinquente e a sociedade criminógena*, 2ª reimp., Coimbra: Coimbra Editora, 1997, p. 429. Cf. ainda COSTA ANDRADE, *Consentimento e Acordo*, p. 388, aqui referindo que, a protecção da liberdade e a autenticidade da expressão sexual, "tem como corolários: por um lado, a igualdade entre os sexos e, por outro, a neutralidade face a diversas modalidades de orientação sexual, não devendo estabelecer-se tratamentos diferenciados para condutas hetero e homossexuais".

[115] Vejam-se designadamente os artigos 201 nº 3, 205 nº 3, 207, 215 e 217 todos do CP na versão de 1982.

[116] BELEZA, José, *ob. cit.*, p. 527.

[117] De facto, o conceito de «virgindade» acabou por perder todo o sentido. Basta pensar nas modernas técnicas de reprodução ou de procriação assistida que permitem, mesmo a uma virgem, conceber sem ter relações de sexo. O que também contribuiu para tornar obsoleta a tradicional associação entre sexo e reprodução.

Direito Penal que, já então, era concebido como um instrumento de controlo social, ao qual só se devia recorrer, "nos casos em que por causa da importância dos bens jurídicos em jogo ou pela forma especial como tais bens eram atacados, era necessária a aplicação da mais enérgica das intervenções que o Estado tinha ao seu dispor".

A esta ideia está associada a proclamação dos princípios da lesividade ou ofensa e da intervenção mínima - que, por sua vez, abarcam os da subsidiariedade e fragmentariedade - como princípios fundamentais do direito penal num Estado de Direito social e democrático[118].

1.7. Preocupações comuns nas sucessivas reformas.

Compulsando as sucessivas leis penais analisadas sumariamente, verificamos uma evolução positiva - salvo as excepções apontadas, que se caracterizaram por curtos períodos de retrocesso - da configuração típica do crime de estupro, na medida em que se caminhou para a restrição da amplitude do tipo, a nível dos sujeitos (activo e passivo, neutralizando-se o género e, impondo-se um limite de idade na vítima, que foi baixando ao longo dos séculos, deixando finalmente de se exigir a sua virgindade[119]), do resultado da acção (da prática de todo o tipo de actos heterossexuais, a partir das Ordenações Manuelinas, limitou-se à prática da cópula, o que perdurou até à entrada em vigor da Lei nº 65/98 de 2/9), dos meios de execução (os quais foram sendo gradualmente restringidos, ficando - com o

---

[118] FIGUEIREDO DIAS, Jorge, "Os Novos Rumos da Política Criminal e o Direito Penal Português do Futuro", separata da *ROA,* ano 43, Janeiro-Abril 1983, p. 13, refere que "uma política criminal que se queira válida para o presente e o futuro próximo e para um Estado de Direito material, de cariz social e democrático, deve exigir do direito penal que só intervenha com os seus instrumentos próprios de actuação ali, onde se verifiquem lesões insuportáveis das condições comunitárias essenciais de livre realização e desenvolvimento da personalidade de cada homem".

[119] BELEZA, José, *ob. cit.*, p. 492, realça, porém, que o desaparecimento do requisito da virgindade «tem como consequência a ampliação da cobertura punitiva da cópula extramatrimonial da menor», o que é diferente de um «abrandamento no controle sobre a sexualidade feminina».

CP na versão de 1982 até à entrada em vigor da Lei nº 48/95 de 15/8 - reduzidos ao abuso de inexperiência e à promessa séria de casamento) e da sanção penal (que diminuiu de forma significativa).

Além disso, assistiu-se a uma eliminação gradual – não totalmente conseguida - do moralismo dogmático, passando a atender-se, na interpretação do tipo, tal como nos restantes em geral, ao critério do bem jurídico protegido.

Também, a justificação da incriminação do estupro passou a basear-se na necessidade de proteger o jovem adolescente da sua própria inexperiência, identificando-se a idade inferior a 16 anos, com vulnerabilidade.

Claro que o legislador, mesmo o de 1982, nunca conseguiu deixar de assumir um papel educativo, desde logo quando inseriu os crimes sexuais no título dos crimes contra os valores e interesses da vida em sociedade, onde protegia valores supra-individuais.

Por isso - e já desde o CP de 1852 - havia sempre um «saco sem fundo», que era o crime de atentado ao pudor, o qual, mesmo que não houvesse violência, protegia os jovens menores de certa idade (inicialmente os menores de 12 anos e, desde a Lei de 20/7/1912, os menores de 16 anos).

Mesmo no CP na versão de 1982, quem (maior de 16 anos) atentasse sexualmente (por meio de cópula ou outro acto sexual) contra menor de 16 anos, ainda que com o consentimento deste, era sempre punido, quanto mais não fosse, pelo crime de atentado ao pudor do artigo 206 nº 2.

Por outro lado, manteve-se a tradição de apenas incluir o resultado cópula no crime de estupro, sendo os restantes actos sexuais punidos por incriminações diversas.

Também, por isso, se salientou uma certa falta de equilíbrio na escolha das sanções de cada tipo legal de crime neste capítulo dos crimes sexuais.

Independentemente do abrandamento das sanções, que é de aplaudir, os desajustamentos existentes nas diversas molduras penais - concretamente no confronto entre os crimes contra as pessoas e os crimes contra o património - tão criticados por Teresa Beleza[120], foram realçadas com o Código Penal aprovado pelo DL nº 400/82 de 23/9.

---

[120] Já no domínio do CP de 1982, BELEZA, Teresa, *Mulheres, Direito, Crime*, p. 225, chamava a atenção para o facto de o crime de furto qualificado ser punido de forma

2. do crime de homossexualidade com menores.

2.1. Nas Ordenações.

Principal legislação então vigente.

Cremos poder afirmar que, a punição da homossexualidade, entendida então, também, como comportamento sexual *contra natura*, mesmo que consentida e entre adultos, se encontrava incluída no Título XVII, sob a epígrafe «*dos que cometem pecado de sodomia*»[121], do Livro V das Ordenações Afonsinas.

Porque o pecado de sodomia era considerada «o mais torpe, sujo e desonesto de todos os pecados que atentam contra a vontade de Deus[122] e contra toda a natureza criada, seja celestial ou humana», El-Rei decidiu fazer uma lei geral com o fim de eliminar qualquer memória desse pecado.

Nessa lei geral, sujeitos desse pecado eram os indivíduos do sexo masculino, de qualquer idade ou classe.

A conduta típica consistia em «cometer pecado de sodomia», pecado este que não era definido ou caracterizado, mas que abrangia qualquer modo ou forma pelo qual fosse cometido, na medida em que constituísse um atentado à natureza ou à ordem natural divina.

---

mais gravosa do que por exp. o crime de violação - salientando que essa contraposição era chocante e contraditória com a defesa feita do caracter humanista e ético do direito penal codificado nesse código.

[121] MORICI, Silvia, "Homossexualidade: um lugar na história da intolerância social, um lugar na clínica", *in* GRAÑA, Roberto B. (org.), *Homossexualidade. Formulações psicanalíticas actuais,* Porto Alegre: ARTMED, 1998, p. 159, recorda que «a palavra sodomita, se bem aplicada à homossexualidade, (...) refere-se a actos sexuais não naturais de todo o tipo. Em verdade, trata-se de uma má tradução de um termo hebreu que significa "prostituta do templo"».

[122] Refere-se nessa Lei que, por esse pecado, lançou Deus o dilúvio sobre a terra, quando mandou o Noé fazer uma arca, na qual ele e a sua geração escapassem, para reformar o mundo novo.

Portanto, parece que tanto podia abranger a prática de «coito»[123] *contra natura*, como a prática de qualquer outro tipo de acto designadamente homossexual distinto do «coito».

As sanções eram drásticas, na medida em que os homens que cometessem tal pecado eram queimados e feitos pelo fogo em pó, de tal forma que nunca mais se pudesse ouvir falar deles ou houvesse memória dos seus corpos ou sepulturas.

Já com as Ordenações Manuelinas, notou-se a preocupação de aperfeiçoar a incriminação em questão, isto é, *«dos que cometem pecado de sodomia»*, a qual era regulamentada no Título XII do seu Livro V.

Assim, foi alargado o tipo a nível dos sujeitos, passando a abranger qualquer pessoa (portanto ambos os sexos e não só o masculino, como sucedia anteriormente), de qualquer idade ou classe.

Aliás, no § 3 deste Título, diz-se expressamente que esta Lei deve ser aplicada às «mulheres, que esse pecado umas com as outras cometerem, assim como nos homens».

As sanções foram agravadas, pois que, além dos agentes do crime serem queimados e feitos em pó pelo fogo (para não deixarem qualquer memória), todos os seus bens eram confiscados pela Coroa, e, se tivessem filhos, estes e descendentes eram considerados inábeis e infames, tal como sucedia com os filhos daqueles que cometessem o crime de lesa Majestade contra seu Rei e Senhor[124].

Certamente para tentar evitar a «propagação» desse pecado, também se aconselhavam terceiros a denunciar os que cometessem o «crime de sodomia», sendo «estimulados» com uma «compensação económica» (com um terço da fazenda dos culpados ou, se estes não tivessem bens,

---

[123] No texto utilizamos a expressão «coito» no sentido de abranger a relação homossexual masculina (coito anal).

[124] Nas *Ordenações Manuelinas*, seu Livro V, Título III, previa-se o delito de «lesa Majestade, e dos que cometem traição contra o Rei, ou seu Real Estado, ou fazem outros crimes atraiçoadamente», o qual era regulamentado de forma particularmente cuidadosa e também era considerado «a pior coisa e o mais abominável crime» que o homem podia cometer, sendo comparado a «gafem» (lepra), "uma enfermidade que atingia todo o corpo, não tinha cura e que se transmitia aos descendentes".

receberiam da fazenda da Coroa 50 cruzados mas, neste caso, tinham de eficazmente contribuir para que os ditos culpados fossem presos), caso colaborassem na identificação e/ou prisão desses pecadores e, sendo castigados com sanções que incluíam a perda de bens e o degredo para sempre, caso os encobrissem.

Já no § 4 do mesmo Título estabelecia-se que, «qualquer homem ou mulher que dormir carnalmente com algum animal» também é queimado e feito em pó mas, os seus filhos e outros descendentes não serão condenados, nem prejudicados, tal como também não serão condenados outros que, por direito, seus bens devam herdar.

O que significava que, apesar de tudo, não havia nada pior que as práticas *contra natura*, incluindo, portanto, as homossexuais, mesmo que consentidas.

Também, nas Ordenações Filipinas, a mesma incriminação, sob a epígrafe «*dos que cometem pecado de sodomia, e com alimarias*», surge no Título XIII do seu Livro V.

No essencial, a conduta típica e as sanções são em tudo idênticas às previstas para a mesma incriminação nas Ordenações Manuelinas, supra referidas.

No § 1 desse Título XIII - que corresponde ao § 3 do Título XII do Livro V das Ordenações Manuelinas – refere-se expressamente que a mesma lei se deve aplicar nas «mulheres que umas com as outras cometem pecado contra natura, e da maneira que temos dito nos homens».

No § 3 do mesmo Título estabeleceu-se que «as pessoas, que com outras do mesmo sexo cometerem o pecado de *mollicie*, serão castigadas gravemente com degredo de galés e outras penas extraordinárias, segundo o modo e perseverança do pecado»[125].

---

[125] Consta das *Ordenações Filipinas*, Livro V, p. 1163, nota 5, que «*mollicie*», segundo a definição dada pela Ordenação, se acha conforme com a do Alvará de 12/10/1606. Refere-se ainda que, PEREIRA E SOUZA, Classes de Crimes, p. 232, entende que *mollicie* deve apenas abranger a masturbação e que a sodomia consiste no coito contra a ordem da natureza.

Para a descoberta deste crime, com necessário «convite» à sua denúncia, mantinham-se as recompensas, agora mais elevadas (davam metade da fazenda dos culpados ou metade do seu valor – neste caso, se não quisessem ser descobertos como delatores – ou, se os culpados não tivessem bens, receberiam da fazenda da Coroa 100 cruzados mas, neste caso, tinham de colaborar por forma a que os ditos culpados fossem presos), a terceiros que os denunciassem.

Mantinham-se também os castigos - com sanções que incluíam a perda de toda a fazenda e o degredo para sempre - para os terceiros que encobrissem os que cometessem o pecado de sodomia.

Claro que, os que denunciassem estes terceiros que encobrissem os que cometiam o pecado de sodomia, eram também recompensados (davam metade da fazenda do terceiro encobridor ou metade do seu valor – neste caso, se não quisessem ser descobertos como delatores – ou, se o terceiro encobridor não tivesse bens, receberiam da fazenda da Coroa 40 cruzados mas, neste caso, tinham de colaborar por forma a que o dito terceiro encobridor fosse preso)[126].

A título subsidiário, estabelecia-se no § 6 do mesmo Título que, «vista a gravidade do caso, (...) se os tocamentos desonestos e torpes não forem bastantes para, conforme estas Ordenações e Direito, se haver o crime por provado, de maneira que os culpados tenham a pena ordinária, ao menos os tais tocamentos se castiguem gravemente com degredo de galés, e outras penas, segundo o modo e perseverança do pecado».

Nota-se aqui um maior conservadorismo - realçando-se o preconceito moralista em relação a todas as condutas consideradas *contra natura*, incluindo portanto, as homossexuais - atenta a preocupação de não deixar impunes os «tocamentos desonestos», mesmo que estes não fossem suficientes para se considerar verificado o crime de sodomia.

---

[126] Cf. § 5 do mesmo Título XIII do Livro V das *Ordenações Filipinas*.

Análise crítica.

Não há dúvidas que, enquanto vigoraram as Ordenações, a preocupação de, pela repressão, eliminar a todo o custo a prática do pecado de sodomia e, portanto, também, de acabar com as práticas homossexuais mesmo que consentidas, era uma cruzada, desde logo atentas as sanções previstas, quer para os sujeitos do crime, quer para os seus descendentes, quer para terceiros que encobrissem esse crime.

Preocupação essa, mais exacerbada, se compararmos essa incriminação com as restantes, designadamente, com a correspondente ao crime de estupro.

Essa intolerância era fruto da influência do Cristianismo, que considerava pecado toda a união carnal «fora do matrimónio» que tivesse fim diferente da procriação[127] e que, consequentemente, também abrangia a proibição de contactos homossexuais.

O alargamento da incriminação, abrangendo qualquer tipo de acto homossexual, independentemente do género ou da idade dos sujeitos, mostra como era importante que o relacionamento sexual cumprisse apenas a sua função reprodutiva, obviamente no âmbito do casamento.

2.2. No Código Penal de 1852.

Os crimes de ultraje público ao pudor e de atentado ao pudor.

Este Código, que acabou com o antigo crime de sodomia, passou a punir os contactos sexuais considerados ilícitos no capítulo «dos crimes contra a honestidade» e, consoante as circunstâncias em que fossem cometidos, eram objecto de diferente enquadramento jurídico-penal, sendo, consequentemente, merecedores de sanções distintas.

---

[127] Assim, MORICI, Silvia, *ob. cit.*, p. 160.

Assim, através do crime de ultraje público ao pudor (artigo 390), era punido todo e qualquer tipo de acto sexual (incluindo a cópula e o coito) - independentemente da sua natureza hetero ou homossexual - cometido em lugar público ou cometido em lugar donde pudesse ser visto pelo público, que causasse escândalo aos bons costumes e chocasse a honestidade daqueles que o presenciassem, pese embora não tivesse sido utilizada violência e não houvesse ofensa individual da honestidade de determinada pessoa.

Com o crime de atentado ao pudor (artigo 391), punia-se a prática de qualquer tipo de acto sexual (incluindo a cópula e o coito) - independentemente da sua natureza hetero ou homossexual - que fosse cometido através de violência (violência que todavia não era necessário provar-se se a vítima fosse menor de 12 anos[128]) e que ofendesse o pudor de determinada pessoa.

Finalmente, a prática de cópula ilícita (isto é da cópula cometida fora do âmbito do casamento) em determinadas circunstâncias, podia ainda constituir o crime de estupro, de violação ou adultério.

Ao longo dos tempos e, mesmo hoje, o conceito de «cópula» sempre foi identificado apenas com penetração heterossexual[129].

Os actos homossexuais praticados em menores de 12 anos, mesmo que não se provasse violência, eram punidos com pena de degredo temporário através da incriminação do atentado ao pudor previsto no § único do artigo 391.

Se a pessoa ofendida, fosse maior de 12 anos, a punição (com a mesma pena de degredo temporário) do atentado ao pudor só ocorria se tivesse sido cometido com violência (corpo do artigo 391). Se não se provasse a violência, a punição poderia efectuar-se pelo crime de ultraje público ao pudor, desde que se verificassem os pressupostos deste tipo legal.

---

[128] JORDÃO, Levy Maria, *ob. cit.*, p. 151, refere que no caso do ofendido ser menor de 12 anos, «ainda que não haja violência, a pena é a mesma, porque o legislador quis punir o efeito da sedução ou violência moral sobre um indivíduo que ainda não é capaz para apreciar a moralidade da sua acção».

[129] BELEZA, Teresa, *Mulheres, Direito, Crime*, p. 460.

Isto significa que, a prática de acto homossexual isolado e pelo menos não habitual, cometido sem violência, em maiores de 12 anos, não era punida, salvo se se verificassem os pressupostos do crime de ultraje público ao pudor.

Dizemos não habitual porque, através do crime previsto no artigo 406 do CP 1852, sancionava-se com prisão de 3 meses a 1 ano e multa correspondente e ainda com suspensão dos direitos políticos por 5 anos, «toda a pessoa que habitualmente excitar, favorecer ou facilitar a devassidão ou corrupção de qualquer menor de 25 anos, para satisfazer os desejos desonestos de outrem».

Enquanto o crime de ultraje público ao pudor era público, no atentado ao pudor a pena só poderia ser imposta, se houvesse queixa da pessoa ofendida, ou dos seus pais ou tutores, salvo se a pessoa ofendida fosse menor de 12 anos ou se fosse cometida alguma violência, qualificada pela lei como crime, cuja acusação não dependesse de acusação de parte (artigo 399).

Análise crítica.

Com este código deixou de se incriminar autonomamente a sodomia e não se dava relevância penal à prática não habitual de actos sexuais (hetero ou homossexuais) que fossem distintos da cópula, se cometidos sem violência em maiores de 12 anos, desde que não se verificassem os pressupostos do crime de ultraje público ao pudor.

Compreendia-se tal entendimento na medida em que, a principal preocupação do legislador da época era, no fundo, evitar a prática da cópula - o acto sexual mais grave - «fora do casamento», de forma a preservar a castidade das virgens e das viúvas honestas menores de 25 anos.

Poder-se-á dizer que, já nessa altura, com 17 anos de idade a mulher (mesmo a virgem e a viúva honesta) podia consentir na prática da cópula (relação heterossexual), embora fosse considerada «desonesta» e, com mais de 12 anos, qualquer pessoa, poderia consentir na prática dos restantes actos sexuais (homossexuais ou heterossexuais), desde que não fossem presenciados por outrem ou não fossem praticados em público.

2.3. No Código Penal de 1886.

Os crimes de ultraje público ao pudor e de atentado ao pudor.

Nos artigos 390 e 391 prevêem-se respectivamente os crimes de ultraje público ao pudor[130] e de atentado ao pudor, os quais correspondem, na sua materialidade, aos descritos nas disposições paralelas existentes no CP 1852.

O ultraje público ao pudor, se fosse cometido através de palavras ou por escrito, era punido pelo crime do artigo 420 e, já não pelo do artigo 390[131].

Beleza dos Santos[132] esclarecia que, «para se determinar se foi ou não ultrajado o pudor é preciso ter em vista, não as formas singulares que pode tomar esta emoção em uma ou outra pessoa, mas a sua medida nas pes-

---

[130] LUÍS OSÓRIO, *ob. cit.*, vol. III, p. 221, refere que no crime do artigo 390 se protege «a moralidade pública contra o ultraje público ao pudor por meio da acção diversa da palavra e do escrito» (cf. também artigo 420). Citando Rocco, Og. del Reato, p. 600, diz que se trata «da observância dos limites que os costumes sociais impõem às relações da vida sexual».

[131] Dispõe o artigo 390 (ultraje público ao pudor) do CP 1886: «O ultraje público ao pudor, cometido por acção, ou a publicidade resulte do lugar ou de outras circunstâncias de que o crime for acompanhado, e posto que não haja ofensa individual da honestidade de alguma pessoa, será punido com prisão até 6 meses e multa até 1 mês». Por sua vez, o artigo 420 (ultraje à moral pública) do mesmo código é do seguinte teor: «O ultraje à moral pública, cometido publicamente por palavras, será punido com prisão até 3 meses e multa até 1 mês. § único – Se for cometido este crime por escrito ou desenho publicado, ou por outro qualquer meio de publicação, a pena será de prisão até 6 meses e multa até 1 mês». Como ensina BELEZA DOS SANTOS, "O crime de ultraje público ao pudor", *RLJ*, ano 59º, nº 2312, 1926, p. 194, quando se diz que o crime do artigo 390 tem de ser cometido por acção, «este último termo (*acção*) aparece, portanto, aqui implicitamente contraposto a *palavras* ou *escritos*...», entendimento este que já era seguido no domínio do CP de 1852. Mais à frente, o mesmo Autor define este crime como de perigo (na medida em que não exige para a sua verificação uma ofensa efectiva do pudor de alguém) e crime formal (porque a acção ou omissão do agente é bastante para se dar a consumação, não sendo necessária a verificação de um certo resultado para que ocorra a consumação).

[132] BELEZA DOS SANTOS, *ob. cit.*, *RLJ*, ano 59º, nº 2314, 1926, p. 226.

soas de média susceptibilidade, a intensidade e a extensão que reveste no comum dos habitantes de um país.

Também «as circunstâncias, o lugar, o modo como o acto é realizado podem fazer variar o seu carácter, tornando-o ofensivo ou inofensivo do pudor»[133].

Com o requisito da publicidade quis-se «defender terceiros da possibilidade de assistirem involuntariamente a factos que pudessem ferir o seu pudor, vexá-los ou desmoralizá-los»[134].

Assim, o Ac. do STJ de 10/8/1926[135], negou provimento ao recurso interposto da decisão do Tribunal da Relação de Lisboa que confirmou a pronuncia por crime de ultraje público ao pudor daqueles que fazem publicamente gestos e afagos próprios de quem se entrega à homossexualidade, tratando tais actos ou atitudes como «aberrações sexuais» ou «vícios aberrantes».

Por sua vez, com o crime de atentado ao pudor punem-se duas modalidades diversas desta infracção: por um lado o atentado ao pudor em que é elemento essencial a violência e em que é indiferente a idade do ofendido e, por outro, o atentado ao pudor contra menores de 12 (16 anos desde a Lei de 20/7/1912) anos.

Como adianta Beleza dos Santos[136], no «primeiro, teve a lei por fim proteger todas as pessoas de qualquer sexo, idade ou condição contra actos que, não constituindo o crime de violação, todavia, por serem realizados com violência e se dirigirem contra o pudor de outrem, ofendem o legitimo interesse, que a todos se deve reconhecer e em todos se deve proteger, de não ficarem à mercê da brutalidade impúdica dos outros. (...) [No] segundo, quis a lei tutelar contra actos atentatórios do pudor, que não constituem violação ou estupro, os menores que pela sua idade carecem

---

[133] *Ibidem.*

[134] BELEZA DOS SANTOS, *ob. cit.*, *RLJ*, ano 59°, n° 2315, 1926, p. 241.

[135] Ac STJ de 10/8/1926, *RLJ*, ano 59°, n° 2309, 1926, pp. 153-154 (mencionado por BELEZA DOS SANTOS, *ob. ult. cit.*, *RLJ*, ano 59°, n° 2314, 1926, p. 226).

[136] BELEZA DOS SANTOS, "O crime de atentado ao pudor", *RLJ*, ano 58°, n° 2290, 1925, p. 258.

de uma protecção mais larga, que defenda a sua inocência, fraqueza, e perigo de desmoralização contra todos os actos, dessa natureza, quer sejam violentos, quer sejam consentidos».

Mais à frente[137], acrescenta que «[o] acto praticado deve visar o pudor de uma pessoa determinada (...) deve portanto ter-se em conta a moralidade desta pessoa para se saber se a acção do agente material a ofendeu ou não, se a podia ou não ofender».

Assim, a prática não habitual de actos homossexuais consentidos entre maiores de 12 (16 anos desde a Lei de 20/7/1912) anos continua a não ser punida pelo tipo do atentado ao pudor, podendo excepcionalmente ser punida pelo ultraje ao pudor, desde que se verificassem os respectivos pressupostos.

A conduta da pessoa «que habitualmente excitar, favorecer ou facilitar a devassidão ou corrupção de qualquer menor de 21 anos, para satisfazer os desejos desonestos de outrem» era punida, nos termos do artigo 406, com prisão de 3 meses a 1 ano e multa correspondente e, ainda, com suspensão dos direitos políticos por 5 anos.

As alterações introduzidas pela reforma de 1884/1886, no que respeita aos crimes de ultraje ao pudor e atentado ao pudor, prendem-se com a respectiva moldura abstracta, que diminuiu (o crime de ultraje ao pudor que, em 1852, era punido com prisão de 3 dias a 1 ano e multa correspondente passou, em 1886, a ser punido com prisão até 6 meses e multa até 1 mês, enquanto o crime de atentado ao pudor que, em 1852, era punido com o degredo temporário passou, em 1886, a ser punido com prisão correccional).

O crime de ultraje público ao pudor era punido a titulo doloso (intencional), bastando para tanto que o agente quisesse o facto impúdico, sabendo que esse facto feria o pudor da generalidade das pessoas e ia ser observado involuntariamente por terceiros ou que previsse como necessário o perigo ou a possibilidade dessa observação[138].

---

[137] BELEZA DOS SANTOS, *ob. ult. cit.*, *RLJ,* ano 58º, nº 2292, 1926, p. 290.
[138] BELEZA DOS SANTOS, "O crime de ultraje público ao pudor", *RLJ*, ano 59º, nº 2317, 1927, pp. 275-276.

Também, segundo Beleza dos Santos, era punido a título de negligência, isto é, a título culposo (artigos 44 nº 7 e 110), quando:
- «o agente ignorava que o facto impúdico que praticou ofendia o sentimento geral de pudor, mas podia e devia sabê-lo; ou
- [o agente] não previu o perigo do facto impúdico ser presenciado involuntariamente por terceiros, podendo e devendo prevê-lo; ou
- [o agente] apenas previu como possível o perigo dessa observação e não tomou as precauções necessárias para a evitar;
- [o agente] ignorar a qualidade pública do lugar [onde se encontra], se erroneamente, mas por um erro indesculpável, pensou tratar-se de um lugar de carácter privado, ou se, por *ignorância ou erro desculpável*, desconhecia o carácter público do lugar, mas não tomou as precauções necessárias para evitar a observação involuntária de terceiros, que deveria ter tomado mesmo que o lugar não fosse público»[139].

O crime de atentado ao pudor era também doloso, isto é, exigia-se, no caso das vítimas menores de certa idade (12 anos inicialmente e 16 anos depois da entrada em vigor da Lei de 20/7/1912), que o agente tivesse querido realizar o acto impúdico com a vítima que sabia ser menor de 12 (16) anos, ou pelo menos, era preciso que tivesse previsto a ofensa do pudor da vítima como necessária consequência da sua conduta[140].

Além disso, na tese de Beleza dos Santos, também podia ser punido a título de negligência ou seja a título culposo, nos termos do artigo 110 do CP[141].

---

[139] Assim, BELEZA DOS SANTOS, *ob. ult. cit.*, *RLJ*, ano 59º, nº 2318, 1927, pp. 289-290. Defendia este Professor que, se a pena do crime em questão (no caso ultraje ao pudor) não excedesse o limite estabelecido no artigo 110 para a pena a aplicar nos crimes culposos, então também seria punido quem cometesse esse crime por negligência (ver, no mesmo sentido, BELEZA DOS SANTOS, *RLJ*, ano 55º, nº 2194, 1922, pp. 65-67, sobre «o crime de ultraje à moral pública»). Contra, LUÍS OSÓRIO, *ob. cit.*, vol. I, p. 366, o qual, referindo-se ao artigo 110, escrevia que «[ainda] hoje se não descobriu a razão da existência deste artigo», defendendo (*ob. cit.*, vol. I, p. 36) que, face ao disposto no art. 2, a negligência só é punível «nos casos especiais determinados na lei».

[140] Neste sentido BELEZA DOS SANTOS, "O crime de atentado ao pudor", *RLJ*, ano 58º, nº 2296, 1926, p. 353.

[141] Defendia BELEZA DOS SANTOS, *ob. ult. cit.*, *RLJ*, ano 58º, nº 2296, 1926, p. 354, que a «culpa é punível pelo CP de 1886 de uma maneira geral, devendo apenas

Poderia ainda existir uma acumulação ideal entre os crimes de ultraje público ao pudor e de atentado ao pudor, ou entre estes e outros (por exp. com o estupro, o adultério, a violação), considerando-se então que existia um único crime, que era punido com a pena mais grave.

As reformas de:

1912.

Com a Lei de 20/7/1912, seu artigo 27, ampliou-se a protecção penal dos jovens ofendidos, passando a não exigência da prova da violência[142] no crime de atentado ao pudor, a abranger os que fossem menores de 16 anos (§ único do artigo 391).

Além da necessidade de conceder maior protecção aos menores[143], era ainda o «decoro sexual» e o «pudor»[144] que estavam em causa e que era preciso preservar.

---

considerar-se impune, quando a lei directa ou indirectamente exclui a sua punibilidade». Assim, podia existir culpa no crime de atentado ao pudor se o agente, por exp. no atentado não violento, estava erroneamente convencido, mas por erro indesculpável, que a vítima tinha mais de 16 anos. O artigo 110 do CP de 1886, antes da redacção introduzida pelo DL nº 39.688 de 5/6/1954, era do seguinte teor: «No caso de crime meramente culposo nunca serão aplicáveis penas superiores à de prisão correccional e multa correspondente». A reforma de 1954 revogou também o assento de 20/3/1936, que pusera termo a uma larga discussão à volta dos crimes culposos, ao estabelecer que a culpa, em matéria penal, era punida, salvo quando a lei excluísse a punição.

[142] LUÍS OSÓRIO, *ob. cit.*, vol. III, p. 228, diz que «para se justificar a equiparação feita pelo legislador entre a violência e a menoridade não precisa de se recorrer à ficção da falta de consentimento, basta lembrar o facto verdadeiro de que o menor de 16 anos precisa de protecção, mesmo quando não haja violência e que os maiores de 16 anos, pelo seu desenvolvimento e consequente maior facilidade de defesa, só precisam dessa protecção contra os atentados violentos».

[143] A este propósito refere BELEZA DOS SANTOS, *ob. ult. cit.*, *RLJ*, ano 58º, nº 2295, 1926, p. 338, que «as razões que justificam na lei civil a exigência de uma certa idade para contrair casamento, não são as mesmas que determinam a lei penal a garantir a inviolabilidade absoluta dos menores contra crimes que ofendam o seu pudor. As primeiras são essencialmente a necessidade de garantir a família contra os perigos resul-

Também pelo artigo 3 -1º da Lei de 20/7/1912, passou a punir-se com prisão correccional de 1 mês a 1 ano «aquele que se entregar à prática de vícios contra a natureza»[145].

Aqui «protege-se a moralidade individual contra o dano proveniente de o agente se entregar à prática de vícios contra a natureza»[146].

Por princípio não havia outra vítima além do próprio agente, que podia ser de um ou outro sexo.

«A entrega à prática de vícios contra a natureza inclui a sodomia, a bestialidade e a molície, mas também abrange todas as formas de satisfazer o instinto sexual que não sejam *sccundum naturam*»[147].

Trata-se de crime doloso, bastando a vontade de o agente praticar o acto ou actos que constituem o elemento material, no caso, a vontade de se entregar à prática de vícios contra a natureza.

---

tantes do insuficiente desenvolvimento físico e da imperfeita formação intelectual e moral derivados da pouca idade daqueles que a constituem; as segundas são fundamentalmente a necessidade de proteger o menor contra atentados que não só fisicamente o podem prejudicar, mas que se podem repercutir muito nocivamente na sua vida moral, que por vezes fica irremediavelmente compromctida. A lci penal procura (...) tutelar, por esta forma, a inocência e a irreflexão, a integridade física e a pureza moral, dos menores de certa idade que são fáceis de sugestionar e de perverter e que, por isso, é necessário defender energicamente contra as sugestões dos outros e contra os seus próprios impulsos».

[144] CÂNDIDO DE FIGUEIREDO (apud LUÍS OSÓRIO, *ob. cit.* vol. III, p. 221) define o pudor «como um sentimento de vergonha por motivos de carácter sexual». MANZINI (apud LUÍS OSÓRIO, *ibidem*) refere que «o pudor é um sentimento individual. A colectividade, propriamente, não tem pudor, como não tem honra, decoro etc., mas somente bons costumes». Diz LUÍS OSÓRIO, *ibidem*, que o pudor a que se refere o artigo 390 «não é o pudor de uma determinada pessoa, nem o pudor de uma determinada classe de pessoas, mas aquele pudor que é comum à generalidade das pessoas numa dada época e num dado lugar».

[145] Como salienta LUÍS OSÓRIO, *ob. cit.*, vol. II (1923), p. 515, estamos perante crimes em sentido restrito, «que tratam de interesses individuais e que por isso deviam figurar no título IV do Código» e não aqui.

[146] Assim, LUÍS OSÓRIO, *ob. cit.*, vol. II, p. 515. Acrescenta o mesmo Autor que, esta incriminação «não existia no CP de 1852, nem no de 1886». Trata-se de crime de natureza pública.

[147] LUÍS OSÓRIO, *ob. cit.*, vol. II, p. 516.

Segundo o artigo 9 da mesma lei, a primeira reincidência (isto é, a repetição pela segunda vez do mesmo crime) era punida com prisão de 6 meses a 2 anos, a segunda reincidência (isto é, a repetição pela terceira vez do mesmo crime) com a pena do crime de vadiagem[148] e a terceira reincidência e seguintes (isto é, a repetição pela quarta e mais vezes do mesmo crime) com a pena de reincidência no crime de vadiagem.

De esclarecer que, nos termos do artigo 1 da Lei de 20/7/1912, os punidos como vadios eram colocados à disposição do Governo, para serem internados num dos estabelecimentos a que se referia o artigo 14 da mesma Lei[149], por tempo não inferior a 3 meses nem superior a 6 anos.

Significa isto que, a partir da entrada em vigor da Lei de 20/7/1912, os que se entregassem à prática de actos homossexuais eram punidos nos termos supra descritos, isto é, pela primeira e segunda vez com penas de prisão e, pelas restantes vezes, com medida de segurança, internato, sendo

---

[148] Pelo artigo 5 da mesma Lei de 20/7/1912 incorriam no crime de vadiagem os maiores de 16 anos, que não tivessem ainda completado 60 anos, mas que já tivessem sofrido um certo número de condenações. Segundo o artigo 6 da mesma lei, as reincidências no crime de vadiagem eram punidas com um internato por tempo não inferior ao dobro da duração do internato imediatamente anterior, mas não podendo, em caso algum, ser superior a 6 anos. O internato é uma medida especial (uma medida de segurança) tomada contra a delinquência habitual.

[149] Dispunha o art. 14 da Lei de 20/7/1912 que, «para os efeitos desta lei, são criadas uma Casa Correccional de Trabalho e uma Colónia Penal Agrícola». A Lei de 30/6/1914 determinou, nos artigos 9º e 10º que, enquanto não fossem criadas as casas de trabalho para os indivíduos do sexo masculino, os que incorressem nas disposições dos artigos 1, 3 e 5 daquela lei fossem internados no forte de Monsanto. A Portaria nº 585 de 16/2/1916 mandou observar determinados preceitos da Lei de 20/7/1912, sobre a fixação dos mínimos e dos máximos de internato e, dispôs que, nas sentenças em que os condenados são considerados vadios, não tem que determinar-se o tempo mínimo ou máximo do internato: o vadio é posto à disposição do governo, que o internará por tempo não inferior a 3 meses nem superior a 6 anos. Entre aqueles mínimos e máximos o internato durará até que o Ministro da Justiça ordene a sua terminação (art. 11 da Lei de 20/7/1912). O internato podia ser substituído pela deportação para qualquer prisão das províncias ultramarinas, competindo a substituição ao Governo (artigo 13 da mesma Lei de 20/7/1912). O Decreto nº 1506 de 19/4/1915 estabeleceu para os vadios o regime de trabalho obrigatório.

Antecedentes históricos do crime de "homossexualidade com menores" 81

equiparados aos vadios a partir da terceira vez que fossem condenados pelo mesmo crime.

1931.

O crime de corrupção de menores, previsto no artigo 406 do CP 1886, foi ampliado com os artigos 21, 24 e 25 do Dc. nº 20.431 de 24/10/1931[150].

Particularmente, o corpo do artigo 25 do cit. Dc. nº 20.431, prevê a punição (*com pena de prisão correccional até 1 ano e multa correspondente se tiverem procedido com intenção, isto é, com dolo, ou só com pena de multa até 1.000$00 se tiverem procedido com simples negligência*) do pai, mãe, tutor ou outra pessoa encarregada da guarda de menores, que por acção (*tiverem dado causa*) ou omissão (*ou não tiverem impedido, podendo fazê-lo*), fizessem com que os menores se tornassem delinquentes, alcoólicos, libertinos, ou por outra forma viciosos, ou que por algum modo tivessem contribuído para a desmoralização, perversão ou desamparo dos mesmos menores.

Segundo o § único do mesmo artigo 25, também terceiros (quaisquer pessoas) eram punidos com pena correccional até 6 meses, se intencionalmente tivessem praticado os factos aludidos no corpo do mesmo artigo.

Certamente que, na categoria dos menores que se tornavam «viciosos», estavam incluídos os que se tornassem homossexuais ou que praticassem regularmente actos homossexuais.

Quer dizer que, os pais que não conseguissem evitar que os filhos menores de 16 anos se tornassem homossexuais ou que praticassem regularmente actos homossexuais, eram também punidos, quanto mais não fosse, a título de negligência.

O mesmo sucedia com terceiros, embora estes só fossem punidos se intencionalmente (isto é, dolosamente) tivessem contribuído para a

---

[150] MAIA GONÇALVES, *Código Penal Português* (1980), p. 652.

desmoralização, perversão ou desamparo dos mesmos menores, designadamente, praticando com eles actos que os tornassem «viciosos».

Isto é, a nível dos menores de 16 anos, o legislador de 1931 teve a preocupação de preservar a «boa e sã formação da juventude», transferindo esse encargo, em primeiro lugar para os «encarregados de educação» dos menores (pai, mãe, tutor ou outra pessoa encarregada da sua guarda) e, em segundo lugar, para qualquer pessoa que com eles privasse de perto.

1954.

Com a entrada em vigor do DL nº 39.688 de 5/6/1954, a prática da homossexualidade habitual passou a ser entendida como um estado de perigosidade, de «marginalismo criminoso» ou de «para-delinquência».

A ideia foi "subtrair" estes estados considerados «parapenais» "ao direito criminal para serem antes considerados, substancialmente, pertencentes ao direito administrativo"[151].

Assim, quem se entregasse habitualmente à prática de «vícios contra a natureza» - o que, portanto, abrangia a entrega à prática reiterada de

---

[151] Assim, EDUARDO CORREIA, *Direito Criminal*, vol. I, p. 75. Acrescenta, *ibidem*, nota 1, que «a tese acolhida pelo nosso Código (...) procura basear-se porventura numa razão dogmática: a de que aquelas formas de vida não poderiam considerar-se factos ou acções em sentido jurídico-penal (...) nem, portanto, formar verdadeiros tipos legais de crime, cujo assento seria aliás na parte especial do Código Penal. Mas esta consideração tem índole nitidamente positivista; se a acção for (...) considerada na sua especificidade normativa, como "negação de valores pelo homem", logo se torna evidente que tal negação pode indiferentemente operar-se através de uma conduta isolada ou através de uma forma de vida. E depois não pode esquecer-se que a reacção contra estados perigosos parapenais, de natureza substancialmente administrativa, a que se ligam medidas de segurança, faz incorrer em sério risco – como do próprio ponto de vista da prevenção especial se reconhece – as liberdades individuais, quaisquer que sejam as garantias processuais adoptadas (...)». Conclui, que "tudo se resolveria «*de jure condendo*» (...) considerando tais formas de vida como crimes em sentido próprio, aos quais deverão portanto aplicar-se, não medidas de segurança, mas penas".

actos homossexuais - sujeitava-se à aplicação de medidas de segurança, independentemente de terem sido cometidas entre adultos (de qualquer sexo) e de serem por eles consentidas (artigo 71, 4º do citado DL nº 39.688)[152].

As medidas de segurança variavam, neste caso, desde a caução de boa conduta até ao internamento (artigo 71, 4º e §1, 2ª parte e artigo 70 do citado DL nº 39.688).

Assiste-se, deste modo, a uma aproximação a um tipo de direito penal de autor[153], em que a razão de ser da incriminação aparece ligada à personalidade e modo de vida de um determinado agente, em vez de aparecer ligada à acção concreta.

Análise crítica.

Na vigência do CP de 1886, antes da reforma de 1912, a prática não habitual de actos homossexuais consentidos entre maiores de 12 anos não era punida salvo se se verificassem os pressupostos do crime de ultraje ao pudor.

Após a reforma de 1912, alargou-se a protecção penal dos jovens no crime de atentado ao pudor, por forma a abranger os menores de 16 anos,

---

[152] FIGUEIREDO DIAS, Jorge, "Os Novos Rumos", p. 20, citando como exemplo da tradição liberal do Direito Penal Português a não criminalização de condutas imorais como o homossexualismo, salienta que tal posição foi «enfraquecida» após 1954, na medida em que passou a ser considerado como «estado de marginalismo criminoso», sujeito a medidas de segurança (de acordo com o disposto no artigo 71 do DL nº 39.688 de 5/6/1954), o que significou uma cedência "aos ventos do «totalitarismo ético» que então sopravam na vida política e social portuguesa" (ver também a mesma citação em PREL-HAZ NATSCHERADETZ, Karl, *ob. cit.*, p. 16, nota 1).

[153] A propósito desta questão - direito penal de facto e direito penal de autor – ver ROXIN, Claus, *Derecho Penal, Parte General,* vol. I, pp. 176-189. Esclarece este Autor, *ob. cit.,* p. 177, «que o princípio constitucional *nullum crimen, nulla poena sine lege* favorece mais o desenvolvimento de um direito penal de facto do que um direito penal de autor (...). Assim (...) um ordenamento jurídico que se baseie nos princípios próprios de um Estado de Direito liberal inclinar-se-á sempre para um direito penal de facto».

designadamente vítimas da prática não habitual de actos homossexuais «consentidos».

Além disso, com a reforma de 1912, passou a tratar-se o homossexual habitual que fosse reincidente pela 2ª vez como vadio, sendo certo que, após a reforma de 1954, passou a ser tratado como um deficiente ou doente que carecia ou necessitava da aplicação de medidas de segurança, tal como de resto, entre outros, determinados vadios, prostitutas e outras categorias específicas de pessoas.

As reformas de 1912 e de 1954, representam, neste aspecto, uma censura moral a todo o tipo de práticas sexuais que se afastem do padrão de «normalidade», as quais considera viciosas.

Era então importante para o Estado educar a sociedade, com recurso à defesa e apologia da moral tradicional, dessa forma se entendendo que melhor se protegia a família, procurando-se salvaguardar os «bons costumes», representando o casamento - e, consequentemente, a relação heterossexual com vista à reprodução subjacente - o destino e ambição natural de qualquer jovem que atingisse o estado adulto.

Por isso, os homossexuais habituais passaram a ser tratados como doentes, perversos[154], carecidos de tratamento, na medida em que adoptavam comportamentos que se desviavam desses valores e projectos que o Estado procurava afirmar e incutir através, designadamente, da legislação penal.

2.4. No Anteprojecto do Código Penal de 1966.

Nova configuração do tipo.

No seu anteprojecto, Eduardo Correia - que criticava a aplicação de medidas de segurança aos que praticavam habitualmente a homossexua-

---

[154] POLÓNIO, Pedro, *Psiquiatria Forense*, Lisboa: Coimbra Editora, 1975, p. 154, refere que «todos os desvios sexuais eram antigamente chamados de perversões (...), [eram] certamente pecado ou crime, e pelo menos vício».

lidade – propõe criminalizar a prática habitual de atentado ao pudor com pessoa do mesmo sexo, por ter «uma significante relevância social» (artigo 253 nº 2)[155].

Ao mesmo tempo, por essa via, conseguia descriminalizar o acto isolado de homossexualidade praticado entre maiores de 16 anos em privado.

O acto homossexual era considerado como «acto contrário ao pudor» cometido com pessoa do mesmo sexo, ou seja, era considerado como um «atentado ao pudor» de outrem (menor de 16 anos ou, no caso da habitualidade, sem restrição quanto à idade do sujeito passivo).

No nº 1 do artigo 253 do referido anteprojecto de 1966, sob a epígrafe de «homossexualidade», criminalizava o «desencaminhar menor de 16 anos do mesmo sexo para a prática de acto contrário ao pudor consigo ou com outrem do mesmo sexo», mas exigia que o agente, neste caso, fosse maior de 18 anos.

Justificava a incriminação a convicção da particular vulnerabilidade do menor de 16 anos[156].

---

[155] Artigo 253 (homossexualidade) do anteprojecto do CP 1966: 1 - Quem, sendo maior de 18 anos, desencaminhar menor de 16 anos do mesmo sexo para a prática de acto contrário ao pudor, consigo ou com outrem do mesmo sexo, será punido com prisão até 2 anos. 2 - Na mesma pena incorre quem habitualmente cometer atentado ao pudor com pessoa do mesmo sexo.

[156] Como diz RODRIGUES, Anabela, *ob. cit.*, p. 265, nota 273, "é sabido que até 1969 eram punidas no StGB a homossexualidade entre adultos, assim como a difusão da pornografia, também entre adultos. Cf. ainda a fundamentação da punição da homossexualidade no Projecto de 1962 do StGB (§216): «(...) pois a relação sexual entre um homem e outro é considerada, de acordo com a convicção amplamente dominante do povo alemão, como uma aberração desprezível, capaz de destruir o carácter e o sentimento moral». O que se observa é assim que a defesa, neste Projecto, da ideia de que as normas penais servem a protecção de bens jurídicos, não impediu - e segue-se de novo a fundamentação do Projecto - «que se ameacem com penas também determinados casos especialmente reprováveis do ponto de vista ético e condutas infames segundo a convicção geral, mesmo que não se lese qualquer bem jurídico directamente determinável»". A mesma Autora, na nota de rodapé 276 (*ob. cit.*, p. 266), a dada altura refere: "[exemplos] paradigmáticos de reformas operadas no seio desta mundivivência «liberal» e «tolerante» são os casos do AE: na linha de que «não se trata de censura moral a uma conduta, mas

A moldura abstracta em ambos os casos – isto é, quer no caso da prática de acto homossexual isolado, quer no caso da prática habitual da homossexualidade – era de pena de prisão até 2 anos, o que significava que a tentativa (desde que não se verificassem circunstâncias agravantes ou qualificativas) não era punida.

Análise crítica.

A prática habitual da homossexualidade consentida, mesmo entre adultos (para este efeito maiores de 16 anos), pese embora já não fosse tratada como uma doença, não deixava de ser punida, justificando-se a criminalização (embora limitada pela exigência da necessidade da prova da habitualidade), com o apelo à moral sexual tradicional, que condenava esse tipo de comportamento sexual.

Apesar de, no anteprojecto de 1966, surgir, de forma autónoma, criminalizada a conduta homossexual habitual e a cometida sobre menor de 16 anos, a verdade é que, neste último caso, exigia-se (adicionalmente), além da prática do acto homossexual em si, que o sujeito passivo fosse «desencaminhado», isto é, fosse «desviado» por assim dizer do seu percurso «natural», requisito este que constituía um «travão» à eventual tentação de punir apenas o acto em si e que também restringia a área de tutela típica.

De referir por último que, apesar da opção pela incriminação autónoma (o que, de certa forma mas, com as devidas distâncias, recorda a incriminação da sodomia quando vigoravam as Ordenações), neste anteprojecto todos os actos sexuais (independentemente do seu tipo ou

---

apenas a da sua qualidade de factor perturbador da ordem pacifica externa - cujos elementos de garantia se denominam bens jurídicos - que pode acarretar a imposição de penas estatais» (assim, Roxin, «Franz von Liszt», p. 60), defendia-se neste Projecto a exclusão da punibilidade de comportamentos tais como a homossexualidade, a sodomia, o proxenetismo, divulgação de pornografia ou o incesto, quando praticados por pessoas adultas, com mutuo consentimento e em privado, bem como a quase total abolição da criminalização na área da religião.)".

Antecedentes históricos do crime de "homossexualidade com menores" 87

natureza), eram tratados como «atentados ao pudor» se cometidos em menores de 16 anos - incluindo portanto menores entre 14 e 16 anos - ainda que por eles consentidos, não se notando diferente sancionamento consoante a natureza do acto em causa, tal como acabou por suceder posteriormente, no domínio do CP na versão de 1982.

2.5. No Código Penal na versão do DL nº 400/82 de 23/9.

Tipo objectivo de ilícito.

No Código Penal aprovado pelo DL nº 400/82 de 23/9, o crime de homossexualidade com menores surge autonomizado no artigo 207[157].

Pretendia-se proteger o menor de 16 anos, por se entender que o mesmo era particularmente vulnerável «a influências que podem comprometer uma vontade livre e consciente de se determinar sexualmente»[158].

Esse direito do menor de 16 anos de se determinar sexualmente não devia sofrer a interferência de outra pessoa de maior idade[159].

Assim, no crime de homossexualidade com menores, o legislador teve o cuidado de exigir que o sujeito activo fosse maior de 18 anos, cuidado esse que não teve em relação ao agente do crime de estupro (artigo 204), o qual era punido desde que tivesse 16 anos.

Esta exigência de o sujeito activo ter no mínimo 18 anos era certamente justificada pela convicção de que (pelo menos) a partir dessa idade

---

[157] Artigo 207 do CP 1982: Quem, sendo maior, desencaminhar menor de 16 anos do mesmo sexo para a prática de acto contrário ao pudor, consigo ou com outrem do mesmo sexo, será punido com prisão até 3 anos.

[158] LOPES ROCHA, Manuel, "O Novo Código Penal Português. Algumas Questões de Política Criminal", *BMJ* 322/59-60.

[159] Ver Ac. STJ de 24/3/1994, *BMJ* 435/551-557. Aqui, também, defendendo o concurso de crimes entre atentado ao pudor e homossexualidade com menores, por serem diversos os bens jurídicos tutelados.

(dada a maior maturidade) o agente teria também maior capacidade para interferir na determinação da vontade do menor de 16 anos.

Realçava-se, dessa forma, a incongruência da não exigência do agente ser maior de 18 anos no crime de estupro.

Quanto ao sujeito passivo, teria de ser pessoa do mesmo sexo mas menor de 16 anos.

Por contraposição com o crime de estupro - que exigia a sedução por abuso de inexperiência ou mediante promessa séria de casamento -, poderíamos dizer que, aparentemente, o legislador se preocupou menos na configuração da conduta típica do crime de homossexualidade com menores, na medida em que a sua consumação ocorria com o simples "desencaminhar" do menor de 16 anos para a prática de acto contrário ao pudor com pessoa do mesmo sexo (isto é, com o próprio agente ou que o agente levasse o menor de 16 anos a praticá-lo com outrem do mesmo sexo que a vítima).

Desencaminhar significa desviar, implicando de certa forma a «corrupção» do menor que corria, assim, maiores riscos de se tornar homossexual.

A palavra "desencaminhar" estava também imbuída de toda uma carga negativa, exprimindo a opinião do legislador sobre a prática de actos homossexuais com menores de 16 anos, no sentido de que tinham a virtualidade de os tornar, dada a sua vulnerabilidade, homossexuais, o que significava desvio da capacidade natural de determinação para a heterossexualidade.

Todavia, a exigência desse «desencaminhamento» permitia por outro lado que, caso a iniciativa partisse do jovem (o que levava a entender-se que não ocorria o desencaminhamento, embora houvesse a prática de acto contrário ao pudor), a conduta já não fosse punida por esse dispositivo legal (artigo 207), embora não deixasse de ser punida pelo crime de atentado ao pudor previsto no artigo 205 nº 2 ou previsto no artigo 206 nº 2.

Efectivamente, a simples prática de atentado ao pudor em menor de 16 anos, independentemente dos meios utilizados, fazia o agente maior de 16 anos incorrer no crime de atentado ao pudor previsto no artigo 206 nº 2, o qual era punido com prisão até 1 ano.

Claro que, tal acto podia ainda integrar, em concurso, o crime de ultraje ao pudor de outrem do artigo 213 ou até, se fosse praticado publicamente ou em circunstâncias de provocar escândalo, poderia verificar-se o crime do artigo 212 (exibicionismo e ultraje público ao pudor)[160].

A moldura abstracta era mais grave (prisão até 3 anos) se o atentado ao pudor fosse praticado, independentemente dos meios utilizados, em menor de 14 anos (artigo 205 nº 2).

A definição de «atentado ao pudor» (dada pelo artigo 205 nº 3), sempre dependente da violação, em grau elevado, dos sentimentos gerais de moralidade sexual, permitia que nele se enquadrassem quaisquer actos que, embora tivessem de ter um mínimo de conteúdo sexual, contendessem com a moral sexual.

Moralidade sexual que tinha a ver com os sentimentos gerais da comunidade sobre questões sexuais, encaradas de um ponto de vista moral.

Isto é, dava-se primazia à preservação dos sentimentos gerais de moralidade sexual em detrimento da categoria do acto, para o qual se exigia apenas um mínimo de conteúdo ou significado sexual.

O que prevalecia, portanto, era a liberdade de determinação ou expressão sexual, não enquanto valor individual, mas enquanto valor supra individual da comunidade ou do Estado.

Tipo subjectivo de ilícito.

O crime era doloso, admitindo qualquer das suas modalidades, não sendo punida a comissão negligente.

O elemento intelectual do dolo exigia que o agente tivesse conhecimento que estava a desencaminhar pessoa do mesmo sexo, menor de 16

---

[160] Artigo 212 (exibicionismo e ultraje público ao pudor) do CP 1982: Quem, publicamente e em circunstâncias de provocar escândalo, praticar acto que ofenda gravemente o sentimento geral de pudor ou de moralidade sexual, será punido com prisão até 1 ano e multa até 100 dias. Por seu turno, dispõe o artigo 213 (ultraje ao pudor de outrem) do mesmo código: 1 - Quem ofender outra pessoa, praticando com ela, ou diante dela, acto atentatório ao seu pudor, será punido com prisão até 6 meses e multa até 60 dias. 2- O procedimento criminal depende de queixa.

anos, para a prática (consigo ou com outrem do mesmo sexo do sujeito passivo) de acto contrário ao pudor.

O elemento da vontade consistia no querer desencaminhar pessoa do mesmo sexo, menor de 16 anos, para a prática (consigo ou com outrem do mesmo sexo do sujeito passivo) de acto contrário ao pudor.

Assim, para a imputação a título de dolo era suficiente a vontade de desencaminhar pessoa do mesmo sexo, menor de 16 anos, para a prática (consigo ou com outrem do mesmo sexo do sujeito passivo) de acto contrário ao pudor.

O erro censurável sobre o elemento típico da idade da vítima, previsto no artigo 210[161], conduz a uma atenuação especial.

A pena.

Ao contrário do preconizado no anteprojecto de Eduardo Correia, o crime de homossexualidade com menores era punido com prisão até 3 anos, isto é, era punido de forma mais grave do que o crime de estupro, o que significava que se considerava o «desencaminhar para a prática de actos homossexuais», conduta mais prejudicial para a jovem vítima.

A tentativa do crime de homossexualidade com menores, mesmo sem agravação, era punida (artigo 23), ao contrário do que sucedia no caso do estupro, o que corroborava a ideia da maior nocividade para o jovem menor de 16 anos da prática ou tentativa de prática desse tipo de actos.

Aliás, face à existência de «válvulas de escape», como eram os crimes de atentado ao pudor[162], de ultraje público ao pudor e de ultraje ao pudor de outrem, poderia questionar-se a razão de ser da opção pela autonomização do crime de homossexualidade com menores.

---

[161] Dispõe o artigo 210 (erro sobre a idade) do CP 1982: Quando o tipo legal de crime supuser uma certa idade da vítima e o agente, censuravelmente, a ignorar, a pena respectiva reduzir-se-á de metade no seu limite máximo.

[162] Cf. Ac. TRL de 31/10/1984, *CJ* 1984, IV, p. 155, onde se decidiu que a prática de relações lésbicas é susceptível de enquadramento no crime de atentado ao pudor.

Tudo indicava que o legislador estava preocupado em encaminhar os jovens menores de 16 anos, cuja personalidade se estava a formar e a estruturar, para a escolha - dentro dos padrões «normais» da heterossexualidade - de uma «saudável orientação sexual», considerando perigoso para estes jovens a prática de actos homossexuais com maiores, dada a influência que estes podiam exercer sobre eles.

O crime de homossexualidade com menores era por natureza semi-público, embora ressalvadas as excepções previstas no artigo 211.

Análise crítica.

A homossexualidade deixa de ser considerada um "perigo social" passível de aplicação de medida de segurança.

Reconhece-se um «direito legítimo a um modo de vida»[163], salvo quando a vítima seja menor de 16 anos.

De realçar que, o Código Penal na versão de 1982 afastou-se do anteprojecto de Eduardo Correia quando não criminalizou a prática habitual da homossexualidade consentida entre maiores de 16 anos.

Com este código, na versão de 1982, a homossexualidade é tratada como um tipo legal de crimc autónomo quando são envolvidos menores de 16 anos, notando-se, desde então, o diferente tratamento penal consoante a natureza dos actos sexuais cometidos, ainda que consensuais, em menores de 16 anos, o que não sucedia anteriormente no domínio dos CP de 1852 e de 1886.

2.6. Preocupações comuns nas sucessivas reformas.

Da sucessiva legislação penal analisada sucintamente, resulta que houve a preocupação de restringir o crime de homossexualidade apenas à protecção de menores de 16 anos (a nível dos sujeitos, idade, conduta típica e sanção) e não também a adultos ou a pessoas maiores de 16 anos.

---

[163] Assim, LOPES ROCHA, Manuel, *ob. cit.*, p. 45 ss.

Com efeito, de pecado capital ou heresia, a homossexualidade passou a ser entendida como uma deficiência, uma tendência perniciosa ou maligna que influencia o adolescente na escolha da sua orientação sexual[164].

Por isso também o legislador não se preocupou, em construir o crime de homossexualidade com menores à semelhança do crime de estupro, quanto aos meios de execução, preocupação essa que mesmo hoje não existe.

Todavia, tal incriminação (artigo 207), que ganhou autonomia no Código Penal aprovado pelo DL nº 400/82 de 23/9, apenas se justificava pela necessidade de proteger o jovem adolescente de uma «má» orientação sexual, assumindo o legislador um papel educativo.

Também, com a autonomização do crime de homossexualidade com menores, salienta-se o tratamento penal desigual consoante a natureza dos actos praticados, designadamente a nível das sanções.

Enquanto o estupro (não agravado) tentado não era punido, o crime de homossexualidade com menores tentado (ainda que não agravado), já era punido.

Por outro lado, comparativamente com os crimes de atentado ao pudor previstos nos artigos 205 nº 2 e 206 nº 2 do CP de 1982, a maior gravidade da moldura abstracta do crime de homossexualidade com menores, também realçava o tratamento desigual consoante a natureza do acto praticado em menores de 14 e de 16 anos.

De resto, face à existência de um tão abrangente crime de atentado ao pudor, que protegia os jovens até aos 16 anos, não se compreende a razão de ser da autonomização do crime de homossexualidade com menores, a não ser por razões moralistas ou educativas e, no fundo também, por razões ligadas a uma certa discriminação em razão da orientação sexual.

---

[164] MORICI, Silvia, *ob. cit.*, p. 147, refere que: «[uma] rápida revisão na História (...) mostra que a homossexualidade, passando de um rito de iniciação para os jovens da Grécia antiga, uma prática sexual aceite no mundo latino, a um pecado, uma "abominação", na Idade Média, para depois ocupar um espaço entre as enfermidades, e, já na era contemporânea, especificamente, dentro da psicopatologia». E, mais à frente (*ob. cit.,* p. 148), acrescenta que «a tolerância social de uma cultura será dada pela relação entre a organização social particular de cada um e a moral sexual imperante da época».

CAPÍTULO II.

Análise das incriminações previstas nos artigos 174 e 175 do
Código Penal Português e aproximação ao Direito Comparado

1. NO DIREITO PORTUGUÊS: Código Penal na versão revista (aprovada pelo DL n° 48/95 de 15/3) até à actualidade.

1.1. Crime de «estupro», hoje designado por crime de «actos sexuais com adolescentes».

De salientar que, só após a entrada em vigor da Lei n° 65/98 de 2/9, o crime de estupro passou a ser designado por «crime de actos sexuais com adolescentes», inovação que visou afastar a conotação moralista subjacente ao termo «estupro» já que este, etimológica e socialmente, também significava desfloramento da virgem, isto é, equivalia a uma «violação» da virgindade da mulher[165].

---

[165] Melhor teria sido, talvez, alterar a epígrafe para «actos heterossexuais com adolescentes», por contraposição com a do crime previsto no artigo 175.

Tipo objectivo de ilícito.

A nível dos sujeitos do crime, verificamos que, a versão de 1995, tal como a de 1998, não trouxe qualquer inovação quanto aos limites de idade e género do sujeito passivo (artigo 174)[166].

Efectivamente, sujeito passivo continua a poder ser qualquer pessoa (sem distinção de sexo) que já tenha completado 14 anos mas que seja menor de 16 anos.

Porém, quanto ao sujeito activo (que pode ser qualquer pessoa sem distinção de sexo), enquanto a reforma de 1995, mantinha a exigência de ter de ser maior de 16 anos, já a reforma de 1998, inovou quando passou a exigir que tivesse 18 anos.

Assim, a reforma de 1998 restringiu mais uma vez o tipo, afastando a punição quando o agente e a vítima do crime têm idades próximas, no máximo quando exista uma diferença de idades entre ambos que não ultrapasse os 2 anos, tendo cada um deles idades próximas dos respectivos limites máximos (18 e 16 anos).

Acresce que, tratando-se de um crime de mão própria[167], apenas é punido como autor o próprio agente que tiver cópula ou coito com a pessoa seduzida, sendo impossível configurar a punição de terceiro em autoria mediata ou em co-autoria[168].

---

[166] Dispõe o artigo 174 (estupro) do CP, na redacção do DL 48/95 de 15/3: Quem tiver cópula com menor entre 14 e 16 anos, abusando da sua inexperiência, é punido com pena de prisão até 2 anos ou com pena de multa até 240 dias. O mesmo artigo 174 (Actos sexuais com adolescentes) na redacção da Lei 65/98 de 2/9 é do seguinte teor: Quem, sendo maior, tiver cópula, coito anal ou coito oral com menor entre 14 e 16 anos, abusando da sua inexperiência, é punido com pena de prisão até 2 anos ou com pena de multa até 240 dias.

[167] Os crimes de mão própria caracterizam-se porque exigem a própria intervenção corporal do autor no facto (JESCHECK, Hans-Heinrich, *Tratado de Derecho Penal. Parte General*, (trad. cast., por José Luis Manzanares Samaniego, da 4ª ed. – 1988 de *Lehrbuch des Strafrechts. Allgemeiner Teil*), 4ª ed. corrigida e ampliada, Granada: editorial Comares, 1993, pp. 240-241).

[168] Poderá ser punida, nos termos gerais, a participação de terceiros embora apenas sob a forma de instigação ou de cumplicidade. Assim, embora a propósito do crime de

Análise do crime previsto no art.º 174 do CP revisto

A nível da acção, concretamente quanto ao resultado tipicamente relevante, houve um alargamento da área de tutela típica na medida em que, enquanto na versão de 1995 apenas se aludia à prática de cópula, com a reforma de 1998, ao lado da cópula, surge o coito anal e o coito oral.

Este alargamento não é de todo estranho dado que a reforma de 1998 se preocupou, no capítulo dos crimes sexuais, em equiparar à cópula e ao coito anal, o coito oral, tratando estes 3 tipos de actos – enquanto actos sexuais cujo relevo é determinado e representa a mais importante limitação da liberdade sexual da vítima – por regra de forma igual.

Curioso é que, aquando da reforma de 1995, não tenha sido seguido o mesmo entendimento para o crime de estupro (no qual era então apenas abrangido o resultado típico cópula), pese embora, na altura, em diversas disposições, já se tivesse equiparado o coito anal à cópula.

E, não obstante o legislador actual ter equiparado esses 3 tipos de actos sexuais[169], todos pressupondo uma penetração física, a verdade é que aderiu ao conceito tradicional de cópula, tendo o cuidado de utilizar diferentes expressões para se referir ao "coito anal" ou ao "coito oral"[170], autonomizando estes dois últimos actos, os quais por essa via considerou «cópulas impróprias».

Também, apesar de o conceito tradicional de cópula (penetração do órgão sexual masculino na vagina) pressupor apenas a relação heteros-

---

fraude sexual (artigo 167), RODRIGUES, Anabela, *Comentário Conimbricense*, tomo I, p. 495. Também FIGUEIREDO DIAS, Jorge, *Comentário Conimbricense*, tomo I, p. 567, esclarece que «[sem] prejuízo naturalmente de o sedutor poder servir-se de um terceiro para alcançar a sedução, a verdade é que *punível como autor* só pode ser aquele que tiver cópula ou coito com a pessoa seduzida (...)».

[169] Entre a cópula vaginal e o coito anal ou oral há uma "equivalência meramente funcional, na medida em que o órgão que na relação anal ou oral substitui a vagina realiza a mesma função que esta". Todavia, tais actos deverão ser definidos a partir de critérios objectivos e não de factores subjectivos, como seja, por exp., a intenção do agente ou a sua satisfação sexual.

[170] BELEZA, Teresa, "O Conceito Legal de Violação", *RMP*, ano 15º, nº 59, 1994, p. 55, chama a atenção para o facto do legislador ter tido o cuidado de se exprimir com a referência a "coito anal" em vez de "cópula anal".

sexual, por sua vez o coito anal (no qual a penetração ocorre no ânus) e o coito oral (no qual a penetração ocorre na boca), admitem a relação heterossexual e a relação homossexual masculina mas, ao que parece, só se quis aqui atender aos actos de natureza heterossexual[171].

De qualquer forma, cremos que, no domínio do Código Penal na versão revista em 1995 e, mesmo após a reforma de 1998, apenas se pode defender o conceito médico-legal de cópula (no sentido de cópula vaginal)[172], devendo também os coitos anal e oral – já que o legislador não especifica o grau de união que exige entre os órgãos intervenientes – supor uma penetração equivalente à vaginal[173].

Também desde a reforma de 1995 que, mais uma vez, se limitou a conduta típica com a restrição da «sedução» ao abuso de inexperiência, abuso esse que determina (nexo de imputação objectiva) a vítima a consentir na prática da cópula, do coito anal ou do coito oral.

Como esclarece Figueiredo Dias[174], «seduzir sexualmente significa, neste contexto, explorar a (ou aproveitar-se da) inexperiência sexual da vítima e consequentemente a menor força de resistência que por isso terá diante da cópula ou do coito».

O abuso da inexperiência tem por isso de ser «imediatamente dirigido» à prática da cópula, do coito anal ou do coito oral, exigindo-se entre o meio típico e o acto em causa uma relação meio-fim.

Deve, porém, excluir-se a existência de abuso de inexperiência quando a iniciativa parte da vítima[175], ou quando esta tenha manifestado a sua

---

[171] FIGUEIREDO DIAS, Jorge, *Comentário Conimbricense,* tomo I, p. 565, esclarece que os coitos anal e oral previstos no crime do artigo 174 só poderão resultar do relacionamento heterossexual.

[172] A cópula vulvar deverá ser considerada um acto sexual de relevo.

[173] Neste sentido, ORTS BERENGUER, Enrique, *Delitos contra la libertad sexual,* Valencia: Tirant lo blanch, 1995, pp. 74-79. A exigência de um determinado grau de penetração será sempre discutível se pensarmos no entrave importante ao bem jurídico protegido que representa o acto (coito oral ou anal) em si mesmo considerado, ainda que apenas ocorra um mínimo de penetração na boca ou no ânus.

[174] FIGUEIREDO DIAS, Jorge, *Comentário Conimbricense,* tomo I, p. 566.

[175] FIGUEIREDO DIAS, Jorge, *ob. ult. cit.,* p. 567.

concordância de forma livre e consciente sem qualquer influência, ou genericamente quando não se prove que foi o abuso de inexperiência que determinou o consentimento prestado.

Tipo subjectivo de ilícito.

O crime de actos sexuais com adolescentes exige imputação a título de dolo, em qualquer das suas modalidades, não sendo punida a comissão negligente.

Para que se verifique o elemento intelectual do dolo é necessário que o agente tenha conhecimento da ilicitude ou ilegitimidade da prática daqueles actos (cópula, coito anal ou coito oral), nas condições tipificadas na lei.

O elemento da vontade consiste no querer realizar a cópula, o coito anal ou o coito oral através do abuso de inexperiência do sujeito passivo (jovem que já tenha completado 14 anos mas que seja menor de 16 anos).

Assim, para a imputação a título de dolo é suficiente a vontade de praticar (consigo) o acto (cópula, coito anal ou coito oral) através do abuso de inexperiência de jovem que já tenha completado 14 anos mas que seja menor de 16 anos.

Sendo um «crime de dois actos, o dolo deve concorrer em ambas as acções executivas e, não pode formar-se, *à posteriori*, em uma só delas»[176].

O erro sobre a idade da vítima é um erro sobre um elemento do tipo que exclui o dolo (artigo 16 n.º 1), não sendo o agente punido, sequer por negligência (artigo 16 n.º 3)[177].

---

[176] ROXIN, *Derecho Penal, Parte General,* vol. I, p. 454.

[177] Se o agente pensa que a vítima consente na prática do acto porque é pessoa experiente, então estaremos perante uma avaliação errada da realidade objectiva, o que exclui o dolo (artigo 16 nº 2 CP revisto). Sobre a distinção entre o erro sobre as circunstâncias de facto subsumivel ao art. 16 e o erro sobre a ilicitude subsumivel ao art. 17, ambos do CP, ver FIGUEIREDO DIAS e COSTA ANDRADE, *Direito Penal. Questões fundamentais,* p. 233. Cf. ainda VELOSO, Jorge A., *Erro em direito penal*, Lisboa: AAFDL, 1993, p. 34.

A pena.

A nível da moldura abstracta, desde a reforma de 1995, que o máximo da pena de prisão baixou para 2 anos e, de forma inovadora, passou a admitir-se a alternativa da pena de multa[178].

Atenta a referida moldura abstracta, a tentativa do crime não é punida (artigo 23 nº 1).

Trata-se de crime em princípio de natureza semi-público[179], salvo as excepções previstas no artigo 178.

---

[178] Como ensina FIGUEIREDO DIAS, Jorge, *Direito Penal Português - parte geral II - as consequências jurídicas do crime*, Lisboa: Editorial Noticias, 1993, p. 117 ss., «a aplicação da pena de multa justifica-se sempre que esta represente uma censura suficiente do facto e, ao mesmo tempo, uma garantia para a comunidade da validade e vigência da norma violada (o que se prende com as finalidades das penas, em particular da de prevenção geral positiva, limitada pela culpa do agente). Esta alteração traduz a intenção político-criminal de fazer da multa a pena legalmente preferida, face à da prisão (princípio da preferência pelas reacções não detentivas, de acordo com o disposto no artigo 70): o que reflecte a convicção da superioridade político-criminal da pena de multa face à pena de prisão no tratamento da pequena e da média criminalidade». Concordando com este entendimento, BELEZA, Teresa, «"Como uma manta de Penélope": sentido e oportunidade da Revisão do C. P. (1995)», *in As reformas penais em Portugal e Espanha*, RMP, cadernos 7, 1995, p. 40, refere que «[a] pena de multa tende, cada vez mais, a tornar-se a pena - regra, mas agora e, por isso mesmo, não susceptível de suspensão, de forma a que se imponha como "verdadeira pena" e seja vista como tal, e não como forma de clemência». MAIA COSTA, Eduardo, "A revisão do Código Penal: tendências e contradições", *in As reformas penais em Portugal e Espanha*, RMP, cadernos 7, p. 83, criticando lucidamente a falta de «arrojo» do legislador, diz que a pena de "prisão [mantém] o protagonismo (...) continua a ser a referência fundamental que o legislador aponta ao tribunal, ao julgador, e a multa não alcança mais do que um lugar de *alternativa*. A prisão mantém o seu carácter emblemático de reacção criminal por excelência, mesmo nos crimes que o legislador «gostaria» que fossem aplicadas outras medidas penais (...)". Acrescenta que isso mesmo resulta do artigo 70 em que o juiz tem de justificar a multa "como adequada e suficiente às finalidades da punição", enquanto "a pena de prisão não precisa de justificação, ela é a pena «natural» do crime".

[179] Quanto à transformação, em determinados casos, de um crime público em crime particular ou semi-publico – "nota-se uma intenção político-criminal de não intervenção ou de descriminalização de facto: atende-se à falta de dignidade punitiva do

Sendo o sujeito passivo menor de 16 anos, o Ministério Público pode dar início ao procedimento criminal se o interesse da vítima o impuser (com a reforma de 1998 corrigiu-se a ambiguidade que, resultava do artigo 178 na redacção do DL nº 48/95, segundo a qual o Ministério Público podia dar inicio ao processo se especiais razões de interesse público o impusessem quando a vítima fosse menor de 12 anos), portanto mesmo sem haver queixa-crime.

Com a Lei nº 99/2001 de 25/8, passou a ter natureza pública o crime que for praticado contra menor de 14 anos e o agente tiver legitimidade para requerer procedimento criminal, por exercer sobre a vítima poder paternal, tutela ou curatela ou a tiver a seu cargo, admitindo-se, porém, nesta situação particular, a possibilidade de o Ministério Público fazer uso da suspensão provisória do processo[180].

---

facto concreto - bagatelas penais e pequena criminalidade - por isso, o procedimento criminal respectivo só tem lugar se e quando tal corresponder ao interesse e vontade do titular do direito de queixa ou o procedimento só prossegue se houver acusação particular". BELEZA, Teresa, *ob. ult. cit.*, p. 47, interroga-se se será «uma forma de minorar "excessos" de legalidade? Poderá ser também um caminho de reprivatização do processo penal (a expressão é de Albin Eser, 1990)». Segundo MUÑOZ CONDE, Francisco, "Principios inspiradores del nuevo Código penal español", *in As reformas penais em Portugal e Espanha*, *RMP*, cadernos 7, 1995, p. 19, nesses casos, tem-se em conta «as últimas tendências em favor de uma maior participação da decisão da vítima na perseguição do crime».

[180] ANTUNES, Maria João, "Sobre a irrelevância da oposição ou da desistência do titular do direito de queixa (artigo 178 nº 2 do Código Penal). Acordão da Relação do Porto de 10/2/1999", *RPCC*, ano 9, fasc. 2º, Abril-Junho 1999, pp. 323-329, comentando o dito arresto, conclui que é irrelevante a oposição ou a desistência do titular do direito de queixa, quando o Ministério Público decide iniciar ou continuar o procedimento criminal, nos termos do artigo 178 nº 2 do CP. Questão diferente é (como diz a mesma Autora) saber se o Ministério Público, numa reavaliação do interesse da vítima, pode pôr termo ao processo que iniciou nos termos do cit. artigo 178 nº2 na versão de 1998. Ainda, da mesma Autora, ver "Oposição de maior de 16 anos à continuação de processo promovido nos termos do artigo 178 n.º 4 do Código Penal", *RMP*, ano 26, n.º 103, Julho-Setembro 2005, pp. 21-37.

1.2. Crime de «actos homossexuais com menores», hoje designado por crime de «actos homossexuais com adolescentes».

Também aqui houve a preocupação de melhorar a epígrafe, designadamente no confronto com os restantes tipos previstos na secção dos «crimes contra a autodeterminação sexual», apesar de não se compreender porque é que também não foi melhorada a epígrafe do crime previsto no artigo 173 (que agora é «abuso sexual de menores dependentes»).

Embora, do nosso ponto de vista, a anterior epígrafe do artigo 175 fosse mais adequada e melhor traduzisse a vontade geral do legislador de tutelar, nesta secção, de forma gradativa, a autodeterminação sexual dos *menores* de 18 anos, com a reforma de 1998, criou-se uma aparente incongruência, quando se qualificam de «menores» os dependentes dentro da faixa etária entre os 14 e os 18 anos, vítimas de abuso sexual (artigo 173) e se designam, por um lado, como «adolescentes» os que se encontram na faixa etária entre os 14 e os 16 anos, nas incriminações previstas nos artigos 174 e 175 e, por outro lado, novamente se tratam como «menores» na incriminação prevista no artigo 176, os mesmos jovens da faixa etária entre os 14 e os 16 anos.

Também só nas incriminações previstas nos artigos 174 e 175 é que as respectivas epígrafes foram «seleccionadas» ou «escolhidas» a partir da natureza dos actos sexuais em questão.

De qualquer forma, incriminando-se no artigo 174 só os actos de natureza heterossexual, ao mesmo tempo que, no artigo 175, se altera o *nomem iuris* de «actos homossexuais com menores» para «actos homossexuais com adolescentes», não deixa de ser estranho que o legislador não tivesse preferido, para o artigo 174, a epígrafe de «actos heterossexuais com adolescentes» em vez da que adoptou de «actos sexuais com adolescentes».

Tipo objectivo de ilícito.

Em primeiro lugar refira-se que, a reforma de 1998, não alterou a configuração típica do crime previsto no artigo 175 do CP na versão de 1995, limitando-se a modificar a sua epígrafe nos moldes supra referidos, por confronto com a do artigo que lhe antecede (na epígrafe substitui-se a palavra «menores» por «adolescentes», por aqui estarem incluídos apenas os jovens entre 14 e 16 anos)[181].

Sujeito activo deste crime pode ser, tal como já sucedia desde a versão de 1982 do Código Penal, qualquer pessoa com 18 anos de idade, tendo a reforma de 1995 introduzido o limite mínimo de 14 anos para o sujeito passivo, que assim passou a abranger qualquer jovem que já tivesse completado 14 anos mas que fosse menor de 16 anos.

Apesar da introdução desse limite mínimo de idade no sujeito passivo deste crime, nem por isso se pode dizer que ficaram impunes os «actos homossexuais de relevo» cometidos em menores de 14 anos, uma vez que, nesta hipótese, tais actos são punidos pelo crime previsto no artigo 172.

Também desde 1995 que a conduta típica consiste em praticar ou levar a praticar com outrem (simplesmente) «actos homossexuais de relevo».

Podemos definir os «actos homossexuais de relevo» como uma categoria particular dos «actos sexuais de relevo», entendidos estes, numa interpretação objectivista, como todo o comportamento (activo ou excepcionalmente omissivo), que entrave de forma importante a liberdade de determinação sexual da vítima[182].

---

[181] Dispõe o artigo 175 do CP (na redacção do cit. DL 48/95 com a epígrafe de "actos homossexuais com menores" e, na redacção da citada Lei 65/98, apenas com alteração da epígrafe para "actos homossexuais com adolescentes"): Quem, sendo maior, praticar actos homossexuais de relevo com menor entre 14 e 16 anos, ou levar a que eles sejam por este praticados com outrem, é punido com pena de prisão até 2 anos ou com pena de multa até 240 dias.

[182] FIGUEIREDO DIAS, Jorge, *Comentário Conimbricense*, tomo I, p. 447, refere que «"acto sexual" é, no sentido do artigo 163, todo aquele (comportamento activo, só muito excepcionalmente omissivo: talvez, por exp., em certas circunstâncias, permanecer nu) que, de um ponto de vista predominantemente objectivo, assume uma natureza, um conteúdo ou um significado directamente relacionados com a esfera da sexualidade e, por aqui, com a liberdade de determinação sexual de quem o sofre ou pratica», concluindo ser a interpretação objectivista a mais adequada, sendo irrelevante «o motivo de actuação do agente» (afastando, assim, da definição do conceito em causa, o recurso a uma conotação subjectiva de alguma forma complementar da conotação objectiva).

Assim, o acto homossexual de relevo mais não é do que o acto sexual de relevo praticado entre pessoas do mesmo sexo[183].

De notar que, no caso de o agente e a «vítima» serem do sexo masculino, o acto homossexual de relevo por excelência será o coito anal, o qual porém, neste âmbito, não carece de uma protecção privilegiada como sucede com o coito anal a nível das relações heterossexuais, onde, em diversas incriminações (*v.g.* artigos 172 e 173) é autonomizado e distinguido (merecendo por regra maior censura penal, sendo equiparado à cópula e ao coito oral) dos restantes actos sexuais de relevo.

Interessante é também a referência no plural, contida no artigo 175, a «actos» homossexuais de relevo.

Isto na medida em que, por essa via, se coloca a questão de saber se é de considerar consumado o crime com a prática isolada de um só desses actos[184].

Poderíamos argumentar que, se a intenção fosse a de bastar um único acto homossexual de relevo para o tipo se mostrar preenchido, o legislador teria utilizado tal referência no singular: «quem...praticar acto homossexual de relevo com menor ...ou levar a que ele seja por este praticado com outrem...».

---

[183] Neste sentido, REIS ALVES, Sénio Manuel, *Crimes Sexuais. Notas e Comentários aos artigos 163° a 179° do Código Penal*, Coimbra: Almedina, 1995, p. 99. Por sua vez, DIAS DUARTE, Jorge, "Homossexualidade com menores. Art. 175 do Código Penal", *RMP,* ano 20°, n° 78, Abril-Junho 1999, p. 86, conclui que «o acto sexual será de relevo sempre que signifique um entrave importante para a liberdade de autodeterminação da vítima, considerada esta como pessoa concreta inserida num concreto ambiente social, económico e relacional, resultante da também concreta época e sociedade em que vive, desta forma se verificando, a todo o tempo, uma interacção recíproca entre a vítima do acto e a sociedade em que vive, sendo que, em última instância, será do resultado dessa interacção que surgirá a caracterização do acto sexual como sendo, ou não, de relevo». Cremos que, esta última definição de «acto sexual de relevo», não afasta de todo o recurso ao critério subjectivo, o que pode levar o intérprete a apelar à moral sexual dominante em cada época e sociedade em que a vítima esteja inserida.

[184] Repare-se que, noutras incriminações, como por exp. nos artigos 163 n° 2, 165 n° 1, 166 n° 1, 167 n° 1 e 172 n° 1, o legislador refere-se ao acto sexual de relevo no singular e, por exp., nos artigos 169, 170 n° 1 e 176 n° 1 e 2 já se refere, no plural, a actos sexuais de relevo.

Análise do crime previsto no art.º 175 do CP revisto

Não o tendo feito, apelando ao argumento literal[185] e à particular configuração de alguns tipos de crime nesta área, diríamos então que a dita referência plural a «actos» homossexuais de relevo foi querida pelo legislador, no sentido de apenas considerar preenchido o tipo com o cometimento (praticar ou levar a praticar) de mais do que um singular acto homossexual de relevo[186].

Isto na medida em que, só com a prática de mais do que um acto homossexual de relevo é que poderia ser colocado em perigo o bem jurídico protegido, que é o livre desenvolvimento da personalidade do adolescente em matéria sexual.

Tratando-se o tipo em análise como crime de resultado e de dano, a intenção seria tutelar a autodeterminação sexual do menor, e não a «acção» de desmoralizar ou corromper o menor por ter sido sodomizado, razão pela qual, tudo apontaria para a exigência da pluralidade de actos homossexuais de relevo para o preenchimento do tipo.

O que seria, talvez, mais ajustado com a atitude do legislador nesta área dos crimes sexuais, na medida em que é relativa, e não absoluta, a proibição de contactos sexuais que envolvam menores entre 14 e 16 anos.

Por outro lado, também se poderia acrescentar que, ao ser descriminalizado o atentado ao pudor, sem violência, em menores entre 14 e 16 anos - anteriormente previsto no artigo 206 nº 2 do CP na versão de 1982 - deixou de ser punida a prática do acto homossexual de relevo isolado e pontual.

Ainda se poderia dizer que, a dita referência plural a «actos homossexuais de relevo» é uma excrescência da expressão «desencaminhar»,

---

[185] Argumento literal que pressupõe ainda que o legislador quis e soube exprimir-se correctamente.

[186] Ver ANTUNES, Maria João, *Comentário Conimbricense*, tomo I, p. 580, no mesmo sentido embora a propósito da referência a «actos sexuais de relevo» contida no nº 1 do artigo 176. Claro que, essa interpretação é facilitada pelo teor do artigo 176 nº 1, cujas «palavras-chave» - fomentar, favorecer ou facilitar – pressupõem uma «pressão» continuada sobre a vítima.

que caracterizava anteriormente o crime de homossexualidade com menores previsto no artigo 207 do CP na versão de 1982[187].

A ser assim, poderíamos concluir que, se por um lado, aparentemente (com a eliminação da expressão «desencaminhar» contida no artigo 207 do CP na versão de 1982) houve um alargamento do tipo em relação ao regime previsto no Código Penal na versão de 1982, por outro lado, houve uma efectiva restrição quando se passou a exigir para a consumação deste crime, o cometimento de mais do que um acto homossexual de relevo.

Mas até que ponto a interpretação no sentido da exigência da pluralidade de actos homossexuais de relevo contende com toda a «hermenêutica do tipo penal», designadamente tendo em atenção o bem jurídico protegido e a área de tutela típica que se pretende alcançar?

Simas Santos e Leal-Henriques[188], entendem que a referência plural a actos homossexuais de relevo, não impede que se considere consumado o crime com a prática de um só acto homossexual de relevo.

Não haverá dúvidas que, atendendo ao bem jurídico tutelado, por exp. a simples prática de coito anal entre dois indivíduos do sexo masculino, integra um acto homossexual de relevo.

Efectivamente, o coito anal de natureza homossexual preenche a «teleologia da norma», na medida em que põe em causa de forma relevante o bem jurídico protegido.

Porque é que então – dada a referência plural - desacompanhado de outro acto homossexual de relevo, tal situação não poderá ser incluído na área de tutela típica do preceito em causa?

---

[187] Repare-se que, quando foi discutido o Projecto do CP de 1966, EDUARDO CORREIA, *Actas das Sessões da Comissão Revisora do Código Penal, Parte Especial*, p. 201, reportando-se ao nº 1 do artigo 253 (homossexualidade), onde também constava a referência plural a «actos contrários ao pudor», dizia que «o acto isolado de homossexualidade não é punível, salvo o disposto no nº 1» (isto é, salvo quando estava em causa o acto de desencaminhar menor de 16 anos do mesmo sexo do agente).

[188] LEAL-HENRIQUES/SIMAS SANTOS, *Código Penal anotado*, 2ª ed., reimp., Lisboa: Rei dos Livros, 1997, vol. II, p. 175. ANTUNES, Maria João, *Comentário Conimbricense*, tomo I, p. 573, concorda com esta posição de Simas Santos e Leal-Henriques.

Diríamos então que, o tipo deveria considerar-se preenchido com a prática de um só acto homossexual de relevo.

Mas, será que tal interpretação é compatível com o princípio fundamental da legalidade?

Aderindo-se à posição defendida por Simas Santos e Leal-Henriques, ter-se-á de concluir que, a partir de 1995, foi alargada a área de tutela típica do crime de actos homossexuais com adolescentes, sendo um retrocesso em relação ao CP na versão de 1982, que ao menos exigia ainda o «desencaminhar» do jovem para o preenchimento do tipo.

Tipo subjectivo de ilícito.

O crime de actos homossexuais com adolescentes exige imputação a título de dolo, não sendo punida a comissão negligente.

O dolo deve abarcar todos os elementos constitutivos do tipo objectivo de ilícito e admite qualquer das suas modalidades.

Para que se verifique o elemento intelectual do dolo é necessário que o agente tenha conhecimento da ilicitude ou ilegitimidade da prática daqueles actos com menor entre 14 e 16 anos.

O elemento da vontade consiste no querer realizar actos homossexuais de relevo com menor daquela idade.

Assim, para a imputação a título de dolo é suficiente a vontade de praticar ou levar a praticar actos homossexuais de relevo com conhecimento de que se ofende a liberdade de expressão sexual do jovem maior de 14 e menor de 16 anos.

O erro sobre a idade da vítima é um erro sobre um elemento do tipo que exclui o dolo (artigo 16 n.º 1), não sendo o agente punido, sequer por negligência (artigo 16 n.º 3).

A pena.

No que respeita a sanções penais, verificamos que a moldura abstracta escolhida pelo legislador - igual à do crime de actos sexuais com adolescentes - é a mesma desde a reforma de 1995, isto é, o máximo da pena de prisão baixou, em relação ao regime de 1982, de 3 para 2 anos e, passou a admitir-se a alternativa da pena de multa.

Por isso também não é punida a tentativa do crime de actos homossexuais com adolescentes, o que é mais um avanço em relação ao regime do CP na versão de 1982, tendo o legislador adoptado uma posição restritiva.

Claro que, se formos comparar o tipo do artigo 175 com o do artigo 174, somos confrontados com diferentes exigências para a verificação de um e outro crime, que serão melhor abordadas no capítulo seguinte.

Por último, assinale-se que também o crime do artigo 175 é em princípio de natureza semi-público, embora esteja sujeito às excepções previstas no artigo 178.

2. No Direito Comparado.

2.1. Considerações gerais.

Iremos aqui fazer uma breve análise da legislação penal actual existente em alguns países, a saber, Alemanha, Áustria, Bélgica, Dinamarca, Espanha, França, Inglaterra e País de Gales, Itália e Suíça – escolhidos em função da proximidade cultural, designadamente, considerando os valores comuns que modelam e no fundo orientam a sociedade do «mundo ocidental» e, também, atendendo às raízes e às eventuais influências e/ou semelhanças com o direito penal português – tendo em especial atenção as incriminações existentes, a nível dos crimes sexuais, que protegem os jovens adolescentes entre os 13/16 anos e os 16/18/21 anos, quando está em causa o relacionamento sexual sem violência, coacção ou outro meio equiparado, *hoc sensu*, com o «consentimento» do menor.

Assim, verificamos que, em geral, optou-se pelo critério da idade do menor, vítima de crime sexual, para melhor delimitar e configurar as incriminações relativas a este particular tipo de crimes sexuais, variando de país para país a idade ou faixa etária escolhida, objecto de específica e autónoma protecção penal, funcionando por regra como elemento consti-

Direito comparado 107

tutivo da infracção, com excepção por exemplo da Itália em que, no caso da incriminação da «violência sexual», surge como circunstância agravante (cf. os artigos 609-*bis* e 609-*ter*, 1 do CP Italiano).

A idade do consentimento para a prática de actos sexuais (embora com restrições) varia entre o mínimo de 13 anos de idade (Espanha) e o máximo de 18 anos (21 anos em casos excepcionais na Dinamarca – cf. § 220).

Em alguns países, ainda em 2002[189], a idade do consentimento para o relacionamento sexual era diferente consoante a natureza ou tipo de acto sexual em causa (caso da Áustria, Inglaterra e País de Gales e Portugal).

Também a idade mínima exigida para a responsabilidade penal do sujeito activo de crimes sexuais, por regra, varia entre os 14/16 anos e os 18/21 anos, em casos particulares de relacionamento sexual consentido com sujeito passivo que tenha idade compreendida entre os 13/14 anos e os 18 anos.

Normalmente a moldura abstracta da pena também varia, designadamente, tendo em atenção a idade da vítima, os meios de execução, a gravidade dos actos cometidos e as suas consequências.

Variações essas que, como veremos, são pouco significativas, embora em alguns casos acabem por se traduzir numa mais ampla tolerância e permissibilidade com repercussões a nível de uma maior concessão e reconhecimento da capacidade de autonomização sexual dos jovens adolescentes (no caso da Alemanha).

Em alguns países prevêem-se ainda "penas complementares ou acessórias" (*v.g.* interdição de exercer determinadas actividades que impliquem contactos com jovens, como sucede na Bélgica e na Dinamarca; interdição de aparecer em certos locais, particularmente frequentados por jovens – campos de jogos, piscinas, praias - como acontece na Dinamarca)[190].

---

[189] Entretanto, quer na Áustria, quer na Inglaterra e País de Gales, deixou de existir tal tipo de discriminação.

[190] Ver Études de législation comparée nº 133, mars 2004 - les infractions sexuelles commises sur les mineurs: Service des Etudes Juridiques (mars 2004): Sénat Français (consulta em http://www.senat.fr/lc/lc133/lc133,html).

Outra iniciativa que tem vindo a obter a adesão de um número cada vez maior de países é a relativa à criação de bases de dados nacionais, tendo em vista o intercâmbio dos resultados de análises de ADN, dada a sua importância no âmbito da investigação criminal[191] e do combate à criminalidade organizada.

[191] Na Recomendação do Comité de Ministros aos Estados-Membros R (92) 1 de 10/2/1992 (sobre a utilização de análises de ADN no quadro do sistema de justiça penal) considerava-se que a "luta contra o crime, exigia o recurso a métodos mais modernos e eficazes" e que as "técnicas de análise de ADN podem ter interesse para o sistema de justiça penal", devendo ser postas em prática de maneira fiável, sem prejuízo do respeito por "princípios fundamentais, como a dignidade intrínseca do indivíduo, o respeito do corpo humano, os direitos de defesa e o princípio da proporcionalidade na administração da justiça penal". Indicavam-se então princípios e recomendações (incluindo definições de «análise de ADN», de «amostras», de «ficheiro de ADN») a seguir pelos Estados-Membros, no direito interno que viessem a adoptar sobre essa matéria, atenta a sua importância na identificação de suspeitos e de outras pessoas nas investigações criminais. Posteriormente, na Resolução do Conselho de 9/6/1997, publicada no *JO* C 193 de 24/6/1997, pp. 0002-0003 (relativa ao intercâmbio de resultados de análises de ADN), convidaram-se "os Estados-Membros a considerarem a possibilidade de criar bases nacionais de dados de ADN", segundo as mesmas normas e de forma compatível, tendo em vista o intercâmbio dos resultados das análises de ADN e a futura criação de uma "base de dados europeia". Salientou-se que «as possibilidades de intercâmbio limitar-se-ão ao intercâmbio de dados da parte não portadora de códigos da molécula ADN, partindo-se do princípio de que não contêm informações sobre determinadas características hereditárias específicas». Na perspectiva do intercâmbio aconselharam-se os Estados-Membros "a estruturar aqueles resultados utilizando de preferência os mesmos marcadores de ADN", competindo-lhes também "decidir em que condições e em relação a que tipo de delitos poderão ser armazenados resultados de ADN numa base nacional de dados" (tudo sem prejuízo das garantias de protecção da integridade física das pessoas em causa e do respeito da legislação em matéria de dados de carácter pessoal). Por sua vez, na Resolução do Conselho de 25/6/2001, publicada no *JO* C 187 de 3/7/2001, pp. 0001-0004 (relativa ao intercâmbio de resultados de análises de ADN), considerando, além do mais, que será conveniente estabelecer uma primeira lista mínima dos marcadores de ADN [do ponto I constam definições, entre elas: "marcador de ADN" que é o "locus numa molécula de ADN que, tipicamente, contém informações diferentes para indivíduos diferentes"; "série normalizada europeia (ESS) " (European Standard Set) é a "série de marcadores de ADN apresentada no anexo I" e "marcador ESS" é o "marcador de ADN contido na série normalizada europeia (ESS)"], faz-se constar do ponto II.1. que "nas análises de ADN para fins judiciais, e a fim de facilitar o intercâmbio de resultados de análises de ADN, os Estados-Membros são convidados a utilizar pelo menos os marcadores de ADN enume-

Decorre ainda da análise da legislação comparada citada que, na generalidade, partilham uma idêntica concepção da sexualidade (padrão da sociedade ocidental), manifestando preocupações comuns na protecção gradual dos jovens, consoante as diferentes faixas etárias, normalmente estabelecendo a fronteira na fase da puberdade, para distinguir de um lado os menores de 13/16 anos e, do outro lado, os maiores dessa idade até aos 18 anos.

Por regra, os contactos sexuais cometidos em ou perante jovens menores de certa idade (que varia entre 13/16 anos), são absolutamente proibidos.

A partir dessas idades (dependendo do país) até aos 18 anos (excepcionalmente 21 anos na Dinamarca, no caso do § 220), o legislador penal só proíbe o «relacionamento sexual» em determinadas situações particu-

---

rados na lista constante do anexo I, que constituem a ESS." Ainda, no ponto II.2. os "Estados-Membros são convidados a obter resultados de análises ESS, utilizando técnicas de ADN cientificamente testadas e aprovadas, com base em estudos efectuados no âmbito do grupo de trabalho "ADN" da ENFSI. Os Estados-Membros deverão estar em condições de especificar, se tal lhes for solicitado, os seus requisitos de qualidade e testes de aptidão usuais". Por último, na Comunicação da Comissão ao Conselho e ao Parlamento Europeu - Programa da Haia: dez prioridades para os próximos cinco anos. Parceria para a renovação europeia no domínio da liberdade, segurança e justiça, Bruxelas, 10.5.2005, COM (2005) 184 final: *Comissão das Comunidades Europeias*, consta do respectivo anexo, como prioridade (entre outras) a apresentação de «Proposta relativa à consulta mútua de bases de dados de ADN (2005)». Uma nota só para realçar que Portugal não dispõe de «base de dados de ADN» para fins de investigação criminal, ainda não legislou sobre esta matéria (apenas no artigo 19 nº 19 da Lei nº 12/2005 de 26/1 – informação genética pessoal e informação de saúde – se refere que «[os] bancos de produtos biológicos constituídos para fins forenses de identificação criminal ou outros devem ser objecto de regulamentação específica») não obstante a sua importância, numa perspectiva também inserida na estratégia europeia para combater a criminalidade organizada (ver Comunicação da Comissão ao Conselho e ao Parlamento Europeu, Bruxelas, 2.6.2005, COM (2005) 232 final, sobre "elaboração de um conceito estratégico para combater a criminalidade organizada", {SEC (2005) 724}: *Comissão das Comunidades Europeias*, onde consta que «as técnicas especiais de investigação provaram a sua eficácia nas investigações policiais, aduaneiras e judiciais sobre a criminalidade organizada transfronteiras»). Porém, em Setembro de 2005, o Governo anunciou a criação (ainda na presente legislatura) de uma «base de dados genética».

lares, normalmente tendo em atenção ou supondo a sua maior ou menor capacidade de se determinar sexualmente e, bem assim, a idade do sujeito activo.

Nos casos em que há consentimento das vítimas menores no relacionamento sexual, os tipos legais são construídos partindo-se da ideia que os jovens até certa idade são mais vulneráveis, necessitando, por isso, de maior protecção penal.

Essa vulnerabilidade vai sendo considerada cada vez menor à medida do próprio crescimento e desenvolvimento.

Existe, em geral, a preocupação de, através de tipos legais específicos, proteger de forma adicional os «abusos sexuais» em menores de certas faixas etárias.

Entre os jovens com idades compreendidas entre os 13/14 anos e os 18 anos (21 anos na Dinamarca, no caso do § 220), objecto de específica e singular protecção penal, também se atende à circunstância de se encontrarem ou não numa situação de dependência, mais ou menos precária, em relação ao agente.

A nível dos «actos sexuais», por regra distinguem-se dois ou três tipos ou categorias, a saber, a cópula, os actos análogos à cópula e os restantes actos sexuais relevantes.

Países como a Áustria, a Bélgica, a Espanha, a França, a Inglaterra e País de Gales e a Itália consideram, em geral, que «todo o acto de penetração cometido sobre uma pessoa que o não consente, constitui uma violação.

Outros países, como a Alemanha, a Dinamarca e a Suíça, tem uma concepção mais restrita da noção de violação, mas condenam todo o acto de penetração cometido sobre uma criança»[192].

---

[192] Assim, Rapport LC 21 – Décembre 1996, Législation comparée: Les abus sexuels sur les mineurs: Division des études de législation comparée du Service des Affaires Européennes, Sénat Français (consulta em http://www.senat.fr/lc/lc21/lc21.html). Neste relatório também se salienta, embora reportando-se a 1996 (sendo certo que, posteriormente, ocorreram diversas alterações legislativas), que países como a Alemanha, a Suíça, a Inglaterra e o País de Gales consideram que a violação apenas pode ser cometida sobre uma pessoa do sexo feminino.

Em Países como Portugal e Espanha, o legislador teve a preocupação de especificar taxativamente quais os «actos sexuais mais graves», que são considerados análogos ou equiparados à cópula mas, noutros países, como por exemplo na Alemanha e na Áustria, é deixado ao intérprete a tarefa de os caracterizar, apenas se falando pontualmente no resultado cópula ou coito anal, para determinados tipos de crime ou para agravar a moldura abstracta da incriminação em causa.

Por exemplo, a «introdução de membros corporais ou objectos por via vaginal ou anal» é, em Espanha, expressamente equiparada à cópula e aos coitos anal e oral mas, em Portugal, já não beneficia de tal equiparação, sendo considerada um geral «acto sexual de relevo», o que se repercute a nível da moldura abstracta.

Há países (como a Suíça e a Itália) em que a punição pode ser afastada, em casos particulares, se for pequena a diferença de idades (3 anos) entre o agente e a vítima.

Ainda na Suíça o casamento da vítima com o agente pode levar a que a autoridade competente renuncie à perseguição penal, à remessa dos autos a tribunal ou à aplicação de uma pena, consoante a fase em que se encontrar o processo, sendo certo que, já na Dinamarca, o casamento ou o "registo da união de facto" entre o agente e a vítima de uma infracção sexual pode extinguir (remir) a pena.

De uma maneira geral, no que aqui importa analisar, a opção seguida foi a de criminalizar condutas que atentavam gravemente (isto é, de maneira considerável) contra a liberdade de autodeterminação sexual dos menores de certa idade, nas seguintes situações:

- quando a vítima é sujeita a violência, ameaça e/ou uma situação de coacção ou constrangimento;

- quando a vítima está numa situação de dependência (dependência criada por relação de parentesco, por relação de trabalho ou dependência em relação ao encarregado de educação, formação, vigilância, assistência ou outra) em relação ao agente do crime (aqui se distinguindo, os casos em que o agente abusa ou aproveita dessa relação de dependência/autoridade sobre o jovem até certa idade, que lhe está confiado e, os casos em que a punição resulta simplesmente da circunstância de existir essa relação de dependência/autoridade, o que faz presumir esse aproveitamento ou abuso);

- e quando não existe qualquer relação (de dependência ou equiparada) entre a jovem vítima e o agente mas, o relacionamento sexual ocorre de surpresa ou é mediatizado por algum «meio» capaz de viciar a vontade da vítima ou resulta de aproveitamento de algum «estado» que coloca em causa a capacidade de determinação sexual do jovem.

É o que sucede quando, excepcionalmente, em alguns países, se incriminam condutas sexuais que ocorrem de surpresa (França), levadas a cabo por meio de engano do adolescente (Espanha), ou quando o agente se aproveita do estado de «desespero» ou «desamparo» (Suíça) ou «necessidade» em que se encontra a vítima (Alemanha), ou quando actua por ter pago uma contrapartida monetária à vítima (Áustria, Bélgica, Dinamarca, Espanha, França e Itália), ou quando se aproveita da insuficiente capacidade de autodeterminação do menor de certa idade (Alemanha e Áustria).

Países como a Alemanha, concedem ao julgador a faculdade de, em determinados crimes sexuais, não aplicar a sanção prevista na respectiva disposição quando «a ilicitude do facto for diminuta».

Também, na Alemanha, se não pune o chamado «estado de necessidade pedagógico» quando o agente é o «encarregado de educação» do menor desde que, com a sua conduta, não tenha violado grosseiramente o seu dever de educar (cf. §180, (I), 2, segunda parte do StGB).

Vejamos, pois, as principais particularidades da legislação existente, tendo em atenção os interesses ou valores que terão justificado a necessidade da intervenção penal nesta área.

2.2. Considerações particulares. [193]

Alemanha.

Os crimes sexuais são tratados na 13ª secção da parte especial do StGB (Código Penal) alemão, sob a epígrafe de «crimes contra a autodeterminação sexual».

---

[193] As disposições legais citadas, sem referência ao respectivo diploma legal, reportam-se ao Código Penal do país que estiver a ser objecto de análise.

Desde 1969 (1. Str RG de 25 de Junho de 1969) que deixou de ser punida a simples homossexualidade consentida entre adultos, pese embora se punisse no §175 do StGB a homossexualidade masculina com menores.

Em 1994 (29. StÄG de 31 de Maio de 1994) foi revogado o referido § 175 do StGB[194], deixando de haver punição autónoma do crime de homossexualidade masculina com menores.

A mencionada reforma de 1994 também eliminou a incriminação da sedução (§ 182 do StGB)[195], correspondente ao crime de estupro previsto no CP Português, sendo certo que o meio típico da sedução era ali entendido de modo a admitir a utilização de meios coactivos que todavia não alcançassem a intensidade exigida no § 177 (coacção sexual, violação) do StGB[196].

---

[194] § 175 do StGB. Acções homossexuais (revogado pela 29. StÄG, de 31.5.94):

(1) Quem, sendo homem com mais de 18 anos, praticar acções sexuais ("actos sexuais") num indivíduo do sexo masculino menor de 18 anos ou permitir (ou determinar) que um indivíduo do sexo masculino menor de 18 anos as pratique em si será punido com pena de prisão até 5 anos ou com pena de multa.

(2) O tribunal pode não aplicar uma sanção prevista neste preceito quando:

1. o agente, ao tempo do facto, não tiver completado 21 anos de idade; ou

2. em razão do comportamento daquele contra quem se exercita o crime, a ilicitude do facto for diminuta.

[195] § 182 do StGB. Sedução (revogado em 1994):

(1) Quem seduzir mulher menor de 16 anos, praticando com ela, desse modo, a cópula, será punido com pena de prisão até um ano ou com pena de multa.

(2) O procedimento criminal só tem lugar mediante queixa. Extingue-se o procedimento criminal se o agente casar com a seduzida.

(3) Se ao tempo do facto o agente não tiver ainda 21 anos de idade, pode o tribunal não aplicar uma sanção prevista neste preceito.

[196] WELZEL, Hans, *Das Deutsche Strafrecht, Eine systematische*, 11ª ed., Berlin: Walter de Gruyter & Co., 1969, p. 437, refere que a forma de influenciar psiquicamente a ofendida é irrelevante, não precisando de ser um processo ardiloso ou enganatório, podendo tratar-se de ameaças, desde que não alcancem a intensidade exigida pelo § 177. Também BLEI, Hermann, *Strafrecht, II. Besonderer Teil*, 12ª ed., München: C.H.Beck, 1983, p. 153, refere que o meio sedução abrange todas as formas adequadas, mesmo as coactivas que se não incluam no crime de violação (§ 177). Segundo PREISENDANZ, Holger, *Strafgesetzbuch: Lehrkommentar*, 30ª ed., Berlin: Schweitzer, 1978, p. 615, o §

Posteriormente, a 6ª Lei de reforma do Direito Penal (6. StrRG de 26 de Janeiro de 1998), que entrou em vigor em 1/4/1998, introduziu alterações relevantes na área dos crimes sexuais[197], modificando a descrição de alguns dos tipos legais e agravando as penas de algumas das incriminações aí previstas.

Ainda na área dos crimes sexuais outras alterações foram introduzidas em 2001 (G v. 20/12/2001 I 3983), em 2003 (G v. 27/12/2003 I 3007) e em 2005 (G v. 11/2/2005 I 239).

"Acto sexual"[198] é definido, pela maior parte da jurisprudência, com base em critérios unicamente objectivos (sem distinção da natureza hetero ou homossexual do acto em questão), sendo como tal considerado todo o contacto físico, qualquer que seja a intenção do autor. Quanto ao critério da importância, a jurisprudência interpreta-o como sendo quantitativo e relativo, atendendo à colocação em perigo, de forma considerável, da livre disposição em matéria sexual (isto é, tendo em vista o respectivo bem jurídico protegido)[199].

---

182 aplica-se às menores do sexo feminino entre 14 e 16 anos, ocorrendo a sedução quando o agente consegue alcançar a cópula através de uma influência especialmente intensa na vontade da ofendida ou quando se tenha aproveitado da sua inexperiência sexual e da sua menor resistência. Não serão típicas aquelas formas de influenciar psiquicamente "comparáveis às formas mais leves de uma instigação". Não haverá instigação quando é o sujeito passivo a tomar a iniciativa, nem quando exista uma autêntica relação de amor. Mas já serão típicos os casos em que o sujeito passivo consente na cópula por medo. De notar que no próprio Projecto Alternativo (AE) se alegava que, razões de amparo da juventude, justificavam a manutenção de um preceito (referem-se à incriminação da sedução) que protegesse a jovem do sexo feminino de seduções para a cópula que a oneravam ou «pesavam». Apesar das vozes no sentido do preceito ser inconstitucional, por nele se não prever a protecção dos jovens do sexo masculino, entendia-se que a justificação para o diferente tratamento derivava da também diferente situação psíquica dos jovens de um e do outro sexo.

[197] Assim ROXIN, Claus, "Prólogo", *in* Emilio EIRANOVA ENCINAS (coord.), *Código Penal Alemán (StGB) Código Processal Penal Alemán (StPO)*, Madrid: Marcial Pons, 2000, p. 17.

[198] Ao longo do texto utilizamos a expressão «actos sexuais» em vez de «acções sexuais» para evitar a equivocidade que resulta do conceito de «acção», atento o seu significado jurídico na doutrina do crime.

[199] Assim, *Rapport LC 21 – Décembre 1996*.

Direito comparado 115

A Lei de 27/12/2003, que entrou em vigor em 1/4/2004, além do mais, veio reforçar a protecção das crianças menores de 14 anos.

Nesta área particular, é "a salvaguarda do desenvolvimento psicológico dos menores que justifica a existência de medidas específicas", razão pela qual o legislador não precisa de atender particulamente ao critério da violência para punir delinquentes que abusem sexualmente de crianças[200].

Na Alemanha, são absolutamente proibidos os contactos sexuais com ou perante menores de 14 anos, mesmo sem uso de violência ou ameaça de um perigo presente para o corpo ou para a vida (crime de abuso sexual de crianças previsto no § 176 do StGB).

Este crime previsto no § 176 do StGB, na redacção da Lei de 27/12/2003, sofreu alterações, designadamente a nível da moldura abstracta, nas seguintes situações:

- foi introduzida a pena de prisão não inferior a 1 ano, para os casos especialmente graves;

- foi suprimida a atenuação da pena (antes era pena de prisão até 5 anos ou pena de multa) para os casos menos graves;

- foi introduzido o limite mínimo de 3 meses na pena de prisão (que continua a ser até 5 anos) prevista nos seus nºs (4) e (5).

O abuso sexual de crianças agravado e o abuso sexual de crianças com resultado morte, estão previstos em incriminações autónomas (respectivamente § 176a e 176b do StGB).

Além das demais infracções incluídas na secção em análise, que aqui não importa apreciar, o StGB pune, por um lado, os "actos sexuais"[201] cometidos por meio de violência ou com ameaça de um perigo presente

---

[200] Assim, *Études de législation comparée nº 133, mars 2004* - les infractions sexuelles commises sur les mineurs.

[201] § 184f do StGB. Conceitos:

Para efeito do disposto na presente lei:

1. acções sexuais ("actos sexuais") são apenas aquelas que sejam de algum relevo (que sejam de alguma notoriedade) em relação ao correspondente bem jurídico protegido;

2. acções sexuais ("actos sexuais") perante outra pessoa são apenas aqueles que sejam realizados perante outra pessoa que se apercebe (observe) da sua execução.

para o corpo ou para a vida (crimes de coacção sexual, violação previsto no § 177 e de coacção sexual e violação com resultado morte previsto no § 178) e, por outro lado, pune os "actos sexuais" cometidos sobre ou perante determinadas pessoas (entre outros, menores, prisioneiros, pessoas internadas, pessoas que estejam sob custódia por ordem da autoridade), desde que revistam uma «certa importância».

As incriminações dos § 174 a 174c do StBG são relativas a abusos sexuais cometidos sobre determinadas pessoas em que, por um lado, existem relações especiais entre a vítima e o agente e, por outro, ocorre um aproveitamento pelo agente dessa "especial" relação (que decorre, entre outros, das funções que exerce, da posição de funcionário, de relações de aconselhamento, tratamento ou acompanhamento) que o liga à vítima.

A nível da protecção penal que visa a tutela específica dos jovens entre os 14 e os 16/18 anos, encontramos várias incriminações autónomas no StGB[202], a saber:

- o abuso sexual de dependentes (previsto no § 174, que protege menores de 16/18 anos);
- o fomento (ou favorecimento) a "actos sexuais" de menores (previsto no § 180, que protege menores de 16/18 anos);
- o abuso sexual de jovens (previsto no § 182, que protege menores de 16/18 anos);
- a difusão (divulgação) de escritos pornográficas (prevista no § 184, que protege menores de 18 anos);
- a divulgação de representações pornográficas através da rádio, dos media ou serviços televisivos (prevista no § 184c, que visa a protecção de menores de 18 anos);
- e a prostituição perigosa para a juventude - ou prostituição de jovens em perigo (prevista no § 184e, que protege menores de 18 anos).

Importantes, para o nosso estudo, são as incriminações previstas nos § 174 (abuso sexual de dependentes) e § 182 (abuso sexual de jovens) do StGB.

---

[202] Os § 180b e 181 (relativos ao tráfico de pessoas, na forma simples e na forma agravada) do StGB foram suprimidos pela G v. 11/2/2005 I 239.

Hoje o menor pode, em princípio, consentir na prática de actos sexuais, independentemente da sua natureza, a partir dos 14 anos, ressalvadas porém as excepções a seguir indicadas.

O § 174 (abuso sexual de dependentes) do StGB[203], pune a realização de "actos sexuais" (quer pelo próprio agente com o menor, quer pelo agente que permite ao menor que lhe está confiado a praticá-los em si ou consigo):

- com menor de 16 anos, cometido pela pessoa encarregada da sua educação, da sua formação ou mais genericamente encarregada de se ocupar dele (educação, formação, assistência na condução da vida do menor de 16 anos);

- com menor de 18 anos, cometido pela pessoa encarregada da sua educação, da sua formação, assistência na condução da vida ou subordi-

---

[203] Para melhor compreensão das alterações introduzidas em 2003, cf. o § 174 do StGB. Abuso sexual de dependentes (na redacção anterior à Lei de 27/12/2003).

(I) Quem praticar acções sexuais ("actos sexuais")

1. em uma pessoa menor de 16 anos, que lhe tenha sido confiada para educação, formação ou assistência (acompanhamento) na condução da vida,

2. em uma pessoa menor de 18 anos, que lhe tenha sido confiada para educação, formação ou assistência (acompanhamento) na condução da vida ou que lhe esteja subordinada no âmbito de um serviço ou relação de trabalho, abusando de uma dependência relacionada com o vínculo de educação, formação, assistência (acompanhamento), serviço ou relação de trabalho, ou

3. em seu filho biológico ou adoptado ainda menor de 18 anos,

ou permita que o menor que lhe está confiado os pratique em si, será punido com prisão até 5 anos ou com pena de multa.

(II) Quem, nas condições descritas nos nºs 1 a 3 do ponto I,

1. praticar acções sexuais ("actos sexuais") perante o menor que lhe está confiado, ou

2. determinar o menor que lhe está confiado a praticar actividades sexuais perante si, em si ou

para, deste modo, excitar-se ou excitar o menor sexualmente, será punido com prisão até 3 anos ou com pena de multa.

(III) A tentativa é punível.

(IV) Nos casos descritos no nº 1 do ponto I ou do ponto II com referência ao nº 1 do ponto I, o tribunal poderá não aplicar uma sanção prevista neste preceito quando, em razão do comportamento do dependente, a ilicitude do facto for diminuta.

118   *Crimes Sexuais com Adolescentes*

nada a ele no âmbito de um serviço ou relação de trabalho, desde que essa pessoa abuse da dependência criada pela relação que os liga (educação, formação, assistência na condução da vida, serviço ou relação de trabalho);

- com o filho (biológico ou adoptado) do agente que ainda seja menor de 18 anos[204] (na redacção da Lei de 27/12/2003, estas três situações previstas no ponto I do § 174, passaram a ser punidas com pena de prisão de 3 meses até 5 anos; anteriormente eram punidas com pena de prisão até 5 anos ou com pena de multa);

- e de quem, em qualquer das circunstâncias acima referidas, praticar "actos sexuais" perante menor que lhe está confiado ou *determinar* o menor que lhe está confiado a *praticar* actividades sexuais *perante* si, para sua ou do dependente excitação sexual (estas duas últimas situações são punidas com pena de prisão até 3 anos ou com pena de multa - § 174, II).

Também, através do § 180 (fomento a "actos sexuais" de menores), III do StGB[205], é punido com pena de prisão até 5 anos ou com pena de

---

[204] No capítulo dos «crimes contra o estado civil, o casamento e a família», insere-se o § 173 (incesto) do StGB que pune com pena de prisão até 3 anos ou com pena de multa toda a pessoa que tenha relações sexuais com um descendente em linha directa; pune com pena de prisão até 2 anos ou com pena de multa toda a pessoa que tenha relações sexuais com um ascendente; em qualquer caso, o autor da infracção não é punido se tiver menos de 18 anos. As mesmas penas são aplicadas se o incesto ocorre entre irmãos e irmãs, salvo se tiverem menos de 18 anos de idade.

[205] § 180 do StGB. Fomento (ou favorecimento) a acções sexuais ("actos sexuais") de menores.

(I) Quem facilitar (favorecer) a prática de acções sexuais ("actos sexuais") de uma pessoa menor de 16 anos com ou perante um terceiro ou facilitar (favorecer) acções sexuais ("actos sexuais") de um terceiro com uma pessoa menor de 16 anos:

1. por meio da sua própria intervenção; ou

2. por meio da permissão ou procurando a ocasião (isto é, oferecendo ou proporcionando oportunidades)

será punido com pena de prisão até 3 anos ou com pena de multa.

Não tem aplicação o caso descrito no nº 2 do ponto I quando se trata do encarregado da educação dessa pessoa, a menos que esta viole gravemente o seu dever de educar, facilitando o facto.

multa quem determine o dependente menor de 18 anos que lhe está confiado (pessoa encarregada da sua educação, da sua formação, assistência na condução da vida ou subordinada a ele no âmbito de um serviço ou relação de trabalho, desde que essa pessoa abuse da dependência criada pela relação que os liga, de educação, formação, assistência na condução da vida, serviço ou relação de trabalho), a praticar "actos sexuais" com ou perante terceira pessoa ou permita o terceiro praticá-los no dependente.

Tem, portanto, de existir uma relação de dependência ("custódia"), tendo o agente o direito e o dever de guiar (conduzir) a vida do dependente e acompanhar o seu desenvolvimento espiritual e moral ou então tem de existir uma relação de subordinação (serviço ou relação de trabalho) e com ela uma determinada responsabilidade que inclui o bem do dependente como sua característica.

Por sua vez, o crime previsto no § 182 (abuso sexual de jovens) do StGB[206] compreende duas modalidades típicas punindo:

(II) Quem determinar uma pessoa menor de 18 anos a praticar acções sexuais ("actos sexuais") remunerados com ou perante uma terceira pessoa ou permitir um terceiro a praticá-las nessa pessoa, ou quem, por sua própria intervenção, procure ocasião para tais actos, será punido com pena de prisão até 5 anos ou com pena de multa.

(III) Quem determinar uma pessoa menor de 18 anos que lhe esteja confiada para educação, formação ou assistência (acompanhamento) na condução da vida ou que lhe esteja subordinada no âmbito de um serviço ou relação de trabalho, abusando de uma dependência relacionada com o vínculo de educação, formação, assistência (acompanhamento), serviço ou relação de trabalho, a praticar acções sexuais ("actos sexuais"), com ou perante uma terceira pessoa ou permitir um terceiro a praticá-las nessa pessoa, será punido com pena de prisão até 5 anos ou com pena de multa.

(IV) Nos casos dos pontos II e III a tentativa é punível.

[206] § 182 do StGB. Abuso sexual de jovens

(I) Uma pessoa maior de 18 anos que abuse de uma pessoa menor de 16 anos, de maneira que

1. pratique com o menor acções sexuais ("actos sexuais") ou permita a este que os pratique em si, aproveitando uma situação de necessidade (uma situação coactiva) ou contra pagamento (com contraprestação monetária), ou

2. determine este, aproveitando uma situação de necessidade (uma situação coactiva), a praticar acções sexuais ("actos sexuais") com um terceiro ou que permita a um terceiro praticá-los com ele

Será punida com pena de prisão até 5 anos ou com pena de multa.

- com pena de prisão até 5 anos ou com pena de multa, o maior de 18 anos que abuse de pessoa menor de 16 anos, quando: (1) - praticar com esse menor "actos sexuais" ou permitir que o menor os pratique consigo, desde que o agente actue com aproveitamento de uma situação de necessidade (situação coactiva) ou contra pagamento (com contraprestação monetária); (2)- determinar o menor a praticar "actos sexuais" com terceira pessoa ou permitir o terceiro a praticá-los com o menor, desde que o agente actue com aproveitamento de uma situação de necessidade (situação coactiva);

- com pena de prisão até 3 anos ou com pena de multa, o maior de 21 anos que abuse de pessoa menor de 16 anos, quando: (1) praticar com esse menor "actos sexuais" ou permitir que o menor os pratique consigo; (2) determinar o menor a praticar "actos sexuais" com terceira pessoa ou permitir o terceiro a praticá-los com o menor, desde que o agente actue com aproveitamento de uma situação de necessidade (situação coactiva) – exigindo-se, ainda nestas duas últimas situações, que, desse modo, o agente se aproveite da falta de capacidade da vítima para se determinar sexualmente (ou seja que o agente se aproveite da falta de capacidade de determinação sexual do menor de 16 anos).

(II) Uma pessoa maior de 21 anos que abuse de uma pessoa menor de 16 anos, de maneira que

1. pratique com o menor acções sexuais ("actos sexuais") ou permita a este que os pratique em si, ou

2. determine este, aproveitando uma situação de necessidade (uma situação coactiva), a praticar acções sexuais ("actos sexuais") com um terceiro ou que permita a um terceiro a praticá-los com ele,

e desse modo se aproveite da falta de capacidade da vítima para se determinar sexualmente, será punido com pena de prisão até 3 anos ou com pena de multa.

(III) Nos casos referidos no ponto II, o procedimento criminal depende de queixa, a menos que a autoridade competente decida intervir por via de um especial interesse público no exercício do procedimento criminal.

(IV) Nos casos referidos nos pontos I e II o tribunal pode não aplicar sanção prevista neste preceito, quando, em razão do comportamento daquele contra quem se dirija o facto, a ilicitude do facto for diminuta.

Direito comparado 121

Nas referidas incriminações é indiferente quer o sexo do sujeito activo ou passivo, quer a natureza do acto sexual realizado ou a sua categoria.

O grau de exigência dos elementos do tipo varia, também, em função da maior ou menor qualidade (§ 174 do StGB) ou idade (§ 182 do StGB) do agente.

De salientar que se admite, nas incriminações previstas nos § 174, II, 180 e 182 do StGB, a pena de multa como medida alternativa à pena de prisão.

Em determinados casos (§ 174, IV e § 182, IV do StGB), o tribunal pode não aplicar as sanções previstas nos preceitos, quando, em razão do comportamento da vítima, a ilicitude do facto for diminuta.

Também podem ser aplicadas "penas complementares" ou medidas de reeducação e de segurança que não visam punir o delinquente mas reeducá-lo e proteger a sociedade[207].

Entre essas medidas duas podem ser aplicadas aos delinquentes sexuais:

- a do regime de prova prevista no § 181b[208] do StGB (verificados determinados requisitos, o tribunal pode ordenar o regime de prova previsto no § 68, I do StGB, submetendo o delinquente a certas obrigações, controlando as suas deslocações, imposições essas que são vigiadas por técnico social: *v.g.* interdição de deixar a sua residência sem autorização, interdição de frequentar certos locais ou contactar certas pessoas, interdição de exercer certas actividades, obrigação de se apresentar às autoridades em datas precisas),

- e a do internamento preventivo previsto no § 66 do StGB (verificados determinados requisitos, o tribunal pode ordenar a medida de segurança do internamento preventivo de um delinquente sexual reincidente).

---

[207] Assim, *Études de législation comparée n° 133, mars 2004* - les infractions sexuelles commises sur les mineurs.

[208] § 181*b* do StGB. Regime de prova (versão da G v. 11/2/2005 I 239).

Nos casos dos § 174 a 174c, 176 a 180, 181a e 182 pode o tribunal ordenar o regime de prova previsto no § 68, I.

Também desde 1998 (G v. 7.9.1998 I 2646 - DNA IdentG) que existe um "banco de dados de ADN" relativo a agentes de determinadas infracções (*v.g.* de crimes sexuais graves desde 1998 e, de quaisquer crimes sexuais, independentemente da sua gravidade, desde a Lei 27/12/2003)[209].

Nesse "banco de dados" é registado o perfil de ADN de pessoas suspeitas e de pessoas condenadas pelas infracções mencionadas no § 81*g* do StPO (entre elas as relativas aos crimes sexuais).

Esta medida tem como finalidade a identificação dos autores de infracções que venham a ser cometidas.

No final do ano de 2003, já haviam sido registados à volta de 300.000 perfis de ADN[210].

A nível da responsabilidade penal, os menores de 14 anos são incapazes de culpa (§ 19 do StGB).

Por sua vez, a incapacidade de culpa dos jovens (entre 14 e 18 anos) é regulada na JGG (Lei dos Tribunais de Menores, de 11/12/1974 I 3427)[211], prevendo-se também especialidades aplicáveis aos jovens adultos (entre 18 e 21 anos).

A responsabilidade penal dos jovens entre 14 até aos 18 anos (isto é, dos jovens que à data dos factos tinham 14 anos de idade mas ainda não tinham atingido os 18 anos de idade) supõe a expressa averiguação da necessária maturidade psíquica e moral (§ 1, II e § 3 da JGG), pelo que, se não se fizer esta prova, o jovem terá de ser absolvido por ausência de culpa.

Os jovens adultos entre 18 até aos 21 anos (isto é, dos jovens que à data dos factos tinham 18 anos de idade mas ainda não tinham atingido os 21 anos de idade) são em geral considerados como capazes de culpa, apli-

---

[209] Ver § 81*g* do StPO, cuja redacção foi alterada pela citada Lei de 27/12/2003. Esta lei de 27/12/2003 ainda prevê que o sexo da pessoa donde a "amostra genética" foi retirada também seja mencionado.

[210] Assim, *Études de législation comparée n° 133, mars 2004* - les infractions sexuelles commises sur les mineurs.

[211] A JGG (*Jugendgerichtsgesetz*) alemã recebeu a mais recente alteração em 21/12/2004 (BGBI. I. 3599), a qual entrou em vigor em 1/1/2005.

cando-se-lhes as normas penais para adultos (§ 1, II da JGG) mas, deverá comprovar-se, no caso concreto, o grau de maturidade do jovem. Se esse jovem adulto entre 18 e 21 anos cometeu uma «falta» própria dos jovens não se lhe aplica o StGB mas a JGG (§ 105 da JGG e § 10 do StGB)[212].

Podemos, pois, concluir que, apesar de terem sido descriminalizados os crimes de sedução e de homossexualidade com menores, nem por isso deixaram de ser salvaguardadas e protegidas as situações entendidas como mais perigosas para o desenvolvimento dos menores (independentemente da natureza dos actos sexuais em causa), ainda crianças (menores de 14 anos) ou já jovens (entre 14 e 18 anos).

Áustria

Os crimes sexuais estão inseridos na secção 10 da parte especial do *Öst. StGB* (Código Penal Austríaco)[213].

Antes da reforma de 2004 (BGBI I 2004/15 de 1/3/2004), a referida secção 10 tinha a epígrafe de «crimes contra os costumes» e, após a referida reforma, passou a ter a de «crimes contra a integridade sexual e a autodeterminação sexual».

---

[212] RÖSSNER, Dieter, "Derecho Penal de Menores en Alemania com especial consideración de los adolescentes", *in Legislación de menores en el siglo XXI: análisis de derecho comparado*, Madrid: Consejo General Del Poder Judicial, 1999, p. 321, esclarece que, o direito alemão «reconhece uma fase de transição do adolescente entre 18 e 21 anos de idade, em que a decisão sobre aplicar as sanções do direito penal de adultos ou de menores depende do estado de maturidade alcançado em cada caso individual».

[213] COSTA ANDRADE, "Sobre a Reforma do Código Penal Português. Dos crimes contra as pessoas, em geral, e das gravações e fotografias ilícitas, em particular", *RPCC,* ano 3, fasc. 2º-4º, Abril-Dezembro 1993, p. 441, salienta que, o novo Código Penal austríaco de 1975, «continua a incriminar e punir práticas como o *Homossexualismo profissional* (masculino, § 210), o *Incesto* (§ 211)*, a Rufianaria* (§ 216)». Efectivamente, só em 1989 (BGBI 1989/243 de 27/4/1989) foi revogado o § 210, sendo que se mantém a punição do incesto, tendo o crime previsto no § 216 sofrido nova redacção em 2004 (BGBI I 2004/15 de 1/3/2004).

Este rigor na definição do bem jurídico protegido (integridade sexual e a autodeterminação sexual), mostra a vontade de realçar a sua natureza eminentemente pessoal e, bem assim, de acabar com referências (ou ligações) a qualquer moral sexual.

Também, já desde a reforma de 2002 (BGBl I 2002/134 de 13/8/2002), que o legislador austríaco se preocupou, nesta área dos crimes sexuais, em melhor proteger as crianças e os jovens.

No que importa aqui realçar, podemos distinguir, por um lado, os crimes cometidos através de constrangimento da vítima (homem ou mulher de qualquer idade) por meio de violência ou retirando a liberdade pessoal ou por meio de ameaça com perigo grave e actual para a integridade física ou para a vida (como, por exemplo, é o caso do crime de violação previsto no § 201 e do crime de coacção sexual previsto § 202 ambos do StGB Austríaco[214]) e, por outro, os restantes crimes que não exigem a criação da situação de constrangimento.

A punição dos crimes sexuais em que as vítimas são menores varia consoante o tipo de actos em causa (a saber, a «cópula», «acto sexual de características análogas à cópula» e os restantes «actos sexuais») e consoante o tipo de acção levada a cabo pelo agente.

Resulta do § 206 (abuso sexual grave de crianças menores de 14 anos), 1, do StGB Austríaco que a prática de «cópula» ou «acto sexual de características análogas à cópula» com menor de 14 anos, mesmo sem constrangimento da vítima, portanto, ainda que haja consentimento, é punida, na sua forma simples, com pena de prisão de 1 a 10 anos.

Por sua vez, a prática de outros actos sexuais (distintos dos previstos no citado § 206), com menor de 14 anos, mesmo sem o seu constrangimento, é punida, na sua forma simples, com pena de prisão de 6 meses a 5 anos - § 207, 1 do StGB Austríaco.

No referido § 206, 2, também se pune com pena de prisão de 1 a 10 anos o agente que leva o menor de 14 anos a praticar ou a suportar a

---

[214] Os crimes previstos nos § 201 e 202 do StGB Austríaco foram alterados em 2004 (BGBl I 2004/15 de 1/3/2004), além do mais, no que toca à punição que foi elevada.

Direito comparado 125

«cópula» ou um «acto sexual de características análogas à cópula» com terceira pessoa ou, para sua satisfação sexual ou de um terceiro, levar o menor de 14 anos a praticar em si mesmo um «acto sexual de características análogas à cópula».

A pena é agravada se de tais condutas resultar ofensa corporal grave (pena de prisão de 5 a 15 anos), gravidez (pena de prisão de 5 a 15 anos) ou morte (antes da reforma de 2001 - BGBI 2001 I/130 de 27/11/2001 – pena de prisão de 10 a 20 anos; depois dessa reforma, a moldura abstracta passou a ser de pena de prisão de 10 a 20 anos ou pena de prisão por toda a vida) – § 206, 3.

A punição do abuso sexual grave de crianças é excluída se a vítima tiver entre 13 e 14 anos, o agente tiver idade compreendida entre 14 e (não superior a) 17 anos, o acto sexual não tiver consistido em penetração com objectos e não tiver resultado ofensa corporal grave, nem a morte - § 206, 4[215].

Por seu turno, no citado § 207, 2, também se pune com pena de prisão de 6 meses a 5 anos o agente que leva o menor de 14 anos a praticar consigo acto sexual distinto dos previstos no § 206 e, bem assim, o que levar o menor de 14 anos a praticar acto sexual distinto dos previstos no § 206 com terceira pessoa ou, para sua satisfação sexual ou de um terceiro, levar o menor dessa idade a praticar em si mesmo um acto sexual também distinto dos previstos no § 206.

A pena é agravada se de tais condutas resultar ofensa corporal grave (pena de prisão de 1 a 10 anos) ou morte (pena de prisão de 5 a 15 anos) – § 207, 3.

A punição é excluída se a vítima tiver entre 12 e 14 anos, o agente tiver idade compreendida entre 14 e (não superior a) 18 anos e não tiver resultado ofensa corporal grave, nem a morte - § 207, 4[216].

---

[215] § 206 (4) do StGB Austríaco: Se a idade do agente ultrapassar a idade da pessoa menor de 14 anos em não mais do que 3 anos, o agente não será punido de acordo com o nº (1) e o nº (2) se, a acção sexual não tiver consistido na penetração com um objecto, nem tiver resultado ofensa corporal grave, nem a morte da pessoa menor de 14 anos, a não ser que esta não tenha completado os 13 anos de idade.

[216] § 207 (4) do StGB Austríaco: Se a idade do agente ultrapassar a da pessoa menor de 14 anos em não mais do que 4 anos, o agente não será punido de acordo com o nº (1)

Ou seja, da conjugação das referidas incriminações previstas nos § 206 e § 207 do StGB Austríaco podemos, além do mais, concluir que, em qualquer caso, são absolutamente proibidos os contactos sexuais de maiores de 17/18 anos com menores de 13/12 anos.

Também, até 14/8/2002 (BGBI I 2002/134 de 13/8/2002)[217] era absolutamente proibido o «trato imoral homossexual» masculino consentido entre adulto de 19 anos ou mais com jovem do (mesmo sexo) entre 14 e 18 anos de idade (§ 209 do StGB Austríaco[218], cuja moldura abstracta era de pena de prisão de 6 meses a 5 anos).

---

e o nº (2) se não ocorrer nenhuma das consequências ditas no nº (3), a não ser que a criança ainda não tenha completado os 12 anos de idade.

[217] Ver Ac. do Tribunal Constitucional nº 247/2005, onde a Relatora (Maria João Antunes), adianta que «na Áustria, em 14 de Agosto de 2002, foi expressamente revogado o § 209 do CP, que punia os actos homossexuais consentidos entre homens de idade superior a 19 anos e adolescentes entre 14 e 18 anos de idade, com a consequente introdução do actual § 207b, o qual abrange indistintamente actos heterossexuais, homossexuais ou lésbicos. Estas alterações do CP austríaco ocorreram na sequência da decisão do Tribunal Constitucional, de 21 de Junho de 2002, que julgou inconstitucional aquele § 209, por violação do princípio da igualdade, por não se poder ter como objectivamente justificada a incriminação. Julgamento de inconstitucionalidade e alterações legislativas que estiveram presentes no julgamento do Tribunal Europeu dos Direitos do Homem, de 9 de Janeiro de 2003 (*Case of L. And V. v. Austria*), já que perante este Tribunal foi alegado e por ele reconhecido que a vigência do § 209 do CP austríaco e as condenações que a norma permitiu foram discriminatórias e violadoras do direito ao respeito pela vida privada (artigos 8 e 14 da Convenção Europeia dos Direitos do Homem). Do conteúdo da decisão ressalta, apesar das especificidades das queixas apresentadas, a adesão à conclusão a que chegou a Comissão no *Case of Sutherland v. the United Kingdom*: na falta de qualquer justificação objectiva e racional para a manutenção de uma idade superior do consentimento para actos homossexuais é violado o artigo 14 em conjugação com o artigo 8 da Convenção. Conclusão que foi sensível a investigações recentes de acordo com as quais a orientação sexual é, em regra, estabelecida antes da puberdade quer em relação a rapazes quer a raparigas, bem como à circunstância da generalidade dos países do Conselho da Europa preverem idades iguais quando considerado o consentimento para a prática de actos homossexuais e heterossexuais (§ 47). Entendimento seguido depois no *Case of S. L. v. Austria* (§ 39)».

[218] Segundo o § 209 (comportamentos imorais homossexuais com pessoa menor de 18 anos) do StGB Austríaco (entretanto revogado) «é punida com pena de prisão de 6 meses a 5 anos qualquer pessoa do sexo masculino que, tendo completado os 19 anos de

Assim, até à referida reforma de 2002 (ver no BGBI I 2002/101 de 12/7/2002 a comunicação da decisão do Tribunal Constitucional de 21/6/2002 que julgou inconstitucional o mencionado § 209), com excepção da punição autónoma da homossexualidade masculina (ao contrário do que sucedia com a feminina, já que os comportamentos lésbicos com jovens do sexo feminino de 14 anos ou mais não eram punidos desde que fossem consentidos e não houvesse qualquer relação de dependência) e do incesto[219], em princípio e, em determinadas situações, os jovens (não dependentes) a partir dos 14 anos podiam consentir na prática de actos heterossexuais (ambos os sexos), sendo certo que, quanto à pratica de actos homossexuais, os do sexo feminino podiam neles consentir a partir dos 14 anos e os do sexo masculino apenas podiam consentir na sua prática a partir dos 18 anos.

Note-se que, já desde 1997, o Parlamento Europeu, repetidamente e de forma expressa, pedia ao Governo Austríaco que revogasse "as disposições discriminatórias relativas à idade mínima global para as relações sexuais contidas no Código Penal Austríaco" e que tomasse medidas

---

idade, mantiver trato imoral homossexual (*gleichgeschlechtliche Unzucht*) com uma pessoa que tenha completado os 14 anos mas não tenha completado ainda os 18 anos de idade».

[219] Dispõe o § 211 (incesto) do StGB Austríaco:

(1) Quem praticar a cópula com uma pessoa seu parente na linha recta é punido com pena de prisão até um ano.

(2) Quem seduzir uma pessoa, seu descendente, assim a levando à prática da cópula, é punido com pena de prisão até 3 anos.

(3) Quem praticar a cópula com seu irmão ou com sua irmã é punido com pena de prisão até 6 meses.

(4) Quem, ao tempo do facto, ainda não tiver completado os 19 anos de idade, não é punido por incesto se tiver sido seduzido ao crime.

Resulta desta disposição que os dois participantes no facto têm que estar em linha recta, sendo consanguíneos (pais e filhos; avós e netos) ou serem irmãos. O crime é de mão própria. Objecto da acção é a prática da cópula. Se um ascendente seduz um descendente, levando-o à prática da cópula, o crime é qualificado (exp. o pai convence a sua filha à cópula ou motiva-a, através de acções sexuais preparatórias). Mas não se trata de sedução se se emprega violência ou ameaça com perigo. Se a vítima seduzida do incesto ainda não tem 19 anos não será punida.

"para revogar imediatamente o artigo 209 do Código Penal e amnistiar de imediato todas as pessoas detidas por força do disposto no mesmo"[220].

Porém, ainda em 17/7/1998, os parlamentares austríacos, da facção conservadora, não quiseram revogar o referido § 209, por entenderem que essa incriminação era necessária para a protecção dos jovens na Áustria.

Enquanto se manteve a autónoma punição da homossexualidade masculina (que englobava os «actos análogas à cópula», as acções onanísticas, bem como quaisquer contactos de natureza homossexual), que estava aliada a razões de ordem moral, a sua justificação encontrava-se no entendimento de que tais práticas de natureza homossexual constituíam um maior perigo para os jovens do sexo masculino entre 14 e 18 anos.

Considerava-se mais perigosa a homossexualidade masculina do que o lesbianismo feminino.

Antes da referida reforma de 2002 não existia incriminação que protegesse adicionalmente os jovens «não dependentes» a partir dos 14 anos, que praticassem actos sexuais consentidos designadamente com adultos, ressalvado o crime do «trato imoral homossexual» masculino (o qual protegia jovens do sexo masculino entre 14 e 18 anos).

Porém, na mesma altura em que foi revogado o mencionado § 209 (BGBI I 2002/134 de 13/8/2002), foi introduzida a incriminação prevista no § 207b, cuja epígrafe é «abuso sexual de jovens».

Esta nova incriminação protege de abusos sexuais:

- os menores de 16 anos de idade que ainda não estejam suficientemente amadurecidos para compreender o significado de uma "acção sexual" ("acto sexual") ou para se comportarem de acordo com essa avaliação, aproveitando-se o agente dessa falta de amadurecimento ou da sua superioridade em razão da idade (§ 207b,1, que é punido com pena de prisão até 1 ano ou com pena de multa até 360 dias);

- os menores de 16 anos de idade, quando o agente se aproveita de uma situação coactiva (§ 207b, 2, que é punido com pena de prisão até 3 anos);

---

[220] Ver Resoluções do Parlamento Europeu de 8/4/1997, publicada no *JO* C 132 de 28/4/1997, p. 0031, de 17/2/1998, publicada no *JO* C 80 de 16/3/1998, p. 0043 e, de 17/9/1998, publicada no *JO* C 313 de 12/10/1998, pp. 0186-0188.

- os menores de 18 anos de idade, nas situações em que o agente obtém os seus "propósitos sexuais" através de remuneração da vítima (§ 207b, 3, que é punido com pena de prisão até 3 anos).

Por outro lado, os jovens que se encontrem numa situação de dependência são protegidos através de duas disposições específicas, a saber, as incriminações previstas nos § 208 (colocação em perigo moral de pessoa menor de 16 anos) e 212 (abuso de uma relação de autoridade) do StGB Austríaco.

Com a incriminação do § 208[221] (cuja moldura abstracta é de pena de prisão até 1 ano), protegem-se os dependentes menores de 16 anos que sejam alunos, educandos ou assistidos do agente, que presenciam (mas não participam) acções (tipicamente adequadas) que criam perigo potencial para a sua moral, ou para o seu desenvolvimento mental ou para o desenvolvimento da sua saúde.

Com a incriminação do § 212[222] (cuja moldura abstracta é de pena de prisão até 3 anos), protegem-se os jovens dependentes menores, dos abusos dos que detém sobre si uma relação de autoridade.

---

[221] Tendo em atenção o BGBI I 2004/15, dispõe o § 208 do StGB Austríaco: Colocação em perigo moral de pessoa menor de 16 anos.

(1) Quem praticar uma acção que seja adequada a fazer perigar a moral, o desenvolvimento mental ou da saúde de pessoa menor de 16 anos, a praticar perante uma pessoa menor de 16 anos ou perante um seu aluno, educando ou assistido menor de 16 anos, para com isso se excitar ou satisfazer sexualmente ou excitar ou satisfazer sexualmente um terceiro, é punido com prisão até um ano, a menos que, de acordo com as circunstâncias do caso, um perigo para a criança ou a pessoa menor de 16 anos seja excluído.

(2) Desde que a idade do agente referido no nº (1) não ultrapasse a da criança em mais do que 4 anos, o agente não é punido, a não ser que a criança não tenha ainda completado 12 anos.

[222] Para melhor compreensão das alterações introduzidas em 2004, cf. o § 212 (abuso de uma relação de autoridade) do StGB Austríaco, na redacção anterior à referida lei 2004/15 (BGBI I 2004/15).

(1) Quem abusar, através de comportamento imoral (*zur Unzucht mißbraucht*), de menor, seu filho, ainda que adoptivo, enteado ou pupilo, ou aproveitando-se da sua posição face a uma pessoa, menor de 19 anos, sua dependente em razão de educação, formação ou assistência, ou para se excitar ou satisfazer sexualmente, ou para excitar ou satisfazer sexualmente um terceiro, levar uma dessas pessoas a praticar uma acção imoral (*eine unzüchtige Handlung*) em si própria, será punido com pena de prisão até 3 anos.

130 *Crimes Sexuais com Adolescentes*

Antes da reforma de 2004 (BGBI I 2004/15), previam-se, no referido § 212, situações de abuso (através de "comportamento imoral"), em que os agentes fossem:

- os pais, ainda que adoptivos, os padrastos e os tutores;

- ou os que se aproveitassem da sua (especial) posição face ao dependente menor, em razão de educação, formação ou assistência;

- ou o médico do estabelecimento hospitalar, onde a vítima estava a ser assistida;

- ou o empregado num estabelecimento de ensino ou quem no estabelecimento de ensino se ocupasse da vítima aí assistida;

- ou o funcionário relativamente a uma pessoa que estivesse confiada para assistência no estabelecimento onde prestasse serviço.

Com a referida reforma ocorrida em 2004, além de se ter suprimido a referência ao «comportamento imoral» e ao limite de idade (19 anos) do menor dependente, alargou-se o leque dos agentes, passando a abranger--se, por exemplo, o psicólogo clínico, o psicoterapeuta ou outra pessoa que trabalhe no domínio da saúde (que pertença a um corpo profissional de saúde, como por exemplo os enfermeiros).

Ou seja, com as sucessivas reformas, o legislador austríaco mostra que se preocupou em melhor proteger as crianças e os jovens e, bem assim, em afastar concepções e referências moralistas do direito penal sexual, desse modo alcançando uma mais rigorosa identificação e individualização do bem jurídico pessoal a garantir nesta área.

---

(2) Do mesmo modo, é punido quem,

1. como médico de um estabelecimento hospitalar ou empregado num estabelecimento de ensino ou quem num estabelecimento de ensino se ocupe de uma pessoa a quem aí se presta assistência, ou

2. quem, como funcionário, relativamente a uma pessoa que esteja confiada para assistência ao estabelecimento onde presta serviço, dela abusar através de comportamento imoral (*zur unzucht mißbraucht*), aproveitando-se da sua posição perante essa pessoa, ou para sua excitação ou satisfação sexual ou dum terceiro, a levar a praticar uma acção imoral (*eine unzüchtige Handlung*) em si mesma.

Direito comparado 131

A nível da idade da responsabilidade penal dos agentes, de acordo com a JGG austríaca[223], o menor de 14 anos não pode em caso algum ser punido.

A mesma lei descreve os pressupostos da responsabilidade penal dos jovens que à data dos factos tivessem completado os 14 anos de idade mas ainda não tivessem atingido os 19 anos de idade[224].

Bélgica.

Os crimes sexuais são tratados no Livro II (das infracções e da sua repressão em particular) do Código Penal Belga, no título VII (dos crimes e delitos contra a ordem das famílias e contra a moralidade pública), nos capítulos V (do atentado ao pudor e da violação), VI (da corrupção da juventude e da prostituição) e VII (dos ultrajes públicos aos bons costumes)[225].

Não existe incriminação autónoma da homossexualidade, mesmo com menores mas, também não se distingue a natureza hetero ou homossexual dos actos sexuais.

Também não existe incriminação equivalente à prevista no artigo 174 do Código Penal Português.

---

[223] A Jugendgerichtsgesetz 1988 (BGBI 1988/599 de 20/10/1988) foi alterada em 1999 (BGBI 1999 I/55) e em 2001 (BGBI 2001 I/19 de 6/3/2001).

[224] JESIONEK, Udo, "Jurisdicción de menores en Austria", in *Legislación de menores en el siglo XXI: análisis de derecho comparado*, Madrid: Consejo General Del Poder Judicial, 1999, pp. 63-64, chama à atenção que, de acordo com «o § 4, 2, Z2 da JGG, um menor não pode ser sancionado quando tiver cometido uma falta antes de completar 16 anos sem que medeie culpa grave e sem que seja preciso, por razões preventivas especiais, aplicar o direito penal de menores (...). Segundo o Direito Austríaco existe falta (§§ 17 do Código Penal Austríaco, 5 Z 7 JGG) quando para os adultos o tipo seja sancionado com uma pena não superior a 3 anos».

[225] Ver BEERNAERT, Marie-Aude, TULKENS, Françoise, VANDERMEERSCH, Damien (com a colaboração de WISPELAERE, Anne-Michèle Druetz-de), *Code pénal*, 6ª édition à jour au 1er septembre 2004, Bruxelas: Bruylant, 2004.

O relacionamento sexual com menores de 16 anos, mesmo que consentido, é absolutamente proibido (artigo 372 do CP Belga).

Ressalvadas algumas excepções (que estendem a protecção a menores de 18 anos), o menor pode consentir na prática de actos sexuais, independentemente da sua natureza, a partir dos 16 anos.

Voltando ao referido capítulo V (do atentado ao pudor e da violação), verificamos que se distingue, por um lado, os crimes cometidos através de violência ou ameaça ou sem consentimento e, por outro lado, os crimes cometidos sem violência ou sem ameaça, sendo indiferente o sexo do sujeito passivo.

O atentado sexual existe desde o começo da sua execução (artigo 374 do CP Belga).

O crime de atentado ao pudor se cometido com violência ou ameaça e o crime de violação se cometido sem o consentimento do sujeito passivo (não há consentimento quando o acto de penetração sexual é imposto por violência, constrangimento ou astúcia ou se só foi possível em razão de enfermidade ou de deficiência psíquica ou mental da vítima e também se considera que a violação foi violenta se o acto de penetração sexual foi cometido sobre menor de 14 anos) são punidos nos termos que constam respectivamente dos artigos 373 (atentado ao pudor na forma simples com prisão de 6 meses a 5 anos; se cometido sobre menor de mais de 16 anos com prisão de 5 anos a 10 anos; se cometido sobre menor de 16 anos com prisão de 10 anos a 15 anos) e 375[226] (violação na forma simples com prisão de 5 anos a 10 anos; se cometido sobre menor de mais de 16 anos com prisão de 10 anos a 15 anos; se cometido sobre menor de mais de 14 e menos de 16 anos com prisão de 15 anos a 20 anos; se cometido sobre menor de 14 anos com prisão de 15 anos a 20 anos; e se cometido sobre menor de 10 anos com prisão de 20 anos a 30 anos) do CP Belga[227].

---

[226] Nos termos do artigo 375 do CP Belga «todo acto de penetração sexual, de qualquer natureza que seja ou por qualquer meio que seja, cometido sobre uma pessoa que o não consente, constitui crime de violação».

[227] As penas dos crimes de atentado ao pudor e de violação podem ainda ser agravadas nos termos do artigo 376 do CP Belga, na redacção da Lei 2002-06-14/42, publicada em 14/8/2002 (que entrou em vigor em 24/8/2002), no caso de se verificarem as

Direito comparado   133

O crime de atentado ao pudor se cometido sem violência ou sem ameaça é punido nos termos que constam do artigos 372 do CP Belga.

Este artigo 372 (na redacção introduzida pela Lei 2000-11-28/35, publicada em 17/3/2001 e que entrou em vigor em 27/3/2001) pune:

- com prisão de 5 anos a 10 anos todos os atentados sexuais ao pudor cometidos sem uso de violência nem ameaça sobre ou perante menores (de um ou de outro sexo) de 16 anos;

- com prisão de 10 anos a 15 anos os atentados ao pudor cometidos, sem violência nem ameaça, pelos ascendentes ou adoptantes em relação aos filhos menores, mesmo maiores de 16 anos mas não emancipados pelo casamento;

- a mesma pena de prisão de 10 anos a 15 anos será aplicada se o culpado for o irmão ou a irmã da vítima menor ou for pessoa que ocupe uma posição similar no seio da família ou for pessoa que coabite habitualmente ou ocasionalmente com a vítima e que tenha autoridade sobre ela.

Por sua vez, o artigo 377 (na redacção introduzida pela citada Lei 2000-11-28/35) do CP Belga prevê também uma agravação da pena dos crimes de atentado ao pudor e de violação em geral (portanto, cometidos com ou sem violência ou ameaça e cometidos sem consentimento da vítima).

Da conjugação dos artigos 377 e 372 § 1 do CP Belga resulta que, o atentado ao pudor simples, cometido sem violência ou ameaça, passa a ser punido de 10 anos a 15 anos de prisão, além do mais, quando:

- o agente seja ascendente ou adoptante da vítima;

- o agente tenha autoridade sobre a vítima;

- se houver abuso de autoridade ou se a acção do agente for facilitada pelas funções que exerce;

- se o agente for o médico, o cirurgião ou o técnico de saúde a quem o menor de 16 anos foi confiado;

- se o culpado for o irmão ou a irmã da vítima menor ou for pessoa que ocupe uma posição similar no seio da família ou for pessoa que

---

circunstâncias aí indicadas (genericamente essas agravantes tem a ver com o resultado morte, com os meios e modo de execução do crime, com a qualidade do agente e com a vulnerabilidade da vítima).

coabite habitualmente ou ocasionalmente com a vítima e que tenha autoridade sobre ela.

Aqui, portanto, a situação de dependência da vítima em relação ao agente, nas condições referidas, funciona como circunstância agravante.

Também outras disposições, relativas à corrupção de jovens, à prostituição (capítulo VI) e à defesa dos bons costumes (capítulo VII), têm por fim proteger menores de 14/16 e 18 anos, o que determina variações nas respectivas molduras abstractas, as quais vão aumentando designadamente também em função da menor idade da vítima.

A referida Lei 2000-11-28/35, que entrou em vigor em 27/3/2001, também reforçou a protecção penal de menores, em matéria de exploração sexual, designadamente, a nível do combate da prostituição de menores e do comércio de material pornográfico.

O termo "menor" utilizado nas disposições do Livro II do CP Belga significa toda a pessoa que ainda não atingiu os 18 anos de idade (artigo 100 *ter* introduzido pela Lei 2000-11-28/35).

O proxenetismo de menores é punido, nos termos do artigo 380, § 4, 5º do CP Belga, na redacção da Lei 2000-11-28/35, com prisão de 10 anos a 15 anos e com multa de mil francos a cem mil francos mas, se essa infracção for cometida contra menor de 16 anos (artigo 380 § 5), passa a ser punido com prisão de 15 anos a 20 anos e com multa de mil francos a cem mil francos.

E, quem assiste ao deboche ou à prostituição de um menor é punido (nos termos do artigo 380 § 6 na redacção da Lei 2000-11-28/35) com prisão de 1 mês a 2 anos e com multa de cem francos a dois mil francos.

A conversão em euros das molduras abstractas dessas multas[228], é feita tendo em atenção as Leis de 26/6/2000, de 30/6/2000 e de 3/7/2000, publicadas em 29/7/2000, a Lei de 10/12/2001, publicada em 20/12/2001

---

[228] Consta da Lei de 26/6/2000: (2) O montante das somas em dinheiro às quais as décimas adicionais visadas pela Lei de 5/3/1952, relativa às décimas adicionais sobre multas penais, são aplicáveis, passam a ser exprimidas directamente em euros sem conversão. (3) Os montantes das multas às quais as décimas adicionais visadas pela Lei de 5/3/1952, relativa às décimas adicionais sobre multas penais, não são aplicáveis, *são lidas* como montantes em euros, depois da sua divisão pelo coeficiente 40.

Direito comparado 135

e, ainda, várias decisões reais de 20/7/2000, publicadas em 30/8/2000 e, de 13/7/2001, publicadas em 11/8/2001.

Além dessas particulares infracções outras existem que, inseridas nos capítulos citados, visam a protecção dos jovens, a nível do "normal" desenvolvimento da sua sexualidade, embora transpareça ainda uma certa confusão entre o direito penal e a moral sexual.

Também, no caso de condenação pelos crimes previstos nos artigos 372 a 377, 379 a 380 *ter*, 381 e 383 a 387 do CP Belga, cometidos sobre um menor ou implicando a sua participação, podem ser aplicadas "penas complementares ou acessórias", que consistem na interdição de direitos (medidas que visam impedir o autor da infracção de exercer uma actividade, profissional ou não, que lhe permita entrar em contacto com crianças), de duração compreendida entre um e vinte anos a contar do fim do cumprimento da pena de prisão aplicada (artigo 382 *bis* do CP Belga, na redacção da Lei 2000-11-28/35).

A mesma Lei 2000-11-28/35, introduziu ainda uma série de disposições relativas ao registo audiovisual do depoimento de menores, vítimas ou testemunhas, de certas infracções (*v.g.* corrupção, prostituição de menores, pornografia infantil), com vista a evitar uma vitimização secundária do menor, resultante da repetição traumatizante de audições nas diversas fases processuais (cf. nova redacção dos artigos 91 *bis* a 101, 190 *bis* e 327 *bis* do Código de Instrução Criminal Belga).

A circular ministerial de 16/7/2001 colocou em prática e uniformizou o recurso à técnica do registo audiovisual do depoimento de menores.

Por sua vez, a Lei de 22/3/1999 (relativa ao procedimento de identificação por análise ADN em matéria penal), publicada em 20/5/1999, que entrou em vigor em 30/3/2002 (por *Arrêté royal* de 4/2/2002[229], artigo 21), autorizou a criação de dois bancos de dados de ADN: "*la banque de données ADN «Condamnés»*" e "*la banque de données ADN «Criminalistique»*"[230].

---

[229] Este *Arrêté royal* de 4/2/2002 já foi alterado por outro de 1/4/2004 que, mais uma vez, suspendeu a entrada em vigor do seu artigo 22, devido a "demoras" no processo de creditação dos laboratórios de análise de amostras de ADN.

[230] Assim, também, *Études de législation comparée n° 133, mars 2004* - les infractions sexuelles commises sur les mineurs.

136   *Crimes Sexuais com Adolescentes*

Essas normas de procedimento de identificação por análise ADN estão inseridas nos artigos 44 *ter* e 90 *undecis* do Código de Instrução Criminal Belga.

Por último, no que respeita aos jovens delinquentes de menos de 18 anos, a lei de protecção da juventude (Lei de 8/4/1965 que já sofreu diversas alterações, sendo a última aqui considerada a Lei 2004-05-07/65, que entrou em vigor em 5/7/2004), prevê, consoante a natureza e gravidade dos factos, distintas medidas (de protecção social e de protecção judiciária), algumas das quais podem ser prorrogadas até aos 20 anos (artigo 37).

Essas medidas, de natureza diferente, dependendo das circunstâncias concretas do caso e do respectivo procedimento processual, são aplicadas no Tribunal de Menores (*le tribunal de la jeunesse*) a menores de 14 anos, a menores de 16 anos e a menores de 18 anos de idade.

No caso de o jovem ter mais de 16 anos de idade à data dos factos que constituem a infracção, o Tribunal de Menores, mediante decisão fundamentada, pode reenviar o processo ao M°P° para prosseguir na jurisdição competente, segundo o direito comum (artigo 38).

Assim, os jovens com mais de 16 anos podem, nessas circunstâncias, ser julgados como se fossem adultos.

Ou seja, em determinadas circunstâncias, a idade da responsabilidade penal pode baixar dos 18 até aos 16 anos de idade, se o Tribunal de Menores considerar inadequadas as medidas previstas no artigo 37[231].

Dinamarca.

Os crimes sexuais são tratadas no 24° capítulo da parte especial do Código Penal Dinamarquês – ver LBK n° 960 de 21/9/2004, Lei n° 814 de 30/9/2003, com as alterações decorrentes do § 1 da Lei n° 218 de 31/3/

---

[231] Assim, também, *Études de législation comparée n° 52, février 1999* - la responsabilité penales des mineurs: Sénat français (consulta em http://www.senat.fr/lc/lc52/lc52_mono.html).

Direito comparado 137

2004, do § 1 da Lei nº 219 de 31/3/2004 e do § 1 da Lei nº 352 de 19/5/2004 – sob a rubrica «crimes contra os costumes» (ou "crimes contra a moralidade sexual").

Sujeito (activo e passivo) pode ser qualquer pessoa de um ou outro sexo, existindo diversos tipos legais que protegem particularmente os menores.

As diversas incriminações referem-se ao «acto sexual» sem distinguir o tipo (não se distingue se é cópula ou acto distinto de cópula, se a penetração ocorreu com parte do corpo ou com um objecto) ou natureza (hetero ou homossexual) do acto para agravar a respectiva moldura abstracta, a qual ocorre atendendo antes a outros factores, designadamente, a idade, condição ou estado da vítima, os meios utilizados na execução do tipo, o parentesco, a relação de dependência ou subordinação ou económica entre a vítima e o agente.

A não distinção do tipo ou natureza do acto sexual resulta do disposto no § 224 [segundo o qual as «provisões» tomadas nos §§ 216 a 223 serão igualmente aplicadas relativamente a relações (no sentido de trato, de relacionamento) sexuais outras que o acto sexual propriamente dito (cópula)] e no § 225 [segundo o qual as «provisões» dos §§ 216 a 220 e §§ 222 e 223 aplicar-se-ão igualmente relativamente a relações sexuais (no sentido dc relacionamento sexual) com uma pessoa do mesmo sexo] do Código Penal Dinamarquês.

Assim, o relacionamento hetero ou homossexual com menores de 15 anos, independentemente da sua natureza ou tipo, é absolutamente proibido – portanto mesmo que consentido pela vítima ou da iniciativa da vítima – e é punido com pena de prisão (se o relacionamento sexual for cometido sobre menor de 15 anos, nos termos dos §§ 222 (1), 224 e 225 é punido com pena de prisão por qualquer período de tempo não excedendo 8 anos; e, se for cometido sobre criança menor de 12 anos ou se o agente tiver actuado com coacção ou intimidação, nos termos dos §§ 222 (2), 224 e 225 a pena poderá ser aumentada para pena de prisão por qualquer período de tempo não excedendo 12 anos).

Por isso, apesar de no crime previsto no § 216 do Código Penal Dinamarquês (que define a violação como o constrangimento ao acto sexual através da força ou da ameaça de emprego da força) também estar prevista a violação de menor, esta acaba por ser punida directamente pelo

§ 222 do mesmo código, se a vítima for menor de 15 anos, já que aqui existe uma presunção irrefutável de violação (mesmo, portanto, que não haja o referido constrangimento ao acto sexual)[232].

A partir dos 15 anos, os menores podem em princípio, isto é, ressalvadas as excepções a seguir indicadas, consentir no relacionamento sexual independentemente da natureza ou tipo de actos em causa.

Exceptuam-se, portanto, desse princípio geral, os seguintes casos que protegem especificamente menores de 18 anos:

- quando a vítima (de qualquer sexo) do relacionamento sexual (de qualquer natureza) é pessoa que em relação ao agente é adoptada, enteada ou «criança acolhida», ou que lhe foi confiada para instrução ou educação (nos termos dos §§ 223 (1), 224 e 225 do Código Penal Dinamarquês o agente é punido com pena de prisão por qualquer período de tempo não excedendo 4 anos);

- quando o agente, abusando da superioridade em razão da sua idade ou maior experiência, induzir a vítima (de qualquer sexo) ao relacionamento sexual de qualquer natureza (nos termos dos §§ 223 (2), 224 e 225 do Código Penal Dinamarquês o agente é punido com pena de prisão por qualquer período de tempo não excedendo 4 anos);

- quando o agente, através de pagamento ou promessa de pagamento, mantiver relacionamento sexual (de qualquer natureza) com menor (de qualquer sexo) de 18 anos (nos termos dos §§ 223a, 224 e 225 do Código Penal Dinamarquês o agente é punido com pena de multa ou com pena de prisão por qualquer período de tempo não excedendo 2 anos).

Esta última incriminação, que pune quem "«compra serviços sexuais a menores de 18 anos», foi introduzida pela Lei nº 141 de 17/3/1999 (que entrou em vigor em 1/7/1999), a qual também despenalizou a prostituição"[233].

---

[232] Assim também *Rapport LC 21 – Décembre 1996*. Antes da reforma que elevou as penas, o crime de violação do § 216, 1 do Código Penal Dinamarquês era punido com pena de prisão por qualquer período de tempo não excedendo 6 anos. A duração da prisão podia ser elevada a 10 anos (§ 216, 2) se a violação ocorresse de «forma particularmente perigosa» ou se ocorresse em «circunstâncias particularmente agravantes».

[233] Assim, *Études de législation comparée nº 79, octobre 2000* - Le regime juridique de la prostitution feminine: Sénat français (consulta em http://www.senat.fr/

Assim, enquanto na primeira situação apontada se protegem os menores de 18 anos das pessoas a quem estão confiados e das quais dependem por virtude de uma relação de parentesco[234], de guarda, de instrução ou educação, na segunda situação (próxima do crime de sedução ou estupro) protegem-se os menores de 18 anos de pessoas particularmente experientes ou maduras que, abusando da sua superioridade em razão da idade ou maior experiência, as influenciam e convencem (induzem) ao relacionamento sexual e, na terceira situação, prevê-se a punição do cliente da prostituição de menores.

Ainda, independentemente da idade da vítima, protegendo também particularmente as crianças e os jovens, é punido o relacionamento sexual de qualquer pessoa que está empregada ou é responsável (encarregado) por determinadas instituições ou estabelecimentos (qualquer estabelecimento prisional, centro de reabilitação, lar para crianças ou jovens, hospital para tratamento de perturbações mentais, instituição para deficientes mentais ou qualquer outra instituição semelhante) com qualquer pessoa que na mesma instituição ou estabelecimento se encontra internada (nos termos do § 219 do Código Penal Dinamarquês é punido com pena de prisão por qualquer período de tempo não excedendo 4 anos).

/lc/lc79.html). Segundo este mesmo estudo de legislação comparada, apesar da referida despenalização da prostituição (o exercício individual da prostituição deixou de constituir infracção), as prostitutas continuam a pagar impostos porque a exigibilidade destes (segundo a jurisprudência) não está ligada ao carácter lícito da actividade que constitui a fonte de rendimentos. Acrescente-se que, também, a Lei nº 433 de 31/5/2000 modificou o Código Penal Dinamarquês, particularmente no que respeita à «exploração sexual de menores».

[234] No capítulo dos «crimes contra a família» do CP Dinamarquês, prevê-se o incesto – assim, *Études de législation comparée nº 102, Février de 2002*- La repression de l'incest: Sénat français (consulta em http://www.senat.fr/lc/lc102/lc102.html) – que pune com pena de prisão que pode ir até 6 anos qualquer pessoa que tenha relações sexuais com um descendente em linha directa. Se o incesto tiver lugar entre irmãos e irmãs, a pena de prisão tem a duração máxima de 2 anos. Neste caso, se o culpado tiver menos de 18 anos, pode ser dispensado de pena.

Finalmente, também independentemente da idade da vítima, mas protegendo ainda particularmente os menores de 21 anos, pune-se o agente que, com grave abuso da posição subalterna ou dependência económica da vítima, tenha com ela relacionamento sexual extraconjugal (nos termos do § 220 do Código Penal Dinamarquês o agente é punido com pena de prisão por qualquer período de tempo não excedendo 1 ano ou, quando a vítima for menor de 21 anos, será punido com pena de prisão por qualquer período de tempo não excedendo 3 anos).

Segundo o § 226 do Código Penal Dinamarquês, o erro sobre determinados elementos típicos (a saber o erro ou desconhecimento sobre qualquer anormalidade na condição mental ou física da vítima ou sobre a idade da vítima) exclui o dolo mas o agente é punido a título de negligência com uma pena que deverá ser proporcionalmente reduzida.

As penas impostas pelas incriminações previstas nos §§ 216 a 224 ou § 226 podem ser "extintas" no caso do sujeito activo vir a contrair casamento com o sujeito passivo ou se "tiverem registado a sua união de facto" (§ 227 do CP Dinamarquês, na redacção da Lei nº 218 de 31/3/2004).

Também, a partir de uma alteração legislativa ocorrida em 1997, em determinados casos (*v.g.* infracções particularmente graves, representando os agentes um perigo sério para a colectividade), passou a ser permitido ao juiz substituir a pena de prisão por internamento em estabelecimento especializado, sem estabelecer de início a sua duração[235].

Por outro lado, quando o agente for punido por determinados crimes (*v.g.* §§ 216, 217, 218,1, 222 ou 223,2 do Código Penal Dinamarquês), o § 236 do mesmo código prevê a aplicação de "penas complementares ou acessórias" de duração limitada, como seja, a interdição profissional (quando a infracção cometida tem ligação com a actividade exercida, *v.g.* médico que abusa de um dos seus pacientes) e a interdição de aparecer em certos lugares (jardins públicos, escolas, campos de jogos, piscinas, praias)[236].

---

[235] Assim, *Études de législation comparée nº 133, mars 2004* - les infractions sexuelles commises sur les mineurs.

[236] *Ibidem.*

Direito comparado 141

Não existem disposições particulares para registo de delinquentes sexuais mas, a Lei de 31/5/2000 (que entrou em vigor em 1/7/2000), criou o "registo central de perfis de ADN", onde acabam por estar identificados os agentes das infracções sexuais cometidas sobre menores[237].

Espanha.[238]

Os crimes sexuais são tratados no Livro II (delitos e as suas penas) do Código Penal Espanhol, no título VIII (delitos contra a liberdade e autodeterminação sexuais), nos capítulos I (das agressões sexuais), II (dos abusos sexuais), III (do assédio sexual), IV (dos delitos de exibicionismo e provocação sexual), V (dos delitos relativos à prostituição e à corrupção de menores) e VI (disposições comuns aos capítulos anteriores).

Desde o CP Espanhol de 1995, apesar das posteriores reformas[239], a distinção entre «agressão sexual» (artigos 178 a 180) e «abuso sexual» (artigos 181 a 183) passou a fazer-se com base no *modus operandi* (com ou sem utilização de violência ou intimidação), tendo sido abandonado o critério de situar na natureza do acto sexual (com ou sem acesso sexual) a fronteira de um e outro tipo de atentado sexual[240].

---

[237] *Ibidem.*

[238] Ver *Código Penal* (Ley Orgánica 10/1995, de 23 de Noviembre), edición preparada por Enrique Gimbernat Ordeig, com la colaboración de Esteban Mestre Delgado, 11ª edición actualizada Sptiembre de 2005, Madrid: Tecnos, 2005.

[239] O CP Espanhol, aprovado pela Lei Orgânica 10/95 de 23/11, já foi objecto das seguintes alterações: Lei Orgânica n.º 4/2005, de 10/10, Lei Orgânica 2/2005, de 22/6, Lei Orgânica 1/2004, de 28/12, Lei Orgânica 20/2003, de 23/12, Lei Orgânica 15/2003, de 25/11, Lei Orgânica 11/2003, de 29/9, Lei Orgânica 7/2003, de 30/6, Lei Orgânica 1/2003, de 10/3, Lei Orgânica 9/2002, de 10/12, Lei Orgânica 3/2002, de 22/5, Lei Orgânica 8/2000, de 22/12, Lei Orgânica 7/2000, de 22/12, Lei Orgânica 5/2000, de 12/1, Lei Orgânica 4/2000, de 11/1, Lei Orgânica 3/2000, de 11/1, Lei Orgânica 2/2000, de 7/1, Lei Orgânica 14/99, de 9/6, Lei Orgânica 11/99, de 30/4, Lei Orgânica 7/98, de 5/10 e Lei Orgânica 2/98 de 15/6.

[240] ARÁN, Mercedes García, "Problemas interpretativos en los tipos penales relativos al menor", *in Protección de menores en el código penal,* Madrid: Consejo General Del Poder Judicial, 1999, p. 71.

Não há qualquer definição de acto ou conduta sexual, melhor dizendo, de «acto que atente contra a liberdade ou indemnidade sexual» da pessoa, nem se exige que o mesmo seja de certa relevância[241].

Assim, enquanto as agressões sexuais exigem a utilização de violência ou intimidação, os abusos sexuais são os cometidos sem violência ou intimidação e sem que medeie o consentimento da vítima (artigo 181,1 do CP Espanhol)[242] e, bem assim, aqueles que sejam cometidos através de

---

[241] Assim, TAMARIT SUMALLA, Josep Mª, *La protección penal del menor frente al abuso y explotación sexual (análisis de las reformas penales de 1999 en materia de abusos sexuales, prostitución y pornografía de menores)*, Navarra: Aranzadi Editorial, 2000, p. 71. Salienta ainda, *ob. cit.*, pp. 71-72, que "[a] indeterminação da fórmula legal não permite dela inferir com facilidade critérios operativos para a delimitação das condutas tipicamente relevantes. Um aspecto em que se manifesta a amplitude do âmbito típico é que para a existência de um crime de abuso sexual não será necessária a existência de contacto sexual entre o autor e a vítima, sendo suficiente que aquele, com o ânimo de obter um gozo ou excitação sexual, induza a vítima a realizar actos sexuais sobre si mesmo (o denominado por alguns como «autocontacto») ou com um terceiro. Isto foi defendido por alguns Autores relativamente ao crime de agressões sexuais, e não deve ser obstáculo para trasladar este critério aos abusos sexuais ainda que o artigo 181.1, diferentemente do artigo 178, faça referência a «realizar actos», expressão que deve ser interpretada no sentido de exigir uma conduta activa por parte do autor consistente em determinar a vítima à masturbação ou a um contacto com um terceiro". Este Autor é de opinião que essa interpretação extensiva não deverá aplicar-se às modalidades qualificadas de acesso carnal dos artigos 182 ou 183.2 na medida em que, apesar de caber no teor literal desses preceitos, todavia não se adequa às exigências de proporcionalidade e a uma interpretação teleológica dos citados tipos agravados, devendo aqui impor-se uma interpretação restritiva, na medida em que a exigência legal de que «o abuso consista em acesso carnal» ou condutas similares exige que seja o autor quem penetre ou realize tais condutas.

[242] Ainda, nos termos do artigo 181, 2 do CP Espanhol, são considerados abusos sexuais não consentidos os que se executem sobre menores de 13 anos, sobre pessoas que estejam privadas de sentido ou de cujo transtorno mental se abuse. Segundo BEGUÉ LEZAÚN, J. J., *Delitos contra la libertad e indemnidad sexuales (Ley Orgánica 11/99 de 30/4)*, Barcelona: Bosch, 1999, p. 88, «o artigo 181, 1, pode ser considerado como residual do tipo básico de abusos sexuais, na medida em que se deve reconduzir às condutas que, sendo constitutivas de abuso sexual, não caíam nos nºs 2, 3 e 4 do art. 181». Mais à frente, acrescenta que «unicamente caberão no artigo 181, 1, os atentados inopinados ou levados a cabo de surpresa contra a liberdade sexual em que, não concorrendo as circunstâncias 3ª e 4ª do art. 180, 1, o sujeito passivo seja maior de 13 anos e se encontre em condições físicas e psíquicas óptimas, não preste o seu consentimento aos actos sobre ele realizados pelo sujeito activo».

engano, sendo a vítima menor entre 13 e 16 anos (artigo 183,1 do mesmo código).

Entre outras, agravam os crimes designados como «agressões sexuais», a circunstância de a vítima (de um ou outro sexo) ser especialmente vulnerável, em razão da sua idade, enfermidade ou situação, e, em todo o caso, quando seja menor de 13 anos (artigo 180, 1, 3ª do CP Espanhol) e, a circunstância de - quando para a execução do crime - o responsável se ter prevalecido de uma relação de superioridade ou parentesco, por ser ascendente, descendente ou irmão, por natureza ou adopção, ou afim, com a vítima (artigo 180, 1, 4ª do mesmo código).

Não existe incriminação autónoma da homossexualidade, mesmo com menores mas, também, não se distingue a conduta sexual consoante a sua natureza (hetero ou homossexual).

E, apesar de, a partir de 1995 (Lei Orgânica 10/1995, de 23/11, que introduziu o novo Código Penal Espanhol), ter sido formalmente eliminado o crime de estupro, nas suas diversas modalidades (arts. 434 a 436 do Código Penal Espanhol de 1973[243]), a verdade é que o mesmo, embora com diferente configuração, acabou por ser em parte substituído, no capítulo dos abusos sexuais, pelos tipos dos artigos 181, 3 e 183 do CP 1995 (segundo Begué Lezaún, o tipo do artigo 183 integra o estupro de sedução e o tipo do artigo 181, 3, integra o estupro de prevalecimento[244]).

---

[243] No CP Espanhol de 1973, seu Livro II (delitos e as suas penas), capítulo III (do estupro) do título IX (dos delitos contra a liberdade sexual) previa-se o crime de estupro. Segundo o artigo 434, «a pessoa que tiver acesso carnal com outra maior de 12 anos e menor de 18, prevalecendo-se da sua superioridade, originada por qualquer relação ou situação, será castigada, como réu de estupro, com a pena de prisão menor. A pena aplicar-se-á no seu grau máximo quando o crime tiver sido cometido por ascendente ou irmão do estuprado». O artigo 435 tinha a seguinte redacção: «comete também estupro a pessoa que, através de engano, tiver acesso carnal com outra maior de 12 e menor de 16 anos. Neste caso a pena será de "reclusão" maior». Pelo artigo 436, «aplicar-se-á a pena de multa de 100.000 a 1.000.000 de pesetas àquele que cometer qualquer agressão sexual, concorrendo iguais circunstâncias que as estabelecidas nos dois artigos precedentes».

[244] BEGUÉ LEZAÚN, J. J., ob. cit., pp. 123-125, referindo ainda que essa distinção também reflecte a diferenciação que a jurisprudência faz entre os dois referidos tipos de estupro (SSTS de 22/5/1995, 26/12/1996 e 8/3/1997). Também BARÓN, Ángel Velázquez, Los abusos sexuales, Barcelona: Bosch, 2001, p. 25, defende que "o actual art. 183 mantém a estrutura típica do crime de estupro fraudulento do art. 435 do antigo CP".

Em Espanha, o menor pode, em princípio, consentir na prática de actos sexuais, independentemente da sua natureza, a partir dos 13 anos (Lei Orgânica 11/99, de 30/4).

Este princípio ou regra sofre determinadas excepções como veremos de seguida.

Assim, a punição do abuso sexual relativo a menores entre 13 e 16 anos (artigos 181 a 183 do CP Espanhol) varia consoante o tipo de actos cometidos (os mais «pesados» e, portanto, merecedores de pena de prisão mais elevada, são o acesso carnal por via vaginal, anal ou bocal ou a introdução de membros corporais[245] ou objectos por alguma das duas primeiras vias, sendo os restantes actos punidos com pena de prisão mais leve ou pena de multa) e considera-se verificado quando:

---

[245] Com a entrada em vigor da Lei Orgânica 15/2003, de 25/11, foi incluída a conduta da «introdução de membros corporais», ao lado da já prevista «introdução dos objectos», nos artigos 179, 182,1 e 183, 2 do CP Espanhol. Interessante a análise feita por TOMILLO, Manuel Gómez, "Derecho Penal Sexual y Reforma Legal. Análisis desde una perspectiva político criminal", *in Revista Electrónica de Ciencia Penal y Criminologia* nº 07-04 (2005), p. 8, quando discorrendo sobre casos em que a vítima fosse obrigada, com violência ou intimidação, a manter contacto sexual com animais, considera que é duvidoso que se possa sustentar, nesse caso, que houve «acesso carnal», estando também afastado o recurso ao conceito de «introdução de objectos» (mantendo-se a orientação jurisprudencial e doutrinal que exige o carácter inanimado do objecto), concluindo que, não obstante a referida alteração introduzida pela Lei Orgânica 15/2003 e apesar da gravidade e elevada censurabilidade daquela conduta, apenas se poderia concluir que tais factos integravam o tipo do artigo 178 e já não o do artigo 179. Por seu turno, ORDEIG, Enrique Gimbernat, no "Prólogo a la décima edición" incluído no *Código Penal* (Ley Orgánica 10/1995, de 23 de Noviembre), 11ª edición actualizada Sptiembre de 2005, Madrid: Tecnos, 2005, p. 23, discorda da inclusão da conduta de "introdução de membros corporais na vagina ou no ânus" no crime do artigo 179, argumentando que, "a partir de agora também se considerará violação a introdução na vagina de membros corporais – como os dedos – distintos do pénis. Mas basta descrever as características que concorrem em cada um desses comportamentos para compreender em que consiste a sua distinta gravidade e para afastar, também, esta reforma: com a penetração com o pénis a mulher corre o risco de ficar grávida, de contrair enfermidades tão graves como a sida, sendo obrigada, além do mais, a manter uma relação sexual completa, enquanto que na introdução de um dedo não ocorre nenhuma dessas circunstâncias, razão pela qual essa equiparação penal de ambos os comportamentos deveria desaparecer da nossa legislação».

Direito comparado

- o consentimento seja obtido pelo prevalecimento de uma relação de superioridade manifesta que coarcte a liberdade da vítima (neste caso independentemente da idade do sujeito passivo)[246], sendo ainda a punição agravada se concorrer a circunstância 3ª ou a 4ª do nº 1 do artigo 180 do CP Espanhol (a circunstância de a vítima ser especialmente vulnerável, em razão da sua idade, enfermidade ou situação e a circunstância de, quando para a execução do crime, o responsável se ter prevalecido de uma relação de superioridade ou parentesco, por ser ascendente, descendente ou irmão, por natureza ou adopção, ou afins, com a vítima) – artigo 181, 3 e 4;

- o consentimento seja obtido através de engano (apenas para vítimas maiores de 13 e menores de 16 anos)[247], podendo também aqui a pena ser agravada se concorrer a circunstância 3ª ou a 4ª do nº 1 do artigo 180 – cf. artigo 183.

No fundo, poder-se-á dizer que o abuso sexual previsto no artigo 181 do CP Espanhol «prevê 3 modalidades distintas da falta de consentimento» da vítima, a saber, a «falta de consentimento genérico ou residual (artigo 181, 1), a falta de consentimento *ex lege* ou específica (artigo 181, 2) e o consentimento viciado (artigo 181, 3)»[248], enquanto o abuso sexual

---

[246] TAMARIT SUMALLA, Josep Mª, *ob. cit.*, p. 76, defende que a situação de superioridade aludida no artigo 181,3 do CP Espanhol, pode consistir em qualquer situação de facto «em que o sujeito activo ostenta um poder real ou uma ascendência moral sobre o menor, derivada da relação familiar ou de outro tipo de laços afectivos com o menor ou que provoquem um temor ou respeito reverencial».

[247] TAMARIT SUMALLA, Josep Mª, *ob. cit.*, p. 79, refere que o tipo do artigo 183 do CP Espanhol fundamenta-se numa frágil base criminológica que «permite concluir pela inexistência de uma necessidade político-criminal de protecção da liberdade sexual do menor». O mesmo Autor, *ibidem*, nota 48, defende a supressão do tipo do artigo 183, invocando a posição de MORALES/GARCIA, para quem «um engano descontextualizado de uma situação de abuso de superioridade, com aptidão para debelitar um consentimento que de outro modo se considerava válido, pressupõe uma protecção dispensada pela pura frustração de objectivos que transcendem em sentido estrito o livre exercício da sexualidade».

[248] BEGUÉ LEZAÚN, J. J., *ob. cit.*, p. 88. Mais à frente (*ob. cit.*, p. 95), a propósito do consentimento viciado aludido no artigo 181, 3 do CP Espanhol, cita a STS de 28/5/1986, onde se remete para a sentença de 19/7/1984, que entendeu que, neste caso, «o essencial é que o sujeito activo tenha ascendente sobre a vítima e esta não se encontre em

previsto no artigo 183 do mesmo código prevê o engano[249] como mais uma particular modalidade de consentimento viciado mas, apenas para o caso de a vítima ter mais de 13 anos e menos de 16 anos de idade.

De referir, ainda, *a latere*, que a Lei Orgânica 11/99 de 30/4[250] reintroduziu, no capítulo dos delitos relativos à prostituição e à corrupção

---

condições de resistir com a mesma liberdade de quem não está nessa mesma situação de inferioridade, precisamente com base em que nesse ascendente está implícita a coacção moral que o agente utiliza para lograr os seus desejos lúbricos, que a lei penal contempla para não validar o consentimento prestado sob a sua influência». Também consta da STS de 28/6/91: «a notória diferença de idade entre o agente e a ofendida é susceptível de gerar, por si só, a relação de desigualdade da qual se pode prevalecer o primeiro. Todavia, esta última afirmação jurisprudencial, cujo acerto e validez não cabe agora por em dúvida, não deve levar a pensar que o mero dado objectivo da diferença de idade – por importante que seja – já basta para integrar o acesso carnal no tipo delictivo do artigo 434 (estupro) do CP, pois sempre será preciso que aquele desnível e a consequente disparidade entre a maturidade de um e de outro tenham sido aproveitadas pelo agente para obter um consentimento que de outra forma não conseguiria obter, o que significa que se o dito consentimento foi livre e espontaneamente outorgado, com uma liberdade ocasionalmente imperfeita, pela escassa idade de quem a exercita, mas de modo algum conscientemente viciada por quem recebe a oferta, não será possível considerar autor de um crime de estupro com prevalecimento aquele que, acedendo às solicitações de quem, apesar da sua pronunciada juventude, teve a iniciativa na aproximação erótica dos dois, de nada se prevaleceu, em rigor, para ter acesso carnal com quem a requer».

[249] BEGUÉ LEZAÚN, J., *ob. cit.*, p. 126, salienta que «os casos de engano mais frequentemente tratados pelo Supremo Tribunal Espanhol são os de promessa falsa de casamento, mas admitindo quaisquer outros ardis que tenham aptidão bastante para viciar o consentimento do sujeito passivo, sendo para isso absolutamente imprescindível que a manobra enganosa utilizada pelo agente tenha entidade ou capacidade suficiente para alterar o processo de formação da vontade do sujeito passivo que, de outro modo, não teria consentido na realização das condutas impostas (SSTS de 1/7/1992, 26/4/1995 e 22/5/1995 entre muitas outras)». Acrescenta, *ob. cit.*, pp. 124-125, que para se subsumir determinada conduta no tipo do artigo 181, 3 ou no tipo do artigo 183, «deve-se atender à causa do consentimento viciado de tal forma que, quando exista um consentimento prestado pelo sujeito passivo mercê do tortuoso proceder do agente (*v.g.* promessa de casamento), o tipo do artigo 183 deverá ser aplicado, enquanto que, quando o consentimento seja prestado pelo sujeito passivo por este considerar que, apesar de não querer aceder ao pretendido pelo agente, não tem outra opção, deveremos acudir ao tipo do artigo 181, 3». No mesmo sentido, TOMILLO, Manuel Gómez, *ob. cit.*, p. 13.

[250] Escreve-se no preâmbulo da Lei Orgânica 11/99 de 30/4 (que modificou o Título VIII do Livro II do Código Penal, aprovado pela Lei Orgânica 10/95 de 23/11), para jus-

de menores, o crime de corrupção de menores ou incapazes previsto no artigo 189 n° 3[251] do CP, o qual protege todos os menores de 18 anos – ou incapazes - que são levados a participar num comportamento de natureza sexual que prejudique a evolução ou desenvolvimento da sua personalidade.

Entretanto, com a redacção da Lei Orgânica 15/2003 de 25/11[252], essa conduta passou a integrar o actual n° 4 do mesmo artigo 189, tendo sido agravada a moldura abstracta, com a eliminação da punição alternativa (pena de multa).

Trata-se de um delito de consumação antecipada em que não é preciso que se dê um efectivo prejuízo para se considerar logo consumado o crime – basta que os actos praticados sejam idóneos para, *ex ante*, preju-

---

tificar a nova reforma, que «as normas contidas no Código Penal aprovado pela Lei Orgânica 10/95 de 23/11, relativas aos crimes contra a liberdade sexual, não respondem adequadamente, nem na tipificação das condutas nem na cominação das penas correspondentes, às exigências da Sociedade nacional e internacional em relação com a importância dos bens jurídicos em jogo, que não se reduzem à expressada liberdade sexual, já que também se hão-de ter muito especialmente em conta os direitos inerentes à dignidade da pessoa humana, o direito ao livre desenvolvimento da personalidade e da indemnidade ou integridade sexual dos menores e incapazes, cuja vontade, carente da necessária formação para poder ser considerada verdadeiramente como livre, não pode ser sempre determinante da licitude de certas condutas que, todavia, podiam ser licitas entre adultos».

[251] Dispõe o art. 189, 3 do CP Espanhol, na redacção da Lei Orgânica 11/99 de 30/4: O que fizer participar um menor ou incapaz em um comportamento de natureza sexual que prejudique a evolução ou desenvolvimento da sua personalidade, será punido com a pena de prisão de 6 meses a 1 ano ou multa de 6 a 12 meses.

[252] Consta do preâmbulo da Lei Orgânica 15/2003 de 25/11 que «os crimes contra a liberdade e autodeterminação sexual são modificados para impedir interpretações que impeçam castigar determinadas condutas de uma especial gravidade. No que respeita aos crimes relativos à corrupção de menores, é feita uma importante reforma do crime de pornografia infantil, endurecendo as penas, melhorando a técnica na descrição das condutas e introduzindo tipos como a posse para o próprio uso de material pornográfico em que se tenham utilizado menores ou incapazes ou suportes da chamada pornografia infantil virtual». O actual art. 189, 4 do CP Espanhol tem a seguinte redacção: O que fizer participar um menor ou incapaz em um comportamento de natureza sexual que prejudique a evolução ou desenvolvimento da sua personalidade, será punido com a pena de prisão de 6 meses a 1 ano.

148   *Crimes Sexuais com Adolescentes*

dicar a evolução ou o desenvolvimento da personalidade do menor ou de um incapaz[253].

Segundo, Begué Lezaún (referindo-se ao tipo do artigo 189, 3, hoje artigo 189, 4 do CP Espanhol), «os actos típicos a incriminar deverão ter um significado eminentemente sexual» - não sendo necessário o contacto físico entre os sujeitos (activo e passivo) - e a conduta do agente «há-de ter aptidão ou idoneidade corruptora, isto é, há-de ser apta para mediatizar a livre formação e desenvolvimento da sexualidade do menor ou incapaz, levando-o a iniciar práticas de natureza sexual de forma prematura, muitas vezes, mal intencionada»[254].

Por sua vez, Tamarit Sumalla[255], parece discordar parcialmente da posição defendida por Begué Lezaún, alegando que se deve fazer uma interpretação restritiva do tipo, no sentido de que o resultado do tipo não se «basta com uma danosidade potencial, nem com a mera exigência de que o comportamento sexual pertença a um género de actos de conteúdo corruptor», antes sendo necessário que tenham uma natureza de abuso, concluindo que o sentido do tipo «não pode ser o de proibir qualquer acto sexual com menores, mas antes que estamos perante um tipo residual que permite punir casos muito próximos do abuso sexual mas que não são reconduzíveis aos meios comissivos de engano ou prevalecimento de situação de superioridade ou indução à prostituição».

Independentemente das diferentes interpretações, trata-se de mais um tipo legal em que, o consentimento dado por menor que tenha entre 13 e 18 anos, assim como a sua eventual anterior experiência sexual, podem não ter qualquer relevo para afastar a consumação do crime (na medida em que, de qualquer modo, a causação do prejuízo na evolução ou desenvolvimento da personalidade do sujeito passivo pertencerá à fase de consumação final do crime).

---

[253] Assim, BEGUÉ LEZAÚN, J. J., *ob. cit.*, pp. 211, 214-215.

[254] Assim, BEGUÉ LEZAÚN, J. J., *ob. cit.*, p. 215.

[255] TAMARIT SUMALLA, Josep Mª, *ob. cit.*, pp. 116-118. Ver, ainda, do mesmo Autor, "Muerte y resurrección del delito de corrupción de menores", *in Aranzadi Penal*, 6, junio 99, pp. 6-8.

Ainda a propósito do actual artigo 189, 4 do CP Espanhol, saliente--se que, de acordo com o critério da jurisprudência espanhola, segundo Begué Lezaún[256], «sempre que exista uma conduta com aptidão corruptora por idónea para tal fim (*v.g.* exibição de pornografia ou utilização de menores com fins exibicionistas), com a qual concorra um atentado à liberdade sexual sem o qual também falaríamos de crime de corrupção e que seja lesivo da liberdade sexual em sentido estrito do menor ou incapaz (abusos, agressões, estupro), deve ser admitida a compatibilidade entre ambos os tipos penais» (no sentido de admitir a condenação separada por um e outro crime em concurso).

Acrescente-se que, a doutrina e a mais recente jurisprudência, tem--se inclinado por incluir no tipo do artigo 187, 1[257] do CP Espanhol a conduta do cliente de prostituição de menores ou incapazes.

Para tanto, defendem que, tanto induz ou promove a prostituição de menor ou incapaz «quem oferece uma retribuição directamente ao menor a troco de uma prestação sexual, como quem sem intervir no contacto sexual determina o menor a praticá-lo com um terceiro; e tanto promove e facilita a prostituição do menor quem directamente beneficia sexualmente da mesma como quem obtém um benefício económico ou simplesmente não tem escrúpulos em contribuir em tais práticas em proveito de terceiros»[258].

---

[256] BEGUÉ LEZAÚN, J. J., *ob. cit.,* p. 221.

[257] Art. 187 nº 1 do CP Espanhol: O que induza, promova, favoreça ou facilite a prostituição de uma pessoa de menor idade ou incapaz, será punido com as penas de prisão de 1 a 4 anos e multa de 12 a 24 meses.

[258] Assim, TAMARIT SUMALLA, Josep Mª, *La protección penal del menor frente al abuso y explotación sexual,* p. 97. O mesmo Autor cita jurisprudência no mesmo sentido, entre outros, a decisão do Tribunal Supremo, reunião do Pleno da Sala 2ª, de 12/2/1999, onde se entende que "a prostituição «não pode ser considerada como uma espécie de *estado irreversível,* razão pela qual o menor já iniciado não perde por isso a tutela do ordenamento jurídico", decisão esta que alterou posição de jurisprudência anterior que defendia a não verificação do tipo do art. 187, 1, quando o menor já se dedicasse anteriormente (a solicitação do cliente) à prostituição. Com a mesma indicação jurisprudencial, CALDERÓN, Ángel e CHOCLÁN, José Antonio, *Manual de Derecho Penal, parte especial,* tomo II, Barcelona: Deusto Jurídico, 2005, pp. 114-115.

Também estão previstas, nesta área dos crimes contra a liberdade e autodeterminação sexual, a aplicação de penas privativas de direitos (*v.g.* interdição do agente de se aproximar ou de entrar em contacto com a vítima ou a sua família, interdição de residir ou se deslocar ao lugar do cometimento da infracção ou de residir ou se deslocar ao domicílio da vítima ou da sua família)[259], nos moldes descritos nos artigos 57 e 48 do CP Espanhol, cuja duração tem vindo a ser prolongada à medida que vão entrando em vigor as sucessivas reformas penais.

Apesar da ausência de legislação, no âmbito das investigações criminais, desde os anos 90, a polícia e a guarda civil criou "registos de ADN"[260].

A Ordem de 7/3/2000 regulamentou o ficheiro automatizado de identificação genética de vestígios biológicos (ADNIC) na Direcção Geral da Guarda Civil.

A disposição final primeira da Lei Orgânica 15/2003 de 25/11 dispõe, no ponto 4, que acrescenta à *Ley de Enjuiciamiento Criminal* uma nova disposição adicional terceira, com o seguinte conteúdo: o "Governo (...) regulará mediante decreto real a estrutura, composição, organização e funcionamento da Comissão nacional sobre o uso forense de ADN, à qual incumbirá a acreditação dos laboratórios que podem contrastar perfis genéticos na investigação e perseguição criminal e identificação de

---

[259] A propósito das penas privativas de direitos enquanto penas principais (tendo em atenção também as alterações introduzidas pela Lei Orgânica 15/2003), ver CALDERÓN, Ángel e CHOCLÁN, José Antonio, *Manual de Derecho Penal, parte general*, tomo I, Barcelona: Deusto Jurídico, 2005, pp. 400 e 401.

[260] Sobre esta matéria, ver GURIDI, Francisco Etxberria, "La ausencia de garantías en las bases de datos de ADN en la investigación penal", *in Derechos humanos y nuevas tecnologías*, (XXI Cursos de Verano en S. Sebastian, XIV Cursos Europeos – UPV/EHU 2002), Colección «Jornadas sobre derechos humanos», Espanha, Vitoria-Gasteiz: Ararteko, 2002, pp. 99-144. Ver, também, a Ordem de 21/9/2000, sobre «os ficheiros automatizados para a identificação genética, ADN-Humanitas, restos humanos, e ADN-Veritas, vestígios biológicos e, amostras para comparação, na Direcção Geral da Polícia». O ficheiro "ADN-Humanitas" é da responsabilidade da Direcção Geral da Polícia, destinando-se a «trabalhos humanitários de identificação de restos humanos de vítimas de catástrofes ou de actos criminosos, assim como de cadáveres desaparecidos, por ADN extraído dos mesmos. O seu uso está previsto para investigações realizadas pelo Corpo Nacional da Polícia com os citados fins.

cadáveres, o estabelecimento de critérios de coordenação entre eles, a elaboração de protocolos técnicos oficiais sobre a obtenção, conservação e análises de amostras, a determinação das condições de segurança na sua guarda e a fixação de todas aquelas medidas que permitam garantir a estrita confidencialidade e reserva das amostras, das análises e dados que se obtenham com os mesmos, em conformidade com o estabelecido nas leis».

Aliás, os artigos 326 e 363 da *Ley de Enjuiciamiento Criminal*, permitem que, em determinadas situações, de forma motivada, o Juiz de instrução determine «a obtenção de amostras biológicas do suspeito que resultem indispensáveis para a determinação do seu perfil de ADN. Para tal fim, poderá decidir a prática daqueles actos de inspecção, reconhecimento ou intervenção corporal que resultem adequados aos princípios da proporcionalidade e razoabilidade».

De referir, por último, que em Espanha a partir dos 18 anos qualquer pessoa é criminalmente imputável (artigo 19 do CP Espanhol).

A Lei Orgânica 5/2000 de 12/1[261] regula a responsabilidade penal dos menores entre os 14 anos e os 18 anos.

Esse diploma legal (Lei Orgânica 5/2000) fixou nos 14 anos o início da idade em que se pode exigir responsabilidade ao menor, com «base na convicção de que as infracções cometidas por crianças menores dessa idade são em geral irrelevantes e que, nos escassos casos em que possam produzir alarme social, são suficientes para lhes dar uma resposta igualmente adequada, os âmbitos familiar e assistencial civil, sem necessidade de intervenção do aparelho judicial sancionador do Estado»[262].

Entretanto, o Real Decreto 1774/2004 de 30/7 aprovou o Regulamento da Lei Orgânica 5/2000.

---

[261] Esta Lei Orgânica 5/2000 já foi objecto de diversas alterações: ver Lei Orgânica 7/2000, de 22/12, Lei Orgânica 9/2000, de 22/12, Lei Orgânica 9/2002, de 10/12 e Lei Orgânica 15/2003, de 25/11.

[262] Assim, preâmbulo da citada Lei Orgânica 5/2000 de 12/1. Sobre o conteúdo marcadamente didáctico desta lei, ver FERNÁNDEZ, María Rosario Ornosa, *Derecho Penal de Menores, comentarios a la Ley Orgánica 5/2000, de 12 de enero, reguladora de la responsabilidade penal de los menores y a su Reglamento, aprobado por Real Decreto 1774/2004, de 30 de julio*, 3ª ed., Barcelona: Bosch, 2005, pp. 136 e 148.

Pode-se dizer que naquela lei se estabelece «um amplo catálogo de medidas aplicáveis, numa perspectiva sancionadora-educativa», devendo primar o superior interesse do menor, o qual «há-de ser valorado com critérios técnicos e não formalistas por equipas de profissionais especializados no âmbito das ciências jurídicas, sem prejuízo desde logo de adequar a aplicação das medidas a princípios garantistas gerais tão indiscutíveis como o princípio do acusatório, o princípio da defesa e o princípio da presunção de inocência»[263].

Segundo o artigo 69 do Código Penal Espanhol, ao maior de 18 anos e menor de 21 anos, que cometa um acto que constitua delito, poderão aplicar-se as disposições da lei que regule a responsabilidade penal do menor nos casos e com os requisitos previstos nessa lei.

A Lei Orgânica 9/2000 de 22/12 (sobre medidas urgentes para a agilização da administração da justiça) dilatou a entrada em vigor da aplicação das disposições da Lei Orgânica 5/2000 aos jovens de 18 a 21 anos.

Posteriormente foi publicada a Lei Orgânica 9/2002 de 10/12 que, em disposição transitória única, suspendeu até 1/1/2007 a aplicação da citada Lei Orgânica 5/2000, no que se refere aos infractores com idades compreendidas entre os 18 e os 21 anos.

França.

Os crimes sexuais são tratados genericamente na secção III (das agressões sexuais) do capítulo II (dos atentados à integridade física ou psíquica da pessoa), estando os relativos em particular aos menores inseridos na secção V (da colocação em perigo dos menores) do capítulo VII (dos atentados aos menores e à família), capítulos esses que se integram no título II (dos atentados à pessoa humana) do livro II (dos crimes e delitos contra as pessoas) do Código Penal Francês[264].

---

[263] *Ibidem.*

[264] O CP Francês que entrou em vigor em 1/3/1994 (ficando revogado o anterior de 1810) já foi objecto de diversas alterações, destacando-se, no âmbito da colocação em perigo de menores e dos crimes sexuais, a Lei nº 95-116 de 4/2/1995, Lei nº 96-392 de

Direito comparado 153

Ainda no título II do livro II do Código Penal Francês, mas no capítulo V (dos atentados à dignidade da pessoa)[265], a secção II pune o proxenetismo e infracções similares (artigos 225-5 a 225-12) e, a secção II *bis* - introduzida pela Lei nº 2002-305 de 4/3/2002 -, tem a epígrafe «do recurso à prostituição de menores ou de pessoas particularmente vulneráveis» (artigos 225-12-1 a 225-12-4).

O atentado sexual pressupõe que o acto sexual seja cometido sobre a pessoa do menor, ou seja, sobre o seu corpo (pressupõe, portanto, o contacto físico com a vítima)[266].

Na referida secção III do capítulo II do título II do livro II do Código Penal Francês, onde estão inseridos os artigos 222-22 a 222-32, punem-se as agressões sexuais em geral.

Considera-se agressão sexual «todo o atentado sexual cometido com violência, constrangimento, ameaça ou surpresa» (artigo 222-22), distinguindo-se, depois, em 3 disposições diferentes, respectivamente a violação (artigo 222-23), as outras agressões sexuais (artigo 222-27) e o assédio sexual (artigo 222-33).

As molduras abstractas, quer do crime de violação previsto na sua forma simples no artigo 222-23, quer do crime que integra outras agressões sexuais previsto na sua forma simples no artigo 222-27, são agravadas verificando-se determinadas circunstâncias, entre outras:

- a de tais crimes serem cometidos ou impostos sobre ou em menor de 15 anos (cf. artigos 222-24, 2º e 222-29, 1º)[267];

13/5/1996, Lei nº 98-468 de 17/6/1998, *Ordonnance* nº 2000-916 de 19/9/2000, Lei nº 2001-504 de 12/6/2001, Lei nº 2001-1062 de 15/11/2001, Lei nº 2002-73 de 17/1/2002, Lei nº 2002-305 de 4/3/2002, Lei nº 2002-1138 de 9/9/2002, Lei nº 2003-239 de 18/3/2003, Lei nº 2003-1119 de 26/11/2003, Lei nº 2004-204 de 9/3/2004, Lei nº 2004-575 de 21/6/2004, *Ordonnance* nº 2005-380 de 23/4/2005 e *Ordonnance* nº 2005-759 de 4/7/2005.

[265] Na secção I (das discriminações) do mesmo capítulo V do título II do livro II do CP Francês, nos artigos 225-1 a 225-4 prevê-se a punição de condutas discriminatórias, designadamente, em razão da "orientação sexual" de uma pessoa.

[266] PRADEL, Jean e DANTI-JUAN, Michel, *Droit Penal. Droit penal spécial*, Paris: Editions Cujas, edition a jour au 1º Octobre 1995, vol. III, p. 468.

[267] Também, nos artigos 222-24, 3º e 222-29, 2º do CP Francês, se considera agravante a circunstância de a agressão sexual ter sido cometida ou imposta sobre ou em pes-

- a de serem cometidos por um ascendente legítimo, natural ou adoptante ou por qualquer outra pessoa que tenha (ou exerça) autoridade sobre a vítima (cf. artigos 222-24, 4º e 222-30, 2º);

- a de serem cometidos por pessoa que abusa da autoridade que lhe é conferida pelas suas funções (cf. artigos 222-24, 5º e 222-30, 3º[268]);

- e a de serem cometidos em razão da orientação sexual da vítima (artigos 222-24, 9º e 222-30, 6º, na redacção da Lei nº 2003-239 de 18/3/2003)[269].

Na dita secção V (da colocação em perigo dos menores) do capítulo VII do título II do livro II do Código Penal, estão inseridos, entre outros, os artigos 227-22 a 227-28-1 (que foram em parte objecto de reformas introduzidas pela Lei nº 95-116 de 4/2/95, *Jo* de 5/2/95, pela Lei nº 98-468 de 17/6/1998, *Jo* nº 139 de 18/6/1998 e rectificação *Jo* nº 151 de 2/7/1998, pela Lei nº 2002-305 de 4/3/2002, *Jo* nº 54 de 5/3/2002, pela Lei nº 2004-204 de 9/3/2004, *Jo* de 10/3/2004, pela Lei nº 2004-575 de 21/6/2004, *Jo* de 22/6/2004; conferir, ainda, a *Ordonnance* nº 2000-916 de 19/9/2000, *Jo* nº 220 de 22/9/2000, em vigor desde 1/1/2002, que adapta o valor em euros de certos montantes expressos em francos) relativos aos atentados sexuais cometidos - sem violência, sem constrangimento, sem ameaça, nem surpresa - em menores.

Hoje o menor que não se encontre em situação de dependência em relação ao agente pode consentir na prática de actos sexuais, independentemente da sua natureza, a partir dos 15 anos, idade que se considera que atinge a «maioridade sexual»[270].

---

soa, cuja particular vulnerabilidade devido à sua idade, a uma doença, a uma enfermidade, a uma deficiência física ou psíquica ou ao estado de gravidez, é aparente ou conhecida do agente.

[268] Um interno de um hospital abusa da autoridade que lhe é conferida pelas suas funções (verificando-se a referida agravante do artigo 222-30, 3º) quando realiza uma agressão sexual sobre uma sua paciente: Ass. Plén. 14/2/2003, Bulletin des arrêts de la Chambre criminelle de la Cour de cassation, citado no PELLETIER, Hervé e PERFETTI, Jean, *Code pénal 2005*, 17ª édition à jour au 15 août 2004: Paris, LexisNexis Litec, 2004.

[269] A circunstância agravante do crime ser cometido em razão da orientação sexual da vítima (artigos 222-24, 9º e 222-30, 6º) foi introduzida pela Lei nº 2003-239 de 18/3/2003.

[270] PRADEL, Jean e DANTI-JUAN, Michel, *ob. cit.*, p. 473.

Desde a revisão de 1994 e, mesmo após as referidas reformas do CP Francês (tendo em atenção, além do mais, a mencionada *Ordonnance*), são punidos:

- com 5 anos de prisão e 75.000 euros de multa, os atentados sexuais cometidos "sem violência, coacção, ameaça ou surpresa" sobre menores de 15 anos, quando o agente seja maior (artigo 227 -25);

- com 10 anos de prisão e 150.000 euros de multa, os atentados sexuais previstos no artigo 227-25 cometidos em determinadas circunstâncias, entre outras, se forem cometidos por um ascendente legítimo, natural ou adoptante[271] ou por qualquer outra pessoa que tenha (ou exerça) autoridade sobre a vítima (artigo 227-26, 1º) ou se forem cometidos por pessoa que abusa da autoridade que lhe é conferida pelas suas funções (artigo 227-26, 2º);

- com 2 anos de prisão e 30.000 euros de multa, os atentados sexuais cometidos "sem violência, coacção, ameaça ou surpresa", quando a vítima tiver entre 15 anos e 18 anos (não emancipada pelo casamento), se forem cometidos por um ascendente legítimo, natural ou adoptante ou por qualquer outra pessoa que tenha (ou exerça) autoridade sobre a vítima ou se forem cometidos por pessoa que abusa da autoridade que lhe é conferida pelas suas funções (artigo 227-27).

Com esta última incriminação (artigo 227-27), os menores dependentes, vítimas de atentados sexuais daqueles de quem são dependentes, só atingem a «maioridade sexual» aos 18 anos.

Além dessas particulares incriminações, outras existem que, inseridas na mesma secção V (da colocação em perigo de menores), punem designadamente o favorecimento ou a tentativa de favorecimento da corrupção de um menor por um maior (sendo agravada a punição, nomeadamente, no caso de se tratar de menores de 15 anos – artigo 227-22), punem

---

[271] Como dizem, PRADEL, Jean e DANTI-JUAN, Michel, *ob. cit.*, p. 472, apesar do «incesto» não estar previsto numa incriminação especial, o mesmo está incluído no artigo 227-26, 1º do CP. Acrescentam, ainda, que esta solução apresenta uma dupla inconveniência de uma repressão incompleta (nada se previu para os colaterais e os afins) e, sobretudo inadaptada.

condutas que fixem, registem ou transmitam imagem ou representação de um menor que apresente um carácter pornográfico, com vista à sua difusão (artigo 227-23, na redacção da Lei nº 2004-575 de 21/6/2004) e, bem assim, punem condutas que se traduzam em fabricar, transportar, difundir por qualquer meio e através de qualquer suporte, uma mensagem de carácter violento ou pornográfico ou de natureza a atentar gravemente contra a dignidade humana, bem como o seu comércio desde que a mensagem seja susceptível de ser vista ou percebida por um menor (artigo 227-24).

De esclarecer, porém, que no tipo do artigo 227-22 do CP Francês não cabe o simples facto de seduzir um menor, desde que, por um lado, se trate de menor que tenha 15 ou mais anos e, por outro, que o sedutor não seja um ascendente legítimo, natural ou adoptivo da vítima, nem uma pessoa que tenha autoridade sobre ele, nem uma pessoa que tenha abusado da autoridade que lhe é conferida pelas suas funções (cf. artigo 227-27 do mesmo código)[272].

Por seu turno, entre as incriminações relativas ao proxenetismo e infracções similares (artigos 225-5 a 225-12 inseridos na secção II do capítulo V do título II do livro II do CP Francês), a Lei nº 2002-305 de 4/3/2002 introduziu a infracção prevista no artigo 225-7-1, segundo a qual, «o proxenetismo é punido com 15 anos de prisão e 3.000.000 euros de multa, se for cometido relativamente a um menor de 15 anos».

Na secção II *bis* (do recurso à prostituição de menores ou de pessoas particularmente vulneráveis) do capítulo V (dos atentados à dignidade da pessoa) do título II do livro II do CP Francês, a mesma lei introduziu o artigo 225-12-1, passando a punir com 3 anos de prisão e 45.000 euros de multa, «o facto de solicitar, aceitar ou obter, em troca de uma remuneração ou de uma promessa de remuneração, relações de natureza sexual da parte de um menor que se entrega à prostituição, ainda que de modo ocasional»[273].

---

[272] PRADEL, Jean e DANTI-JUAN, Michel, *ob. cit.*, pp. 520-521.

[273] Antes da referida Lei 2002-305, a punição do cliente da prostituição de menores estava prevista no art. 227-26-4º do CP Francês.

Direito comparado

No artigo 225-12-2 a moldura abstracta é elevada para 5 anos de prisão e 75.000 euros de multa, verificando-se as seguintes agravantes:

- quando a infracção for cometida de modo habitual ou relativamente a diversas pessoas (artigo 225-12-2-1º);

- quando a pessoa tiver sido posta em contacto com o autor dos factos mediante a utilização, para a difusão de mensagens destinadas a um público não determinado, de uma rede de comunicação (artigo 225-12-2-2º);

- quando os factos tiverem sido cometidos por uma pessoa que abusa da autoridade que lhe é conferida pelas suas funções (artigo 225-12-2-3º).

Segundo a última parte do mesmo artigo 225-12-2, as penas são elevadas para 7 anos de prisão e 100.000 euros de multa, no caso de se tratar de um menor de 15 anos.

De notar que, os crimes em questão, inseridos nos ditos capítulos (II, V e VII) do título II do livro II do CP Francês, são também punidos com penas complementares (*v.g.* interdição de direitos cívicos, civis e familiares, interdição de permanecer ou frequentar determinados locais, interdição de exercer actividade profissional que implique contacto habitual com menores, obrigação de frequência de curso de cidadania), como resulta, nomeadamente, dos artigos 222-44 a 222-51 (capítulo II), 225-19 a 225-25 (capítulo V) e 227-29 a 227-31 (capítulo VII).

Quanto ao crime de homossexualidade com menores, previsto autonomamente no artigo 331, alínea 2 do antigo CP Francês, acabou por ser revogado pela Lei nº 82-683 de 4/8/1982.

Recorde-se que, em 1942, a homossexualidade masculina foi criminalizada, discriminando-se a idade, de 21 e 13 anos, para consentir respectivamente em relações homossexuais e heterossexuais, idades essas que, mais tarde, passaram a ser correspondentemente de 18 e 15 anos e que, apenas em 1982, passaram a ser iguais (15 anos).

A Lei de 23/12/1980, que manteve no artigo 331, alínea 2 do antigo CP Francês a punição da homossexualidade com menores, foi sujeita a apreciação constitucional precisamente por se entender que contrariava o princípio da igualdade na medida em que «criava duas maioridade sexuais: a primeira fixada nos 15 anos para as pessoas heterossexuais e a

158 Crimes Sexuais com Adolescentes

segunda fixada nos 18 anos para as pessoas homossexuais, que assim eram objecto de discriminação»[274].

O Conselho Constitucional decidiu – como nos dão conhecimento Jean Pradel e Michel Danti-Juan[275] - que o «texto litigioso não comportava qualquer violação do princípio da igualdade, todas as pessoas pertencem à mesma categoria, constituindo todas elas o objecto de um mesmo tratamento».

Portanto, só desde a entrada em vigor da dita Lei nº 82-683 de 4/8/1982, é que a homossexualidade consentida *entre ou com* parceiros menores de 15 a 18 anos (desde que não se verifique a incriminação do artigo 227-27 do CP Francês) deixou de ser punida[276].

Também o legislador francês tem procurado evitar os efeitos traumatizantes para os menores vítimas de agressões sexuais, resultantes dos repetidos depoimentos a que são sujeitos ao longo das diversas fases do respectivo processo criminal.

O artigo 706-52 do Código de Processo Penal Francês, introduzido pela Lei nº 98-468 de 17/6/1998, relativo à prevenção e à repressão das infracções sexuais e, bem assim, à protecção de menores, prevê que a audição de um menor vítima, nomeadamente, de uma infracção sexual (no artigo 706-47 do mesmo código, consta a lista dessas infracções), deverá ser objecto de um registo sonoro ou audiovisual.

A *Circulaire de la Direction des Affaires Criminelles et des Grâces* de 20/4/1999 indicou as condições, as consequências e as modalidades práticas do referido processo de registo com o fim de permitir uma aplicação efectiva e homogénea do citado artigo 706-52 do Código de Processo Penal Francês (ver *Ordonnance* nº 2000-916 de 19/9/2000).

De destacar que, o registo de audição das vítimas menores não é obrigatório, estando dependente do consentimento do menor ou do seu representante legal, podendo ser, consoante a vontade daqueles, apenas

---

[274] PRADEL, Jean e DANTI-JUAN, Michel, *ob. cit.,* p. 474.

[275] PRADEL, Jean e DANTI-JUAN, Michel, *ibidem*, onde se referem também à mencionada decisão (C. Const., 19/12/1980, D., 1981, I.R., 358).

[276] *Ibidem.*

Direito comparado 159

sonoro ou audiovisual, admitindo-se a possibilidade de a audição do menor ser feita na presença de uma pessoa da sua família, de um administrador *ad hoc*, de um psicólogo, de um médico especializado ou de um educador (cf. artigo 706-53 do mesmo Código de Processo Penal).

Por outro lado, a Lei n° 2004-204 de 9/3/2004, *Jo* n° 59 de 10/3/2004, contém um capítulo destinado à prevenção e à repressão das infracções sexuais, nela se prevendo, designadamente, a criação de um "registo judiciário nacional dos autores de infracções sexuais" (*fichier judiciaire national automatisé des auteurs d`infractions sexuelles*), o qual se encontra regulamentado nos artigos 706-53-1 a 706-53-12 do Código de Processo Penal Francês.

De notar que, a Lei 98-468 de 17/6/98, já havia instituido o "registo nacional de dados genéticos" (*fichier national automatisé des empreintes génétiques*), cujo regime consta dos artigos 706-54 a 706-56 do Código de Processo Penal Francês. Inicialmente respeitava apenas aos delinquentes sexuais mas, posteriormente, foi alargado o seu campo de aplicação pelas Leis 2001-1062 de 15/9/2001 (relativa à segurança quotidiana) e 2003-239 de 18/3/2003 (relativa à segurança interna).

Quanto à responsabilidade penal dos agentes que sejam menores, convém ter presente o artigo 122-8 do CP Francês, na redacção da Lei n° 2002-1138 de 9/9/2002, *Jo* n° 211 de 10/9/2002, segundo o qual «os menores capazes de discernimento são penalmente responsáveis pelos crimes, delitos ou contravenções dos quais sejam culpados, nas condições fixadas por lei particular que determine as medidas de protecção, de assistência, de vigilância e de educação a que possam ser sujeitos.».

A *Ordonnance* n° 45-174 de 2/2/1945[277], que foi objecto de diversas alterações (designadamente da Lei n° 2000-516 de 15/6/2000, *Jo* n° 138

---

[277] GIUDICELLI, André, "Présentation des dispositions procédurales de la loi du 1er juillet 1996 modifiant l'ordonnance du 2 février 1945 relative à l'enfance délinquante", *RSCDPC,* (1), janv.-mars 1997, pp. 32-33, a propósito da morosidade processual e da necessidade da gestão do tempo no processo – «preocupação que domina toda a política criminal actual, quer em França, quer na Europa», salienta que a lei n° 96-585 de 1/7/96 «consegue conciliar de um lado a vontade de aceleração e, por outro, a necessária expressão dos direitos de defesa, a fim de se chegar a uma justa medida da reacção social».

de 16/6/2000, da Lei nº 2002-1138 de 9/9/2002, *Jo* nº 211 de 10/9/2002 e da Lei nº 2004-204 de 9/3/2004, *Jo* nº 59 de 10/3/2004), indica as condições e circunstâncias em que as sanções educativas (de protecção, de assistência, de vigilância e de educação) e as penas criminais podem ser aplicadas (pelo *tribunal pour enfants* e pela *cour d'assises des mineurs*) a menores delinquentes respectivamente entre 10 e 18 anos e entre 13 e 18 anos, tendo em conta, nesta última situação (em que podem ser sujeitos a penas), «a atenuação da responsabilidade de que beneficiem em razão da sua idade» (artigo 2 da citada *Ordonnance*).

Em função da idade dos menores (consoante são menores de 13 anos, menores de 10 anos ou menores com mais de 13 anos) distinguem-se as diferentes medidas que lhes podem ser aplicadas por decisão fundamentada (artigos 15, 15-1 e 16 da referida *Ordonnance*).

Também, segundo o artigo 4-VI da referida *Ordonnance*, é obrigatório o registo audiovisual dos interrogatórios dos menores infractores (cf., ainda, sobre esta matéria, a *Circulaire de la Direction des Affaires Criminelles et des Grâces* de 9/5/2001).

Inglaterra e País de Gales.

Antes da entrada em vigor do *Sexual Offences Act 2003*[278], os crimes sexuais eram tratados, entre outros, no *Sexual Offences Act* de 1956 – onde se incluíam diversos crimes sexuais, nomeadamente, os cometidos com violência ou equiparados, os que envolviam menores de 13 anos, o incesto[279], a sodomia, os «actos de indecência», o rapto com fins sexuais, a prostituição, o lenocínio, o proxenetismo -, no *Indecency with Children Act 1960* – onde se previam «condutas consideradas indecentes» (*indecent conduct*)

---

[278] O *Sexual Offences Act 2003* já sofreu alterações com a entrada em vigor do *Children Act* 2004.

[279] No *Sexual Offences Act 1956*, o incesto, previsto nas secções 10 e 11, é punido de forma distinta consoante é cometido por um homem ou por uma mulher, variando a punição consoante a idade da vítima (maior ou menor de 16 anos).

contra jovens crianças menores de 14 anos e se estabelecia um máximo de prisão para certas ofensas sexuais contidas no *Sexual Offences Act* de 1956 contra jovens do sexo feminino menores de 13 anos - no *Sexual Offences Act 1967* – este apenas relativo aos actos homossexuais – no *Sexual Offences (Amendment) Act 1976* – que se destinou a alterar a lei, inclusive a nível processual, relativa ao crime de violação – no *Sexual Offences Act 1985* – que visou a penalização de certas circunstâncias de solicitação de propostas sexuais feitas por um homem a uma mulher e bem assim a agravação de penas contidas no *Sexual Offences Act 1956* para certas ofensas contra as mulheres – no *Sexual Offences (Amendment) Act 1992* – que previa determinados procedimentos, designadamente, o anonimato das vítimas queixosas, relativos a certos crimes sexuais – e no *Sexual Offences Act 1993* – que aboliu a presunção criminal de que um menor de 14 anos do sexo masculino é incapaz de manter relações sexuais (*sexual intercourse*) naturais ou não naturais.

Em 1989, o governo britânico adoptou um certo número de medidas de prevenção que incluiu no *Children Act 1989*[280]. Este texto constitui uma «espécie de carta de direitos das crianças», colocando, «especialmente a cargo das autoridades locais, uma obrigação de inquérito e de protecção das crianças»[281].

Posteriormente, em Abril de 1996, o governo publicou um «livro branco» intitulado *Protecting the Public*, no qual «anunciava um certo número de medidas repressivas e preventivas para os delinquentes sexuais e, em particular, para os reincidentes»[282].

Antes da entrada em vigor do *Sexual Offences (Amendment) Act 2000*, na Inglaterra, País de Gales e Escócia a idade do consentimento para o relacionamento heterossexual, para o relacionamento homossexual

---

[280] Entretanto, já foi publicado o *Children Act 2004*.

[281] Assim, *Rapport LC 21 – Décembre 1996*.

[282] Assim, o mesmo *Rapport LC 21– Décembre 1996*. Entre outras medidas, figuravam nomeadamente a obrigação para os tribunais de submeterem os delinquentes sexuais a uma vigilância acrescida depois de saírem da prisão, a criação de um ficheiro de delinquentes sexuais e o registo dos resultados dos testes do ADN que deveriam ser realizados sobre todas as pessoas presas por infracções sexuais.

feminino (lesbianismo) e para «os atentados ao pudor em mulheres», bem como para os «atentados ao pudor em homens» era, em princípio, de 16 anos, sendo de 18 anos para os actos de sodomia, para o relacionamento homossexual masculino e para a prática de «actos de indecência grosseiros» entre homens, enquanto na Irlanda do Norte a idade do consentimento de qualquer actividade sexual era de 18 anos.

Foi a *Criminal Justice and Public Order Act 1994*, secção 145 (1), que baixou de 21 anos para 18 anos, a idade do consentimento para o relacionamento homossexual masculino, se consentido e cometido em privado (alteração introduzida à *Sexual Offences Act 1967*).

A partir da entrada em vigor do *Sexual Offences* (*Amendment*) *Act 2000*, de 30/11, na Inglaterra, País de Gales e Escócia a idade do consentimento de qualquer actividade sexual baixou de 18 anos para 16 anos (passando, assim, a ser igual a idade para consentir na prática de actos heterossexuais, de atentados ao pudor, de sodomia, homossexuais, lésbicos e de actos de indecência grosseiros entre homens), enquanto na Irlanda do Norte[283] a idade do consentimento de qualquer actividade sexual baixou de 18 anos para 17 anos.

Também, desde o *Sexual Offences* (*Amendment*) *Act 2000*, o relacionamento homossexual, a sodomia e os actos de indecência grosseiros entre homens deixaram de ser considerados como crime se cometidos entre menores que ainda não tivessem atingido a idade do consentimento para tais práticas.

Antes da entrada em vigor do *Sexual Offences Act 2003*, a legislação para a Inglaterra e País de Gales distinguia fundamentalmente dois tipos ou categorias de atentados sexuais sobre menores:

1º - por um lado a relação sexual ilícita (*unlawful sexual intercourse*) - particularizando-se, em determinados crimes, além dos demais actos, a cópula vaginal e o coito anal - estabelecendo-se na secção 44 do *Sexual Offences Act 1956* que, quando no julgamento por qualquer ofensa prevista nesta lei, é necessário provar a «relação sexual» («*sexual inter-*

---

[283] Quanto à Irlanda do Norte, ver a *Homossexual Offences (Northern Irland) Order 1982 e o Sexual Offences (Amendment) Act 2000*.

course»), quer seja natural ou não natural, não é necessário provar que a relação foi completa com emissão de sémen, mas a relação deve ser considerada completa com a simples prova de ter ocorrido apenas a penetração;

2º - por outro lado o «acto de indecência» (*«indecency act»*) com crianças ou com raparigas jovens menores de 14 anos (*Indecency with Children Act 1960*).

O primeiro tipo ou categoria de atentados sexuais (quando está em causa a relação sexual ilícita), incluía, além do mais, as agressões sexuais, como a violação por exemplo[284], cometidas por um homem sem ou na falta do consentimento da vítima (que podia ser homem, mulher ou criança) ou em que era utilizada violência ou outro meio equiparado (*Sexual Offences Act 1956*, secção 1).

Ainda, dentro do primeiro tipo ou categoria de atentados sexuais, além da violação, também eram punidos os «actos de atentado ao pudor» (*«indecent assault»*) cometidos por uma pessoa (de um ou outro sexo) numa mulher ou num homem, sendo certo que, se a vítima fosse menor de 16 anos, o seu consentimento não podia ser invocado como meio de defesa (*Sexual Offences Act 1956*, secções 14 a 16).

Os referidos «actos de atentado ao pudor» eram punidos:

- com uma pena de prisão de 10 anos, no caso de darem lugar a um procedimento com acusação;

- com uma pena de prisão de mais de 6 meses ou/e de uma multa, se o infractor fosse julgado em procedimento célere (abreviado, sumário).

Além dessas situações, mesmo quando não era utilizada violência ou outro meio equiparado:

---

[284] No crime de violação (secção 1 do *Sexual Offences Act 1956*) faz-se expressa referência à cópula vaginal e ao coito anal. Existe violação desde que haja penetração e que se prove a ausência de consentimento da vítima. Se se tratar de vítima menor de 16 anos, deve ser provado que opôs uma resistência física ou que a sua capacidade de compreensão e os seus conhecimentos eram tais que não estava em condições de decidir se devia consentir ou resistir. A violação ou a tentativa de violação é uma infracção que pode ser punida com prisão perpétua ou por uma pena de menor duração (assim, *Rapport LC 21 – Décembre 1996*).

- era punido o homem que tivesse relação sexual ilícita com rapariga menor de 13 anos (*Sexual Offences Act 1956*, secção 5);

- e, salvo determinadas excepções, também era punido o homem que tivesse relação sexual ilícita com menor do sexo feminino entre 13 anos e 16 anos - *Sexual Offences Act 1956*, secção 6 (1).

Ainda neste último referido tipo legal (que protegia menor do sexo feminino entre 13 anos e 16 anos), considerava-se:

- que o homem não era culpado desde que se verificassem 3 requisitos: (a) ter menos de 24 anos; (b) não ter sido condenado por uma infracção similar; (c) que o agente tivesse motivos razoáveis para estar convencido que a vítima tinha 16 anos - *Sexual Offences Act 1956*, secção 6 (3);

- que não era de punir o homem que tivesse relação sexual com menor do sexo feminino de mais de 13 anos e menos de 16 anos com quem tivesse sido casado, apesar de entretanto ter sido declarado inválido o casamento, desde que essa invalidade decorresse das situações previstas na segunda secção do *Marriage Act 1949* ou na primeira secção do *Age of Marriage 1929* (caso em que o cônjuge mulher tem menos de 16 anos) - *Sexual Offences Act 1956*, secção 6 (2).

Incluídas no referido primeiro grupo de atentados sexuais, estavam também as ofensas consideradas não naturais, que eram integradas pelo crime de sodomia com outra pessoa ou com um animal (*Sexual Offences Act 1956*, secção 12)[285] e pelo crime de «actos de indecência entre homens» (*Sexual Offences Act 1956*, secção 13).

Estabelecia-se no *Sexual Offences Act 1956*, secção 12 (1B), que qualquer acto de sodomia cometido por um homem noutro homem não podia ser tratado como tendo lugar em privado se ocorresse: (a) quando mais de duas pessoas participassem ou estivessem presentes; ou, (b) nos «quartos de banho» (inclusive portanto nos «sanitários», ou seja, em geral

---

[285] No crime de sodomia a acusação pública tinha de provar que o acto de sodomia teve lugar de forma não privada e que uma das partes não tinha ainda atingido 16 anos - *Sexual Offences Act 1956*, secção 12 (1C) na redacção da *Sexual Offences (Amendment) Act 2000*.

nos W. C.) aos quais o público tivesse ou lhe fosse permitido ter acesso, quer fosse mediante pagamento ou de outra maneira.

Antes da entrada em vigor do *Sexual Offences (Amendment) Act 2000* não havia punição pelo crime de sodomia, se este tivesse lugar em privado, fosse consentido e ambas as partes tivessem atingido 18 anos de idade - *Sexual Offences Act 1956*, secção 12 (1A).

Depois da entrada em vigor do *Sexual Offences (Amendment) Act 2000*:

- deixou de ser punido o crime de sodomia, se tivesse lugar em privado, fosse consentido e ambas as partes tivessem atingido 16 anos de idade - *Sexual Offences Act 1956*, secção 12 (1A);

- a sodomia e a tentativa de sodomia eram punidas com prisão perpétua se fossem cometidas com menor de 16 anos ou com animal;

- essa pena passava a ser de 5 anos de prisão se o agente tivesse 21 anos ou mais e a vítima tivesse entre 16 ou 17 anos; nos restantes casos a pena era de 2 anos de prisão;

- não havia punição pelo crime de sodomia se uma das pessoas tivesse menos de 16 anos e a outra pessoa tivesse atingido 16 anos - secção 12 (1AA) inserido pelo *Sexual Offences (Amendment) Act 2000*.

Igualmente era punido, como já referido, o cometimento de actos de indecência grosseiros (no sentido de graves) entre homens, cometidos em privado ou em público, incluindo quem participava no cometimento por um homem de um acto de indecência grosseiro noutro homem e quem facilitava o cometimento por um homem de um acto de indecência grosseiro noutro homem, tendo um dos parceiros menos de 16 anos de idade e o outro (o agente) já tivesse atingido essa idade - *Sexual Offences Act 1956*, secção 13[286], na redacção do *Sexual Offences (Amendment) Act 2000*.

---

[286] Secção 13 do *Sexual Offences Act 1956* (antes da redacção da *Sexual Offences (Amendment) Act 2000)*: É crime um homem cometer um acto de indecência grosseiro (grave) com outro homem, seja em público ou em privado, ou fazer parte de um acto de indecência grosseiro cometido por um homem sobre outro homem ou solicitar o cometimento de um acto de indecência grosseiro de um homem sobre outro homem.

Portanto, a partir da entrada em vigor do *Sexual Offences (Amendment) Act 2000*, tendo em atenção as referidas secções 12 e 13 e respectivas alterações, conclui-se que não cometia qualquer dessas infracções, quem tivesse menos de 16 anos se:

(a) ele ou ela cometer sodomia com menor de mais de 16 anos;
(b) ele cometer um acto de indecência grosseiro com um homem de mais de 16 anos;
(c) se o agente for uma das partes no cometimento de um acto de indecência grosseiro em pessoa de mais de 16 anos (ver *Explanatory Notes to Sexual Offences (Amendment) Act 2000*).

Ainda quanto ao relacionamento homossexual, no *Sexual Offences Act 1967*, secção 1 (7) estipulava-se que «para os efeitos desta lei um homem será considerado como estando a praticar um acto homossexual se, e apenas se, comete sodomia sobre outro homem ou comete um acto de indecência grosseiro (*«act of gross indecency»*) com outro homem ou participa no cometimento desse tipo de acto por um homem».

A partir da entrada em vigor do *Sexual Offences (Amendment) Act 2000*:

- deixou de ser punido o relacionamento homossexual, se tivesse lugar em privado, fosse consentido e ambas as partes tivessem atingido 16 anos de idade - *Sexual Offences Act 1967*, secção 1 (1A);

- não era considerado como infracção o acto homossexual cometido por menor de 16 anos, ainda que a outra parte tivesse atingido essa idade (16 anos) - *Sexual Offences Act 1967*, secção 1 (1B).

Já no segundo tipo ou categoria de atentados sexuais - os acima designados (*«indecency act»*) com crianças - era punida a prática de acto de indecência com ou perante menor de 14 anos e, bem assim, era punido o incitamento de menor de 14 anos à prática de acto de indecência com o agente ou com terceiro (*Indecency with Children Act 1960*, secção 1, punindo-se com pena de prisão máxima de 2 anos no caso de darem lugar a um procedimento com acusação ou punindo-se com pena de prisão de 6 meses ou/e de uma multa se fosse julgado em procedimento - abreviado, sumário- célere).

Por outro lado, o *Sexual Offences (Amendment) Act 2000* introduziu uma nova infracção que, inseriu na secção 3, denominada *"abuse of position of trust"*, onde punia o abuso sexual (abrangendo quer a cópula vaginal, quer o coito anal, quer qualquer outra actividade sexual independentemente da sua natureza hetero ou homossexual) de maior de 18 anos sobre menor de 18 anos, quando houvesse aproveitamento pelo agente da «situação de confiança» que tinha em relação à vítima.

Como meios de defesa para afastar tal imputação, o agente (com 18 anos ou mais) tinha de provar que na data dos factos: (a) não sabia, e não podia razoavelmente esperar-se que soubesse, que a vítima tinha menos de 18 anos; (b) não sabia, e não podia razoavelmente esperar-se que soubesse, que a vítima era uma pessoa em relação à qual ele (agente) estivesse numa posição de confiança; (c) estar legalmente casado com a vítima.

Também não ocorria a ofensa da dita secção 3 se, antes da entrada em vigor do *Sexual Offences (Amendment) Act 2000*, o agente já estivesse numa posição de confiança em relação à vítima e se já existisse um relacionamento sexual entre eles.

Esta nova infracção passou a ser punida, com prisão por um período não superior a 5 anos ou com multa (ilimitada) ou com ambas, no caso de dar lugar a um procedimento com acusação e, com prisão por um período não superior a 6 meses ou com multa que não exceda o máximo estatuído (correntemente £ 5.000), ou com ambas, no caso de ser julgado em procedimento sumário.

A posição de confiança do agente em relação à vítima resultava de situações particulares descritas nessa mesma lei, a saber: (a) o agente toma conta de menores de 18 anos que estão detidas numa instituição por ordem do Tribunal ou por determinação legal e a vítima também está detida nessa instituição; (b) o agente toma conta de menores de 18 anos que estão a residir num lar ou nos locais indicados pela mesma lei; (c) o agente toma conta de menores de 18 anos que estão acomodadas e estão ao cuidado das instituições indicadas na mesma lei.

Considerava-se que "uma pessoa toma conta de menores de 18 anos" se está regularmente envolvida na prestação de cuidados, treino, supervisão ou que seja o único encarregado do menor.

A introdução desta infracção (*"abuse of position of trust"*) visou estender a protecção aos menores com 16 e 17 anos de idade, ainda vulneráveis em relação ao agente que abusa daquela posição de confiança a que estão sujeitos.

Teve-se, pois, em atenção, por um lado, a particular vulnerabilidade das vítimas menores e, por outro lado, procurou-se protegê-las daqueles que detém em relação a elas posições de confiança particularmente fortes (ver *Explanatory Notes to Sexual Offences (Amendment) Act 2000*).

Entretanto, o *Sexual Offences Act 2003* (Lei de 20/11/2003, que entrou em vigor em Maio de 2004), introduziu novas alterações nesta área dos crimes sexuais, tendo revogado e alterado parte da legislação anterior (entre outros, revogou: no *Sexual Offences Act 1956*, as secções 1 a 7, 9 a 17, 19 a 32, 41 1 47 e, na *Schedule 2*, os parágrafos 1 a 32; o *Indecency with Children Act 1960* na totalidade; no *Sexual Offences Act 1967*, as secções 1, 4, 5, 7, 8 e 10; no *Sexual Offences (Amendment) Act 1976*, as secções 1 (2) e 7 (3); no *Sexual Offences Act 1985*, as secções 3, 4 (2) e (3), e 5 (2); no *Children Act 1989*, na *Schedule 12*, os parágrafos 11 a 14 e 16; no *Criminal Justice and Public Order Act 1994*, as secções 142 a 144 e, na *Schedule 10*, os parágrafos 26 e 35 (2) e (4); e no *Sexual Offences (Amendment) Act 2000*, as secção 1 (1), (2) e (4), secção 2 (1) a (3) e (5), secções 3 e 4 com ressalva das extensivas à Escócia, secções 5 e 6 (1)).

Assim, o crime de violação (*Sexual Offences Act 2003*, secção 1) foi alargado em relação à anterior previsão legal, passando a consistir na penetração intencional do pénis na vagina, ânus ou boca de outra pessoa, sem o consentimento desta, não tendo o agente motivos razoáveis para estar convencido que houvesse consentimento.

A nível das agressões sexuais, independentemente da idade da vítima, distinguem-se:

- aquelas em que uma pessoa (o agente), com parte do seu corpo ou com qualquer coisa, penetra intencionalmente a vagina ou o ânus de outra pessoa, sendo essa penetração sexual, não havendo consentimento e não tendo o agente motivos razoáveis para estar convencido que houvesse consentimento (*Sexual Offences Act 2003*, secção 2);

- aquelas em que uma pessoa (o agente) toca intencionalmente outra pessoa, sendo esse toque sexual, não havendo consentimento, não tendo o agente motivos razoáveis para estar convencido que houvesse consentimento (*Sexual Offences Act 2003*, secção 3);

Direito comparado 169

- e aquelas em que, intencionalmente, uma pessoa (o agente) fizer com que outra pessoa se envolva em actividade sexual, não havendo consentimento para essa actividade e não tendo o agente motivos razoáveis para estar convencido que houvesse consentimento (*Sexual Offences Act 2003*, secção 4[287]).

O *Sexual Offences Act 2003* estabeleceu uma presunção absoluta da falta de consentimento no caso de vítimas menores de 13 anos: assim, as secções 5, 6 e 7 estão configuradas da mesma forma que as secções 1, 2 e 3 mas, sem qualquer referência ao consentimento[288]; no caso da secção 8[289] a descrição típica vai mais além do que a da secção 4, abrangendo ainda o acto de o agente incitar o menor de 13 anos a envolver-se em actividade sexual.

---

[287] Na secção 4 (4) do *Sexual Offences Act 2003* a punição é mais grave (prisão perpétua) no caso de a actividade sexual envolver: penetração no ânus ou na vagina da vítima; penetração na boca da vítima com o pénis de uma pessoa; penetração no ânus ou na vagina de outra pessoa com parte do corpo da vítima ou com qualquer coisa (mas em que intervenha a vítima como agente da penetração) ou penetração na boca de outra pessoa com o pénis da vítima. Ou seja, na secção 4 (4), o agente é punido de forma mais grave, quer no caso em que a vítima é penetrada (nas condições descritas), quer no caso em que a vítima é a pessoa que vai penetrar outrem (nas condições descritas). Nos restantes casos (em que não haja penetração), tratando-se de procedimento com acusação (secção 4 (5) (b)), a punição é com prisão por um período não excedendo 10 anos.

[288] No *Sexual Offences Act 2003*, o crime de violação (secção 1) e a agressão com penetração sexual (secção 2) são punidos com prisão perpétua, o mesmo sucedendo com o crime de violação de menores de 13 anos (secção 5) e com a agressão de menor de 13 anos, com penetração sexual (secção 6). Em caso de procedimento com acusação, a agressão sexual sem penetração, prevista na secção 3, é punida com prisão por período não excedendo 10 anos e, a agressão sexual de menor de 13 anos, sem penetração sexual (secção 7) é punida com prisão por período não excedendo 14 anos.

[289] Na secção 8 (2) do *Sexual Offences Act 2003* a punição é mais grave (prisão perpétua) no caso de a actividade sexual envolver: penetração no ânus ou na vagina da vítima; penetração na boca da vítima com o pénis de uma pessoa; penetração no ânus ou na vagina de outra pessoa com parte do corpo da vítima ou com qualquer coisa (mas em que intervenha a vítima como penetrador) ou penetração na boca de outra pessoa com o pénis da vítima. Nos restantes casos (em que não haja penetração), tratando-se de procedimento com acusação, a punição é com prisão por um período não excedendo 14 anos (secção 8 (3) (b)).

Também é punido o agente maior de 18 anos que:

- intencionalmente tocar noutra pessoa (menor entre 13 e 16 anos de idade, não tendo o agente motivos razoáveis para estar convencido que a vítima tivesse 16 anos ou mais; ou vítima menor de 13 anos), sendo esse toque sexual (*Sexual Offences Act 2003*, secção 9)[290];

- intencionalmente incitar ou fizer com que outra pessoa (menor entre 13 e 16 anos de idade, não tendo o agente motivos razoáveis para estar convencido que a vítima tivesse 16 anos ou mais; ou vítima menor de 13 anos), se envolva em actividade sexual (*Sexual Offences Act 2003*, secção 10[291]);

- intencionalmente se envolva em actividade sexual e, com o propósito de obter uma gratificação sexual, ele (agente) envolve nisso outra pessoa (menor entre 13 e 16 anos de idade, não tendo o agente motivos razoáveis para estar convencido que a vítima tivesse 16 anos ou mais; ou vítima menor de 13 anos) que está presente ou está num lugar de onde o agente pode ser observado, sabendo ou acreditando o agente que a vítima está consciente, ou supondo que a vítima deve estar consciente, que ele está envolvido nessa actividade sexual (*Sexual Offences Act 2003*, secção 11[292]);

- com o propósito de obter uma gratificação sexual, intencionalmente fizer com que outra pessoa (menor entre 13 e 16 anos, não tendo o agente

---

[290] Na secção 9 (2) do *Sexual Offences Act 2003* a punição é de prisão por um período não excedendo 14 anos, tratando-se de procedimento com acusação, no caso do toque sexual envolver: penetração no ânus ou na vagina da vítima com parte do corpo do agente ou com qualquer coisa; penetração na boca da vítima com o pénis do agente; penetração no ânus ou na vagina do agente com parte do corpo da vítima; ou penetração da boca do agente com o pénis da vítima.

[291] Na secção 10 (2) do *Sexual Offences Act 2003* a punição é de prisão por um período não excedendo 14 anos, tratando-se de procedimento com acusação, se a actividade sexual envolver: penetração no ânus ou na vagina da vítima; penetração na boca da vítima com o pénis de uma pessoa; penetração no ânus ou na vagina de uma pessoa com parte do corpo da vítima ou com qualquer coisa (mas em que intervenha a vítima como agente da penetração); ou penetração na boca de uma pessoa com o pénis da vítima.

[292] Na secção 11 do *Sexual Offences Act 2003* a punição é de prisão por um período não excedendo 10 anos, tratando-se de procedimento com acusação.

Direito comparado 171

motivos razoáveis para estar convencido que a vítima tivesse 16 anos ou mais; ou vítima menor de 13 anos), observe uma terceira pessoa envolvida em actividade sexual ou olhe para uma imagem de qualquer pessoa envolvida em actividade sexual (*Sexual Offences Act 2003*, secção 12)[293].

Se as infracções previstas nas secções 9 a 12 forem cometidas por pessoa menor de 18 anos, tratando-se de procedimento com acusação, a moldura abstracta da pena de prisão é menor: prisão por um período não excedendo 5 anos (secção 13 (2) (b) do *Sexual Offences Act 2003*).

No *Sexual Offences Act 2003*, entre outras infracções, também se punem as relativas ao "*abuse of position of trust*", as quais abrangem 4 tipos legais distintos.

O "abuso da posição de confiança" exige em qualquer dos tipos legais (*Sexual Offences Act 2003*, secções 16 a 19):

- que o agente seja maior de 18 anos e a vítima seja menor entre 13 e 18 anos (neste caso, não tendo o agente motivos razoáveis para estar convencido que a vítima tivesse 18 anos ou mais) ou menor de 13 anos;

- e, que o agente esteja numa "posição de confiança" em relação à vítima.

Verifica-se, quando intencionalmente o agente[294]:

- tocar sexualmente a vítima (nos moldes descritos na secção 16);

- incentivar ou fizer com que a vítima se envolva em actividade sexual (nos moldes descritos na secção 17);

- se envolva em actividade sexual e, com o propósito de obter uma gratificação sexual, ele (agente) envolve nisso a vítima que está presente ou está num lugar de onde o agente pode ser observado, sabendo ou acreditando o agente que a vítima está consciente, ou supondo que a vítima deve estar consciente, que ele está envolvido nessa actividade sexual (nos moldes descritos na secção 18);

---

[293] Na secção 12 do *Sexual Offences Act 2003* a punição é de prisão por um período não excedendo 10 anos, tratando-se de procedimento com acusação.

[294] Tratando-se de procedimento com acusação, em qualquer das secções 16 a 19, a punição é de prisão por um período não excedendo 5 anos.

- com o propósito de obter uma gratificação sexual, intencionalmente fizer com que a vítima observe uma terceira pessoa envolvida em actividade sexual ou olhe para uma imagem de qualquer pessoa envolvida em actividade sexual (nos moldes descritos na secção 19).

Na secção 21[295] do *Sexual Offences Act 2003* define-se o conceito de *"position of trust"* e, na secção 22, é interpretado tal conceito, para efeitos da sua aplicação ao território: Inglaterra e País de Gales, Irlanda do Norte e Escócia (ver também a secção 20 quanto à Escócia).

A "posição de confiança" do agente em relação à vítima advém de situações particulares descritas nessa mesma lei (secção 21), designadamente:

(a) o agente tomar conta de menores de 18 anos que estão detidas numa instituição por ordem do Tribunal ou por determinação legal e a vítima também estar detida nessa instituição;

(b) o agente tomar conta de menores de 18 anos que estão a residir num lar ou nos locais indicados pela mesma lei;

(c) o agente tomar conta de menores de 18 anos que estão acomodados e estão ao cuidado das instituições indicadas na mesma lei.

Na secção 22 (2) clarifica-se que "uma pessoa toma conta de menores de 18 anos" se está regularmente envolvida na prestação de cuidados, treino, supervisão ou que seja o único encarregado do menor.

Não se verifica infracção às referidas secções 16 a 19:

- no caso de a vítima ter 16 anos ou mais, provando-se que já estava casada com o agente antes da entrada em vigor do *Sexual Offences Act 2003* (secção 23); e,

- no caso de o agente, antes da entrada em vigor do *Sexual Offences Act 2003*, já estar investido numa posição de confiança em relação à vítima e já existir um relacionamento sexual entre eles (secção 24 (1))[296].

---

[295] A Secção 21 (12) (a) do *Sexual Offences Act 2003* foi objecto de nova redacção com a entrada em vigor do *Children Act 2004*.

[296] A excepção contida na secção 24 (1) do *Sexual Offences Act 2003* não se aplica se, nessa altura, o acto sexual fosse ilegal (secção 24 (2)).

Saliente-se, ainda, pelo interesse para esta exposição que, no *Sexual Offences Act 2003*, secção 47[297], é punido o agente que intencionalmente obtém para ele próprio serviços sexuais de menor entre 13 e 18 anos (neste caso, não tendo o agente motivos razoáveis para estar convencido que a vítima tivesse 18 anos ou mais) ou menor de 13 anos, tendo previamente (antes de obter aqueles serviços) pago ou prometido pagar esses serviços à vítima ou a terceira pessoa ou sabendo que outra pessoa pagou ou prometeu esse pagamento.

Por "pagamento" entende-se – segundo a mesma secção 47 (2) - qualquer vantagem financeira, incluindo a compensação de qualquer obrigação de pagamento ou o fornecimento de bens ou serviços (incluindo serviços sexuais) graciosamente ou com desconto.

Também, na secção 65 do *Sexual Offences Act 2003* prevê-se a punição (com prisão por um período não excedendo 2 anos, tratando-se de procedimento com acusação), do agente de 16 anos ou mais, quando for penetrado na vagina ou no ânus com parte do corpo de outra pessoa ou com qualquer coisa (em que intervenha essa pessoa como penetrador) ou quando for penetrado na boca com o pénis da outra pessoa (tendo essa pessoa, que o penetra sexualmente das formas referidas, 18 anos ou mais e estando consigo relacionada como pai ou mãe, avô ou avó, filho ou filha, ncto ou neta, irmão, irmã, meio-irmão, meia-irmã, tio ou tia, sobrinho ou sobrinha), consentindo nessa penetração sexual, sabendo ou podendo razoavelmente supor que estava relacionado da forma descrita com a pessoa que o penetrou.

---

[297] Na secção 47 (3) do *Sexual Offences Act 2003* a punição é de prisão perpétua se a ofensa for cometida contra menor de 13 anos e envolver: penetração no ânus ou na vagina da vítima com parte do corpo do agente ou com qualquer coisa (mas em que intervenha o agente); penetração na boca da vítima com o pénis do agente; penetração no ânus ou na vagina do agente com parte do corpo da vítima ou com qualquer coisa (mas em que intervenha a vítima como penetrador) ou penetração na boca do agente com o pénis da vítima. A punição passa a ser de prisão por um período não excedendo 14 anos, tratando-se de procedimento com acusação, quando a vítima for menor de 16 anos e ocorrer penetração nos moldes descritos supra. Nos restantes casos (em que não haja penetração), tratando-se de procedimento com acusação, a punição é com prisão por um período não excedendo 7 anos.

Para efeitos da *Sexual Offences Act 2003* entende-se:

- que "uma pessoa consente" se concorda por sua escolha e se tem liberdade e capacidade para fazer essa escolha (secção 74)[298];

- a "penetração" como um acto contínuo desde a entrada até à retirada (secção 79 (2));

- que "parte do corpo" inclui referências a uma parte cirurgicamente construída (em particular, no caso de cirurgia de mudança de sexo) – secção 79 (3);

- "tocar" como incluindo o toque com qualquer parte do corpo, com qualquer outra coisa, por intermédio de algo e, em particular, inclui tocar até penetrar (secção 79 (8));

- que a "vagina" inclui a vulva (secção 79 (9));

- que penetração, tocar ou qualquer outra actividade é "sexual"[299] se uma pessoa comum (homem médio) considere que: (a) em quaisquer circunstâncias, o propósito da pessoa em relação à prática daqueles actos se deve à natureza sexual desses actos; (b) por causa da sua natureza pode ser considerado sexual ou por causa das suas circunstâncias ou o propósito de qualquer pessoa em relação à prática daqueles actos (ou ambos) é sexual (secção 78).

Ainda no caso das infracções previstas, nomeadamente, em qualquer das secções 5 a 7, 9, 13 e 16 (este último contra vítima menor de 16 anos) acima referidas, uma pessoa não pode ser culpada de ajudar, instigar ou aconselhar o cometimento contra uma criança dessas ofensas, se agiu com o propósito de: (a) proteger a criança de infecção sexual transmissível, (b) proteger a segurança física da criança, (c) prevenir que a criança venha a ficar grávida ou (d) promover o bem-estar emocional da criança, dando-lhe conselho (secção 73 do *Sexual Offences Act 2003*) e sem ser com o objectivo de obter gratificação sexual ou com o propósito de promover ou encorajar a actividade que constitui infracção ou a participação da criança nessa infracção.

---

[298] Quanto a presunções sobre o consentimento, prova dessas presunções e conclusões a tirar ver as secções 75 e 76 do *Sexual Offences Act 2003*.

[299] Ressalvando-se a secção 71 do *Sexual Offences Act 2003* que é relativa à actividade sexual em casas de banho públicas.

Nos termos e condições definidos na secção 104 da Parte 2 da *Sexual Offences Act 2003*, face ao tipo de comportamento do acusado, o tribunal pode proferir uma decisão para prevenir a prática de infracções sexuais (*"sexual offencer preventions orders"*) com o fim de proteger, o público, ou certos elementos do público, de graves danos sexuais que o delinquente lhes possa vir a causar (ver também a *Schedule* 3).

Também estão previstas medidas para "controlar" os delinquentes sexuais (*v.g.* sendo estes também obrigados a fornecer determinadas informações à polícia, periodicamente) com vista a melhor prevenir a prática de crimes sexuais.

Já em 1997 essas informações, que os delinquentes sexuais eram obrigados a prestar, eram inscritas pela polícia no «registo de infracções sexuais», onde constavam os nomes dos delinquentes sexuais.

Em Outubro de 2003, o Ministério do Interior anunciou a implementação, ao longo do ano de 2004, do registo VISOR (*Violent Offender and Sex Offender Register*), que contém informações de delinquentes sexuais e de autores de agressões[300].

Também já em 1995 fora criado um "banco de dados de ADN", onde estavam recenseados todos os delinquentes conhecidos[301].

No final de 2003, esse "banco de dados" continha mais de 2.000.000 de amostras de ADN retiradas de indivíduos no âmbito da investigação criminal.

De recordar, ainda, que na secção 34 do *Crime and Disorder Act 1998*, adoptado em 31/7/1998, foi suprimida a presunção de irresponsabilidade penal dos menores com idades compreendidas entre 10 e 14 anos.

Nesse diploma legal, entende-se que «criança» significa pessoa com menos de 14 anos de idade e «jovem» significa pessoa que já tiver atingido 14 anos mas que tiver menos de 18 anos (secção 117 do *Crime and Disorder Act 1998*).

---

[300] Assim, *Études de législation comparée n° 133, mars 2004* - les infractions sexuelles commises sur les mineurs.

[301] *Ibidem.*

A abolição da aludida presunção de irresponsabilidade penal entrou em vigor em 30/9/1998 e, a partir de então, a idade da responsabilidade penal passou a ser de 10 anos.

O *Crime and Disorder Act 1998* estabelece, também, medidas (educativas, disciplinares e de prisão) aplicáveis aos jovens delinquentes entre os 10 e os 17 anos de idade.

Itália.

Com a entrada em vigor da Lei nº 66 de 15/2/1996 os crimes sexuais passaram a ser tratados no Livro segundo do Código Penal Italiano, no título XII (dos crimes contra as pessoas)[302], capítulo III (dos crimes contra a liberdade individual), da secção II (dos crimes contra a liberdade pessoal)[303].

---

[302] No título XI (dos crimes contra a família) do CP Italiano, capítulo II (dos crimes contra a moral familiar), pelo artigo 564 é punido o incesto, que consiste no facto de o agente ter relações sexuais – de modo que daí derive escândalo público – com um descendente ou um ascendente ou com um afim em linha recta ou com um irmão ou uma irmã. Abrange as relações entre sogro e nora ou entre genro e sogra. Caso o incesto seja cometido por maior de idade em pessoa menor de 18 anos, a pena para o maior de idade é aumentada nos termos do artigo 64 do mesmo código.A razão de ser da punição do incesto, segundo ANTOLISEI, F., *ob. cit.*, p. 460, está na sua particular reprovabilidade moral, que o torna absolutamente intolerável para a comunidade social.

[303] Antes da reforma de 1996 os crimes sexuais eram tratados no título IX do Segundo Livro do Código Penal Italiano, na rubrica «dos delitos contra a moralidade pública». Apesar da reforma introduzida pela Lei nº 66 de 15/2/96, mantiveram-se em vigor crimes previstos no capítulo II (da ofensa ao pudor e à honra sexual), do referido título IX, a saber, os crimes previstos nos artigos 527 (actos obscenos), 528 (publicações e espectáculos obscenos), 529 (noção de acto e objecto obsceno), 537 (punibilidade de facto cometido por cidadão nacional em território estrangeiro), 538 (medida de segurança para o delito em matéria de prostituição) e 540 (que disciplina a relação de parentesco para efeitos da lei penal). Entretanto, também foi publicada a Lei nº 269 de 3/8/1998, sobre «normas contra a exploração da prostituição, da pornografia, do turismo sexual em prejuízo do menor e sobre novas formas de redução à escravidão» e a Lei nº 228 de 11/8/2003 sobre «medidas contra o tráfico de pessoas». Conferir *Codice Penale e di Procedura Penale* (coord. Massimo Drago), Milano: Edizione Alpha Test, 2005.

Desde então passaram a existir dois tipos de atentados sexuais:

- por um lado a «violência sexual» (artigo 609-*bis* do CP Italiano, estando as circunstâncias agravantes previstas no artigo 609-*ter* do mesmo código[304]) que engloba o conjunto das agressões sexuais cometidas através de violência, ameaça, abuso de autoridade ou outro meio equiparado;

- e, por outro lado, os abusos sexuais sem violência, onde se distinguem dois tipos de atentados, a saber, os actos sexuais com menores e a corrupção de menores.

Adoptou-se um conceito amplo de «acto sexual», entendo-se como tal qualquer manifestação do instinto sexual expresso em todas as formas em que se possa patentear a libido, a sensualidade, a lascívia.

Ou seja, compreende a conjunção sexual normal ou fisiológico destinado a satisfazer a libido, a saber a cópula vaginal e ainda qualquer outra forma de conjunção não ligada à normalidade da cópula ou à diversidade do sexo entre sujeitos, incluindo o coito anal e o oral bem como os actos praticados entre homossexuais. Compreende, além disso, qualquer manifestação do apetite de luxúria diferente de tais actos[305].

---

[304] Dispõe o art. 609-*bis* (violência sexual) do CP Italiano: Quem, com violência, ameaça ou mediante abuso de autoridade, constrange outro a realizar ou a suportar acto sexual é punido com prisão de 5 a 10 anos. Na mesma pena incorre quem induz outro a realizar ou suportar acto sexual: 1) abusando da condição de inferioridade física ou psíquica da pessoa ofendida ao momento do facto; 2) enganando a pessoa ofendida com vista ao próprio agente se fazer passar por outra pessoa. Nos casos de menor gravidade a pena é diminuída em medida não excedente em dois terços. Por seu turno, o art. 609-*ter* (circunstâncias agravantes) do mesmo código é do seguinte teor: A pena é de prisão de 6 a 12 anos se o facto do art. 609-*bis* foi cometido: 1) em (no confronto de) pessoa que ainda não tenha completado 14 anos; 2) com o uso de arma ou de substância alcoólica, narcótico ou estupefaciente ou de outro instrumento ou substância gravemente lesiva da saúde da pessoa ofendida; 3) por pessoa disfarçada ou que simule a qualidade de oficial público ou de encarregado de serviço público; 4) sobre pessoa de qualquer modo submetida a limitação da liberdade pessoal; 5) em (no confronto de) pessoa que ainda não completou 16 anos e da qual o agente seja ascendente, progenitor, adoptante, tutor. A pena é de prisão de 7 a 14 anos se o facto for cometido em (no confronto de) pessoa que não tenha ainda completado 10 anos.

[305] Assim ANTOLISEI, F., *Manuale di Diritto Penale, Parte Speciale*, I, na 12ª ed., Milano: Dott. A. Giuffrè Editore, 1996, p. 165. Acrescente-se que, como é salientado por

Ressalvadas algumas excepções (que estendem a protecção até aos 16/18 anos), o menor pode em princípio consentir na prática de actos sexuais, independentemente da sua natureza, a partir dos 14 anos.

Os actos sexuais cometidos com menores são punidos de 5 a 10 anos de prisão, desde que a vítima:

- seja menor de 14 anos (artigo 609-*quater*, 1 do CP Italiano);

- seja menor de 16 anos, quando o agente seja o seu ascendente, um dos pais ou um dos adoptantes, o tutor ou outra pessoa à qual o menor foi confiado por razões de saúde, de educação, de instrução, de vigilância ou guarda (custódia) ou que tenha com o menor uma relação de convivência (artigo 609-*quater*, 2[306] do CP Italiano).

FIORENZA, Maria Caterina, "La disciplina giuridica della violenza al minore", Firenze: *Centro di Documentazione l'altro diritto*, Dipartimento di Teoria e Storia del Diritto dell'Università di Firenze, cap. II, p. 3, a falta de definição legal da expressão «acto sexual», levou alguns juristas italianos a considerar inconstitucional o art. 609-*bis* por violar o princípio da taxatividade contido implicitamente no art. 25 da Constituição Italiana. Sobre esta matéria ver também «Relazione al Parlamento sullo stato di attuazione della legge 3 agosto 1998, n° 269 (norme contro lo sfruttamento della prostituzione, della pornografia, del turismo sessuale in danno di minore, quali nuove forme di riduzione in schiavitú. Anni 1998-1999)», Itália: *Presidenza del Consiglio dei Ministri, Dipartimento per gli Affari Sociale*, 10/7/2000.

[306] A diferença entre a pena (5 a 10 anos de prisão) do art. 609-*quater*, 2 (acto sexual com menor) e a pena (6 a 12 anos) do art. 609-*ter*, 5 (circunstância agravante da violência sexual) relativamente ao agente que é ascendente, progenitor, adoptante ou tutor da vítima, estará na circunstância de, nesta segunda situação, existir sempre um constrangimento da vítima obtido por abuso de autoridade. Aliás, no próprio art. 609-*quater*, ressalvam-se expressamente as hipóteses previstas no art. 609-*bis*. Dispõe o art. 609-*quater* do CP Italiano: Sujeita-se à pena estabelecida no art. 609-*bis* quem, fora da hipótese prevista nesse artigo, cometer acto sexual com pessoa que, no momento do facto: 1) não tenha ainda completado 14 anos; 2) não tenha ainda completado 16 anos, quando o agente seja o ascendente, o progenitor, o adoptante, o tutor, ou qualquer outra pessoa que, por razão de cura, de educação, de instrução, de vigilância ou de custódia, o menor está confiado ou que tenha, com este último, uma relação de convivência. Não é punido o menor que, fora da hipótese prevista no art. 609-*bis*, comete acto sexual com um menor que já tenha completado 13 anos, se a diferença de idade com o sujeito (agente) não é superior a 3 anos. Nos casos de menor gravidade a pena é diminuída até dois terços. Aplica-se a pena do art. 609-*ter* última parte (segundo parágrafo) se a pessoa ofendida ainda não completou 10 anos.

Direito comparado

O elemento constitutivo da genérica «relação de convivência» permite incluir na previsão da norma o menor entre 14 e 16 anos que conviva com o agente por razões de serviço (exp. empregado(a) doméstico(a)).

Quanto à convivência por virtude de uma relação laboral, não expressamente prevista nesta incriminação, a jurisprudência tem-se inclinado, de forma consolidada, para tratá-la no âmbito das relações que se estabelecem entre aprendiz e empregador ou empresário, reconhecendo existir aqui uma relação de confiança em razão de instrução[307].

Também nos ascendentes se incluem os pais naturais (quando existe uma relação de parentesco entre os sujeitos activo e passivo, sendo pelo artigo 540 do CP Italiano equiparada a filiação ilegítima à filiação legítima) e ao tutor é equiparado o protutor.

O menor que pratique (fora da hipótese prevista no artigo 609-*bis* do CP Italiano relativa à violência sexual) actos sexuais com outro menor que já tenha completado 13 anos, não é punido se a diferença de idades entre eles não for superior a 3 anos (artigo 609-*quater*, 2, segunda parte do CP Italiano).

O que significa que, nesta particular situação, curiosamente se reconhece capacidade de determinação ao menor com 13 anos de idade, desde que o relacionamento sexual ocorra com parceiro que não ultrapasse os 16 anos.

Nos casos de menor gravidade (que se não especificam quais são), a pena é diminuída até dois terços (artigo 609-*quater*, 2, terceira parte do CP Italiano).

Porém a pena é agravada, passando a ser de prisão de 7 a 14 anos, se a pessoa ofendida for menor de 10 anos (artigo 609-*quater*, 2, última parte que remete para o artigo 609-*ter* última parte, ambos do CP Italiano).

A corrupção de menores só abrange os casos de actos sexuais cometidos na presença de um menor de 14 anos com o fim de o fazer assistir, sendo punida com prisão de 6 meses a 3 anos (artigo 609-*quinquies* do CP Italiano).

---

[307] Assim, ANTOLISEI, F., *ob. cit.*, p. 169.

O agente também não pode invocar como fundamento de escusa, a ignorância da idade da pessoa ofendida, designadamente nos casos acima referidos previstos nos artigos 609-*quater* e 609-*quinquies*, quando tais crimes forem cometidos em prejuízo (com dano) de menor de 14 anos (cf. artigo 609-*sexies* do CP Italiano).

A condenação por qualquer dos crimes previstos nos artigos 609-*bis* (violência sexual), 609-*ter* (circunstâncias agravantes), 609-*quater* (acto sexual com menor), 609-*quinquies* (corrupção de menor) e 609-*octies* (violência sexual de grupo) do CP Italiano, acarreta para o autor da infracção (como pena acessória e outros efeitos penais), a perda do poder paternal, se a qualidade de progenitor for elemento constitutivo do crime ou a interdição do exercício de funções de tutor ou curador ou a perda do direito a alimentos e a exclusão da sucessão da pessoa ofendida (artigo 609-*novies* do CP Italiano).

No caso dos abusos intrafamiliares (tendo em vista a protecção imediata da vítima ou seus familiares), o art. 282-*bis* do CPP Italiano, na redacção da Lei nº 154 de 4/4/2001, prevê a possibilidade de o juiz de instrução, a requerimento do MºPº (artigo 291 nº 1 e nº 2-*bis* do CPP Italiano, como medida cautelar), mesmo fora das condições previstas no artigo 280 do mesmo código, aplicar ao autor das infracções previstas nos artigos 570, 571, 600-*bis*, 600-*ter*, 600-*quater*, 609-*bis*, 609-*ter*, 609-*quater*, 609-*quinquies* e 609-*octies* do CP Italiano, medidas coercivas, como a de afastamento (imediato) da residência da família (nº 1), a de impossibilidade de se aproximar de lugares (designadamente o local de trabalho) habitualmente frequentados pelas vítimas e seus familiares (nº 2) e, em casos de necessidade ou urgência, também (cumulativamente) a de pagar periodicamente uma quantia em dinheiro a favor de vítima ou de pessoa convivente (caso dos filhos) que, por efeito da medida cautelar imposta, fique privada de meios adequados (nº 3).

De esclarecer, por outro lado, que não há incriminação para o relacionamento sexual (hetero ou homossexual) consentido com menores que já tenham completado 14 anos, a não ser que o agente seja a pessoa da qual dependem ou a quem foram "confiados" ou com quem tenham a "relação de convivência" (nos moldes referidos no artigo 609-*quater*, 2 do CP Italiano), caso em que a protecção se estende até aos 16 anos.

Também, com a reforma introduzida pela dita Lei nº 66 de 15/2/1996 foi revogado o crime de sedução com promessa de casamento previsto no artigo 526 do CP Italiano[308], não havendo punição autónoma do crime de homossexualidade.

Importa, ainda, ter presente que a Lei nº 269 de 3/8/1998 introduziu modificações ao Código Penal, tendo-se estabelecido no seu artigo primeiro que, constitui objectivo principal perseguido em Itália - em adesão aos princípios da Convenção sobre os direitos da criança, ratificada pela Lei nº 176 de 27/5/1991, e ao estabelecido na declaração final do Congresso Mundial de Estocolmo contra a exploração sexual e comercial de crianças, adoptada em 31/8/1996 - «a tutela da criança contra todas as formas de exploração e violência sexual com vista à salvaguarda do seu desenvolvimento físico, psíquico, espiritual, moral e social», razão pela qual na secção I (crimes contra a personalidade individual), do capítulo III (crimes contra a liberdade individual) do titulo XII (crimes contra as pessoas) do livro II (dos crimes em particular) do Código Penal, depois do artigo 600 (sujeitar ou manter pessoa em escravidão ou em servidão), foram inseridos os artigos 600-*bis* (prostituição de menores), 600-*ter* (pornografia de menores), 600-*quater* (detenção de material pornográfico), 600-*quinquies* (iniciativa turística dirigida à exploração da prostituição de menores), 600-*sexies* (circunstâncias agravantes e atenuantes) e 600-*septies* (pena acessória)[309].

---

[308] O revogado artigo 526 (sedução com promessa de casamento cometida por pessoa conjugada) do CP Italiano era do seguinte teor: Quem, com promessa de matrimónio, seduz uma mulher de menor idade, induzindo-a em erro sobre o próprio estado de pessoa casada, é punido com prisão de 3 meses a 2 anos. Só é sedução quando há o estado de conjugação carnal.

[309] Todos estes artigos, introduzidos pela Lei nº 269 de 3/8/1998, visam a protecção dos menores de 18 anos. Prevê-se o agravamento das penas (art. 600-*sixies* do CP Italiano) nos seguintes casos: o facto ser cometido em prejuízo de menor de 14 anos; o agente ser ascendente, adoptante ou o seu cônjuge ou companheiro, cônjuge ou afim até ao segundo grau, parente em linha colateral até ao quarto grau, tutor ou pessoa a quem o menor foi confiado para cura, educação, instrução, vigilância, custódia, trabalho, tiver funções públicas ou for encarregado de serviço público no exercício das suas funções ou se o facto for cometido em prejuízo de menor que esteja doente ou sofra de incapacidade psíquica, na-

De destacar, pelo interesse nesta exposição, a segunda parte do artigo 600-*bis* (prostituição de menores) do CP Italiano, na qual se prevê (ressalvando a punição por crime mais grave), que quem realizar actos sexuais com menor entre 14 e 16 anos a troco de dinheiro ou outra utilidade económica, é punido com pena de prisão de 6 meses a 3 anos ou com pena de multa não inferior a 5164 euros (cf. DL 25-9-2001, nº 350, conv. *in* L 23/11/2001, nº 409, sobre disposição urgente com vista à introdução do euro).

Sobre este aspecto, tem sido assinalada a incerteza e insegurança que resulta, designadamente para o conceito de prostituição, do facto de se caracterizar a conduta típica também à luz do pagamento decorrente de uma qualquer «utilidade económica».

A pena é reduzida de um terço no caso do agente ser menor de 18 anos (última parte do artigo 600-*bis* do CP Italiano) e pode ser reduzida de um terço a metade se o agente contribuir concretamente (de forma efectiva) para que o menor de 18 anos readquira a própria autonomia e liberdade (artigo 600-*sexies* parte final do CP Italiano).

A nível do processo penal italiano (que segue o modelo acusatório), o designado "incidente probatório" (mecanismo processual excepcional) insere-se na fase do inquérito preliminar, funcionando como uma produção antecipada de prova (artigo 392 do CPP Italiano).

---

tural ou provocada; o facto for cometido com violência ou ameaça. Por último, acrescente-se que o art. 16 da mesma Lei nº 269 de 3/8/1998, impõe aos operadores turísticos, que organizam viagens colectivas ou individuais em países estrangeiros, a obrigação de inserirem de modo visível no material de propaganda, no programa ou, na falta do primeiro, no documento de viagem destinado ao utente, não só no próprio catálogo geral ou relativo a destino singular, a seguinte advertência: "Comunicação obrigatória em conformidade com o artigo... da Lei...nº... – A lei italiana pune com pena de prisão os crimes inerentes à prostituição e à pornografia de menores, ainda que o facto seja cometido no estrangeiro". Defendendo que esta norma (art. 16) também pode ser aplicada no território italiano, ROMANO, Bartolomeo, *La Tutela Penale Della Sfera Sessuale, indagine alla luce delle recenti norme contro la violenza sessuale e contro pedofilia*, Milano: Dott. A. Giuffrè Editore, 2000, p. 231. Entretanto, com a Lei nº 228 de 11/8/2003, foi alterada a redacção dos artigos 600 (sujeitar ou manter pessoa em escravidão ou em servidão), 600-*sexies* (circunstâncias agravantes e atenuantes), 600-*septies* (confisco e pena acessória) *e* 609-*decies* (comunicação ao tribunal de menores).

Direito comparado

Face ao disposto no artigo 392 nº 1-*bis* do CPP Italiano[310], quanto a processos por "crimes sexuais", mesmo fora das hipóteses previstas no seu nº 1, o juiz pode ordenar o incidente probatório, quando esteja em causa a obtenção de depoimento de menor de 16 anos, produzindo-se, assim, a prova de uma só vez, evitando-se as consequências negativas da repetição da inquirição da vítima menor nas fases subsequentes do processo e salvaguardando-se melhor a genuinidade do seu depoimento[311] e a própria personalidade, dignidade e intimidade da testemunha menor.

Nesse caso, nos termos do artigo 398 nº 5-*bis* do CPP Italiano[312], o tribunal, tendo em atenção o interesse (necessário e oportuno) do menor, pode determinar o tempo e modalidade ou forma como ocorre a produção do incidente probatório (possibilidade de a audiência ocorrer fora do tribunal, nomeadamente em estruturas especializadas de assistência ou na residência do menor), sendo o depoimento integralmente reproduzido através de meios de reprodução fonográfica ou audiovisual.

De assinalar, por último, a nível da responsabilidade penal, que é em geral considerado imputável quem tenha a capacidade de entender e de querer (artigo 85 do CP Italiano).

Segundo o artigo 97 do CP Italiano, o menor que, no momento da prática do facto, ainda não tenha completado 14 anos é considerado inimputável.

---

[310] O nº 1-*bis* do art. 392 do CPP Italiano foi introduzido pela Lei nº 66 de 15/2/96, tendo sido, entretanto, alterada a sua redacção pela Lei nº 228 de 11/8/2003, que alargou o âmbito da sua aplicação (o incidente probatório passou a aplicar-se também aos crimes dos artigos 600, 601 e 602 do CP Italiano).

[311] O depoimento do menor de 16 anos pode ter lugar com o auxílio de um familiar ou de um especialista em psicologia infantil, se o juiz assim o entender (artigo 498 nº 4 do CPP Italiano).

[312] A Lei nº 228 de 11/8/2003 alterou a redacção do artigo 398 nº 5-*bis* do CPP Italiano (alargando o âmbito da sua aplicação aos crimes dos artigos 600, 601 e 602 do CP Italiano). A sentença nº 63 de 13/1/2005 do Tribunal Constitucional Italiano declarou a ilegitimidade constitucional do artigo 398 nº 5-*bis* do CPP Italiano na parte em que não permite (por não prever) ao juiz a sua aplicação quando está em causa o interesse de pessoa maior que padece de enfermidade mental.

184   *Crimes Sexuais com Adolescentes*

E, nos termos do artigo 98 do mesmo código, é imputável quem, no momento da prática do facto, tenha completado 14 anos mas não tenha ainda 18 anos, se tiver capacidade de entender e de querer, sendo neste caso a pena diminuída.

Porém, como acima já foi referido, no caso particular previsto no artigo 609-*quater*, 2, segunda parte do CP Italiano, não haverá punição se a diferença de idades entre a vítima (de 13 anos a 16 anos) e o agente, também menor, não for superior a 3 anos.

Suíça.

Os crimes sexuais são tratados no Livro Segundo (disposições especiais), do título V (crimes contra a integridade sexual) do Código Penal Suíço[313].

Não há incriminação autónoma para a prática de actos homossexuais.

Também não há incriminação equivalente ao crime de estupro[314].

O campo das infracções sexuais, tal como sucedeu na Alemanha, foi limitado mas, além disso, foram reduzidas as penas a aplicar.

A prioridade foi dada a dois valores: «a autodeterminação no domínio sexual» e «o livre desenvolvimento sexual dos menores»[315].

O Código Penal Suíço distingue o «acto sexual» propriamente dito, ou seja, a cópula (a ele se referindo no crime de violação previsto no arti-

---

[313] *Code pénal suisse*, editado pela Chancelaria Federal, actualizado até 28/12/2004 (inclui, entre outras, a alteração ao Código Penal de 21/12/1937, introduzida pela l'O de 03.11.2004, *RO* 2004 4655, em vigor a partir de 1/1/2005), cujo texto (em formato pdf) pode ser consultado no site da *Chancellerie de la Confédération suisse* (http://www.admin.ch/ch/f/rs/c311_0.html).

[314] Por sua vez, o crime de incesto (inserido no título VI, sob a rubrica dos crimes ou delitos contra a família), previsto no artigo 213 do CP Suíço, pune com prisão (por 3 anos no máximo) o acto sexual entre ascendentes e descendentes ou entre irmãos e irmãs germanos, consanguíneos ou uterinos. Os menores não incorrem em qualquer pena no caso de terem sido seduzidos.

[315] Assim, *Rapport LC 21 – Décembre 1996*.

go 190[316] e no crime de acto de ordem sexual cometido sobre uma pessoa incapaz de discernimento ou de resistência previsto no artigo 191), o «acto análogo» ao acto sexual propriamente dito (a ele se referindo no crime de coacção sexual previsto no artigo 189 e também no referido no artigo 191) e o «acto de ordem sexual» (a ele se referindo nos crimes previstos nos artigos 187 a 189 e 191 a 193, com excepção, portanto, do de violação do artigo 190).

Por acto de ordem sexual («*acte d'ordre sexuel*») a jurisprudência entende que é «todo o contacto entre o corpo de um dos participantes e os órgãos genitais desnudados do outro»[317].

O acto de ordem sexual pode, pelo menos quando as vítimas são menores, abranger a cópula, o acto análogo à cópula, como o coito anal ou oral, e bem assim os restantes actos sexuais, independentemente da sua natureza hetero ou homossexual.

Nos actos de ordem sexual com crianças, distingue-se se foram cometidos por meio de violência, ameaça, coacção ou por abuso de uma relação dependência.

São absolutamente proibidos os actos de ordem sexual que envolvam menores de 16 anos, por se entender que colocam em perigo o seu desenvolvimento.

Hoje o menor pode consentir na prática de actos sexuais, independentemente da sua natureza, a partir dos 16 anos, ressalvadas as excepções a seguir indicadas.

Os abusos sexuais (portanto cometidos sem uso de violência ou meio equiparado) são punidos:

---

[316] Segundo o art. 190 do CP Suíço (mesmo na redacção da LF de 3/10/2003, em vigor depois de 1/4/2004, *RO* 2004 1403 1407), o crime de violação só pode ser cometido sobre uma pessoa do sexo feminino, independentemente da sua idade.

[317] Assim, *Rapport LC 21 – Décembre 1996*. Acrescenta-se neste relatório que «nenhum dos artigos 190 e 191 permite considerar um acto de penetração anal ou oral como violação. Mas o artigo 187 já permite punir tais actos». O que significa então que, o conceito de «acto análogo» à cópula é diferente consoante a vítima é menor de 16 anos ou maior dessa idade, sendo que neste último caso (sendo maior de 16 anos), o acto análogo apenas abrangerá, por exp., o coito vulvar, o coito femural ou o coito interrompido.

- no caso das vítimas menores de 16 anos, nos termos do artigo 187, 1 do CP Suíço, pune-se com reclusão por 5 anos no máximo ou com prisão (por 3 anos no máximo, de acordo com o artigo 36 do mesmo código)[318], o agente que praticar ou levar a praticar ou envolver esses menores em um acto de ordem sexual (o acto não é punido se a diferença de idade entre os participantes não ultrapassar 3 anos; caso à data do facto o agente tiver menos de 20 anos e verificando-se circunstâncias particulares ou se a vítima contraiu casamento com o agente, a autoridade competente poderá renunciar à perseguição penal, a remeter os autos a juízo ou a aplicar uma pena – artigo 187, 2 e 3);

- no caso das vítimas maiores de 16 anos, mas que estão em «situação de dependência», nos termos do artigo 188, 1 do CP Suíço, pune-se com prisão (por 3 anos no máximo, de acordo com o artigo 36 do mesmo código) os cometidos (a prática ou levar à pratica) por quem se aproveite de relações de educação, de confiança ou de trabalho ou de laços de dependência de outra natureza (se a vítima contrair casamento com o autor, a autoridade competente poderá renunciar à perseguição penal, a remeter os autos a juízo ou a aplicar uma pena – artigo 188, 2);

- independentemente da idade da vítima, nos termos do artigo 193, 1 do CP Suíço, pune-se com prisão (por 3 anos no máximo, de acordo com o artigo 36 do mesmo código), quem se aproveitar da situação de «desespero» ou «desamparo» (*«profitant de la détresse»*) - situação pessoal miserável - em que se encontra a vítima ou se aproveitar de um laço de dependência fundado sobre relações de trabalho ou de um laço de dependência de outra natureza, dessa forma determinando o sujeito passivo a cometer ou a suportar um acto de ordem sexual (se a vítima contrair casamento com o autor, a autoridade competente poderá renunciar à perseguição penal, a remeter os autos a juízo ou a aplicar uma pena – artigo 193, 2).

---

[318] Nos termos do artigo 35 do CP Suíço a reclusão é a mais grave das penas privativas de liberdade. A sua duração vai do mínimo de 1 ano até ao máximo de 20 anos. Nos termos do artigo 36 do mesmo código a duração da prisão vai do mínimo de 3 dias e, salvo disposição legal expressa em contrário, até ao máximo de 3 anos.

De referir que, em «um caso de abuso sexual cometido sobre uma criança pelo seu avô, a *Cour de Cassation Pénale* do Tribunal Federal decidiu, em Agosto de 1994, que os dois artigos 187 e 191 do CP se podiam aplicar simultaneamente por protegerem valores diferentes: o primeiro tende a preservar o desenvolvimento físico dos menores, enquanto o segundo procura salvaguardar a liberdade sexual e a honra das pessoas incapazes de discernimento ou de resistência, qualquer que seja a sua idade. Assim, o abuso cometido sobre uma criança pode dar lugar a uma dupla incriminação e a uma pena agravada»[319].

Os crimes supra mencionados podem também ser objecto de penas acessórias (*v.g.* incapacidade de exercer o poder paternal, de exercer funções de tutela ou de curador, interdição de exercer uma profissão, indústria ou comércio), nos termos gerais, de acordo com o disposto nos artigos 51 a 61 do CP Suíço[320].

No ano 2000 o Conselho Federal aprovou a criação de um banco de dados nacional sobre perfis de ADN, o qual durante 4 anos foi utilizado, a título experimental, concluindo-se que o mesmo era vantajoso na luta contra a criminalidade.

Assim, a Lei Federal de 20/6/2003, sobre a utilização de perfis de ADN nos processos penais e sobre identificação de pessoas desconhecidas ou desaparecidas, entrou em vigor em 1/1/2005, tal como a *Ordonnance* de 3/12/2004, sobre a mesma matéria.

No sistema de informação sobre perfis de ADN, constam, entre outros, os relativos às pessoas suspeitas de terem cometido um crime ou um delito ou de neles terem participado (artigo 11 da citada Lei Federal de 20/6/2003).

Quanto à responsabilidade penal, diversas disposições têm em atenção a idade dos agentes menores de 25 anos.

---

[319] Assim, *Rapport LC 21 – Décembre 1996*. O mesmo relatório dá-nos conhecimento que a «*Cour de Cassation Pénale* [também se pronunciou no sentido da] dupla qualificação de certos abusos sexuais cometidos sobre crianças e, portanto, pela aplicação simultânea dos artigos 187, 188, 191 e 193 em determinados casos».

[320] Quanto ao regime da reabilitação ou levantamento das sanções acessórias ver artigos 77 a 79 do CP Suíço.

Assim, no Código Penal Suíço, no Livro Primeiro (disposições gerais), Primeira Parte (dos crimes e dos delitos), Título IV (crianças e adolescentes), prevêem-se sucessivamente nos capítulos primeiro (crianças de mais de 7 anos mas de menos de 15 anos), segundo (adolescentes de mais de 15 anos mas de menos de 18 anos) e terceiro (jovens adultos de mais de 18 anos mas de menos de 25 anos) – artigos 82 a 100 *ter* - disposições especiais (nomeadamente relativas às medidas a adoptar em fase de inquérito, a medidas educativas, a tratamento especial, a condições de aplicação e execução de sanções penais) para os delinquentes com idades compreendidas nessas faixas etárias (dos 7 anos aos 25 anos).

CAPÍTULO III

Sobre a *ratio* das incriminações previstas nos artigos 174 e 175
do Código Penal Português.

1. A perspectiva do legislador.

1.1. Considerações gerais sobre a evolução do conceito de bem jurídico-penal.

É, no princípio do século XIX, com a doutrina de Feuerbach, que se torna nítida a necessidade de estabelecer uma fronteira entre o direito e a moral, altura em que começa também a delinear-se uma nova concepção do direito penal, que vai buscar o seu fundamento, não ao poder divino, nem ao despotismo esclarecido (absolutismo) mas, à liberdade – perspectivada por aquele Autor[321] como um direito subjectivo do indivíduo ou do Estado, em nome da teoria do contrato social - e à ideia de lesão, que mais tarde vem a dar origem ao conceito de danosidade social.

---

[321] COSTA ANDRADE, *Consentimento e Acordo*, pp. 44-45, aqui também aludindo à influência de Kant no pensamento de Feuerbach.

190   *Crimes Sexuais com Adolescentes*

É também no século XIX [322], com Birnbaum e, depois com Binding e Liszt entre outros, que surge e se procura definir o conceito de bem jurídico, o que igualmente se vai traduzir na revelação de uma nova pers-

---

[322] MAURACH, Reinhart, na versão actualizada por ZIPF, Heinz, *Derecho Penal, Parte General, I, Teoria general del derecho penal y estructura del hecho punible* (trad. cast., por Jorge Bofill Genzsch e Henrique Aimone Gibson, da 7ª ed., 1987, de *Strafrecht. Allgemeiner Teil. Teilband I, Grundlehren des Strafrechts und Aufbau der Straftat*), Buenos Aires: Editorial Astrea, 1994, p. 333 ss., refere que "a teoria do bem jurídico é produto do liberalismo do século XIX. A época do Iluminismo e do racionalismo, apegada ao contrato social, não era apropriada para o desenvolvimento de um conceito independente de bem jurídico. No delito só se via um ataque contra os direitos subjectivos (Kleinschrod, Feuerbach, muito mais tarde Loening), quer se tratassem dos direitos naturais do indivíduo, anteriores ao contrato social, ou dos direitos individuais ou estatais, fundados precisamente no dito contrato social. A liberdade individual, obtida como um produto do confronto com o Estado e permanentemente restringida ao campo do direito, não permitia o sacrifício do claro conceito do direito subjectivo, em benefício daquele outro mais difuso, que era o do interesse. Mas, já o liberalismo burguês tomou consciência do conteúdo material da agressão contra o bem que está encarnado no delito. A partir de Birnbaum (1832) considerou-se como delito a colocação em perigo ou a lesão de um bem garantido de forma igualitária pelo poder estatal, o bem jurídico. Aqui os bens jurídicos do indivíduo eram vistos por contraposição com os da colectividade. Esta concepção impôs-se no Estado liberal do século XIX e foi adoptada especialmente por Binding para fundar a sua teoria das normas, elevada por Liszt à categoria de ponto central do seu direito penal orientado pela ideia de protecção e dominou até que a Escola de Kiel, uma ciência penal de orientação nacional-socialista, descobriu nela uma expressão do pensamento jurídico materialista. Em vez da concepção liberal e própria de um Estado de direito, que via a função do direito penal na protecção de bens jurídicos e interesses, proclamou-se a pretensão da garantia «do dever jurídico e a convicção» por parte do direito penal, negando-se o valor do bem jurídico como elemento guia na construção dos tipos e explicando o delito como uma «imaterial contravenção ao dever». (...) Esta mudança da acentuação, da agressão contra os bens jurídicos para a contravenção ao dever (Gallas), não foi de todo infrutuosa. A direcção do ataque no delito só pode ser determinada a partir do conceito de bem jurídico. Estas tendências em si absurdas da Escola de Kiel, permitiram confirmar o acertado daquela concepção que, formulada simultaneamente desde diversas direcções (H. Mayer, von Weber, Welzel), afirmava que a essência do delito não pode ser vista unilateral e exaustivamente na causação da mesma num bem jurídico. Pelo contrário, para a caracterização do delito é preciso recorrer, junto ao «desvalor do resultado» (preponderantemente causal), também ao «desvalor da acção» (preponderantemente final), à configuração do acto enquanto tal".

pectiva sobre a danosidade social[323] e sobre a função do direito penal.

De forma linear e simplista[324] podemos dizer que, na perspectiva positivista da época, os bens jurídicos aparecem como objectos do mundo exterior, incumbindo, na tese de Binding, ao legislador e ao direito definir aqueles que se revelam necessários a «uma vida sã da comunidade jurídica» e, na tese de Liszt, incumbindo à realidade social criar os interesses vitais do homem e da colectividade[325].

Ambos encaram inicialmente os bens jurídicos como interesses vitais[326], salientando Binding o seu carácter supra-individual - entendendo que «o bem jurídico é sempre um bem jurídico da totalidade, por mais individual que ele possa aparentemente ser»[327] - enquanto Liszt[328] os vê

---

[323] Nas palavras de RODRIGUES, Anabela, *A determinação da Medida da Pena Privativa da Liberdade*, p. 26, «ao crime, como violação de um direito subjectivo (do indivíduo ou do Estado), substituía-se assim o crime como lesão de um bem».

[324] Apenas iremos apontar genericamente as perspectivas mais significativas, nos pontos que consideramos úteis para melhor abordagem dos tipos aqui em estudo.

[325] Como diz COSTA ANDRADE, *ob. ult. cit.*, p. 69, «em vez de perspectivar os bens jurídicos a partir do direito, Liszt encara-os a partir da própria vida».

[326] COSTA ANDRADE, *ob. ult. cit.*, p. 85, nota 147, chama à atenção que, embora «numa primeira fase, também Binding apelou para o conceito de interesse para definir o bem jurídico», posteriormente abandonou essa visão.

[327] COSTA ANDRADE, *ob. ult. cit.*, p. 68.

[328] LISZT, Franz V., *Tratado de Derecho Penal (*trad. cast., por Quintiliano Saldaña, da 18 ed. alemã), 4ª ed. Madrid: Editorial Reus, 1999, vol. I, p. 6, nota 1, diz que «um bem jurídico não é um bem do direito (como Binding e outros supõem) mas um bem dos homens, reconhecido e protegido pelo direito». Refere então que «bens jurídicos são os interesses protegidos pelo direito. Bem jurídico é o interesse juridicamente protegido. Todos os bens jurídicos são interesses vitais do indivíduo ou da comunidade. O interesse é criado pela vida (não pela ordem jurídica) mas é a protecção dada pelo direito que eleva o interesse vital a bem jurídico». E, mais à frente (*ob. cit.*, pp. 7-8), acrescenta que «os interesses vitais resultam das relações da vida entre os mesmos indivíduos ou entre os particulares e a sociedade organizada em Estado, e vice-versa. (...) Das relações da vida surge o interesse que tem para a actividade de um indivíduo as acções ou omissões de outro. (...) A vontade geral, que está por cima das individuais, encarrega-se desta missão, resolvendo-a com a Ordem Jurídica: na separação dos interesses autorizados e dos não autorizados. A Ordem Jurídica delimita as esferas de acção de cada um; determina até que ponto pode actuar livremente a vontade, e, em particular, até onde pode imiscuir-se, exigindo ou

como interesses juridicamente protegidos pelo direito, bens do homem ou da sociedade, que tanto podem ser titulados por portadores individuais como por portadores supra-individuais.

Mas, enquanto Binding acabou por abandonar o conceito de «interesse» - na medida em que se traduzia num juízo de valor do indivíduo, isto é, num bem individual, não podendo ser motivo de tutela jurídica, por não se tratar de bem social - deixando de dele se socorrer na definição de bem jurídico, Liszt continuou a utilizá-lo para chegar ao conteúdo de bem jurídico, estabelecendo entre ambos uma relação de continuidade.

Estas duas posições tão distintas acabaram por marcar a evolução da doutrina do crime e do bem jurídico, colocando ao longo dos tempos vários dilemas, designadamente no que respeita à opção por um conceito de bem jurídico ou por um conceito alternativo de interesse legalmente protegido, relativamente ao recurso ao princípio da danosidade social - com o qual alguns se propõem ultrapassar o dogma do bem jurídico - como também a propósito dos titulares dos interesses a proteger pelo direito penal[329].

A discussão à volta do bem jurídico[330] sofreu novos desenvolvimentos por volta dos anos de 1960/70, com as investigações[331], entres outros,

---

negando, na esfera de acção dos outros sujeitos de direito; eleva as relações da vida a relações jurídicas, os interesses da vida a bens jurídicos; faz da situação da vida uma situação de direito, referindo os direitos e deveres a supostos determinados. As normas da ordem jurídica, mandando e proibindo, apresentando uma determinada acção como suposto determinado, são a muralha de defesa dos bens jurídicos. A protecção jurídica que a ordem do direito concede aos interesses da vida é a protecção através das normas. Bem jurídico e norma são os conceitos fundamentais do direito». Conclui (*ob. cit.*, p. 9), dizendo que «se o direito tem por missão principal o amparo (ou protecção) dos interesses da vida humana, o direito penal tem como missão particular a defesa mais enérgica dos interesses especialmente dignos e necessitados de protecção, por meio da ameaça e execução da pena, considerada como um mal para o delinquente».

[329] Neste sentido, COSTA ANDRADE, *ob. ult. cit.,* pp. 85-88.

[330] ROXIN, *ob. ult. cit.,* pp. 70-71, sobre a noção de bem jurídico, recorda as posições defendidas por vários Autores que o caracterizam de modos diversos. Assim, «Lenckner, define-o como "bem vital" reconhecido socialmente como valioso, Baumann/Weber caracterizam-no como "valor jurídico" ou "interesse jurídico", Maurach/Zipf como "interesse juridicamente reconhecido" "num determinado bem como

de Rudolphi (que define bens jurídicos como «unidades funcionais valiosas»[332]), Otto (que define bem jurídico como uma «determinada –

---

tal na sua manifestação geral", Schidhäuser, como "a pretensão de respeito emanada de supostos de facto valiosos, na medida em que os órgãos estatais hão-de reagir com consequências jurídicas perante a sua lesão não permitida", Rudolphi como "unidade funcional valiosa" e Kienapfel denomina bens jurídicos a "valores, instituições e estados jurídico-penalmente protegidos, que são imprescindíveis para a ordenada convivência humana"».

[331] MAURACH, *ob. cit.*, p. 335 ss., refere que essas investigações «permitem reconhecer com toda a claridade esta evolução na concepção de bem jurídico, de um conceito de trabalho imanente ao sistema, ao de critério sistemático crítico para a correcta demarcação da zona do punível. De este modo, a dita discussão já não gira tanto à volta da função do conceito de bem jurídico na aplicação e na interpretação das normas penais, mas antes se orienta muito mais marcadamente para a fundamental questão de como um valor relevante para o indivíduo ou para a comunidade chega a transformar-se em um bem jurídico penalmente protegido e, ao mesmo tempo, à determinação dos critérios que hão-de guiar um processo semelhante. Neste contexto, o conceito de bem jurídico entra em estreito contacto com o conceito material de delito. As modificações no âmbito dos bens jurídicos protegidos não podem só dever-se à eliminação de certos bens jurídicos do marco da protecção penal (por exp. a impunidade do adultério), ou à incorporação de outros novos (por exp. a protecção dos âmbitos da vida pessoal e do segredo). Por outro lado, uma notória diminuição da protecção penal também afecta o conteúdo e o nível do respectivo bem jurídico. Assim, junto à incorporação de um bem de protecção ao círculo de bens jurídicos penalmente protegidos, são de importância decisiva o grau e a selecção das distintas formas de agressão, frente aos quais se concede a dita protecção. Neste sentido, as alternativas vão desde uma defesa integral (por exp. respeito da vida, da integridade física), até uma protecção só perante determinadas formas de agressão (como o caso do património) ou a partir de uma certa intensidade (por exp. perante lesões corporais culposas que não causam danos que, no direito penal austríaco, podem não ser punidas). Precisamente, desde uma perspectiva político-jurídica deveria considerar-se em maior medida que um bem jurídico que seja apreciado como digno de protecção, bem pode não requerer uma defesa extensiva, mas antes uma protecção escalonada, conforme o grau de intensidade e a forma que adopte a agressão. Deste modo é possível obter um avanço de não pequena relevância na diminuição dos tipos penais e do âmbito da sua aplicação. Também na definição de «acções sexuais» do § 184c ("somente aquelas que tenham alguma relevância em relação com o respectivo bem jurídico protegido") se manifesta a tendência de regular a protecção de bens jurídicos a partir do grau de intensidade da intervenção». De notar que, o citado § 184c corresponde hoje ao § 184f do StGB alemão.

[332] JAKOBS, Günther, *Derecho Penal. Parte General. Fundamentos y Teoria de la Imputación* (trad. cast., por Joaquin Cuello Contreras e José Luis S. González de Murillo, da 2ª ed.-1991 de Strafrecht. Allgemeiner Teil. Die Grundlagen und die Zurechnungslehre), 2ª ed. corrigida, Madrid: Marcial Pons, 1997, pp. 50-51.

mais precisamente descrita nas incriminações típicas – relação real da pessoa com os valores concretos, reconhecidos pela comunidade jurídica – unidades funcionais sociais – em que, sob a aprovação da ordem jurídica, o sujeito do direito se desenvolve pessoalmente»[333]), Marx (que define bens jurídicos como «objectos na sua relação com as pessoas»[334]), Amelung (para quem «o bem jurídico representa um entreposto necessário à operatividade do princípio da danosidade social e, simultaneamente, a instância de intervenção do legislador, conformadora do sentido definitivo da tutela a prosseguir com a norma penal»[335]) e Jakobs (que «erige a norma à categoria de bem jurídico, acreditando realizar por essa via a integração das dimensões sociológica e normativa»[336]).

Com o debate que se desenvolveu à volta do conceito de bem jurídico, podemos dizer que se destacaram algumas das suas características essenciais[337] - que tem hoje plena actualidade -, o que contribuiu para delinear o seu conteúdo e, determinado o mesmo, através dele estabelecer um limite ao poder punitivo (*ius puniendi*) do Estado.

---

[333] COSTA ANDRADE, *ob. ult. cit.*, nota 210, p. 110.
[334] JAKOBS, *ob. cit.*, pp. 50-51.
[335] COSTA ANDRADE, *ob. ult. cit.*, p. 101.
[336] COSTA ANDRADE, *ob. ult. cit.*, p. 117.
[337] Como ensinam FIGUEIREDO DIAS e COSTA ANDRADE, *Direito Penal. Questões fundamentais*, p. 55, «uma concepção funcional, teleológica e racional do bem jurídico – que hoje se impõe para que a noção se legitime – exige dele por isso que obedeça a uma série mínima mas irrenunciável de condições. O conceito há-de traduzir, em primeira linha, um qualquer *conteúdo material* (há-de ser, nesta acepção, "substanciável") para que possa arvorar-se em indicador útil do conceito material de crime (...). Há-de servir, em segundo lugar, como *padrão crítico* de normas constituídas ou a constituir, porque só assim ele pode ter a pretensão de se arvorar em critério legitimador do processo de criminalização e de descriminalização; nesta acepção pois ele não pode surgir como imanente ao sistema normativo jurídico-penal e dele resultante, mas antes como noção transcendente – e neste sentido trans-sistemática – relativamente àquele. Ele há-de finalmente ser *político-criminalmente orientado* e nesta medida (...), há-de ser intra-sistemático relativamente ao sistema social e mesmo ao sistema jurídico-constitucional».

Assim, a primeira nota que caracteriza o bem jurídico-penal, enquanto objecto de tutela penal, é a sua «importância social»[338], importância essa que se deve traduzir no reconhecimento de um determinado interesse da pessoa ou da comunidade[339], que é tido como valioso, o que significa que terá de ser essencial para garantir a «preservação das condições indispensáveis da mais livre realização possível da personalidade de cada homem na comunidade»[340].

A escolha dos bens jurídicos que carecem de protecção e a determinação do seu conteúdo, exige uma valoração prévia, condicionada his-

---

[338] MIR PUIG, Santiago, *El Derecho Penal en el Estado Social y Democrático de Derecho,* Barcelona: Ariel Derecho, 1994, p. 162, salienta que "reclamar uma particular «importância social» para os bens jurídico-penais significa (...) desde logo postular a autonomia da valoração jurídico-penal daqueles bens e significa erigir em critério básico da dita valoração específica, que tais bens possam considerar-se fundamentais para a vida social". A este propósito, RODRIGUES, Anabela, *A determinação da medida da pena privativa de liberdade,* p. 287, nota 322, salienta que a dignidade penal de um bem jurídico (a sua «importância social», na terminologia de Mir Puig) reside em que ele (nas palavras do mesmo Autor) «é fundamental para a vida social».

[339] RODRIGUES, Anabela, "A propósito do crime de poluição", *Direito e Justiça,* vol. XII, tomo 1 (1998), p. 110, diz que a noção de bem jurídico «particularmente cara à doutrina penalista, vê nela um interesse da pessoa ou da comunidade, que se apresenta ao direito penal como valioso. Destaca-se, assim, da noção de bem jurídico a sua referência sistémico-social: ele deixou de ser visto como um mero valor ideal, ínsito na ratio da norma, para passar a ser considerado como substracto de valor corporizado num suporte fáctico-real (elemento fundamental da noção de bem jurídico social é a sua estrutura relacional)». Também FIGUEIREDO DIAS e COSTA ANDRADE, *ob. ult. cit.,* p. 53, definem «*bem jurídico* como a expressão de um interesse, da pessoa ou da comunidade, na manutenção ou integridade de um certo estado, objecto ou bem em si mesmo socialmente relevante e por isso juridicamente reconhecido como valioso».

[340] FIGUEIREDO DIAS e COSTA ANDRADE, *ob. ult. cit.,* p. 63. Também MUÑOZ CONDE, Francisco e GARCÍA ARÁN, Mercedes, *Derecho Penal, Parte General,* 4ª ed. Valencia: Tirant lo blanch, 2000, p. 65, referem que "os bens jurídicos são aqueles pressupostos que a pessoa necessita para a sua auto-realização e para o desenvolvimento da sua personalidade na vida social". Por sua vez, JESCHECK, *Tratado de Derecho Penal, Parte General,* p. 231, caracteriza o bem jurídico «como um valor abstracto e juridicamente protegido da ordem social, que a comunidade tem interesse em manter e que pode atribuir-se, como titular, a uma pessoa individual ou à colectividade».

196 Crimes Sexuais com Adolescentes

toricamente e que, por isso mesmo, tem um carácter mutável[341] - gerador de movimentos de descriminalização e de criminalização -, o que explica que determinadas áreas, como por exemplo relativas aos crimes sexuais, sejam sujeitas a sucessivas regulamentações que procuram acompanhar a evolução da sociedade, tendo sempre em vista uma quanto possível actualizada garantia das condições essenciais à livre e pacífica convivência humana.

Determinar se um bem jurídico é fundamental para assegurar os pressupostos essenciais mínimos da convivência humana e, portanto, determinar se também aí se justifica a intervenção penal, exige que se estabeleça uma ligação[342] com a «ordem de valores jurídico-constitucional» do Estado.

É que sempre se terá de ter em atenção que "o homem e os seus direitos fundamentais são o ponto de partida de todo o direito"[343], visando-se,

---

[341] PRELHAZ NATSCHERADETZ, Karl, *ob. cit.,* p. 114, diz que «outro dos elementos que é frequente a doutrina apontar para uma correcta configuração dos bens jurídicos é o seu carácter mutável, mutabilidade esta que resulta do facto de os pressupostos essenciais para a vida em sociedade se irem modificando com o decorrer dos tempos, fruto afinal da própria historicidade existencial do homem».

[342] FIGUEIREDO DIAS e COSTA ANDRADE, *ob. ult. cit.*, p. 57, falam a este propósito que tem de existir «uma qualquer relação de mútua referência» entre a ordem axiológica jurídico-constitucional e a ordem legal –jurídico-penal – dos bens jurídicos. Relação que «não será de "identidade", ou mesmo só de "recíproca cobertura", mas de analogia material, fundada numa essencial *correspondência de sentido e* – do ponto de vista da sua tutela – *de fins*. Correspondência que deriva, ainda ela, de a ordem jurídico-constitucional constituir o quadro obrigatório de referência e, ao mesmo tempo, o critério regulativo da actividade punitiva do Estado. É nesta acepção, e só nela, que os bens jurídicos protegidos pelo direito penal se devem considerar concretizações dos valores constitucionais expressa ou implicitamente ligados aos direitos e deveres fundamentais».

[343] EDUARDO CORREIA, "As grandes linhas da Reforma Penal", *in Jornadas de Direito Criminal. O Novo Código Penal Português e Legislação Complementar*, fase I, Lisboa: Centro de Estudos Judiciários, 1983, p. 32. Também MATA Y MARTÍN, Ricardo M., *Bienes jurídicos intermedios y delitos de peligro*, Granada: Editorial Comares, 1997, p. 13, lembra que «se se parte da teoria monista-personalista, a pessoa e o seu livre desenvolvimento, convertem-se no ponto de referência pelo qual se devem orientar todos os bens jurídicos protegidos pelo direito penal». E, mais à frente, refere este último Autor, socorrendo-se de Fiandaca e de Michael Marx, que «assim como o direito penal está ao

por esta via, a salvaguarda da dignidade humana, o que implica também o reconhecimento do homem, não como «indivíduo isolado» ou «sujeito abstracto» mas antes como ser social, «como tipo concreto, homem socializado - como unidade daquilo que ele concretamente objectiva de si no mundo e que o mundo concreto subjectiva nele»[344].

Porém, essa referência ao ordenamento constitucional não significa que o legislador ordinário tenha a obrigação abstracta (que não de alguma forma implícita em particulares preceitos constitucionais)[345] de crimi-

---

serviço dos homens, o bem jurídico concreto procura assegurar e sustentar as possibilidades de auto-desenvolvimento das pessoas». Igualmente TORRÃO, Fernando, "A propósito do bem jurídico protegido nos crimes sexuais", *Boletim da Faculdade de Direito, Universidade de Coimbra*, vol. LXXI, 1995, p. 547, assinala que «o bem jurídico terá sempre como referência os valores fundamentais de uma sociedade».

[344] FIGUEIREDO DIAS, Jorge, *Liberdade, Culpa Direito Penal*, 3ª ed., Coimbra: Coimbra Editora, 1995, p. 139. Sobre a mudança dos pressupostos filosóficos em que assentava o direito penal e do surgimento de um Estado responsável e corresponsabilizador pelo bem-estar de todos, ver FIGUEIREDO DIAS e COSTA ANDRADE, "Problemática Geral das Infracções Antieconómicas", *BMJ* 262, 1977, p. 37.

[345] Sobre esta questão, FARIA COSTA, *O Perigo Em Direito Penal*, p. 206 ss., defendendo que concorda com tal posição mas, que não se pode absolutizar tal princípio (dá como exemplo o artigo 117° n° 3 da CRP que regula o «Estatuto dos titulares de cargos políticos», referindo que, aqui, a Constituição está a assinalar metas político-criminais ao próprio legislador ordinário, inequivocamente perceptíveis, quando determina que as «sanções aplicáveis e os respectivos efeitos, que podem incluir a destituição do cargo ou a perda do mandato.»). DOLCINI, Emilio e MARINUCCI, Giorgio, "Constituição e escolha dos bens jurídicos" (trad. por José de Faria Costa), *RPCC*, ano 4, fasc. 2°, Abril - Junho 1994, p. 172, referem que «a ratio inspiradora que une todas as normas que, nas várias Constituições, impõem, expressamente, que se incrimine este ou aquele facto, reside em uma dupla ordem de considerações: a importância atribuída ao bem ou aos bens contra os quais se dirige o facto a incriminar e a necessidade do recurso à pena, considerada como único instrumento capaz de assegurar ao bem uma tutela eficaz». E, mais à frente, *ob. cit.*, pp. 184-185, concluem que «não existem obrigações constitucionais implícitas de incriminação deduziveis do carácter dos direitos fundamentais dos bens em jogo. (...) Determinar que um determinado bem merece ser tutelado, porque se trata de um bem de elevada categoria constitucional, não significa ainda que tal bem tenha necessidade de receber uma tutela penal (...) em um direito penal da prevenção não se pode de facto falar de obrigação de tutela penal - ou da manutenção da pré-existente tutela penal - apenas pelo facto de um determinado bem possuir uma categoria, ainda que muito elevada, no sistema

nalizar todos os actos que ofendam os valores constitucionalmente protegidos.

É o critério constitucional da «necessidade social»[346] que vai orientar o legislador na tarefa de determinar quais as situações em que a violação de um bem jurídico justificam a intervenção penal, não esquecendo que o direito penal é sempre a «ultima *ratio* da política social»[347].

---

constitucional: também em presença de uma grave ofensa a um bem de grande importância são, na verdade, múltiplas as considerações que podem opor-se ao recurso à pena por parte do legislador ordinário».

[346] RODRIGUES, Anabela, *A determinação da Medida da Pena Privativa da Liberdade*, pp. 287-296, chamando à atenção que da Constituição se podem extrair indicações mais estritas e precisas para a definição do bem jurídico-penal, escreve que "no art. 18 nº 2 da CRP a consagração do critério da necessidade social, como critério legitimador primário de toda a intervenção penal, possibilita uma melhor concreção dos bens jurídicos que é possível tutelar penalmente. Aquele critério - é Figueiredo Dias que o explica - vincula ao «princípio da congruência ou da analogia substancial entre a ordem axiológica constitucional e a ordem legal dos bens jurídicos protegidos pelo direito penal. Cujo significado reside em que, se só está legitimada a intervenção penal para proteger bens jurídicos, falece essa legitimação «fora da ordem axiológica constitucional» e «da sua natureza inevitavelmente fragmentária», para além de que «não impõe qualquer criminalização em exclusiva função de um certo bem jurídico». E isto porque a valoração político-criminal da necessidade é comandada por critérios que «não se esgotam no puro apelo à dignidade punitiva do facto». Na verdade, «não pertence à legitimidade de princípios constitucionais determinar a necessidade ou a medida de criminalização imposta». Ou seja: a valoração da necessidade implica agora uma outra categoria - a da «carência de tutela penal» -, de sentido predominantemente pragmático, integrada pelos princípios da subsidiariedade e eficácia, a conformarem ainda também critérios definidores do bem jurídico-penal." Ver ainda FIGUEIREDO DIAS, Jorge, "Sobre o estado actual da doutrina do crime - 1ª parte: sobre os fundamentos da doutrina e a construção do tipo-de-ilícito", *RPCC*, ano 1, fasc. 1º, Janeiro-Março 1991, p. 18 e "Para uma dogmática do direito penal secundário", in *Direito Penal Económico e Europeu: Textos doutrinários, Volume I, Problemas gerais,* Coimbra: Coimbra Editora, 1998, p. 58.

[347] FIGUEIREDO DIAS, Jorge, "Oportunidade e sentido da revisão do Código Penal Português", *in Jornadas de Direito Criminal, Revisão do Código Penal*, vol. I, Lisboa: Centro de Estudos Judiciários, 1996, p. 23. Significa isto que, «onde possam ser considerados suficientes meios não criminais de política social, a pena e medida de segurança criminais não devem intervir» (no mesmo sentido, entre outros, TAIPA DE CARVALHO, Américo, *As Penas no Direito Português Após a Revisão de 1995*, Lisboa, CEJ, 1998, pp.19-22 e LOPES ROCHA, Manuel, *ob. ult. cit.*, p. 20 ss.). Ainda FIGUEIREDO DIAS,

Sobre a ratio das incriminações previstas nos artigos 174 e 175 do CP 199

E isto, porque a tutela da liberdade, em qualquer das suas vertentes, implica também o sacrifício da liberdade: daí a importância de princípios como o da necessidade das penas (e das medidas de segurança) e o da proporcionalidade.

Assim, à natureza social do bem jurídico deverá também estar associada uma visão aberta, liberal e tolerante do legislador.

Efectivamente, o Estado de Direito material[348], democrático e laico, está orientado pelo pluralismo, pela tolerância e pelo seu carácter liberal, incumbindo-lhe reconhecer e garantir a todos os direitos e liberdades fundamentais.

Daí resulta também o carácter fragmentário[349] e «a função protectiva e defensiva do direito penal»[350], o qual «só deve intervir para prevenir danos sociais e não para salvaguardar concepções ideológicas ou morais ou realizar finalidades transcendentes»[351].

Sinteticamente poderemos concluir que, o conteúdo do bem jurídico é determinado pela sua natureza social, aliado à combinação de uma visão

---

Jorge, "Os Novos Rumos", pp. 19-21, abordando o tratamento da parte especial do Anteprojecto do Código Penal de Eduardo Correia, salienta a tradição penalistica liberal portuguesa bem assim como a exigência de destruição no seio do Direito Penal de qualquer dogmatismo moral. Cf., também, COSTA ANDRADE, *Consentimento e Acordo*, p. 390, onde refere que, "na Alemanha, o Projecto Alternativo de 1966 procurava plasmar um direito penal sexual assente no princípio da danosidade social e do bem jurídico, como critério imanente ao sistema penal."

[348] FIGUEIREDO DIAS, Jorge, "Os Novos Rumos", p. 13, refere que "uma política criminal que se queira válida para o presente, para o futuro próximo e para um Estado de Direito material, de cariz social e democrático, deve exigir do direito penal que só intervenha com os seus instrumentos próprios de actuação ali, onde se verifiquem lesões insuportáveis das condições comunitárias essenciais de livre realização e desenvolvimento da personalidade de cada homem".

[349] ROXIN, *ob. cit.*, p. 65, salienta que «o direito penal só protege uma parte dos bens jurídicos (princípio da subsidiariedade) e que essa protecção por vezes não é global ou geral mas apenas se justifica a sua intervenção perante formas de ataques concretas (princípio da fragmentariedade)».

[350] RODRIGUES, Anabela, *ob. ult. cit.*, p. 378.

[351] RODRIGUES, Anabela, *ob. ult. cit.*, p. 268.

liberal e tolerante «com uma referência material ao dano ou prejuízo social»[352].

A intervenção penal só faz sentido e só é legítima quando haja lesão ou perigo de lesão para bens jurídicos claramente individualizados e definidos, sendo só para evitar tal lesão «que se devem permitir intervenções na liberdade individual»[353], desde que essa mesma lesão não possa ser neutralizada por meios não penais.

Deste modo o conceito de danosidade social[354] - que também serve para moldar o conteúdo do bem jurídico - associa-se aos de dignidade penal e de carência de uma tutela penal, o que pressupõe a sua indispensabilidade, exigindo do legislador a escolha da melhor forma ou técnica de tutelar real e eficazmente os bens jurídicos violados[355].

Nessa busca da melhor técnica de intervenção penal, o legislador não pode esquecer o «princípio da não intervenção moderada», segundo o qual «para um eficaz domínio do fenómeno da criminalidade dentro de cotas socialmente suportáveis, o Estado e o seu aparelho formalizado de controlo do crime devem intervir o menos possível; e devem intervir só na

---

[352] RODRIGUES, Anabela, *ob. ult. cit.*, p. 268, refere que «as interpretações sociais do bem jurídico conformam, em geral, teorias que, permanecendo embora ligadas a uma visão liberal (de intencionalidade crítica) do bem jurídico, o combinam com uma referência material ao dano ou prejuízo social».

[353] PRELHAZ NATSCHERADETZ, Karl, *ob. cit.*, p. 28. Na mesma *ob. cit.*, p. 29, refere que o conceito de dano inclui não só a violação de direitos – e dentro destes não apenas os direitos conferidos pela lei (Mill refere os «moral rights») – mas igualmente a violação de normas que são necessárias para a sobrevivência da sociedade, para a sua auto-conservação. Também FIGUEIREDO DIAS e COSTA ANDRADE, *Direito Penal. Questões fundamentais*, pp. 63-64, dizem que «o Estado só deve tomar de cada pessoa o *mínimo* dos seus direitos e liberdades que se revele indispensável ao funcionamento sem entraves da comunidade».

[354] FIGUEIREDO DIAS e COSTA ANDRADE, *ob. ult. cit.*, pp. 48-49, realçam que «[o] apelo à danosidade social é pois um elemento constitutivo do conceito material de crime, mas não pode sem mais fazer-se valer por aquele conceito».

[355] RODRIGUES, Anabela, *ob. ult. cit.*, p. 325, refere a propósito, com razão, que, "quanto mais as normas protegem bens jurídicos cuja tutela penal é necessária, tanto mais naturalmente os cidadãos estarão dispostos a respeitá-las e a aceitá-las como regras de conduta; e que a obtenção desta finalidade - respeito pelas normas jurídico-penais - exige simplesmente que, à sua violação, se siga uma punição certa e rápida".

precisa medida requerida pelo asseguramento das condições essenciais do funcionamento da sociedade»[356].

A intervenção do direito penal na protecção de bens jurídicos depende assim, ainda, dos critérios da «dignidade penal» e da «necessidade ou carência de tutela penal» - que devem ser orientados por sua vez por critérios de justiça, de oportunidade e de utilidade social – tendo presente que, «em caso de dúvida sobre o merecimento de pena de uma conduta, deve eleger-se a via da impunidade ou da despenalização (*in dubio pro libertate*)»[357].

Assim também se realça o carácter subsidiário e fragmentário do direito penal, no sentido de que este, sempre como «ultima *ratio* da política social», apenas deve intervir quando «ocorram ataques graves e intoleráveis em relação aos mais importantes e fundamentais bens jurídicos do indivíduo e da sociedade, dessa forma se garantindo as condições mínimas de convivência em liberdade ao indivíduo em sociedade».

O que igualmente explica a opção por uma concepção personalista do bem jurídico, na medida em que este terá sempre de estar «ao serviço do livre desenvolvimento do indivíduo»[358].

E, assim se "estabelece uma conexão tal, entre titular e bens, que estes têm uma função instrumental em relação às possibilidades que oferecem para a auto-realização e desenvolvimento da pessoa".

Fulcral é, pois, a ideia de que, numa perspectiva funcional e racional do direito penal, este tem a missão exclusiva de proteger subsidiariamente bens jurídicos, de portanto, estar «[orientado] por e para o bem jurídico»[359], o que pressupõe também que «só finalidades relativas de prevenção geral (positiva) e especial podem justificar a intervenção do sistema penal e conferir legitimação e sentido às suas reacções específicas»[360].

---

[356] FIGUEIREDO DIAS e COSTA ANDRADE, *ob. ult. cit.*, p. 70.

[357] MUÑOZ CONDE e GARCÍA ARÁN, *ob. cit.*, p. 89.

[358] ROXIN, *ob. cit.*, p. 517.

[359] FIGUEIREDO DIAS, Jorge, "O Código Penal português de 1982 e a sua reforma", pp. 168-171.

[360] FIGUEIREDO DIAS, Jorge, *Direito Penal Português, as consequências jurídicas do crime*, p. 72. Do mesmo Autor, cf. ainda "O Código Penal Português de 1982 e a sua reforma", pp. 168-169.

202   *Crimes Sexuais com Adolescentes*

Isto significa que a reacção penal escolhida pelo legislador para defesa do ordenamento jurídico, tem subjacente e vai funcionar como meio de proteger bens jurídicos - embora «com um significado prospectivo» -, servindo também para assegurar a «necessidade de tutela da confiança e das expectativas da comunidade na manutenção da vigência da norma violada»[361], isto é, irá funcionar como «forma de superação contrafáctica dos conflitos sociais»[362].

E, esta ideia da «estabilização das expectativas comunitárias» não é mais do que - como dizem Figueiredo Dias e Costa Andrade[363]- «uma forma plástica de tradução daquela ideia essencial», que é a tutela dos bens jurídicos (ou defesa do ordenamento jurídico).

Daí a importância do conceito de bem jurídico na determinação e delimitação do conceito material de crime[364] que, no direito penal de justiça, aparece como «realidade ontológica e normativamente preexistente à descrição legal da conduta proibida»[365].

1.2. Bem jurídico protegido na área dos «crimes sexuais».

Considerações gerais.[366]

Apesar de na «época das luzes», com o Iluminismo, se ter passado de um «direito penal metafísico» para um «direito penal racional e efi-

---

[361] FIGUEIREDO DIAS e COSTA ANDRADE, *Direito Penal. Questões fundamentais,* p. 115. No mesmo sentido, RODRIGUES, Anabela, *ob. ult. cit.,* p. 321.

[362] Assim, ainda COSTA ANDRADE, *Liberdade de Imprensa e Inviolabilidade Pessoal, uma perspectiva jurídico-criminal,* Coimbra: Coimbra Editora, 1996, p. 177.

[363] FIGUEIREDO DIAS e COSTA ANDRADE, *Direito Penal. Questões fundamentais,* p. 116.

[364] Assim, TORRÃO, Fernando, *ob. cit.,* p. 547.

[365] FIGUEIREDO DIAS, Jorge e COSTA ANDRADE, Manuel, "O crime de fraude fiscal no novo Direito Penal Tributário Português", *in Direito Penal Económico e Europeu: Textos doutrinários, Volume II, Problemas especiais,* Coimbra: Coimbra Editora, 1999, p. 418.

[366] As disposições legais que vierem a ser citadas, sem referência ao respectivo diploma legal, reportam-se ao Código Penal Português.

caz»[367], a verdade é que, entre nós, na área do direito penal sexual, poucas ou praticamente nenhumas alterações (significativas) ocorreram até 31/12/1982.

Com efeito, resulta da sucessiva legislação penal portuguesa analisada que, até essa data, o direito penal funcionou como um instrumento coercivo ao serviço de determinadas ideologias morais, sendo, inequivocamente, razões de ordem moral, que fundamentaram a punição dos chamados crimes sexuais.

O «pecado» e a «imoralidade» sempre estiveram indissoluvelmente ligados e sempre foram associados à sexualidade exercida fora das regras permitidas, isto é, fora do casamento, tendo justificado ao longo dos tempos uma sagrada, rigorosa e máxima - hoje podemos dizer «irracional» - tutela penal.

Só com a entrada em vigor do Código Penal aprovado pelo DL nº 400/82 de 23/9, quando o legislador começou a deixar de punir condutas sexuais que apenas fossem ofensivas da ordem moral, é que concomitantemente se passou a dar cada vez maior relevância e primazia à defesa da liberdade e autodeterminação sexual, embora então ainda numa perspectiva trans-pessoal.

Aliás, a premissa de que as violações das regras morais «não conformam a lesão de um autêntico bem jurídico», é uma das consequências da função que o direito penal tem de tutelar bens jurídicos[368].

Mas, se este avanço do legislador de 1982 revelou uma certa preocupação de se afastar (o mais que lhe era possível) dos dogmas moralistas, a verdade é que, a sua intervenção, apesar de estar imbuída de «um forte cariz liberal», ainda se mostrou tímida e limitada, cheia de ambiguidades, com sucessivos apelos a valores morais, o que apenas se pode explicar por se tratar de uma área tão sensível e controversa, a que não

---

[367] A este propósito e sobre a secularização do direito penal ver RODRIGUES, Anabela, "Sistema punitivo português. Principais alterações no Código Penal revisto", *sub judice, justiça e sociedade*, nº 11, Janeiro-Junho, 1996, pp. 28-29.

[368] Assim, FIGUEIREDO DIAS e COSTA ANDRADE, *Direito Penal. Questões fundamentais, pp.* 66-67.

eram alheios os mais diversos costumes e representações subjectivos e simbólicos designadamente de raiz e índole religiosa - entre nós essencialmente de influência judaico-cristã – ainda excessivamente arreigados na sociedade portuguesa.

Isto, não obstante a «revolução copernicana»[369], ocorrida nos anos de 1960/1970, ter sido essencial para a desmistificação da sexualidade humana, que então se libertava dos costumes, dos tabus e de todo um simbolismo moralista que sempre lhe esteve associada, dando origem por esse mundo fora a novos «programas sexuais», pautados pela ideia de liberdade e da livre decisão individual de cada um.

Apesar disso, podemos afirmar que, a partir da entrada em vigor do CP na versão de 1982[370], a concepção negativa de sexualidade, até aí subjacente ao direito penal sexual, deu lugar a uma concepção positiva, no sentido de procurar orientar e determinar que a intervenção penal apenas tivesse lugar quando fosse atacada (de forma grave e intolerável) a liberdade de expressão sexual.

Mas, foi mais concretamente após as reformas de 1995 e de 1998, que esta nova atitude do legislador se tornou mais visível e clara, sendo fruto da preocupação de adaptação aos postulados do direito penal contemporâneo, com reforço, progressivo, do cariz liberal, tolerante e pluralista que deve nortear qualquer intervenção nesta área dos crimes sexuais.

---

[369] Expressão utilizada por COSTA ANDRADE, "Sobre a Reforma do Código Penal Português. Dos crimes contra as pessoas, em geral, e das gravações e fotografias ilícitas, em particular", p. 439.

[370] Consta do DL nº 400/82 cit., na introdução, a propósito da parte especial, que "(...) o Código assume-se deliberadamente como ordenamento jurídico-penal de uma sociedade aberta e de um Estado democraticamente legitimado. Optou, conscientemente, pela maximização das áreas de tolerância em relação a condutas ou formas de vida que, relevando de particulares mundividências morais e culturais, não põem directamente em causa os bens jurídico-penais nem desencadeiam intoleráveis danos sociais. Noutros termos o Código circunscreve o âmbito do criminalmente punível a um mínimo tendencialmente coincidente com o espaço de consenso ínsito em toda a sociedade democrática".

Esta mudança positiva fez-se sentir a vários níveis, desde logo com a assumida defesa de que a intervenção penal apenas deve assegurar, nesta área, a função de tutela do bem jurídico da liberdade e autodeterminação sexual, o que se prende com a ideia de que toda a pessoa tem o direito de «exercer a actividade sexual em liberdade»[371].

Igualmente ao nível da inserção sistemática dos crimes sexuais se notou a mudança de atitude do legislador[372].

Com efeito, da devida colocação dos chamados crimes sexuais na área dos crimes contra as pessoas[373], resulta que os mesmos estão hoje pre-ordenados à tutela do bem jurídico da "liberdade e autodeterminação sexual", agora tratado como um valor individual e eminentemente pessoal e não supra-individual da comunidade ou do Estado, como sucedia na versão original do CP que entrou em vigor em 1/1/1983.

Ainda a nível do desenho típico das singulares incriminações, o legislador se revelou, procurando - a partir da revisão do CP aprovada pelo DL n° 48/95 de 15/3 - por um lado, expurgar as referências moralistas,

---

[371] Assim, ORTS BERENGUER, Enrique, *Delitos contra la libertad sexual*, p. 24.

[372] PRELHAZ NATSCHERADETZ, Karl, *ob. cit.,* pp. 156-158, a propósito do CP na versão de 1982, diz que «a sistematização legal dos crimes sexuais (...) reflecte a concepção que o bem jurídico tutelado é a ética social e não apenas um bem pessoal, e que se protegem sobretudo interesses de ordem social. (...) essa sistematização é igualmente contrária à axiologia constitucional. (...) o conceito de liberdade sexual apresenta certas especificidades em relação ao conceito geral de liberdade pessoal, entendido geralmente como a liberdade de deslocação e de movimentos – tutelada pela incriminação das ameaças, da coacção, do sequestro, entre outros – que derivam do facto de a sexualidade constituir um dos domínios mais relevantes da vida dos indivíduos e que melhores perspectivas de auto-realização pessoal lhes possibilita. A plasticidade do instinto sexual faz com que o livre exercício da sexualidade revista uma importância fundamental para o desenvolvimento da personalidade individual, justificando assim a sua especificidade no seio dos crimes contra a liberdade em geral».

[373] Foi com o DL n° 48/95 de 15/3, que se alterou a inserção sistemática dos crimes sexuais, passando estes a integrar o capítulo V ("dos crimes contra a liberdade e autodeterminação sexual") do Título I ("dos crimes contra as pessoas"), do Livro II. Como diz FIGUEIREDO DIAS, Jorge, *Comentário Conimbricense,* tomo I, p. 2, os chamados crimes sexuais são agora «autênticos (e *exclusivos*) crimes contra as pessoas e contra um valor estritamente individual (...)».

ainda subjacentes a vários preceitos no capítulo dos crimes sexuais e, por outro, melhorando as técnicas de intervenção, dando uma nova configuração a cada tipo em particular, por forma a melhor garantir, na sua descrição, a protecção do bem pessoal digno da tutela.

Isto para além de, a nível das reacções penais, se notar também a preocupação de melhor adequar e realizar princípios político-criminais fundamentais ao direito penal contemporâneo, como o da proporcionalidade das penas.

Também, desde o CP na versão de 1982, que se assiste à descriminalização de condutas que anteriormente eram punidas (designadamente os chamados «crimes sem vítima») e à restrição típica de determinadas incriminações em particular (como é o caso por exemplo do crime previsto no artigo 174), o que é fruto das aqui benignas influências alemãs, expostas no Projecto Alternativo de 1968 e no StGB, após as reformas de 25 de Junho de 1969, de 23/11/1973, de 4.StrRG que entrou em vigor em 1974 e de 29. StÄG de 31.5.94[374].

Por isso, podemos também afirmar que, hoje, na área do direito penal sexual, se caminha no sentido da «neutralização», isto é, procura-se não impor regras de conduta sexual, nem privilegiar qualquer orientação sexual [375].

Para atingir tal desiderato é necessário individualizar e definir de forma clara o específico bem jurídico a proteger nos crimes sexuais[376],

---

[374] Entretanto, como já foi anteriormente adiantado (cap. II, 2.2.), o StGB foi objecto de novas e ulteriores reformas.

[375] Sobre a neutralidade neste ramo do direito, COSTA ANDRADE, *Consentimento e Acordo*, p. 388. Todavia, como já ficou dito, o legislador de 1995, não conseguiu libertar-se de um certo moralismo sexual ao manter o crime previsto no artigo 175, ao contrário da tendência das modernas legislações europeias, que vão no sentido da descriminalização (*v.g.* StGB Alemão e CP Espanhol).

[376] FIGUEIREDO DIAS e COSTA ANDRADE, *Direito Penal. Questões fundamentais*, p. 66, esclarecem que «resulta da função do direito penal como pura tutela de bens jurídicos com fundamento constitucional, que uma norma incriminatória na base da qual não seja susceptível de se divisar um bem jurídico claramente definido é nula, por dever ser considerada materialmente inconstitucional e como tal declarada pelo tribunal constitucional».

bem jurídico esse, de carácter eminentemente pessoal, que é o único digno de tutela penal.

Mas, nem sempre o legislador consegue transpor para as particulares incriminações o bem jurídico que pretende proteger, deixando muitas das vezes - apesar da sua sabedoria - transparecer «representações colectivas» alheias à tutela exclusiva da liberdade sexual que se propõe assegurar.

Isso mesmo esperamos demonstrar no ponto 2 deste capítulo, com as considerações críticas que - na expectativa da sua pertinência e utilidade - iremos fazer relativamente aos tipos aqui em estudo.

Essa exigência da clara definição do bem jurídico a proteger nos crimes sexuais, leva a conceber a liberdade e a autodeterminação da expressão sexual, como um dos vectores em que se analisa a liberdade da pessoa humana.

Trata-se de uma concretização da «liberdade geral de acção» ou do «direito ao livre desenvolvimento da personalidade», sempre liberdades e direitos fundamentais constitucionalmente reconhecidos[377], que se fundam no valor supremo da dignidade humana[378].

Assim, Woesner[379], citado por Costa Andrade, sublinha que a liberdade sexual deve ser encarada como «fonte de satisfação e autorrealização da pessoa individual, como elemento constitutivo essencial do seu desenvolvimento físico e psíquico».

Mas, a liberdade sexual, particular vertente da liberdade pessoal em geral, caracteriza-se pela sua intrínseca estrutura relacional: é essencialmente na relação com o outro que ela se concretiza e realiza[380].

---

[377] A este propósito, COSTA ANDRADE, *Liberdade de Imprensa e Inviolabilidade Pessoal, uma perspectiva jurídico-criminal*, p. 155, refere-se ao «efeito-de-irradiação e ao consequente efeito-recíproco que (...) a nova compreensão jurídico-constitucional empresta aos direitos fundamentais em geral».

[378] COSTA ANDRADE, *ob. ult. cit.,* p. 13, sublinhando que «a dignidade humana configura, assim, a matriz e o étimo directamente fundante dos bens jurídico-penais de índole pessoal».

[379] Apud. COSTA ANDRADE, *Consentimento e Acordo*, p. 506.

[380] COSTA ANDRADE, *Consentimento e Acordo*, pp. 492-493, precisa que "(...) as expressões de liberdade concretamente protegidas caracterizam-se por uma estrutura mar-

Por isso – salienta Costa Andrade - é também geradora de "toda uma tensão de conflitualidade que importa apaziguar".

Apesar disso, o legislador não deve nem pode ter a «veleidade» de impor ou sugerir este ou aquele modelo de liberdade sexual, assinalando--lhe um determinado e/ou orientado conteúdo, mas deve antes procurar assegurar as condições mínimas para que qualquer pessoa possa em liberdade conduzir-se sexualmente.

Isto também tem a ver com a ideia de «tolerância positiva», no sentido de não haver intervenção do direito penal em relação aos comportamentos daqueles que, livremente, mas sempre sem ingerência nos direitos de terceiros, adoptam posturas sexuais consideradas «incorrectas» pelo sistema social.

Quando essas condutas «sexualmente incorrectas» ocorrem, de forma consentida, na esfera privada, não é posta em causa a estabilidade da sociedade, ainda que sejam violadas normas sociais.

Mas também quando acontecem no «domínio público» não podem gerar a intervenção penal a não ser que colidam com o núcleo essencial da liberdade sexual de alguma pessoa.

Não se deverá, porém, confundir aquela tolerância com a teoria do «espaço vazio de direito»[381], porque, apesar de tudo, o Estado não consegue – e talvez nem deva – ser absolutamente neutral nesta área, tendo que necessariamente recorrer a valorações quando opta por proteger, ainda que de forma fragmentária, este ou aquele ataque concreto ao bem jurídico, que é objecto de tutela.

---

cadamente relacional: é por via dialógica e não pelo monólogo que elas se realizam. De forma mais ou menos ostensiva, todas elas se analisam em mecanismos essenciais de comunicação e intersubjectividade. Daí que, com a sua intervenção o direito penal mais não vise do que preservar a integridade dos modelos de «comunicação ideal» em concreto pressupostos."

[381] Como esclarece COSTA ANDRADE, *Consentimento e Acordo*, pp. 506-507, quando comenta a afirmação de Kaufmann de que "um direito penal tolerante implica a existência de espaços livres de direito, que compreendem acções toleradas «no sentido de que não são proibidas nem expressamente permitidas»".

Uma coisa é certa: atenta a natureza do bem jurídico em causa, apenas o respectivo portador individual (isto é, o portador concreto) – no pleno gozo da sua capacidade de autodeterminação – pode dispor livremente da sua sexualidade e exercê-la, mesmo que de forma «irracional», quando, com quem e como quiser, mas sempre sem prejuízo dos direitos de terceiros.

É à pessoa que, em exclusividade, está reservado o direito de dispor da sua sexualidade, o que mais não é do que a expressão da concreta autonomia pessoal.

Em nome da dita estrutura relacional, podemos dizer, em jeito de síntese, que o exercício da liberdade sexual de cada um apenas é limitado quando colide com «direito de idêntico conteúdo» de outro indivíduo[382].

A liberdade sexual – quer na sua dimensão negativa (nas palavras de Costa Andrade significando «resistir a imposições não queridas»), quer na sua dimensão positiva (no dizer do mesmo Autor traduzindo-se «pelo comprometimento livre e autêntico em formas de comunicação intersubjectiva»)[383] – é assim o único e específico bem jurídico que importa proteger e promover.

Dimensão negativa que podemos traduzir genericamente como a liberdade de não suportar condutas que agridam ou constranjam a esfera sexual da pessoa e, dimensão positiva como liberdade de interagir sexualmente sem restrições.

Estas duas vias de análise da liberdade sexual, são complementares e essenciais na concretização e na definição do bem jurídico tipicamente

---

[382] SUÁREZ RODRÍGUEZ, Carlos, *El delito de agresiones sexuales asociadas a la violación*, Navarra: Aranzadi editorial, 1995, p. 50, defende que "o direito a conduzir-se sexualmente em liberdade, núcleo essencial da liberdade sexual, constitui o objecto de protecção jurídica nos crimes sexuais. Este direito compreende a faculdade de comportar-se na esfera sexual de uma maneira espontânea e autónoma, isenta de ingerências indesejadas. O direito de um indivíduo em conduzir-se sexualmente em liberdade só se vê limitado por um direito de idêntico conteúdo que possua outro indivíduo".

[383] COSTA ANDRADE, *Consentimento e Acordo*, p. 395.

protegido[384], que desta forma ganha autonomia no confronto com outros bens jurídicos de índole pessoal.

Aliás, esta autonomia ocorre de cada vez que se revelam novos bens jurídicos pessoais – como de resto também sucedeu a seu tempo com o da liberdade e autodeterminação sexual – normalmente emergentes da descoberta de novas dimensões da pessoa e da tomada de consciência dessas novas realidades, que muitas vezes começam por se evidenciar através das tensões de conflito que se estabelecem entre o indivíduo e a comunidade[385].

Porém, são «razões de técnica de tutela – nas palavras de Costa Andrade[386] - que explicam que o direito penal intervenha, por princípio, na primeira das dimensões assinaladas».

Isto é, protege-se penalmente em princípio a dimensão negativa – porque mais carecida de protecção – mas, o legislador deve ter o cuidado de, ao maximizar a tutela do bem jurídico por essa via (negativa), não acabar por limitar ou restringir de forma excessiva a liberdade sexual na sua dimensão positiva[387].

Aliás, a defesa da vertente positiva também é assegurada, designadamente quando se procede à descriminalização de condutas que não ofendem o bem jurídico da liberdade sexual, na medida em que, por essa via, se está a maximizar a liberdade de expressão sexual da pessoa.

Convirá, também, acrescentar que esta opção de técnica de tutela está, de resto de acordo, com a natureza fragmentária do direito penal, como é salientado por Maurach e Schröder[388] quando, sobre os crimes se-

---

[384] Neste sentido, COSTA ANDRADE, *Consentimento e Acordo*, pp. 496-497 e PRELHAZ NATSCHERADETZ, Karl, *ob. cit.*, p. 143.

[385] COSTA ANDRADE, *Liberdade de Imprensa e Inviolabilidade Pessoal, uma perspectiva jurídico-criminal*, p. 29, recorda que «o direito emerge, assim, como ordenação da convivência e da comunicação intersubjectiva e, por vias disso, como disciplina do "contacto social" e da conflitualidade».

[386] COSTA ANDRADE, *Consentimento e Acordo*, p. 395.

[387] COSTA ANDRADE, *ob. ult. cit.* , p. 395.

[388] Apud. COSTA ANDRADE, *Liberdade de Imprensa e Inviolabilidade Pessoal, uma perspectiva jurídico-criminal*, p. 104.

xuais, escrevem «aqui só é protegida a liberdade *face* a acções sexuais e não já – o que seria perfeitamente pensável e caberia naturalmente no quadro de um programa de tutela global da autodeterminação sexual – a liberdade *para* acções sexuais».

Os perigos de, com a tutela da vertente negativa da liberdade sexual se poder estar a sacrificar exageradamente a vertente positiva dessa mesma liberdade do portador individual do bem jurídico, podem surgir em áreas, como designadamente as relativas à protecção de menores[389], atenta a complexidade do valor que se pretende proteger e dados os riscos de se poder querer ver, nessas normas, também, a protecção, ainda que secundária ou reflexa, de bens supra-individuais.

As dificuldades na regulamentação dos crimes sexuais que envolvem menores elevam-se face à tentação de, através deles, poder pretender-se impor «programas de controlo sexual»[390].

Convirá realçar que, mesmo nesta área tão complexa como é a dos crimes sexuais em que são vítimas menores, o legislador não pode sugerir nem pretender impor modelos educativos, mais ou menos controladores da sexualidade dos menores, sob pena de estar a subverter o bem jurídico da autodeterminação sexual que pretende tutelar, além de estar a contrariar o «programa político-criminal» a que aderiu.

Como diz Lüttger[391] «o direito penal tem de deixar de valer como instância moral do cidadão ou de representar qualquer mínimo ético».

Por isso, a imposição ou oferta de qualquer modelo de «educação sexual» terá de ser feita através de adequados meios de «controlo social» e não através do direito penal.

Foi sob a influência das considerações supra expostas, que ocorreram as intervenções legislativas que deram lugar à revisão do CP de 1995 e, posteriores reformas.

---

[389] COSTA ANDRADE, *Consentimento e Acordo*, p. 395.

[390] COSTA ANDRADE, *ob. ult. cit.* , p. 397.

[391] Apud. COSTA ANDRADE, "Direito Penal e modernas técnicas biomédicas", *Revista de Direito e Economia*, ano XII, 1986, p. 102.

Neste capítulo dos chamados «crimes sexuais» foram tais reformas orientadas para uma criminalização mais fragmentária e descontínua, aliada a um consequente alargamento de uma perspectiva também mais liberal e tolerante, com a pretensão de uma mais eficaz protecção do bem jurídico-penal da liberdade sexual e autodeterminação sexual.

A opção político-criminal adoptada já em 1995 (mantida após as reformas de 1998 e 2001), levou a que o capítulo «dos crimes contra a liberdade e autodeterminação sexual» fosse dividido por 3 secções, respectivamente com as epígrafes de «crimes contra a liberdade sexual», de «crimes contra a autodeterminação sexual» e de «disposições comuns».

Esta subdivisão, efectuada com a acrescida intenção de melhor exprimir uma clara individualização do único bem jurídico-penal em jogo neste capítulo, pode gerar a ideia de que são distintos os bens jurídico-criminais que se protegem, consoante a vítima é um maior ou um menor.

E isto porque, ao agrupar na secção dos «crimes contra a autodeterminação sexual», comportamentos ilícitos em que apenas são vítimas menores, poderá haver a tentação de vislumbrar uma qualquer intenção de proteger, não a liberdade pessoal, mas antes proteger autonomamente a juventude[392], dada a «natural» incapacidade que lhe é atribuída, para tomar decisões livres e esclarecidas designadamente a nível da sua vida sexual.

---

[392] Sobre a questão da identificação do bem jurídico nas normas penais relativas à protecção de menores, COSTA ANDRADE, *Consentimento e Acordo*, p. 396, fazendo apelo aos §§ 175 (acções homossexuais) e 176 (abuso sexual de menores) do CP Alemão na versão anterior à reforma de 1994, refere que, «quando face a essas normas, os autores alemães se interrogam sobre o bem jurídico protegido, a resposta tende a privilegiar a autodeterminação do indivíduo do ponto de vista do desenvolvimento sexual à margem de perturbações ou traumas». Comentando essa posição, acrescenta que, segundo esse entendimento, «não terá sentido encarar *a juventude* como um autónomo bem jurídico, de natureza prevalentemente supra-individual». Citando Schröder, esclarece que "não se trata de assegurar um desenvolvimento socialmente útil ou socialmente conforme, mas antes de garantir aos jovens, e no seu próprio interesse, uma área de tutela até ao amadurecimento da sua personalidade." Por isso, conclui, «a generalidade dos autores qualificam as pertinentes infracções como crimes de perigo abstracto embora de índole especial».

Acresce que, atenta a epígrafe genérica (no sentido de aí não se fazer particular referência aos menores) da secção II, poder-se-ia defender – até em homenagem a uma devida arrumação sistemática – que nela deveriam ser inseridos os tipos previstos nos artigos 165 (abuso sexual de pessoa incapaz de resistência) e 166 (abuso sexual de pessoa internada) do CP, na medida em que é suposto que, com tais incriminações, se pretende tutelar apenas a liberdade de autodeterminação sexual da pessoa incapaz de resistência e da pessoa internada respectivamente[393].

Ao não se ter optado por essa via, então a insuficiência apontada, também, poderá contribuir para reforçar a convicção (não querida) de que se estaria em face de um bem jurídico-penal distinto e autónomo, de natureza supra-individual e, como tal, eventualmente carecido de uma protecção especial que promovesse uma determinada ética (ou programa) sexual, que iria funcionar como «padrão» de futuras condutas a adoptar, logo que o jovem atingisse o estatuto de adulto.

Daí, também, o acrescido risco de, neste campo, com a intervenção penal, se acabar por poder sacrificar de forma mais gravosa a liberdade positiva da pessoa (menor) que se quer proteger de forma adicional.

Mas, a verdade é que não foi essa a intenção do legislador, como realça Figueiredo Dias, quando diz que, a razão da distinção, é a de proteger, na primeira secção «a liberdade (e/ou autodeterminação) sexual de todas as pessoas, sem fazer acepção da idade», protecção essa que se estende, na segunda secção, de forma particular, aos menores, por forma a aqui abranger aquelas situações em «que ou não seriam crime se praticados entre adultos, ou o seriam dentro de limites menos amplos, ou assumiriam em todo o caso uma menor gravidade»[394].

---

[393] Por isso, atentas as particulares incriminações que integram a Secção II, todas dirigidas à protecção de menores, cremos que seria mais adequado uma epígrafe semelhante à utilizada no Projecto Alternativo, do género «crimes contra menores». Ou então, «práticas sexuais com menores», como sugere COSTA ANDRADE, "Sobre a Reforma do Código Penal Português. Dos crimes contra as pessoas, em geral, e das gravações e fotografias ilícitas, em particular", p. 463.

[394] FIGUEIREDO DIAS, Jorge, *Comentário Conimbricense*, tomo I, p. 442.

De qualquer forma, independentemente das insuficiências da respectiva epígrafe, atentos os tipos de crime nela inseridos, apenas se pode concluir que, o objectivo da secção II, é proteger, de forma acrescida, as crianças e os jovens (sempre menores de 18 anos), mesmo quando as condutas que os envolvam, "sejam levadas a cabo sem violência, coacção ou fraude e ocorrerem, *hoc sensu*, com o «consentimento» do menor"[395].

E, é sobre as condutas sexuais que não envolvem violência, coacção, ou outro meio equiparado, mais concretamente sobre aquelas que até são aceites pelos próprios sujeitos passivos, jovens entre 14 e 16 anos, que nos vamos debruçar, com particular incidência sobre os tipos em análise.

Bem jurídico complexivo protegido em particular na área dos «crimes sexuais contra menores».

De forma esclarecedora, Costa Andrade[396], observa que as normas penais relativas à protecção de menores tem subjacente «a crença de que, até atingir um certo grau de desenvolvimento, indiciado por determinados limites etários, o menor deve ser preservado dos perigos relacionados com o envolvimento prematuro em actividades sexuais».

---

[395] COSTA ANDRADE, *ob. ult. cit.*, p. 463. Por sua vez, PRELHAZ NATSCHER-ADETZ, Karl, *ob. cit.,* p. 154, apoiando-se no Projecto Alternativo, salienta que, «como a imaturidade dos menores não se limita à sua esfera sexual, (...) a protecção penal da juventude deveria ser sistematicamente autónoma dos crimes sexuais, incluindo além das condutas sexuais outro tipo de actuações que mais gravemente explorassem a imaturidade do jovem». Parece, portanto, que erige a protecção «do desenvolvimento imperturbado da juventude» a bem jurídico-penal autónomo, de natureza eminentemente pessoal, a justificar um capítulo próprio no título dos crimes contra as pessoas. Porém, cremos que, se se adoptasse tal posição, ter-se-ia que alterar toda a filosofia que preside ao tipo de sistematização escolhida e seguida no CP Português. É que, a ser assim, então a sistematização era orientada, não em função do bem jurídico protegido, mas em função do tipo de vítima, o que tornaria complexa a tarefa posterior do intérprete de identificar o bem jurídico protegido. Além disso, correr-se-ia o risco de, por alguma forma, se introduzir uma certa «ordem moral sexual», no sentido de se poder cair na tentação de criar um determinado padrão de comportamento sexual para jovens.

[396] COSTA ANDRADE, *Consentimento e Acordo*, p. 396.

Também Schröder[397], sublinha que se pretende «garantir aos jovens, e no seu próprio interesse, uma área de tutela até ao amadurecimento da sua personalidade».

Ou seja, tem-se entendido que, a imaturidade inerente aos menores de certa idade, acarreta, como consequência natural, uma particular vulnerabilidade, a justificar uma protecção específica e adicional, complementar da que é dada ao adulto que esteja no pleno gozo das suas capacidades.

É que o exercício da liberdade sexual pressupõe e depende antes de tudo da plena capacidade de autodeterminação sexual.

E é essa capacidade de autodeterminação que deve ser salvaguardada, por forma a que, quando atingida a sua plenitude, o jovem – independentemente do sexo – possa por si só exercer o direito de se exprimir sexualmente em liberdade.

A protecção dos menores impõe-se quando os actos sexuais que os envolvam coloquem em risco o seu desenvolvimento.

O fim específico é proteger os menores de condutas que atentem ou possam colocar em grave perigo «o livre desenvolvimento da sua personalidade», aqui especialmente no que respeita à área sexual.

Para esse efeito, o legislador começa por fixar uma idade cronológica determinante, que é justificada por questões de segurança jurídica.

O critério da idade – entre nós e, numa primeira fase, inferior ou superior a 14 anos – vai funcionar como elemento básico de tipificação de condutas sexuais ilícitas.

O legislador presume *«iuris et de iure»*[398], que qualquer conduta sexual que envolva menores de 14 anos «prejudica gravemente o livre desenvolvimento da sua personalidade»[399], caso seja levada a cabo por pessoa maior de 16 anos.

---

[397] Apud. COSTA ANDRADE, *ob. ult. cit.* , p. 396.

[398] Esta referência a uma presunção *iuris et de iure* é feita, entre outros, por DIEZ RIPOLLÉS, José Luis, *La proteccion de la libertad sexual, insuficiencias actuales y propuestas de reforma*, Barcelona: Bosch, 1985, p. 81 e por BELEZA, Teresa, "Sem sombra de pecado", p. 169.

[399] Assim, FIGUEIREDO DIAS, Jorge, *Comentário Conimbricense*, tomo I, p. 541.

Por isso, através de uma indispensável censura penal, proíbe de forma absoluta qualquer contacto sexual entre um maior de 16 anos e um menor de 14 anos.

Razão pela qual também entende, consequentemente, que abaixo dos 14 anos, o menor - cuja personalidade em geral, e, portanto, também na esfera sexual, se encontra ainda em fase de estruturação - não tem capacidade, nem determinação para, de forma livre, consciente e esclarecida «se decidir em termos de relacionamento sexual»[400], o que conduz a que não seja atribuída relevância jurídica ao consentimento ou acordo que eventualmente tenha manifestado.

Atingidos os 14 anos, entende que o menor, em princípio, já possui maturidade suficiente para pode avaliar algumas das situações em que se envolve ou é envolvido.

Nesses casos, é lhe então atribuída (gradualmente) capacidade de decisão, por se entender que adquiriu domínio suficiente para formar a sua vontade, tomar a decisão e acarretar com as consequências respectivas resultantes da sua execução.

Por isso, entre nós, a lei penal considera que o jovem, quando atinge os 14 anos é, em princípio, livre de se decidir em termos de relacionamento sexual, reservando porém a sua intervenção a determinadas situações que, entende serem as que afectam de forma grave o «desenvolvimento da sua vida sexual», retirando-lhe então a autonomia da decisão.

Assim, em relação aos adolescentes entre 14 e 18 anos, quando o relacionamento ou actividade sexual é por eles consentido, o legislador penal decidiu intervir (através de incriminações autónomas específicas), nos seguintes casos:

---

[400] BELEZA, Teresa, *ibidem*. FIGUEIREDO DIAS, Jorge, *ob. ult. cit.*, p. 541, discordando do entendimento de Teresa Beleza - que coloca a tónica dessa presunção no facto de que «abaixo de uma certa idade ou privada de um certo grau de autodeterminação a pessoa não é livre para se decidir em termos de relacionamento sexual - repõe a tónica dessa «presunção legal» no prejuízo para "o desenvolvimento global do próprio menor".

Sobre a ratio das incriminações previstas nos artigos 174 e 175 do CP 217

a) - quando o agente, maior de 16 anos[401], se encontra, em relação ao menor entre 14 e 18 anos, numa posição de autoridade (que lhe advém da circunstância de o jovem lhe ter sido confiado para educação ou assistência), o que é entendido como sendo susceptível de afectar a capacidade de decisão do sujeito passivo, dada a situação de dependência em que se encontra (artigo 173 do CP);

b) - quando o agente, maior de 18 anos, mediante abuso da inexperiência, pratica cópula, coito anal ou coito oral com menor entre 14 e 16 anos (artigo 174 do CP) – a nível do relacionamento heterossexual;

c) - quando o agente, maior de 18 anos, pratica com menor entre 14 e 16 anos, ou o leva a praticar, actos homossexuais de relevo (artigo 175 do CP) – a nível do relacionamento homossexual;

d) - e no caso do lenocínio e tráfico de menores de 16 anos (artigo 176 n.º 1 e 2 do CP).

Sem prejuízo da oportuna apreciação dos critérios que levaram o legislador a intervir particularmente nos tipos em estudo, cremos poder concluir que, foi a convicção de que determinados comportamentos de natureza ou com significado sexual prejudicam de forma grave a consolidação da personalidade do menor, que justificou a intervenção penal nesta área dos crimes sexuais em que são vítimas menores entre 14 e 18 anos de idade.

Assim, o que aqui está em causa é o bem jurídico da autodeterminação sexual, que, nas palavras de Figueiredo Dias[402], aparece «ligado a

---

[401] Note-se que, pela lei civil, a confiança para educação ou assistência de menores de 18 anos apenas pode ser atribuída a maiores de 18 anos. Sendo assim, deveria o legislador ter tido o cuidado de, também na incriminação prevista no artigo 173, exigir a maioridade do agente. Entendendo-se que esta norma abrange situações de "confiança" de facto – como defende ANTUNES, Maria João, *Comentário Conimbricense*, tomo I, p. 556 – podem criar-se situações caricatas em que o agente (com 16 anos) que detém a posição de autoridade, seja da mesma idade ou mais novo do que o jovem que lhe está confiado.

[402] FIGUEIREDO DIAS, *ob. ult. cit.*, p. 442. Esclarece, ainda, que o «(...) respectivo bem jurídico complexivo deve com propriedade designar-se, numa fórmula abreviada, como o do *desenvolvimento da vida sexual*».

um outro bem jurídico, a saber, o do livre desenvolvimento da personalidade do menor na esfera sexual».

Quer dizer, independentemente da idade do sujeito passivo, há uma unidade e continuidade do bem jurídico protegido no capítulo dos chamados crimes sexuais, mas, no caso dos ofendidos menores, o bem jurídico típico assume uma natureza complexiva específica porque aparece associado ao desenvolvimento da sua personalidade, a qual se encontra em fase de crescimento e de maturação (isto porque se pretende especificamente acautelar a futura plena capacidade de autodeterminação sexual do menor).

De realçar que, a configuração dos crimes sexuais que envolvam menores como tipos de perigo[403], embora de índole especial, coloca problemas dogmáticos importantes que se prendem com a clara individualização do bem jurídico típico na medida em que - sendo afectadas tanto a liberdade do agente, como a do menor ofendido[404] - podem redundar numa exagerada restrição da liberdade sexual na sua dimensão positiva, principalmente quando se trata de adolescentes que já atingiram 14 anos e que manifestaram a sua concordância em relação a condutas sexuais para as quais foram solicitados ou que eles próprios, por sua iniciativa, solicitaram ou incentivaram.

Por isso, se o legislador se contentar com a existência de um perigo potencial[405], a protecção do bem jurídico típico é feita de modo mais dis-

---

[403] Recorde-se FARIA COSTA, José Francisco, *ob. ult. cit.*, pp. 620-621, quando esclarece que «os crimes de perigo concreto representam a figura de um ilícito-típico em que o perigo é, justamente, elemento desse mesmo ilícito-típico, enquanto nos crimes de perigo abstracto o perigo não é elemento do tipo, mas tão só motivação do legislador».

[404] COSTA ANDRADE, *ob. ult. cit.*, p. 397, explica a complexidade da situação criada com a dita qualificação como «crimes de perigo abstracto», referindo que a mesma resulta de, "ao sacrifício qualificado da liberdade dos agentes – devido à *Vorfeldschutz* própria dos crimes de perigo abstracto – acresce o sacrifício da liberdade do ofendido que se visa tutelar como bem jurídico típico. E isto em nome da representação da índole *naturalmente* nociva da experiência sexual para o menor, uma representação cuja pertinência está longe de se poder considerar indiscutível".

[405] HASSEMER, Winfried e MUÑOZ CONDE, Francisco, *Introdución a la Criminologia y al Derecho Penal*, Valencia: Tirant lo blanch, 1989, pp. 146-147, referem

Sobre a ratio das incriminações previstas nos artigos 174 e 175 do CP

tante, o que torna problemática a utilização da técnica dos «crimes de perigo» nesta área, principalmente quando estão em causa adolescentes entre os 14 e os 16 anos, concretamente no caso das condutas descritas nas incriminações (artigos 174 e 175 do CP) aqui em análise.

1.3. Fundamentos específicos invocados para justificar as incriminações em estudo.

O legislador português, acompanhando o desenvolvimento da personalidade do menor, vai dando, de forma gradual, ao adolescente entre os 14 e os 18 anos, liberdade para se determinar em matéria sexual, isto é, vai-lhe concedendo progressivamente capacidade de, por si só, decidir da sua vida sexual, embora orientando-o até aos 16 anos para a heterossexualidade.

Ou seja, a partir dos 14 anos, vai reconhecendo uma certa independência (sexual) ao jovem, independência essa que vai aumentando à medida do seu crescimento até atingir a sua plenitude quando alcança a maioridade civil.

Por isso, considera a fase dos 14 aos 16 anos, ainda carecida de especial protecção (estando os menores dessa idade especialmente protegidos nos crimes previsto nos artigos 173, 174, 175 e 176 do CP), justificando a sua intervenção também entre os de 14 até aos 18 anos, no caso de existir uma relação de dependência entre o menor e o agente (menor confiado ao agente para educação ou assistência – artigo 173 do CP), acabando por o «dar» como apto a gerir por si só a sua vida sexual, quando atinge os 18 anos.

A faixa etária dos 16 aos 18 anos é protegida apenas no caso de existir a mencionada relação de dependência (artigo 173 do CP).

---

que, «do ponto de vista do princípio do Estado de Direito, o mais que se pode fazer para restringir a punibilidade destes crimes é que o legislador calcule correctamente o potencial perigoso inerente à acção incriminada, pois no processo é impossível fazer alguma limitação, já que a lei não permite que o juiz valore ou investigue o perigo real».

Parte, assim, do princípio de que os comportamentos descritos nos tipos previstos nos artigos 173 a 176 prejudicam gravemente o «desenvolvimento da vida sexual do adolescente» entre 14 e 16 anos, estendendo essa protecção até aos 18 anos no caso de existir a dita relação de dependência (artigo 173 do CP).

E, também parte da convicção de que, o jovem entre os 14 e os 16 anos, embora possa ter autonomia para se envolver em práticas heterossexuais[406], que não são punidas se nelas consentir e não estiver em situação de dependência em relação ao agente, já não é suficientemente maduro e responsável para poder consentir em actos homossexuais de relevo, o que o leva a criminalizar de forma excepcional e autónoma a prática de actos homossexuais com adolescentes nos termos do artigo 175 do CP.

As incriminações previstas nos artigos 174 e 175 do CP, mostram que o legislador se preocupou, por um lado, com um determinado tipo de actos sexuais – que considerou como sendo os que exigem uma protecção acrescida para o jovem – e, por outro lado, considerou essencial preservar, de uma interferência resultante do aproveitamento da «inexperiência», os processos de formação da vontade e de decisão do jovem, mas apenas quando estivessem em causa actos heterossexuais como a cópula, o coito anal e o coito oral.

Nesse contexto, salienta que são gravemente prejudiciais para o desenvolvimento desse jovem entre os 14 e os 16 anos, todo o tipo de actos homossexuais de relevo e, a nível dos actos heterossexuais de relevo, para os que também sejam inexperientes – dado o risco de poder haver um aproveitamento dessa mesma inexperiência – a cópula, o coito anal e o coito oral.

Dessa opção político-criminal pode resultar uma certa desarmonia com os princípios que orientaram a intervenção penal nesta área, designadamente um tratamento diferenciado, consoante o adolescente é um jovem do sexo feminino ou do sexo masculino, desde que não se encontre numa relação de dependência em relação ao agente.

---

[406] Sendo experiente, incluindo a cópula, o coito anal e o coito oral.

Efectivamente, não se verificando a especial relação de dependência descrita no artigo 173 do CP, o agente maior do sexo masculino que praticar coito anal com um rapaz que tenha entre 14 e 16 anos é sempre punido (pelo crime do artigo 175) mas, se o praticar com uma rapariga que tenha entre 14 e 16 anos só é punido (pelo crime do artigo 174) se abusar da sua inexperiência, caso contrário, ficará impune[407].

Ou seja, neste plano, a prática de coito anal com um jovem experiente que tenha entre 14 a 16 anos, só é punida se o agente (maior de 18 anos) e o ofendido forem do sexo masculino.

Seria caso de perguntar, tal como o faz Enrique Orts Berenguer[408], qual é o motivo que leva o legislador a conceder maior protecção penal quando é afectada a esfera sexual do homem?

O que ficou dito mostra que, com a incriminação prevista no artigo 175 do CP, o legislador acaba por inadvertidamente conceder maior protecção ao jovem do sexo masculino do que à do sexo feminino, quando está em causa a prática do acto homossexual de relevo por excelência (coito anal) no domínio da homossexualidade masculina.

---

[407] Não nos parece, porém, que com a redacção do artigo 174, introduzida pela reforma de 1995, o legislador tenha pretendido, como sugere CARMONA DA MOTA, J., "Crimes contra a liberdade sexual, crimes contra a autodeterminação sexual", p. 211, «conceder uma protecção complementar às raparigas (e, por arrastamento, igualmente aos rapazes) mais inexperientes», ficando «aquém, em relação às jovens (...)». É que tal entendimento parte de um pressuposto não querido pelo legislador e até contrário ao entendimento deste, que teve a preocupação, ao elaborar a reforma, de proteger a liberdade sexual e/ou autodeterminação sexual independentemente do sexo do portador concreto desse bem jurídico. Preocupação essa que também realça a natureza eminentemente pessoal (sem distinção do género) do bem jurídico típico. O facto de não ter conseguido atingir tal desiderato (sendo certo que já em 1982 neutralizara – tornando-o sinalagmático - o crime de estupro) não significa que a sua vontade era proteger de forma complementar os menores do sexo feminino. Pelo contrário, o legislador tem procurado, na medida do possível, retirar todo a carga «simbólica» inerente ao crime de «estupro», em que a mulher era a «única vítima». Isto não quer dizer que, estejamos em desacordo – antes pelo contrário - com BELEZA, Teresa, "Sem sombra de pecado", p. 177, quando, esclarecidamente, coloca as seguintes interrogações: «as mulheres serão titulares dos mesmos direitos humanos que os homens? A neutralização dos preceitos penais corresponderá a uma erradicação da desigualdade ou a uma ocultação dessa desigualdade?».

[408] ORTS BERENGUER, Enrique, *Delitos contra la libertad sexual*, p. 74.

Por outro lado, resulta da configuração dos tipos em análise (artigos 174 e 175 do CP), que o legislador considera eficaz o consentimento dado pelo jovem que tenha entre os 14 e os 16 anos (independentemente do género), para a prática de actos heterossexuais de relevo (excluídos a cópula, o coito anal e o coito oral)[409] e para a prática de actos homossexuais irrelevantes, não vendo nestas situações necessidade de introduzir mecanismos de controlo que acautelem a eventual imaturidade do jovem.

No que respeita aos actos heterossexuais por excelência, isto é, quanto à cópula, ao coito anal e ao coito oral, desde que o agente não abuse da inexperiência do jovem, também é considerado eficaz o seu (do adolescente) consentimento.

Mas, já no que se refere à prática de actos homossexuais de relevo, independentemente da sua «experiência», é absolutamente ineficaz o consentimento dado pelo jovem.

O que realça a ideia – que mais não é do que a representação de uma censura empírica, ainda enraizada na comunidade – de que comportamentos homossexuais prejudicam muito mais o desenvolvimento da vida sexual do jovem, do que comportamentos heterossexuais.

Figueiredo Dias[410], sublinha que no crime do artigo 174 se protege hoje o adolescente contra processos proibidos (de sedução) de obter o seu consentimento para determinado tipo (cópula, coito anal ou coito oral) de relacionamento sexual.

É o abuso da inexperiência – elemento típico apenas do crime do artigo 174 – que justifica a opção de criminalização por, na perspectiva do legislador, prejudicar gravemente o livre desenvolvimento da personalidade do adolescente.

---

[409] Ressalvem-se também aqui as incriminações do abuso sexual de menores dependentes (artigo 173) e da fraude sexual (artigo 167), nas quais a tutela se estende por forma a abranger a prática de qualquer acto sexual de relevo. Quanto ao tipo previsto no artigo 167, como diz RODRIGUES, Anabela, *Comentário Conimbricense*, tomo I, p. 493, «a especificidade do conteúdo do ilícito (...) reside em que o agente se aproveita de erro da vítima sobre a sua identidade pessoal».

[410] FIGUEIREDO DIAS, Jorge, *Comentário Conimbricense*, tomo I, p. 563.

O que significa que, a nível de determinado tipo de comportamento heterossexual, o legislador entende que, quando há «abuso de inexperiência», há como que uma interferência negativa sobre o domínio da vontade e da livre decisão do adolescente.

Isto é, o aproveitamento da inexperiência da vítima, vai provocar a formação de uma vontade imperfeita na decisão, levando o jovem a «[apresentar] uma menor força de resistência em relação à cópula ou ao coito»[411] anal ou oral.

Porém, esta pretendida ligação entre o «abuso de inexperiência» e a «menor força de resistência em relação à cópula ou ao coito» encerra já em si uma certa valoração moral (dentro de uma perspectiva masculina da sexualidade), na medida em que considera inata ao jovem essa «natural resistência»[412].

Autores como Eliana Gersão e Carmona da Mota[413], defendem a manutenção do tipo previsto no artigo 174, por ser a forma residual de assegurar, nos casos limite, a liberdade dos adolescentes de «crescerem na relativa inocência».

Sustentam, no essencial, que se trata de uma «válvula de segurança ou uma protecção residual de menores» - dentro da faixa etária dos 14 aos 16 anos, dos mais inexperientes, mais indefesos e mais ingénuos - em matéria sexual contra as aproximações ou investidas sexuais abusivas de adultos experimentados.

---

[411] FIGUEIREDO DIAS, Jorge, *ob. ult. cit.,* p. 566.

[412] Sobre a pacífica aceitação de uma regra de «resistência normal», ver as interessantes considerações feitas por BELEZA, José, *ob. cit.*, pp. 550-554.

[413] Ver GERSÃO, Eliana, "Crimes sexuais contra crianças", *Revista Infância e Juventude*, 97 -2, Abril/Junho, p. 20 e CARMONA DA MOTA, J., *ob. ult. cit.*, p. 209. De notar que, Eliana Gersão, no artigo citado, vai mais longe, dando de certa forma a entender que a protecção legal embora suficiente talvez não seja bastante, referindo poderem ainda ocorrer «situações em que exista um claro desequilíbrio de poder entre os parceiros sexuais susceptível de coarctar a liberdade de decisão do menor, nomeadamente os casos de relacionamento com pessoas mais velhas e menos escrupulosas que não possam ser enquadrados nos artigos 173 e 174». Acrescenta em nota (2) que, «uma disposição como a do art. 181 nº 3 do CP espanhol, que inclui nos crimes de abuso sexual os casos em que o consentimento se obtenha "prevalecendo-se o agente de uma situação de superioridade manifesta que coarcte a liberdade da vítima", daria resposta a esta preocupação».

Também Rui Carlos Pereira[414] defende a conservação da incriminação prevista no artigo 174 - embora admita que seja discutível – com o fundamento de que «o direito penal ainda pode intervir na defesa da liberdade, assegurando o livre desenvolvimento da pessoa. Nessa medida [compreende] que, em relação a pessoas particularmente jovens, o direito penal intervenha desde que as ofensas sejam praticadas por pessoas suficientemente adultas», acrescentando que «apenas será racional defender pessoas particularmente vulneráveis de pessoas particularmente experientes».

Ficamos é sem saber que idade deverão ter as «pessoas particularmente experientes» ou as «pessoas suficientemente adultas» que, no fundo, irão justificar a permanência do crime previsto no artigo 174.

Esta exigência - que não deixa de ter uma certa lógica - coloca porém em crise a pertinência dessa incriminação e, talvez por isso, devesse levar à conclusão da sua eliminação.

Iremos, pois, analisar estas perspectivas – únicas que poderão dar algum sentido às incriminações em estudo – para aquilatar da sua pertinência nesta área dos crimes sexuais destinada à protecção dos jovens entre 14 e 16 anos.

2. considerações críticas.

2.1. Notas gerais.

Diz, com razão, Júlio Machado Vaz[415] que «a sexualidade é uma elaboração cultural. Tão inexoravelmente humana como a vingança ou a

---

[414] PEREIRA, Rui Carlos, intervenção sobre "Crimes contra a liberdade", *in Reforma do Código Penal. Trabalhos Preparatórios*, Colóquio Parlamentar, Comissão de Assuntos Constitucionais, Direitos, Liberdades e Garantias, Lisboa: Assembleia da República – Divisão de Edições, 1995, vol. II, p. 46.

[415] MACHADO VAZ, Júlio, *Conversas no papel,* 2ª ed. Lisboa: Relógio de Água, 1998, p. 109. Sublinha, ainda, (*ob. cit.,* p. 123) que «foi com Freud que se desligou clara-

capacidade de sonhar o futuro, embora bem mais dependente do momento histórico».

O exercício da sexualidade permite o desempenho de «três funções fundamentais: possibilitar a procriação, contribuir para a estabilidade social através da instituição familiar e ser uma via preferencial para o prazer e para a intimidade»[416].

Por isso, o sistema social, através dos meios que lhe são próprios, deve promover, garantir e permitir que cada pessoa escolha, ou tenha a possibilidade de, em liberdade, vir a escolher, a forma como quer exercer a sua sexualidade, independentemente de optar por esta ou aquela função.

Nos tempos que correm, a sexualidade é concebida de uma forma cada vez mais aberta e autêntica, no sentido de a sociedade contemporânea aceitar que, o seu exercício, já não é identificado com depravação, decadência ou dissolução de costumes – apesar de mentalidades mais retrógradas que ainda se ouvem, aqui e ali, também no nosso país - mas antes corresponde a uma das actividades humanas que dá plena realização à pessoa, que é fonte de prazer[417] e que contribui para o desenvolvimento físico e psíquico de cada um.

Todavia, no que respeita aos adolescentes, mesmo a sociedade moderna continua dependente das representações tradicionais - muitas das quais já não correspondem à realidade - mostrando maior dificuldade em libertar-se de um certo paternalismo, mais ou menos visível, caindo por vezes em desajustados exageros.

Tais representações acabam por acarretar, também, uma maior ou menor limitação dos comportamentos sexuais adoptados pelos jovens, os quais na sua «luta pela emancipação» (designadamente no campo sexual) começam por arranjar subterfúgios e por aprender erradamente a viver da

---

mente o instinto sexual da reprodução, a libido aspirava ao prazer e à descarga e não obedecia a qualquer ética procriativa».

[416] MACHADO VAZ, Júlio, *ob. ult. cit.,* p. 129.

[417] Já lá vai o tempo em que se exigia do sexo feminino que «abafasse» ou não exteriorizasse as sensações e prazeres que experimentava no exercício da sexualidade. Por isso, PACHECO, José e GAMITO, Luís, *O sexo é de todas as idades*, pp. 14-15, referem, a este propósito, que «no sexo feminino existe a denegação da sexualidade».

«mentira», para esconderem o que lhes é dito ser «impróprio», sendo levados muitos deles a conceber a sua própria sexualidade de forma negativa, pelo receio das reacções não só dos que lhes estão mais próximos (pais, família, escola) como também da própria sociedade em geral.

Isto é, em vez de optar por políticas sociais, designadamente educativas e informativas, através das quais os adolescentes fossem aprendendo a exercer a sexualidade de forma consciente e responsável, a sociedade acaba por apenas lhes incutir uma certa ideia de que «o sexo é absolutamente proibido a menores», o que obviamente – até pelo desafio – lhes vai aguçar a curiosidade e a vontade de conhecer o que dizem ser «interdito».

Tanto mais que, tais regras que lhes querem impor, não tem aparentemente a carga e os efeitos negativos que lhes transmitem, ao menos pelo que lhes é dado a conhecer pelos media - a que tem acesso em plano de igualdade com os adultos[418]- os quais em geral difundem, ora de forma

---

[418] De notar que, por Deliberação n.º 1439/2004 (sobre promoção de programas televisivos que possam influir de modo negativo na formação de crianças), publicada na Série II do *DR* de 14/12/2004, a Alta Autoridade para a Comunicação Social emitiu, a seguinte directiva genérica: «1 - Entende-se enquadrada na definição normativa do n.º 5 do artigo 24.º da Lei da Televisão, Lei nº 32/2003, de 22 de Agosto, toda e qualquer promoção dos programas referidos no n.º 2 do mesmo artigo 24.º, ainda que essa promoção não insira palavras ou imagens que, em si mesmas, possam ser reputadas como susceptíveis de influir de modo negativo na formação da personalidade das crianças. 2 - Assim, promoções de programas susceptíveis de influir de modo negativo na formação das crianças, no sentido que decorre do n.º 2 do artigo 24.º da Lei da Televisão, não poderão nunca ter lugar durante os períodos programativos infanto-juvenis, independentemente da sua estrutura de imagem e som». Sobre esta matéria, a nível da política audiovisual da União Europeia, há muito que existe a preocupação de estabelecer normas mínimas sobre o conteúdo dos serviços audiovisuais e de informação. A este propósito ver: a Directiva 89/552/CEE do Conselho, de 3/10/1989 (relativa à coordenação de certas disposições legislativas, regulamentares e administrativas dos Estados-Membros relativas ao exercício de actividades de radiodifusão televisiva), publicada no *JO* L 298 de 17/10/1989, pp. 0023-0030, alterada pela Directiva 97/36/CE do Parlamento Europeu e do Conselho, de 30/6/1997, publicada no *JO* L 202 de 30/7/1997, pp. 0060-0070 – nomeadamente os artigos 16 e 22 a 22B, quanto a publicidade televisiva e a emissão de programas susceptiveis de causar prejuízo a menores, atribuindo-se aos Estados-Membros a tarefa de tomarem medidas apropriadas para assegurar a protecção do desenvolvimento físico, mental e moral dos menores; a Resolução do Parlamento Europeu de 24/4/1997, publicada no *JO* C 150 de 19/5/1997, p. 0038 (sobre a comunicação da Comissão intitulada «Conteúdo

Sobre a ratio das incriminações previstas nos artigos 174 e 175 do CP

lesivo na Internet»), onde no ponto 27, «insta os Estados-membros a definirem normas comuns mínimas nas suas legislações penais e a reforçarem a colaboração administrativa com base em orientações comuns, por forma a permitir combater com maior eficácia os conteúdos ilegais presentes nos meios de comunicação, tanto novos como antigos»; o Quarto relatório da Comissão ao Conselho, ao Parlamento Europeu, ao Comité Económico e Social Europeu e ao Comité das Regiões sobre a aplicação da Directiva 89/552/CEE "Televisão sem Fronteiras", COM/2002/0778 final e a Recomendação 98/560/CE do Conselho, de 24 de Setembro de 1998, publicada no *JO* L 270 de 7/10/1998, pp. 0048 – 0055, relativa ao desenvolvimento da competitividade da indústria europeia de serviços audiovisuais e de informação através da promoção de quadros nacionais conducentes a um nível comparável e eficaz de protecção dos menores e da dignidade humana. Posteriormente, no Relatório de avaliação da Comissão ao Conselho e ao Parlamento Europeu relativos à aplicação da recomendação do Conselho de 24 de Setembro de 1998, em relação à protecção de menores e da dignidade humana, 27/2/2001, COM (2001) 0106 final, foram analisadas as medidas adoptadas por alguns Estados-Membros (*v.g.* códigos de conduta, sistemas de classificação e de filtragem fiáveis, sistemas técnicos de controlo parental no ambiente digital, "linhas directas" para a denúncia de conteúdos ilegais ou nocivos, cooperação dos operadores com as autoridades judiciárias e policiais), a nível do desenvolvimento dos meios de comunicação digitais, nomeadamente Internet, radiodifusão digital e jogos de vídeo. Concluiu-se pela necessidade de se tomarem medidas para reforçar a protecção dos menores e da dignidade humana nos sectores da radiodifusão e da Internet (Conclusões do Conselho de 23 de Julho de 2001, respeitantes ao relatório de avaliação da Comissão sobre a aplicação da recomendação relativa à protecção dos menores e da dignidade humana, publicadas no *JO* C 213 de 31/07/2001 pp. 0010 – 0011). Ainda sobre este tema – tendo sempre presente a obrigação dos Estados-Membros de proteger as crianças de todas as formas de exploração prejudiciais ao seu bem-estar – ver, entre outros, a Resolução do Parlamento Europeu sobre o livro verde da Comissão de 24/10/1997, relativo à protecção dos menores e da dignidade humana nos serviços audiovisuais e de informação (COM (96) 483 final– C 4-0621/96), *JO* C 339 de 10/11/1997, p. 0429, as Conclusões do Conselho de 17 de Fevereiro de 1997, relativas ao Livro Verde sobre a protecção de menores e a dignidade humana nos serviços audiovisuais e de informação, publicadas no *JO* C 70 de 6/3/1997, p. 0004, a Resolução do Parlamento Europeu de 11/4/2002, sobre o relatório de avaliação da Comissão ao Conselho e ao Parlamento Europeu relativo à aplicação da recomendação do Conselho de 24 de Setembro de 1998 sobre a protecção dos menores e da dignidade humana (COM (2001) 106 - C5-0191/2001 - 2001/2087 (COS)), publicada no *JO* 127 E de 29/05/2003 pp. 0667 – 0671, a Proposta de Recomendação do Parlamento Europeu e do Conselho de 30/4/2004, relativa à protecção dos menores e da dignidade humana e ao direito de resposta em relação ao desenvolvimento da competitividade da indústria europeia de serviços audiovisuais e de informação, COM (2004) 341 final – 2004/0117 (COD), o Parecer do CESE (adoptado em 9/2/2005) sobre a referida «Proposta de recomendação do Parlamento Europeu e do Conselho relativa à protecção dos menores e da dignidade humana e ao direito de resposta em relação ao desenvolvimento da competitividade da indústria europeia de serviços audiovisuais e de informação», COM (2004) 341 final – 2004/0117 (COD), publicado no *JO* C 221 de 8/9/2005, pp. 0087-0093 e o Parecer do Comité das Regiões de 17/6/2004, sobre a «Comunicação da Comissão ao Conselho, ao Parlamento Europeu, ao Comité Económico e Social Europeu e ao Comité das Regiões — O futuro da política europeia de regulação audiovisual», publicado no *JO* C 318 de 22/12/2004 pp. 0027 - 0029. Como consta da Comunicação da Comissão ao Conselho, ao Parlamento Europeu, ao Comité Económico e Social Europeu e ao Comité das Regiões, Bruxelas, 15/12/2003, COM (2003) 784 final, sobre "o futuro da política europeia de regulação audiovisual", «os meios audiovisuais desempenham um papel central não só no funcionamento das sociedades democráticas modernas, mas também na definição e transmissão de valores sociais, na medida em que exercem uma grande influência sobre os conhecimentos, crenças e senti-mentos dos cidadãos. (…) Quase todos os lares na UE estão equipados com aparelhos de televisão e muitos possuem dois ou mais aparelhos. A penetração da transmissão por cabo e por satélite varia muito de país para país, tal como a estrutura do ramo (existem mais de 6 000 operadores). Em 2002, em média, cerca de metade dos lares na UE dispunha de acesso a redes por cabo, mas apenas 31% dos lares possuíam efectivamente assinaturas de serviços por cabo. (…) O tempo médio diário de visionamento de televisão em 2002 man-teve a sua importância em todos os Estados-Membros, com variações pouco significativas em relação a 2001. A Áustria continua a ser o país onde as pessoas menos vêem televisão (153 minutos), enquanto a Espanha é o país onde se lhe consagra mais tempo (262 minu-tos). Os tempos de visionamento seguem padrões semelhantes nos países em vias de adesão, oscilando entre 165 minutos na Eslovénia e 256 na Hungria». Especificamente sobre uma utilização mais segura da Internet ver, entre outras, a Decisão nº 276/1999/CE do Parlamento Europeu e do Conselho, de 25/1/1999, publicada no *JO* L 33 de 6/2/1999, pp. 0001-0011 (que adopta um plano de acção comunitário plurianual para fomentar uma utilização mais segura da Internet através do combate aos conteúdos ilegais e lesivos nas redes mundiais), a Decisão 2000/375/JAI do Conselho, de 29/5/2000, publicada no *JO* L 138 de 9/6/2000, pp. 0001-0004 (sobre o combate à pornografia infantil na Internet), a Decisão nº 854/2005/CE do Parlamento Europeu e do Conselho, de 11 de Maio de 2005, que adopta um programa comunitário plurianual para a promoção de uma utilização mais segura da internet e das novas tecnologias em linha, publicada no *JO* L 149 de 11/6/2005, p. 0001 e o Parecer do CESE (adoptada em 16/12/2004) sobre a «Proposta de decisão do Parlamento Europeu e do Conselho que adopta um programa comunitário plurianual para a promoção de uma utilização mais segura da internet e das novas tecnologias em linha» COM (2004) 91 final — 2004/0023 (COD), publicado no *JO* C 157 de 28/06/2005 pp. 0136 – 0140. Consta da Proposta de Decisão do Parlamento Europeu e do Conselho de 12/3/2004, que adopta um programa comunitário plurianual para a promoção de uma uti-lização mais segura da Internet e das novas tecnologias em linha {SEC (2004) 148}, COM/2004/0091 final - COD 2004/0023: *Comissão das Comunidades Europeias,* que «de acordo com uma sondagem recente (…) que incide na Dinamarca, Irlanda, Islândia,

clara, ora de forma sugestiva ou encapotada, o amor e/ou o sexo como fonte de prazer e de satisfação.

São assim os adolescentes sujeitos a mensagens contraditórias, que os levam muitas vezes a viver a sexualidade de forma contraditória.

Daí, também, a dificuldade de os adolescentes de hoje em dia aceitarem tais regras sociais de conduta sexual, que os adultos pretendem impor, um pouco à semelhança do que anteriormente sucedeu com eles, esquecendo ou ignorando a mudança e a evolução própria decorrente do tempo que entretanto passou.

A este propósito, Jean-Louis Lorrain[419] diz que a crise da adolescência é também reflexo de uma crise do mundo adulto, que projecta as suas questões e problemas sobre os adolescentes.

Por isso, seguindo Costa Andrade[420], podemos afirmar que, nesta área relativa à protecção de menores, o fundamento da intervenção penal parte do pressuposto, não demonstrado, de que a prática de certo tipo de actos sexuais com jovens entre os 14 e os 16 anos prejudica o desenvolvimento da sua personalidade na esfera sexual, quando é certo que, «são antes as reacções da sociedade ao comportamento sexual dos menores (...) que comprovadamente causam traumas».

Importa, pois, questionar, por um lado, se tal opção político-criminal tem razão de scr e é justificada - ou se mais não é que do que a expressão

---

Noruega e Suécia, 97% das crianças desses países com idades compreendidas entre os 9 e os 16 anos utilizaram já um computador. Das crianças que estabeleceram "conversas" na Internet, 4 em 10 declararam que as pessoas com quem entraram em contacto via Internet mostraram o desejo de as conhecer pessoalmente. 14% das crianças encontraram-se com alguém com quem travaram conhecimento na Internet, enquanto apenas 4% dos pais pensam que os filhos o fizeram. 44% das crianças que utilizam a Internet visitaram, acidental ou propositadamente, um sítio Web pornográfico. 25% receberam material pornográfico através da Internet. 30 % das crianças visualizaram sítios Web com cenas de violência, enquanto apenas 15 % dos pais pensam que os filhos o fizeram.».

[419] LORRAIN, Jean-Louis, «l`adolescence en crise», *Rapport d`Information n° 242 (2002-2003)*, Commission des Affaires Sociales: *Sénat Français* (consulta em http://www.senat.fr/rap/r02-242/r02-242.html).

[420] Intervenção na Assembleia da República de COSTA ANDRADE, enquanto deputado do PSD, a propósito dos "Crimes contra a liberdade", *in Reforma do Código Penal. Trabalhos Preparatórios,* vol. II, p. 43.

de uma representação colectiva sem fundamento racional - e, por outro, se há necessidade dessa protecção adicional, concretamente nos tipos que estamos a analisar, destinados à tutela dos jovens adolescentes.

Mas tudo tem de ser entendido *cum grano salis*, não olvidando Costa Andrade[421], quando se interroga «(acompanhando *Hassemer*), se, afinal, a racionalidade do discurso legislativo não pressupõe aberturas a componentes de *irracionalidade*. E se a transacção com as representações colectivas mais ou menos irracionais, em vez de invariavelmente valorada como estigma negativo da lei penal, não há-de poder ser, de algum modo, levada à conta de virtude. Isto numa perspectiva de sabedoria e prudência legislativa, atenta às exigências da legitimidade democrática e, mesmo, a considerações de eficácia das normas penais».

Ou seja, teremos de aceitar que uma certa irracionalidade da lei penal é necessária e que o «alarme social» tem subjacente uma negociação permanente.

Todavia, cremos que, em geral, todos estarão de acordo que, a opção pelo critério biológico, fixado entre nós nos 14 anos - limite de idade que estabelece também a fronteira entre as condutas sexuais (ainda que consentidas) absolutamente proibidas e as permitidas, ainda que relativamente - é ainda actualmente o mais adequado e ajustado a garantir a carecida tutela ou protecção especial do desenvolvimento da personalidade do menor de 14 anos.

Efectivamente, pese embora hoje em dia as manifestações sexuais, inclusive as relativas à «experimentação», sejam mais precoces, é até à puberdade que as crianças são mais vulneráveis.

Já há muito que não se considera a criança como um ser assexuado, o que facilitou o reconhecimento de que existe «uma sexualidade infantil, cuja repressão indiscriminada é negativa»[422].

«O desenvolvimento sexual e a capacidade para exercer a sexualidade em liberdade não é algo que surge de forma repentina, sendo antes

---

[421] COSTA ANDRADE, *Consentimento e acordo*, p. 392.
[422] DIEZ RIPOLLÉS, *La proteccion de la libertad sexual, insuficiencias actuales y propuestas de reforma*, p. 90.

Sobre a ratio das incriminações previstas nos artigos 174 e 175 do CP 231

fruto de uma aprendizagem paulatina»[423], que não passa obrigatoriamente pela fase da «experimentação».

Com o início da adolescência - que os autores em geral situam a partir dos 14/15 anos - talvez pela maior capacidade de reacção[424], torna-se mais difícil configurar situações de «abuso sexual»[425] nos casos em que há acordo do menor e em que não existe entre este e o parceiro qualquer relação de dependência ou qualquer aproveitamento de uma relação de superioridade ou de poder sobre o menor.

Efectivamente, o adolescente, além de ser fisiologicamente um adulto, também o é intelectualmente.

A inteligência atinge, de facto, a sua forma final de equilíbrio, com o pensamento abstracto ou formal que se desenvolve entre os 11-12 anos e os 14-15 anos[426].

E, «numa perspectiva de desenvolvimento, o fim da adolescência será sobretudo definido em função da realização das tarefas que lhe são inerentes – formação do carácter (P. Blos) ou aquisição de uma identidade (Erikson)»[427].

---

[423] DIEZ RIPOLLÉS, *ob. ult. cit.,* p. 90.

[424] Com interesse nesta matéria, ver JORI TOLOSA, José Luis, «prevención de la delinquencia que afecta a los menores. Personalid de los agressores», *in Protección de menores en el codigo penal*, p. 289.

[425] «Abuso sexual» que merece tratamento distinto das demais «intromissões» de adultos na vida sexual dos adolescente entre 14 e 18 anos, quando consentidas (de forma livre e esclarecida).

[426] REYMOND-RIVIER, Berthe, *O desenvolvimento social da criança e do adolescente*, Lisboa: editorial Aster, 1983, pp. 139-140, acrescentando que «pela inteligência, o adolescente é igual ao adulto, do qual difere pela falta de experiência».

[427] Assim, AMARAL DIAS, Carlos e NUNES VICENTE, Teresa, *A depressão no adolescente*, Porto: edição Afrontamento, 1984, p. 35. Também DIAS CORDEIRO, *O adolescente e a família* (com a colaboração de Maria José Dias Cordeiro), Lisboa: Moraes editores, 1979, p. 28, diz que "os dois movimentos decisivos, que consideramos como verdadeiros «estados organizadores» essenciais para o desenvolvimento psíquico normal do adolescente, tem como índice do seu estabelecimento, respectivamente, o luto dos imagos parentais e a escolha do objecto heterossexual".

Diz Daniel Sampaio[428] que «a formação da identidade sexual decorre com avanços e recuos, sendo na fase final da adolescência (em média e na nossa cultura como ocorrendo entre os dezoito e os vinte e um anos) que se atinge uma identidade sexual fixa e a formação do carácter, tarefas finais da adolescência».

O que significa que é entre os 14/15 anos até por volta dos 18/21 anos – sendo a idade de dezoito anos em geral aceite como sendo a correspondente ao fim da adolescência[429] - que se consolida a personalidade e a identidade do jovem, o que deverá justificar um tratamento diferenciado em relação aos menores que ainda são púberes.

Outra ilação a retirar é que o adolescente deve ser tratado como um autêntico sujeito de deveres e direitos, capaz de emitir opiniões próprias, consideradas válidas, o que significa também que não se lhe deverão impor regras sociais que não tenham um substracto lógico, verídico e razoável, sob pena de por ele serem rejeitadas e não acatadas, com todas as consequências negativas daí decorrentes.

Importa, ainda, salvaguardar o seu direito de gerir "o seu próprio destino em harmonia com a sua progressiva maturidade"[430].

---

[428] SAMPAIO, Daniel, *Ninguém Morre Sózinho. O adolescente e o suicídio*, 7ª ed., Lisboa: Editorial Caminho, 1997, p. 66.

[429] Assim, AMARAL DIAS, Carlos e NUNES VICENTE, Teresa, *ob. ult. cit.*, p. 35. Porém, SAMPAIO, Daniel, *ob. ult. cit.*, p. 62, situa o fim da adolescência nos 21 anos de idade. Refere que, «de acordo com Laufer (1972), estabelecemos como limites cronológicos as idades dos doze - vinte e um anos, visto considerarmos que a idade dos dezoito anos, por alguns autores considerada como o fim da adolescência, não confirmava a nossa experiência clinica.(...)». "«As idades doze - vinte e um anos» foram marcadas de acordo com os critérios do Brent Consultation Centre, de Londres, serviço de psicoterapia de adolescentes (Laufer, 1972), abarcando a etapa do desenvolvimento desde o inicio da puberdade até à formação do carácter e da identidade sexual".

[430] LEANDRO, Armando Gomes, "Protecção dos Direitos da Criança em Portugal", *in Direitos das Crianças*, Corpus Iuris Gentium Conimbrigae 3, Coimbra: Coimbra Editora, 2004, p. 110, aponta, entre os direitos da criança, «o direito à protecção mas também a ser sujeito do seu próprio destino em harmonia com a sua progressiva maturidade».

É sabido que, no decurso do normal desenvolvimento da fase da adolescência, o jovem procura afirmar-se e conquistar a sua independência, atravessando vários «processos de mudança», manifestados exteriormente por atitudes de vária índole, as quais exigem, pelos conflitos que podem criar, uma adaptação dos progenitores, das instâncias de controlo social[431] e, em suma, da própria sociedade.

Isto porque, é também na fase da adolescência, que o menor começa a conquistar autonomia para determinar o seu comportamento, designadamente a nível sexual, sendo essencial, para que o possa fazer de forma responsável e autêntica, que lhe sejam dadas as condições necessárias para esse efeito, por forma a ser «capaz de compreender e valorar adequada e justamente o significado e alcance do acto sexual»[432].

Hoje em dia, até tendo em atenção todos os meios técnicos de acesso à informação que são postos ao alcance e à disposição dos jovens desde tenra idade, é duvidoso e problemático que se possa aceitar como verdadeira ou inquestionável, a «regra» ou «princípio» de que adolescentes entre os 14 e 16 anos, que receberam uma escolarização normal, sejam susceptíveis de cair em «artifícios», enganosos ou não (importando aqui distinguir o consentimento viciado entre outras formas de consentimento inválido), que determinem uma falsa representação sobre o significado da cópula, coito anal ou coito oral ou até sobre o significado das práticas homossexuais[433].

---

[431] Neste sentido, GARBARINO, James, ECKENRODE, John e POWERS Jane Levine, "el maltrato al adolescente", *in* James GARBARINO e John ECKENRODE, *Por qué las familias abusan de sus hijos. Enfoque ecológico sobre el maltrato de niños y de adolescentes* (trad. cast. por L. Wolfson, de *Understanding abusive families*), Barcelona: Granica, 1999, p. 219. Acrescentam estes Autores (*ob. cit.*, p. 233) que, «as crianças com alta auto-estima estão melhor equipados para fazer frente aos desafios, podem expressar melhor a sua criatividade e são mais competentes do que os que tem uma baixa auto-estima».

[432] SUÁREZ RODRÍGUEZ, *ob. cit.*, p. 258 ss.

[433] Neste sentido, DIÉZ RIPOLLÉS, *La proteccion de la libertad sexual, insuficiencias actuales y propuestas de reforma*, p. 80.

Por outro lado, também como diz Maria Margarida Silva Pereira[434], «nada garante à partida que um menor (acrescentamos nós, entre os 14 e os 16 anos) se desvie do plano da vida e da construção da personalidade para que se inclina, pelo facto de ser sujeito de prática homossexual ou de ser seduzido a ter conduta heterossexual».

Aliás, o próprio legislador penal também aceita estes pressupostos quando não pune[435]:

a) - os comportamentos sexuais consentidos - independentemente do tipo ou da natureza do acto - entre adolescentes menores de 18 anos, desde que o agente não seja a pessoa de quem o menor depende;

b) - o relacionamento heterossexual (consentido) quando se limite à prática de actos sexuais de relevo que não sejam a cópula e os coitos anal e oral, praticados por maiores de 18 anos (ainda que com abuso de inexperiência) em menores entre 14 e 16 anos, que não sejam dependentes ou, mesmo que sejam dependentes, desde que não haja a participação da pessoa da qual dependem;

c) - a prática por maior de 18 anos de cópula, coito anal ou coito oral (consentido) heterossexual com menor entre 14 e 16 anos, que não seja dependente ou, mesmo que seja dependente, desde que não haja a participação da pessoa da qual dependem e, em ambas as situações, desde que também não haja abuso da inexperiência;

d) - a prática por maior de 16 anos dos actos descritos no artigo 172 nº 3 do CP (prática de acto de carácter exibicionista perante o adolescente; actuar sobre o adolescente por meio de conversa obscena ou de escrito, espectáculo ou objectos pornográficos; utilizar o adolescente em fotografia, filme ou gravação pornográ-

---

[434] Assim, SILVA PEREIRA, Maria Margarida (enquanto deputada do PSD), relatora do parecer elaborado em 28/6/94 pela Comissão de Assuntos Constitucionais, Direitos, Liberdades e Garantias, *in Reforma do Código Penal. Trabalhos Preparatórios*, Lisboa: Assembleia da República - Divisão de Edições, 1995, vol. I, p. 141.

[435] Desde que não se verifiquem, além do mais, os pressupostos dos crimes de fraude sexual (artigo 167), de lenocínio e tráfico de menores (artigo 176).

ficos; exibir ou ceder a qualquer título ou por qualquer meio estes últimos referidos materiais; ou deter tais materiais com o propósito de os exibir ou ceder – este último acto foi introduzido pela Lei nº 99/2001 de 25/8) em adolescentes entre 14 e 16 anos que não sejam dependentes ou, mesmo que sejam dependentes, desde que não haja a participação da pessoa da qual dependem, e, em ambas as situações, desde que, claro está, haja consentimento e se não verifiquem os pressupostos dos demais tipos legais.

Nestes casos, portanto, o legislador considera plenamente eficaz e válido o consentimento dado pelo adolescente entre 14 e 16 anos a não ser que, sendo dependente, haja participação da pessoa da qual dependem.

O que mostra, também, que, por regra, o legislador não orienta a intervenção penal pelo critério da maior ou menor experiência do jovem adolescente, ressalvada apenas – e talvez de forma incongruente, como procuraremos demonstrar – a incriminação prevista no artigo 174 do CP.

Isto para dizer ainda que, afinal, o exercício da sexualidade pelos jovens adolescentes não é considerado, até pelo próprio legislador, tão prejudicial como pode parecer, designadamente de algumas das incriminações existentes no Código Penal Português[436].

O que acontece é que, normalmente, a noção de «abuso sexual» nos adolescentes, aparece associada a uma ideia de «utilização do menor para gratificação sexual de um adulto»[437] - conseguida através do aproveitamento de variadas situações (resultantes da criação de laços de dependência - incluindo fruto de relações familiares – de situações de necessidade,

---

[436] GERSÃO, Eliana, "Crimes sexuais contra crianças", p. 19, também concorda com o legislador quando este entende «que o direito penal se não deve imiscuir nos comportamentos sexuais dos adolescentes, quando praticados com alguém que deles não abuse, nomeadamente quando os actos tenham lugar entre parceiros de idades próximas».

[437] Neste sentido, DEMETRIO CRESPO, Eduardo e SANZ HERMIDA, Ágata María, "Problemática de las redes de explotación sexual de menores", in Mª. Del Rosario Diego DÍAZ-SANTOS e Verginia SÁNCHEZ LÓPEZ (coord.), Nuevas Cuestiones Penales, Madrid: Editorial Colex, 1998, p. 61.

de uso de sedução, engano etc.) – o que poderá ter relevância quando se esteja perante um jovem sexualmente imaturo ou perante um jovem que não esteja em condições de poder decidir livremente.

E, em princípio, quanto maior for a diferença de idades entre os dois parceiros sexuais, sendo um deles menor de certa idade, assim poderá haver maiores riscos de o menor ficar colocado em posição de inferioridade, principalmente quando já se encontra em situação de dependência (sendo o sujeito dominado no âmbito de uma relação de poder), o que pode dar azo a um aproveitamento por parte do mais velho que conduza a um prejuízo no desenvolvimento da sua personalidade.

É este tipo de «abuso sexual»[438] dos adolescentes que «preocupa» a sociedade, provocando, pela inerente valoração que é feita, a intervenção do legislador.

O que terá de certa forma a ver com aquela ideia avançada por Rui Carlos Pereira de proteger os «particularmente vulneráveis» das «pessoas particularmente experientes» ou das «pessoas suficientemente adultas» e, no fundo, também, dependendo da idade dos menores, com a valoração social negativa da chamada «antecipação da iniciação sexual» dos jovens.

Mas, nunca se poderá deixar de ter presente que aqui estão sempre em causa condutas sexuais aceites, consentidas ou até queridas, isto é, desejadas, pelos adolescentes que nelas participam.

Por isso, coloca-se a questão de determinar se, nesta área limitada aos menores entre 14 e 16 anos, existem condutas que sejam verdadeiramente dignas de tutela penal e, em caso afirmativo, como e em que circunstâncias deverão ser punidas.

---

[438] BELEZA, José, *ob. cit.*, nota 326, p. 568, referindo-se a menores que ainda não atingiram a puberdade, diz que com eles "a cópula nunca pode ser (...) um acto «recíproco», e logo por isso ela é um abuso sexual praticado sobre o/a menor". De notar que, no abuso sexual, haja ou não motivação de carácter pedófilo, é frequente não haver violência física, antes o uso de afectividade e ternura, o que não retira a ilicitude do acto, que tem subjacente uma manipulação abusiva do menor, geradora de traumatismos de cariz psicológico que, muitas vezes, apenas anos mais tarde, assumem a sua verdadeira dimensão.

Isto, porque é importante distinguir o que é essencial para salvaguardar e tutelar a autodeterminação sexual, sem se cair em um mais ou menos «encapotado» reconhecimento legal de padrões sociais sexuais, que mais não são do que representações colectivas de duvidosa legitimidade.

É que não se pode esquecer que o que aqui se protege é sempre o indivíduo e não a sociedade e as suas valorações.

Karl Prelhaz Natscheradetz[439] salienta que no Projecto Alternativo se afirmava que, a punição de comportamentos socialmente danosos no âmbito da sexualidade deveria conduzir unicamente à criminalização de «agressões a jovens, enquanto tais jovens possam ser perturbados no seu desenvolvimento e, agressões a adultos, quando sejam empregues a força ou outra grave forma de coacção ou exista um abuso de pessoas indefesas».

Portanto, sempre a ideia de perturbação do desenvolvimento do jovem, como pedra de toque da intervenção penal nesta área que envolve menores.

Confundir tal pressuposto com representações morais ou com orientações para futura adopção de determinado «perfil sexual» considerado socialmente correcto, é subverter as funções do direito penal e é voltar a confundir o direito com a moral.

Também Muñoz Conde[440], diz que, no caso dos menores, «o exercício da sexualidade com eles é proibido na medida em que pode afectar o desenvolvimento da sua personalidade e, produzir nesta, alterações importantes que incidam na sua vida ou no seu equilíbrio psíquico no futuro. Certo é que não está comprovado cientificamente que isso seja assim e, inclusivamente, quando a sexualidade não é exercida com violência, diz-se precisamente o contrário: que favorece o desenvolvimento psíquico e uma melhor afectividade nas relações interpessoais futuras».

Esta indeterminação e insegurança na delimitação das situações que efectivamente podem perturbar o desenvolvimento do jovem adolescente,

---

[439] PRELHAZ NATSCHERADETZ, Karl, *ob. cit.*, p. 124.
[440] MUÑOZ CONDE, Francisco, *Derecho Penal, Parte Especial*, 12ª ed., Valencia: Tirant lo blanch, 1999, p. 197.

resultam também da falta de certezas e de alguma indefinição que caracterizam as ciências que se dedicam a estudar o «fenómeno do desenvolvimento humano», como a psicologia, a psiquiatria, a medicina, a antropologia e, de um modo geral, as ciências sociais.

E resultam, também, das próprias características do ser humano responsável que, por natureza, vive procurando realizar-se de forma plena e autêntica, descobrindo-se a cada momento que passa, mas sempre com dúvidas, inseguranças, receios e indefinições.

De qualquer forma, parece que a opção de punição de práticas sexuais consentidas com adolescentes entre 14 e 16 anos, deve ter em atenção a ponderação de vários factores, designadamente a juventude, a eventual imaturidade, ou melhor dizendo, a eventual falta de capacidade (concreta) para se autodeterminar plenamente e, situações de dependência relevantes, como sejam v. g. as resultantes das relações de parentesco, de educação ou de assistência.

É da ponderação e combinação de tais factores – sempre tendo em vista que é essencial que o adolescente seja capaz de compreender e avaliar o significado e alcance do acto sexual – que se poderá partir para a delimitação do campo ou área de intervenção penal relativamente à protecção de menores entre 14 e 18 anos.

É certo que, entre nós, como já foi adiantado, o legislador aceita que os menores entre os 14 e 18 anos são sujeitos titulares de direitos e também lhes reconhece capacidade (concedida de forma gradual), para exercerem tais direitos, embora com limitações – por vezes incongruentes – no plano sexual.

Quando outorga eficácia ao consentimento prestado pelo jovem adolescente, embora com restrições, o legislador está a permitir-lhe o exercício efectivo do seu direito (fundamental) de se exprimir sexualmente, impondo-lhe limitações, as quais, porém, deverão ser apenas as indispensáveis a assegurar a possibilidade de os adolescentes (os que dela careçam) virem no futuro a exercitar plena e livremente (de forma independente) a sua sexualidade[441].

---

[441] Neste sentido, CORCOY BIDASOLO, Mirentxu, "El tratamiento del secreto y el derecho a la intimidad del menor. Eficacia del consentimiento", *in Protección de menores*

Ou seja, por princípio, a fase dos 14 aos 16 anos é – nas palavras de J. J. Begué Lezaún[442] - uma zona de «relativa maturidade» ou de «maturidade tutelada».

Quando se diz que o bem jurídico complexivo que merece a tutela adicional é o do «desenvolvimento da vida sexual» do adolescente, pretende-se garantir aos jovens dessa faixa etária (dos 14 aos 16 anos quanto aos adolescentes em geral e dos 14 aos 18 anos quanto aos que são «dependentes») a total independência sexual, o que pressupõe, acima de tudo e, em primeiro lugar, capacidade cognoscitiva e volitiva quanto ao significado do acto sexual (seja ele qual for) que lhe é proposto, ou seja, pretende-se salvaguardar a capacidade do jovem poder, em liberdade, formar e exprimir a sua vontade na esfera sexual.

O que é diferente da imposição de uma qualquer orientação no sentido de uma «boa» avaliação do significado do acto sexual.

Aliás, foi também pelo facto de, através do direito penal, se pretender estabelecer regras de conduta sexual que, os actos sexuais em geral, máxime a cópula, sempre foram encarados como algo de ilícito ou interdito a jovens, e, como tal, sempre se lhe associaram graves e negativas consequências, que, afinal, não são mais do que avaliações morais do acto em si.

Porque, no fundo, hoje em dia, resta saber que consequência negativa é essa que resulta, por exemplo, da prática de cópula (ou de coito anal ou de coito oral) consentida com menor que tenha entre 14 e 16 anos, menor que conheça (compreenda) o significado do acto sexual em que se envolve?

---

en el codigo penal, p. 310. Também, o Tribunal Penal Internacional tem vindo a entender, como diz ZORRILLA, Maider, *La Corte Penal Internacional ante el crimen de violencia sexual*, Cadernos Deusto de Derechos Humanos nº 34, Bilbao: Universidade de Deusto, 2005, p. 49 (citando o Caso Furundzija, julgamento de 10/12/1998), que o consentimento só é válido se for dado de "forma absolutamente livre e voluntária", devendo ser analisado "no contexto concreto em que é dado".

[442] BEGUÉ LEZAÚN, J. J., *Delitos contra la libertad e indemnidad sexuales*, p. 124, sobre o crime «de estupro fraudulento» previsto no artigo 183 do CP espanhol de 1995.

É esse perigo de, através da criminalização, poder estar a sugerir um determinado significado ao acto sexual que, o legislador deve também evitar, já que para esse efeito sempre terá ao seu alcance outros meios, que não o penal.

E, o próprio legislador acaba por aceitar, embora de forma relativa, que nesses casos - cópula, coito anal heterossexual[443] e coito oral heterossexual -, não há quaisquer efeitos negativos para o desenvolvimento do jovem, quando não pune as condutas que envolvam a prática de tais actos, a não ser apenas nas situações relativas aos dependentes (dos 14 aos 18 anos, no caso de serem cometidos com a pessoa da qual dependem) e nas que resultam de abuso de inexperiência do adolescente entre 14 e 16 anos.

Esta ressalva, concretamente quanto à incriminação prevista no artigo 174 do CP – um «[resquício] do direito penal sexual "antigo"», como bem diz M.ª Margarida Silva Pereira[444] - deixa transparecer as dificuldades sentidas no desprendimento completo de «padrões éticos tradicionais».

Nesta linha, podemos vislumbrar aquele tal «mínimo ético»[445], quando nas incriminações respectivamente previstas nos artigos 174 e 175 do CP, se considera a cópula, o coito anal, o coito oral e as práticas homos-

---

[443] De notar ainda que, hoje em dia, a própria sociedade já encara os coitos anal e oral como formas de exercício da sexualidade, que embora ainda possam chocar a sensibilidade de muitos, já não tem a carga negativa e perversa que era costume associar-lhes. Também já há muito que «o último tango em Paris» - filme que foi candidato a Óscar em 1973, embora tivesse sido um dos grandes «derrotados» - deixou de ser citado ou visto como um filme «pesado» e «pornográfico», como foi entendido em geral pela opinião pública mais conservadora da altura.

[444] SILVA PEREIRA, Maria Margarida, *ob. ult. cit.*, p. 142. Também FIGUEIREDO DIAS, *Reforma do Código Penal. Trabalhos Preparatórios*, vol. III, p.119, trata o crime de estupro como um «fóssil».

[445] FIGUEIREDO DIAS, "Os Novos Rumos", p. 14, sobre Georg Jellinek (para quem o direito constituiria só um «mínimo ético»), refere que "uma tal concepção conferia porém ao direito penal uma função de mera «conservação» das concepções ético-sociais vigentes, furtando-lhe à partida a possibilidade de contribuir para a função de promoção de valores sociais, culturais e económicos própria do Estado de Direito social".

sexuais de relevo como os únicos actos especialmente gravosos - actos que são tidos como o ataque mais «pesado» à autodeterminação sexual do adolescente – para jovens entre 14 e 16 anos «não dependentes»[446].

Esta opção legislativa, que sugere a tal «visão paternalista»[447], significa desde logo um desvio à pretendida neutralidade do direito penal sexual, sendo certo que o suposto de que parte nem se adequa necessariamente às representações hoje dominantes nas sociedades liberais, nem, nessa medida, deve ser levada em conta pelo direito penal que é um instrumento de tutela subsidiária de bens jurídicos (e não de castigo da imoralidade, como nunca é demais repetir).

Aliás, o sistema penal deve ter o cuidado de não restringir mais a liberdade sexual da pessoa do que o próprio sistema social.

De resto, nem é coerente que, partindo do tal critério da «protecção da inexperiência» (critério que é relativo à própria vítima e não ao acto sexual), o legislador não tenha incluído no tipo do artigo 174 do CP, os restantes actos heterossexuais de relevo, que até podem ser tão «pesados» como aqueles que elegeu como intoleráveis[448].

---

[446] Para simplificar, utilizamos no texto a expressão de jovens ou adolescentes ou menores «não dependentes», por contraposição à de jovens ou adolescentes ou menores «dependentes» - especificamente protegidos no tipo do artigo 173 - para melhor distinguir o tratamento diferenciado de uns e outros, sem com isto se querer significar que não possa haver um concurso aparente entre as duas normas (sendo a incriminação prevista no artigo 173 especial em relação à prevista no artigo 174), ou que o tipo do artigo 174 não seja mais abrangente, no sentido de proteger todos os adolescentes (independentemente de serem ou não dependentes).

[447] Como diz RODRIGUES, Anabela, "Repensar o Direito de Menores em Portugal - Utopia ou Realidade?", *RPCC*, ano 7, fasc. 3°, Julho - Setembro 1997, p. 358, «a visão paternalista do Estado, como entidade esclarecida que tudo pode impor em nome do verdadeiro bem dos cidadãos, sucumbiu irremediavelmente perante a instauração do Estado de direito material e a organização constitucional da democracia participativa, com os inerentes direitos e garantias, não podendo subsistir pelo simples facto de a concreta actividade estadual se dirigir a cidadãos menores».

[448] Neste sentido também SILVA PEREIRA, Margarida, "Rever o Código Penal. Relatório e parecer da Comissão de Assuntos Constitucionais, Direitos, Liberdades e Garantias sobre a Proposta de Lei n° 92/VI", *sub judice, justiça e sociedade,* n° 11, Janeiro-Junho, 1996, p. 22.

Existirão inclusivamente actos heterossexuais de relevo (basta pensar nos relativos à introdução de objectos no ânus ou na vagina, por exemplo, conseguidos através de abuso de inexperiência), que não a cópula ou os coitos anal e oral, que serão até mais «graves» e poderão afectar de algum modo (a longo prazo) a «vítima», embora ela possa nem se aperceber, ou nem sequer sofrer qualquer efeito negativo imediato porque até aceitou ou solicitou a sua prática.

A liberdade sexual, bem como a inerente capacidade de se autodeterminar sexualmente, exige vontade consciente e responsabilidade do sujeito (do sexo feminino ou masculino) que a exerce, independentemente do tipo ou natureza do acto sexual que esteja em questão.

Quando não existe essa consciência e responsabilidade, a pessoa (aqui o adolescente imaturo) deveria ser salvaguardado de qualquer acto sexual de relevo.

Isto, na medida em que serão circunstâncias atinentes à falta de capacidade do indivíduo que estão em causa e, no fundo, irão afectar toda a apreciação que fizer a nível do comportamento sexual em geral.

Por isso, não deixa de haver uma certa incoerência quando, por um lado, se considera que o adolescente tem capacidade de se autodeterminar sexualmente relativamente a actos heterossexuais de relevo «gerais» (excluídos, portanto, a cópula e os coitos anal e oral), mesmo que cometidos com abuso de inexperiência e, por outro, já não possua tal capacidade quando se trata de actos homossexuais de relevo (ainda que não haja abuso de inexperiência) ou da prática da cópula, do coito anal ou do coito oral (se obtidos por abuso de inexperiência).

E, essa incongruência e até contradição é mais patente quando, no tipo do n.º 1 do artigo 173 do CP[449], são equiparados, para efeitos de

---

[449] Artigo 173 (abuso sexual de menores dependentes) na redacção da Lei nº 65/98: 1 – Quem praticar ou levar a praticar os actos descritos nos nºs 1 ou 2 do artigo 172, relativamente a menor entre 14 e 18 anos que lhe tenha sido confiado para educação ou assistência, é punido com pena de prisão de 1 a 8 anos. 2 – Quem praticar acto descrito nas alíneas do nº 3 do artigo 172, relativamente a menor compreendido no número anterior deste artigo e nas condições aí descritas, é punido com pena de prisão até 1 ano. 3 – Quem praticar ou levar a praticar os actos descritos no número anterior com intenção

punição, a cópula, o coito anal e o coito oral, bem como qualquer outro acto sexual de relevo, no caso de as vítimas serem menores dependentes entre 14 e 18 anos.

O que significa que, aqui (artigo 173 n° 1 do CP), o legislador não viu razão para distinguir a punição em função do tipo e/ou natureza de acto sexual praticado, concedendo igual protecção penal, por reconhecer a irrelevância desse critério de distinção quando estão em causa jovens de certa idade dependentes.

Ou seja, neste caso, o que determinou a intervenção penal foi a situação particular (dependência em relação ao agente) em que se encontra o menor, situação essa que afecta qualquer acto sexual de relevo que o envolva.

Mas igualmente significa - colocando agora entre parênteses a possível situação de dependência e a específica punição daquele de quem o menor entre 14 e 18 anos possa depender - que, contraditoriamente, a lei criminal trata jovens da mesma idade de forma diferente.

Isto, na medida em que, tanto considera que os actos sexuais de relevo (não qualificados de cópula ou coitos) perturbam o desenvolvimento do jovem entre 14 e 16 anos (no caso do que está numa situação de

---

lucrativa é punido com pena de prisão até 3 anos. Por seu turno, o artigo 172 (abuso sexual de crianças), na redacção da mesma lei, é do seguinte teor: 1 – Quem praticar acto sexual de relevo com ou em menor de 14 anos, ou o levar a praticá-lo consigo ou com outra pessoa, é punido com pena de prisão de 1 a 8 anos. 2 – Se o agente tiver cópula, coito anal ou coito oral com menor de 14 anos é punido com pena de prisão de 3 a 10 anos. 3 – Quem: a)- praticar acto de carácter exibicionista perante menor de 14 anos; b)- actuar sobre menor de 14 anos, por meio de conversa obscena ou de escrito, espectáculo ou objectos pornográficos; c)- utilizar menor de 14 anos em fotografia, filme ou gravação pornográficos; ou d)- exibir ou ceder a qualquer título ou por qualquer meio os materiais previstos na alínea anterior; é punido com pena de prisão até 3 anos. 4 – Quem praticar os actos descritos no número anterior com intenção lucrativa é punido com pena de prisão de 6 meses a 5 anos. A Lei n° 99/2001, de 25/8 introduziu, no n° 3 do art. 172, a alínea e), com o seguinte teor: "deter materiais previstos na alínea c) com o propósito de os exibir ou ceder." O n° 4 do art. 172, na redacção da mesma Lei n° 99/2001, estabelece: "Quem praticar os actos descritos nas alíneas a), b), c) e d) do número anterior com intenção lucrativa é punido com pena de prisão de 6 meses a 5 anos".

dependência em relação apenas à pessoa da qual depende) como considera que não (no caso do tipo previsto no artigo 174 do CP, apesar de aqui exigir o abuso de inexperiência).

E, cremos que, não será apenas a circunstância de o jovem se encontrar numa situação de dependência em relação a determinadas pessoas que poderá justificar que, só no tipo do artigo 173, sejam incluídos, como comportamentos ilícitos, também os «actos sexuais de relevo» não qualificados de cópula ou coitos.

A resposta, neste caso, terá que passar, também, pela opção por uma de duas ou três posições: ou bem que se considera que qualquer acto sexual de relevo (seja ou não qualificado) perturba o desenvolvimento do jovem que tem entre 14 e 16 anos que seja ainda imaturo ou que não esteja em condições de poder decidir livremente; ou então perturba esse adolescente, quer se encontre ou não em situação de dependência e independentemente da qualidade do agente envolvido ou dos meios comissivos utilizados[450]; ou bem que se entende que só determinado tipo desses actos é que perturbam o seu desenvolvimento mas, neste caso, tem que haver coerência e harmonia normativa dentro do mesmo sistema penal.

E então, talvez se deva ainda apurar que tipo de actos é que poderão perturbar o desenvolvimento do adolescente, o que nos levaria a questionar a opção político criminal de eleger, entre os actos sexuais de relevo, a cópula, o coito anal e o coito oral como os mais graves, por se nos afigurar que tal técnica poderá não ser a que melhor acautela os diferentes graus de lesão do bem jurídico protegido.

Mas, deixando agora de lado tal questão, parece que a resposta mais ajustada seria a de que o desenvolvimento do jovem é perturbado com a prática de qualquer acto sexual de relevo.

Todavia, a clareza ou a simplicidade dessa resposta aparece ensombrada quando pensamos na idade (entre 14 e 16 anos) desses mesmos jovens, visto que haverá entre os actos sexuais de relevo, pelo menos

---

[450] Mas, perante a exigência de determinados meios comissivos, como é o caso do abuso de inexperiência, todos os actos sexuais de relevo, independentemente da sua gravidade, devem ser abrangidos.

Sobre a ratio das incriminações previstas nos artigos 174 e 175 do CP 245

alguns que, se consentidos, não afectarão a autodeterminação sexual do adolescente[451].

Basta pensar nas «investidas» mais ou menos ousadas, levadas a cabo em relações de namoro.

Dir-se-ia, então, que apenas os actos sexuais de relevo mais «pesados» – diferentes e além da cópula e dos coitos anal e oral – é que deveriam ser incluídos tanto no tipo do artigo 173 como no do artigo 174 do CP.

Mas chegados aqui, poderíamos ainda acrescentar que, pese embora sejam jovens entre 14 e 16 anos, são sempre pessoas vulneráveis, na medida em que são, ou «dependentes de determinadas pessoas» (artigo 173 do CP), ou «inexperientes» (artigo 174 do CP), por isso carecidos de uma protecção especial para qualquer tipo de actos sexuais de relevo.

O que mais uma vez realça a dita incongruência do legislador quando não incluiu os demais – além da cópula e coitos - «actos sexuais de relevo» (o mesmo é dizer os demais actos heterossexuais de relevo) no tipo do artigo 174 e os incluiu no do artigo 173.

Mas, também há que ter em atenção as circunstâncias particulares atinentes à pessoa (adolescente entre 14 e 16 anos) que se quer proteger especialmente.

Importa apurar se, entre os jovens dos 14 aos 16 anos, apenas os adolescentes «dependentes de determinadas pessoas» e os «inexperientes» deverão beneficiar dessa tutela especial.

Ou seja, há que determinar se, nestes casos, a categoria dos «jovens especialmente vulneráveis» entre os 14 e os 16 anos, apenas deve abranger – como entende o legislador português – os adolescentes «dependentes de determinadas pessoas» e os «inexperientes» ou se deve antes incluir todos os que se encontrem em situação de dependência e todos os demais jovens dessa idade que em concreto e realmente (caso a caso) mostrem ser sexualmente imaturos.

---

[451] GERSÃO, Eliana, "Crimes sexuais contra crianças", nota 1, p. 19, vai mais longe quando refere que «neste âmbito, até talvez seja excessivo proibir em absoluto, até aos 14 anos, todos os actos de significado sexual».

246 *Crimes Sexuais com Adolescentes*

E, neste último caso, também, quanto ao sujeito activo, haveria que ponderar se não deveria ser elevado (por exemplo para 21 anos) o limite mínimo de idade – ou talvez melhor, se não deveria estabelecer-se uma dada diferença de idades entre ambos os sujeitos – sob pena de poder não se estar a acautelar devidamente a sua própria inexperiência.

Isto porque, o relacionamento sexual consentido entre parceiros de idades próximas (os investigadores dividem-se entre 5 ou 10 anos de diferença), não cria qualquer desigualdade significativa ou assimetria na relação partilhada, quando o sujeito passivo é um adolescente entre 14 e 16 anos[452].

E, sempre seria uma forma de, nesse caso, não considerar tal conduta como «abuso sexual», conhecidas que são as dificuldades em encontrar critérios claros para delimitar o «abuso sexual» nestas situações, sendo certo que a sua definição acompanha, em última análise, os critérios sociais vigentes em cada época e a própria evolução social e cultural da sociedade e, portanto, também, das pessoas que a compõem[453].

---

[452] TAMARIT SUMALLA, Josep Mª, *ob. cit.*, nota 126, p. 118, - invocando também o DSM-III-R, p. 340 - chama ainda à atenção para o facto de «existir a tendência para exigir uma diferença até 10 anos, quando o menor tenha mais de 12 anos». Também, ALBERO, Ramón García, "El nuevo delito de corrupción de menores (artículo 189.3)", *in Delitos contra la libertad sexual,* Madrid: Consejo General del Poder Judicial, 1999, p. 196, apontando os critérios de David Finkelhor, para traçar a fronteira entre actos sexualmente apropriados e actos abusivos, aceita a necessidade de exigir uma diferença de 10 ou mais anos, para se considerarem abusivos os actos praticados em adolescentes entre 13 e 16 anos. Por sua vez, GARRIDO GENOVÉS, Vicente e REDONDO ILLESCAS, Santiago, *Manual de criminologia aplicada*, Argentina: Ediciones Juridicas Cuyo, 1997, p. 477, defendem, seguindo F. López, que «a assimetria da idade impede a verdadeira liberdade de decisão e torna impossível uma actividade sexual comum, já que os participantes tem experiências, grau de maturidade biológica e expectativas muito diferentes. Essa assimetria supõe, em si mesma, um poder que vicia toda a possibilidade de uma relação igualitária».

[453] Como exemplo da evolução humana, leia-se no semanário *Expresso*, nº 1443, edição de 24/6/2000, com o título «puberdade precoce», a seguinte notícia: "uma em cada seis crianças têm a sua primeira menstruação aos oito anos e metade da população juvenil feminina britânica chega à puberdade com apenas dez anos. São estas as conclusões de uma pesquisa feita pelo Instituto de Saúde Infantil da Universidade de Bristol. O estudo, que acompanhou o crescimento de 14 mil crianças desde o seu nascimento, concluiu ainda

Além disso, importante seria talvez, averiguar e determinar quais os meios comissivos susceptíveis de limitar de forma grave a «liberdade e autodeterminação sexual» do adolescente ainda imaturo, por forma a salvaguardar a liberdade de decisão nos casos de relacionamento sexual "consentido" por quem ainda fosse incapaz de se determinar por si só.

2.2. Notas particulares relativas ao crime previsto no artigo 174 do CP Português.

Não há dúvidas que, o recurso ao critério que, de forma simplista, chamaremos «critério da protecção da inexperiência» foi determinante na configuração do tipo do artigo 174 do CP.

Através desse critério e, ao não incluir os actos heterossexuais de relevo «gerais» no tipo do artigo 174 do CP, o legislador passou a «condenar» à «castidade» (porque apenas não podem praticar actos sexuais qualificados de cópula ou coitos anal ou oral) os «inexperientes abusados» que tenham entre 14 e 16 anos de idade, assim passando a «controlar», reprimir e limitar a sua sexualidade, com a consequente valoração subreptícia da «virgindade»[454].

---

que também os rapazes começam a atingir a puberdade muito mais cedo que a geração anterior e, numa média de um em cada 14, tem o seu primeiro pelo púbico aos oito anos. Segundo Jane Goldin, professora responsável pelo estudo «estes indicadores são fundamentais para repensar o modo como os pais e os professores devem lidar com os adolescentes, tendo em conta que hoje em dia a adolescência começa mais cedo e acaba mais tarde». Adiantando que todo o processo do desenvolvimento sexual desta geração se modificou, Jane Goldin faz um alerta: «Hoje em dia as raparigas começam a ter sexo muito antes de as suas avós terem tido a primeira regra".

[454] Utilizamos aqui o termo «virgindade», não em sentido estrito – como a deputada Odete Santos, *Reforma do Código Penal. Trabalhos Preparatórios*, vol. III, pp. 121-131, sugeria e insistia quando, em reunião de 12/4/1994, após audição da Comissão de Revisão do Código Penal, interpelava Figueiredo Dias, a propósito do crime de estupro - antes querendo significar que o legislador está, de certa forma, a pretender «educar» sexualmente os jovens inexperientes, a aconselhá-los a manterem-se sexualmente inactivos e a não iniciarem a vida sexual antes dos 16 anos. E, criticamos tal atitude, não porque queiramos valorar (positiva ou negativamente) o conteúdo da «mensagem» que está sub-

Por outro lado, pode dizer-se que passou a proteger directamente a «inexperiência» em vez da autodeterminação sexual do jovem, que ainda dela careça.

Desta forma, a intervenção penal pode significar não uma protecção mas um ataque ao bem jurídico típico, na medida em que está a ser lesada, talvez de forma exagerada, a «liberdade e autodeterminação sexual» do adolescente na sua vertente positiva.

E, não vamos agora aqui discutir, como o faz Muñoz Conde[455], se quando a vítima é um adolescente entre 14 e 16 anos, pode ou não dizer-se que se protege a liberdade sexual do menor ou antes a sua autodeterminação sexual (ou intangibilidade sexual).

Diremos apenas que, por regra, os adolescentes entre 14 e 16 anos, gozam de alguma liberdade sexual; isto na medida em que a falta de capacidade de autodeterminação sexual é relativa - circunscrevendo-se a determinado tipo de actos cometidos em circunstâncias particulares - e não absoluta, como sucede com os menores de 14 anos.

---

jacente à dita incriminação, mas simplesmente porque entendemos que não é essa a função do legislador penal. Ver, aliás, a crítica feita por FIGUEIREDO DIAS, *Código Penal. Actas e Projecto da Comissão de Revisão*, Ministério da Justiça, 1993, p. 261, quando referindo-se ao crime de abuso sexual de crianças (actual artigo 172), observou que a «especificidade [deste crime] reside como que numa obrigação de castidade e virgindade quando estejam em causa menores, seja de que sexo forem».

[455] MUÑOZ CONDE, *Derecho Penal, Parte Especial*, p. 196, defende que «nos crimes sexuais que protegem menores ou incapazes não se pode falar em liberdade sexual como bem jurídico especificamente protegido», dado tais pessoas «carecerem dessa liberdade», ora de forma provisória (menores), ora de forma definitiva (incapazes). Em sentido contrário, DÍEZ RIPOLLÉS, José Luis, "El objeto de protección del nuevo derecho penal sexual", *in Delitos contra la libertad sexual,* Madrid: Consejo General Del Poder Judicial, 1999, pp. 217-218, sustentando que «com a tutela da liberdade sexual não se aspira simplesmente a garantir a toda aquela pessoa que possui capacidade de autodeterminação sexual o seu efectivo exercício, mas o objectivo é mais ambicioso: quer-se assegurar que os comportamentos sexuais na nossa sociedade tenham sempre lugar em condições de liberdade individual dos participantes, ou mais brevemente, intervém-se com a pretensão de que *toda a pessoa exerça a actividade sexual em liberdade»*, portanto, tutela-se «também a liberdade sexual daqueles indivíduos que não estão transitoriamente em condições de a exercer, interditando os contactos sexuais com eles».

Mas, voltando ao critério da «protecção da inexperiência», parece que a «inexperiência» do jovem entre os 14 e os 16 anos (e também o seu abuso) não interfere, nem invalida a capacidade cognoscitiva e volitiva, quanto ao significado do acto sexual que lhe é proposto ou que propõe.

Não se vislumbra como é que a inexperiência pode abalar a capacidade do adolescente de compreender e avaliar o significado do acto sexual e, nessa medida, afectar o "consentimento" que possa prestar.

O facto do adolescente entre os 14 e 16 anos aceitar, mesmo com abuso de inexperiência, a cópula, o coito anal ou o coito oral não significa que não represente o seu significado e alcance, o que põe em crise a exigência desse meio típico.

De referir, embora a propósito do consentimento justificante (que é distinto do acordo que exclui a tipicidade), que do artigo 38 n.º 3 do CP[456], resulta que o legislador, ao considerar eficaz o consentimento prestado por quem tiver mais de 14 anos e possuir discernimento necessário para avaliar o seu sentido e alcance no momento em que o presta, já está a aceitar que, por princípio, o jovem com mais de 14 anos de idade pode ter maturidade para decidir apesar de poder ser inexperiente.

O que pressupõe que o legislador, neste caso (distinto do acordo a que nos referimos no âmbito dos crimes sexuais, que exclui o tipo), está a admitir que, mesmo o menor com mais de 14 anos poderá ter já uma personalidade formada – apesar de não estar ainda consolidada por se encontrar em fase de construção - e, portanto, «avaliza» a sua decisão, equiparando-o e tratando-o aqui como um adulto.

---

[456] Artigo 38 (consentimento) do CP: 1- Além dos casos especialmente previstos na lei, o consentimento exclui a ilicitude do facto quando se referir a interesses jurídicos livremente disponíveis e o facto não ofender os bons costumes. 2- O consentimento pode ser expresso por qualquer meio que traduza uma vontade séria, livre e esclarecida do titular do interesse juridicamente protegido, e pode ser livremente revogado até à execução do facto. 3- O consentimento só é eficaz se for prestado por quem tiver mais de 14 anos e possuir o discernimento necessário para avaliar o seu sentido e alcance no momento em que o presta. 4- Se o consentimento não for conhecido do agente, este é punível com a pena aplicável à tentativa.

250   *Crimes Sexuais com Adolescentes*

Tal opção político-criminal nem é de estranhar, visto que noutras áreas do direito - como sucede por exemplo no caso da adopção (cf. artigo 1981 nº 1-a) CC) -, também é valorizado o consentimento do menor (adoptando) maior de 12 anos, ou seja, em casos particulares, o legislador confere eficácia e relevância a «decisões unilaterais» tomadas por menores maiores de 12 anos.

Além disso, é o próprio legislador que parte do pressuposto que, com 14 anos, o jovem já representa «correctamente» o significado da cópula, coito anal, coito oral, dos actos hetero e homossexuais, quando lhe concede liberdade sexual embora com as restrições acima apontadas.

E, não se diga que a representação do significado do acto sexual é de certa forma posta em causa quando o parceiro sexual é maior de 18 anos e abusa da inexperiência do adolescente entre 14 e 16 anos de idade.

Talvez até se possa ir mais longe, acrescentando que, afinal, o aproveitamento da «inexperiência» e a idade (maior ou menor de 18 anos) do parceiro sexual do adolescente nada tem que ver com a avaliação do sentido e alcance do acto sexual.

Cremos que determinante e essencial para aferir a capacidade de autodeterminação sexual é que o adolescente seja capaz de avaliar o significado do acto sexual.

Além disso, se é certo que, no caso dos menores de 14 anos, o "consentimento" é inválido ou inexistente devido à impossibilidade de o prestarem por falta de maturidade em função de critérios biológicos (menores de 14 anos), nos jovens entre os 14 e os 16 anos, pela configuração do tipo previsto no artigo 174 do CP, o "consentimento" prestado passa a ser irrelevante para efeitos jurídico-penais em função de critérios que se prendem com a «inexperiência», o que parece um equívoco.

Será que o abuso da inexperiência pode influir directamente no processo formativo da personalidade do jovem?

Parece que a resposta terá de ser negativa.

A falta de experiência ou «inexperiência» (que não tem idade) e o seu aproveitamento não se traduz, nem significa necessariamente um entrave ao desenvolvimento da personalidade do jovem.

Significa apenas que o jovem não terá na prática experimentado uma dada situação com a qual entra em contacto pela primeira vez. Daí poder surgir alguma insegurança (que poderá levar a manifestações ingénuas), quanto à forma como «encarar» tal situação e como partir para ela; mas, isso é diferente e não retira valor à circunstância essencial de saber avaliar e conhecer a situação em que se envolve ou em que é envolvido.

E, também não nos parece que se possa dizer que, o elemento normativo da «inexperiência» aludido no tipo do artigo 174 do CP, deva ser entendido como «fragilidade sentimental e impreparação para o relacionamento intersexual», como defende Carmona da Mota[457].

Inexperiência não significa fragilidade ou falta de preparação, como parece sugerir aquele Ilustre Magistrado.

Pessoa experiente é aquela que tem conhecimento pessoal de alguma coisa ou pessoa pelo uso prático ou trato e, a experiência é a confirmação prática de um dado facto[458].

A experiência contribui para melhorar ou enriquecer o conhecimento que se tem de um facto, isto é, permite uma mais fácil compreensão de um conhecimento (teórico) que já se tem ou que em princípio já foi adquirido.

A definição apontada por Carmona da Mota, parece, s.m.o., pecar por falta de rigor, para além de apresentar uma certa tonalidade ética, confundindo uma realidade objectiva (que é a falta de experiência), com valorações subjectivas, que se prendem quer com sentimentos, quer com a avaliação social de um dado conhecimento.

Se, porém, o que se pretende aludir é à falta de maturidade do adolescente na esfera sexual, então não seria a palavra «inexperiência» que deveria ter sido utilizada, mas antes seria mais adequado a de «imaturidade».

De qualquer forma, parece manifesto que inexperiência não significa necessariamente imaturidade, embora possa tal indiciar no contexto em que é inserida (artigo 174 do CP), por estar indissoluvelmente ligada ao adolescente entre 14 e 16 anos.

---

[457] CARMONA DA MOTA, "Crimes contra a liberdade sexual, crimes contra a autodeterminação sexual", p. 210.

[458] Ver definição de «experiência» na *Grande Enciclopédia Portuguesa e Brasileira*, vol. X, p. 748.

Outra ilação a retirar é que o elemento «inexperiência» não é tão abrangente como o de «imaturidade», nem tão pouco pode ser equiparado à formula utilizada pelo StGB Alemão de «falta de capacidade da vítima para se determinar sexualmente»[459], o mesmo é dizer, «falta de capacidade da vítima de se autodeterminar sexualmente», estas sim, expressões adequadas a directamente proteger o bem jurídico típico.

O que dilui de algum modo o «bom» fundamento da escolha do tal critério da «inexperiência», na medida em que se traduzirá em um factor de pouco valor ou significado quando está em causa a capacidade de autodeterminação sexual.

Por outro lado, talvez seja oportuno questionar se, o abuso dessa inexperiência, implica «persuasão psicológica» ou manipulação capaz de retirar autonomia à livre formação da decisão do adolescente e se, porventura, esse mesmo abuso tem subjacente a utilização de um qualquer «processo enganoso»[460] sobre o jovem que afecte o bem jurídico protegido.

Em primeiro lugar, há que ponderar, como já foi adiantado, que a diferença de idades entre o agente e a vítima, se for notória, gera em princípio uma relação de desigualdade que pode ser aproveitada pelo primeiro - se for o mais velho - para obter o consentimento que de outro modo não conseguiria.

Isto é, parte-se do princípio de que, nessa relação bilateral, o participante mais velho goza de uma posição de poder em relação ao mais novo, que será mais débil em razão da sua inexperiência, o que o torna vulnerável.

Porém, não se poderá esquecer que, em princípio, o «abuso de inexperiência» não ocorrerá logo no primeiro encontro, de forma fortuita.

Seria muito difícil, hoje em dia, configurar uma situação de abuso de inexperiência que se concretizasse num primeiro ou único encontro entre dois desconhecidos.

---

[459] Ver § 182 (abuso sexual de jovens) do StGB Alemão.

[460] É GERSÃO, Eliana, "Crimes sexuais contra crianças", pp. 15-16, que põe o "acento tónico" no engano quando refere que «não subsistem dúvidas de que, nos nossos dias, se visa com este crime (refere-se ao artigo 174) proteger o menor contra processos enganosos de obter o seu consentimento para o relacionamento sexual».

Isto porque, dizem as regras normais da experiência comum que, não conhecendo previamente o parceiro, o adolescente entre 14 e 16 anos, tomará uma de duas atitudes, consoante a sua vivência anterior, por mais modesta ou limitada que seja: ou acede voluntariamente ao contacto sexual, estando consciente do significado de tal acto, ou recusa, *v. g.* por inibição ou por medo do que é desconhecido ou porque simplesmente não quer.

Tudo indica que, para se poder considerar verificados os pressupostos que levem à conclusão de estarmos em face de um hipotético abuso de inexperiência, terá de previamente existir uma relação bilateral mais ou menos duradoura (continuada no tempo) entre os dois parceiros, geradora de uma relação de confiança.

O que torna problemática a punição pelo abuso de inexperiência, dado que também essa relação de confiança pode ser a expressão de uma «verdadeira relação de amor»[461], que sempre poderá existir independentemente da idade de cada um.

De qualquer forma, com a «abertura» que existe hoje em dia e atendendo à forma liberal como é encarada, até pelos próprios jovens, a sexualidade – o que não deve ser confundido com irresponsabilidade ou com «libertinagem»[462] - será difícil configurar casos de puro abuso de inexperiência, tanto mais que os adolescentes cada vez mais estão preparados para saber optar pela resposta «certa» às solicitações que lhes são pro-

---

[461] COSTA ANDRADE, *Consentimento e Acordo*, p. 400, a propósito do crime previsto no artigo 209 (cópula ou atentado ao pudor relativamente a pessoas detidas ou equiparadas) do CP na versão de 1982, salienta que «os casos de *verdadeira relação de amor* caem fora da matéria proibida», isto é, como diz FIGUEIREDO DIAS, *Comentário Conimbricense*, tomo I, p. 488, serão «um exemplo paradigmático da falta do elemento típico "aproveitamento"».

[462] Quando nos referimos à atitude liberal que os jovens manifestam em relação à sexualidade, queremos aludir à forma como a concebem e a interiorizam, sem preconceitos ou tabus, mas com responsabilidade e com as «cautelas» que hoje em dia (designadamente por causa do vírus HIV) são necessárias. Demarcamo-nos daqueles que – com a hipocrisia que lhes é própria – tortuosamente consideram os jovens em geral como «libertinos», ou ainda pior, como em tempos já se ouviu, tratando-os de «geração rasca».

postas no dia a dia e, por outro lado, também será difícil que alguém – a tal «pessoa particularmente experiente» ou «pessoa suficientemente adulta» - vá por assim dizer «investir» numa relação com um adolescente entre 14 e 16 anos, simplesmente para obter sexo, quando pode obter o mesmo resultado por outras vias mais fáceis e rápidas.

De resto, muitas vezes é o próprio jovem que, procurando novas experiências ou movendo-se pela curiosidade natural, toma a iniciativa de seduzir o parceiro mais velho – o que em princípio afasta desde logo a ideia de aproveitamento de uma eventual inexperiência sexual.

Em segundo lugar, o «abuso de inexperiência» e o «engano» são duas realidades distintas, embora se aceite que o aproveitamento da inexperiência de alguém pode também ser conseguido com a utilização de «artifícios enganosos».

Porém, o engano não implica necessariamente o «abuso de inexperiência», nem vice-versa.

O «engano» ou os «processos enganosos» pressupõem indução em erro (afirmar como verdadeiro algo que é falso, o que sucedia por exemplo, antes da reforma de 1995, com a «promessa séria de casamento») ou a utilização de ardis, mas sempre criando na vítima uma representação inexacta ou falsa da realidade (há nesses casos a tal mediatização do consentimento dado).

Mas, ainda assim, o simples erro ou engano só por si, desacompanhado de outros elementos, não terá idoneidade suficiente para afectar o bem jurídico protegido sob pena de então se estar a punir apenas o não cumprimento da circunstância objecto desse vício.

Importará, pois, apurar que tipo de protecção deve merecer o erro ou engano que vicie o consentimento, tendo em atenção o interesse superior do jovem.

Já o «abuso de inexperiência» significará o aproveitamento da eventual maior facilidade com que o adolescente parte para o acto sexual (cópula, coito anal ou coito oral), facilidade essa que decorre de uma ignorância prática.

Mas, do aproveitamento dessa maior facilidade não decorre uma afectação directa do bem jurídico protegido, o que põe em crise a necessidade da tutela penal adicional.

Além disso é necessário que esse aproveitamento tenha em vista conseguir o consentimento para a cópula, o coito anal ou coito oral, que de outra forma não seria conseguido.

O abuso da inexperiência terá de ser determinante do consentimento dado, não se contentando o tipo com o simples facto de o adolescente ser inexperiente e não haver um qualquer aproveitamento por parte do agente.

Quando se diz que o abuso de inexperiência determina o consentimento do sujeito passivo não se quer significar que este fique privado de poder decidir: o que acontece é que é mais facilmente encaminhada para o processo de decisão e, consequentemente, também para o processo de execução.

O que coloca o dilema de estabelecer a fronteira entre a «sedução» permitida (seduzir por seduzir, o que não é ilícito) e a proibida, sabido que o processo de sedução faz parte do «jogo amoroso».

Acresce que, o abuso de inexperiência não provoca uma representação inexacta do acto que se consente, apenas irá ainda facilitar a sua execução.

Daí, também, que o abuso de inexperiência possa ocorrer mesmo sem recurso ao engano ou ao erro.

Repare-se que a prática de cópula, coito anal ou coito oral com menores entre 14 e 16 anos não é punida se for obtida por indução em erro ou engano (ainda que vicie o consentimento dado, desde que não consista no aproveitamento de erro da vítima sobre a identidade pessoal do agente) mas sem abuso de inexperiência.

Por isso, parece que esse aproveitamento que resulta do abuso de inexperiência não será tão intolerável que mereça a protecção penal que o artigo 174 do CP lhe confere.

E poderemos até dizer que, embora por via da omissão, aparentemente o próprio legislador não quis abranger abusos sexuais mediatizados por erros distintos do previsto no crime de fraude sexual (artigo 167 do CP)[463].

---

[463] Isto apesar da fundada crítica feita por RODRIGUES, Anabela, *Comentário Conimbricense*, tomo I, p. 491, quando sobre o crime de fraude sexual também salienta que a sua manutenção «frustou a geral intenção de descriminalização».

O que, à primeira vista, não deixaria de causar uma certa perplexidade na medida em que, seria mais fácil admitir a possibilidade de abuso sexual através da indução em erro de um adolescente – embora em circunstâncias particulares que contendessem com o bem jurídico protegido – do que propriamente de um adulto.

Sendo assim, ter-se-á de concluir que o abuso de inexperiência não tem directamente a ver com persuasão psicológica, nem com processos enganosos, embora possa ser obtido, também, através da indução em erro do adolescente.

Mas, será que o abuso da inexperiência pode alterar o processo de formação de vontade do sujeito passivo, viciando a sua vontade?

Parece linear que, não se pode considerar verificado um vício da vontade pelo simples facto do adolescente ser inexperiente e o agente abusar dessa inexperiência.

O consentimento ou acordo dado pela vítima é sempre um pressuposto do crime do artigo 174 do CP; o problema está "na forma como se chegou a esse consentimento".

Neste plano, não se pode concluir que o abuso de inexperiência determina a vontade da vítima para a prática do acto proibido (ou seja, para a prática da cópula, ou dos coitos anal ou oral) uma vez que, se assim fosse, ter-se-ia também de punir a conduta do agente que através do meio típico (abuso de inexperiência) levasse a vítima a cometer aquele tipo de actos com outrem, o que não ocorre no tipo do artigo 174, ao contrário do que sucede, por exemplo, no crime previsto no artigo 175.

Se o tipo do artigo 174 do CP, ao pressupor que o abuse de inexperiência «determine o consentimento dado», quisesse abranger a própria «determinação da vontade» (no apontado sentido de privação da vontade), então teria de exigir, adicionalmente, ainda como elemento típico, uma qualquer forma de coacção, traduzida numa fórmula próxima da necessidade de o abuso da inexperiência «constranger a liberdade de determinação sexual» do sujeito passivo.

E, não há dúvidas que essa fórmula seria diferente da simples exigência do «abuso da inexperiência», com que se contenta o tipo do artigo 174 do CP, sendo certo que então seria mais um abuso sexual obtido por meio equiparado à violência.

Mas, será que se pode considerar que, ainda assim, há como que uma «exploração» da falta ou incipiente capacidade do jovem para formar a sua decisão?

E, em caso afirmativo, essa «exploração» poderá ser já uma espécie de uma «pré-coacção» a exigir a intervenção penal?

Parece, no que respeita a estas duas questões, que a resposta terá de ser sempre negativa não só atenta a teleologia da norma, como atendendo ao argumento literal, visto que o abuso de inexperiência não tem subjacente qualquer ideia de constrangimento ou de pressão, antes significando o aproveitamento de um estado em que se encontra a vítima.

O que importa talvez saber é se a liberdade de decisão do sujeito passivo está por alguma forma limitada, pelo abuso da inexperiência, mas sem esquecer que aqui «não se trata de tutelar directamente a decisão do sujeito, mas antes os pressupostos da dita decisão, para poder ser considerada uma decisão livre"[464], sob pena de, se assim não for, se estar a "operar com um conceito de liberdade pseudonaturalístico, em que a liberdade significa, simplesmente, possibilidade fáctica de consentir ou negar neste âmbito", em vez de "direito a viver a sexualidade em liberdade", direito esse de que o menor é titular.

Com o abuso da inexperiência, o agente embora não determine a vontade do sujeito passivo, contribui para que este mais facilmente forme a sua vontade, o que significa que vai interferir (colaborar) no processo de decisão (desde logo a nível da formação da vontade) mas sem o privar do poder de só ele decidir.

Mas, no fundo, a consequência ou efeito de tal conduta, será a antecipação da iniciação sexual do jovem – o que não equivale a prejuízo ou afectação «na evolução ou desenvolvimento da sua personalidade».

Concordamos com Josep Mª Tamarit Sumalla[465] quando realça que «hoje não há motivo para se confundir a prática prematura do sexo com essa outra realidade que é a dos abusos sexuais portadores de uma impor-

---

[464] Assim, ALBERO, Ramón García, *ob. cit.*, pp. 202-204.
[465] TAMARIT SUMALLA, Josep Mª, *ob. cit.*, p. 117.

tante capacidade destrutiva da evolução ou desenvolvimento da personalidade» do jovem.

Acrescenta o mesmo Autor[466] que, «seguindo o critério dominante na doutrina especializada, o que permite considerar prejudiciais os comportamentos sexuais prematuros não é o mero dado da menoridade de um dos seus protagonistas mas a assimetria de idade» e, a partir daí, tem-se discutido «se essa assimetria comporta necessariamente uma assimetria de poder que permita deduzir a existência de um abuso de poder, elemento fundamental para se poder colocar a questão da existência de um abuso».

E, claro que, "essa assimetria da idade" tem um impacto diferente consoante a vítima é um menor de 12/13 anos ou menos ou é um adolescente entre os 13 e os 16 anos de idade.

Mas, ainda assim, será de censurar penalmente a conduta que acarrete uma antecipação da iniciação sexual ?

Ou deverá antes concluir-se que, afinal, a censura penal contida no tipo do artigo 174 do CP vai trazer ao jovem ofendido «traumas», «sentimentos negativos», «perca de auto-estima», isto é, consequências muito mais graves do que se tal conduta não fosse punida?

Daí que também seja importante saber, que relevo se há-de dar às manifestações esclarecidas e livres dos jovens que tenham entre os 14 e 16 anos, ainda que sejam inexperientes.

O legislador delimita o conceito de «inexperiência» com o recurso a critérios biológicos, elegendo os inexperientes – certamente também por questões de segurança jurídica – entre os adolescentes com idade compreendida entre os 14 e os 16 anos.

Mas, serão esses os critérios, de que o legislador se deve socorrer, para dizer que pode haver imaturidade sexual do jovem?

---

[466] *Ibidem*. Assinala, ainda, o mesmo Autor, *ob. cit.*, p. 118, que "não pode desconhecer-se que os efeitos nocivos sobre a personalidade do menor estão sempre associados à ideia de abuso. Devem aí considerar-se as alterações no funcionamento emocional e cognitivo do menor ou a ideia da «sexualização traumática» derivada da intrusão das condutas e interesses de um adulto no desenvolvimento sexual normal de uma criança, o que supõe uma interferência na sexualidade infantil geradora de aprendizagens deformadas".

Isto é, podemos dizer que o «abuso de inexperiência» significa imaturidade sexual do abusado?

Ou será que deveria antes – tal como sucede na Alemanha – exigir-se, além do mais, que no caso concreto se verificasse o aproveitamento da imaturidade sexual do jovem?

Isto na medida em que comportamentos esclarecidos e responsáveis de adolescentes entre 14 e 16 anos em princípio significam maturidade sexual, independentemente de ainda não se terem iniciado sexualmente.

E é relativamente aos que ainda sejam imaturos sexualmente que se deve colocar a questão de apurar quais as condutas abusivas "consentidas" que prejudicam gravemente o desenvolvimento da sua personalidade.

Por isso, talvez seja mais importante saber até que ponto e relativamente a quem se deve proteger o aproveitamento da falta de capacidade da vítima para se determinar sexualmente.

O que nos leva à questão de apurar se, afinal, quem deve ser protegido é apenas o jovem sexualmente imaturo e, em caso afirmativo, se a norma do artigo 174 do CP, ao referir-se ao abuso de inexperiência, satisfaz essa protecção.

Ora, parece que o meio típico do «abuso de inexperiência» serve antes para poder punir, de alguma forma e a título simbólico, «comportamentos considerados socialmente inadmissíveis», por contenderem com uma certa «visão moralista» da sociedade, acabando por apenas preservar a castidade de alguns (os inexperientes) jovens.

No fundo alguém (entre os sujeitos passivos adolescentes com idades compreendidas entre os 14 e os 16 anos) pode sair marginalizado: ou o «inexperiente» que irá ser o «bode expiatório» de uma certa «repressão sexual» ou o «experiente» que poderá passar a ter o estigma de manifestar comportamentos sexuais «anormais» para a idade.

Cremos que, por exemplo, o abuso de uma situação de confiança, o aproveitamento de situações favoráveis ou de estados de necessidade e, até eventualmente o recurso ao engano utilizado no âmbito de relações de poder – que não implicam ou podem não ter subjacente um «abuso de inexperiência» – talvez justificassem mais a opção de criminalizar quando contendessem com uma carecida autodeterminação sexual do jovem ainda imaturo e, além disso, existisse uma qualquer relação assimétrica -

no sentido apontado por Josep Mª Tamarit Sumalla[467] - entre ambos os parceiros, sendo um deles de maior idade.

Parece, também, que erigir o requisito do «abuso de inexperiência» em elemento típico, como sucede no actual artigo 174 do CP ou como poderia suceder, em termos *de lege ferenda*, se se substituíssem os crimes previstos nos referidos artigos 174 e 175 por uma incriminação comum, como sugerem[468] Maria João Antunes e Jorge Dias Duarte, contribui para perpetuar a indefinição do bem jurídico típico, o qual pode assim deixar de se reconduzir e centrar apenas na salvaguarda da liberdade e autodeterminação sexual do adolescente.

Por outro lado, funcionando o elemento do «abuso de inexperiência» como circunstância da acção que fundamenta o ilícito-típico, exige a sua representação como condição de afirmação do dolo com todas as consequências daí decorrentes (a nível do erro, etc.).

---

[467] TAMARIT SUMALLA, Josep Mª, *ob. cit.,* pp. 75-79.

[468] ANTUNES, Maria João, *Comentário Conimbricense*, tomo I, p. 571, em anotação ao art. 175, defende que, «independentemente da questão de saber se no direito futuro deve continuar a criminalizar-se o comportamento descrito no tipo legal de actos sexuais com adolescentes, parece seguro que o direito penal português do futuro deve caminhar no sentido de não discriminar as relações homossexuais, nomeadamente exigindo também que o agente *abuse da inexperiência do menor* e prevendo que o tipo legal de actos sexuais com adolescentes também seja preenchido quando o agente pratica *actos sexuais de relevo que não a cópula, o coito anal ou o coito oral.* Mas preferível será sempre a solução de haver um só tipo legal de crime que, não distinguindo a natureza homossexual ou heterossexual dos actos sexuais de relevo, proteja o bem jurídico que merece tutela, ou seja, o livre desenvolvimento do menor no que à sua esfera sexual diz respeito. Desenvolvimento este que, em nossa opinião, pode ser perturbado quando um *maior* pratica *actos sexuais de relevo* com *menores entre 14 e 16 anos* de idade *abusando da sua inexperiência».* Por seu turno, DIAS DUARTE, Jorge, "Homossexualidade com menores. Art. 175 do Código Penal", p. 110, manifesta a opinião de que «o tipo criminal (o art. 175) deveria ser alterado, de forma a garantir idêntica tutela aos contactos sexuais mantidos com jovens entre 14 e 16 anos de idade, independentemente de serem contactos de natureza hetero ou homossexual, máxime, através da fusão dos artigos 174 e 175 num único artigo». Inclinando-se, também, para uma solução do mesmo género, FERREIRA DA CUNHA, Maria da Conceição, «Crimes sexuais contra crianças e jovens», *in Cuidar da Justiça de Crianças e Jovens, A função dos Juízes Sociais, Actas do Encontro*, Câmara Municipal do Porto, Fundação para o Desenvolvimento Social do Porto e Universidade Católica Portuguesa, Faculdade de Direito do Porto, Porto: Almedina, 2003, p. 215.

Note-se que, para se verificar o elemento intelectual do dolo, é necessário, além do mais, que o agente preveja todas as circunstâncias da acção que correspondem ao tipo de crime, o que significa que, faltando qualquer conhecimento exigido, ele actua em erro sobre as circunstâncias de facto, o que exclui o dolo.

Se o abuso de inexperiência fosse considerado como um factor de ponderação na medida da pena – e não como elemento típico -, era sempre atendido na determinação da pena da culpa, não importando se tinha sido ou não abrangido pelo dolo do agente, nem tão pouco se existia ou não erro do agente[469].

Isto, para além de que a formula do «abuso de inexperiência» pode dar azo - sem esquecer que serão raras as denúncias pelo crime do artigo 174 do CP, o que de resto já sucedia desde um passado recente quanto à anterior configuração do crime conhecido como de estupro - a perigosas interpretações, designadamente da jurisprudência[470], algumas paternalistas, outras conservadoras, repressivas e até desajustadas da realidade, com eventuais apelos às reminiscências do passado (e com recurso a paradigmas sociais mais ou menos imperantes em relação à sexualidade[471]),

---

[469] O deputado do SILVA, Guilherme, em Reunião Plenária de 12/3/98 (discussão conjunta, na generalidade, da proposta de lei nº 160/VII (do governo) e do projecto de lei nº 403/VII (do PCP), *in Diário da Assembleia da República*, I Série, nº 48, de 13/3/1998, 3ª sessão legislativa (1997-1998), p. 1636, defendeu que, «manter no artigo 174 e, introduzir agora no artigo 175, o requisito do abuso da inexperiência de menor vítima, como requisito da existência do crime, e não como mero factor a ponderar na valoração da pena, [parece] de todo inadequado, quando se quer acentuar o combate à pedofilia».

[470] BELEZA, José, *ob. cit.*, p. 444, sobre o crime de estupro, destaca a falta de atitude crítica designadamente «da jurisprudência que, há longos anos vem insistindo numa laboriosa investigação sobre a capacidade sedutora dos beijos, dos afagos, das dádivas ou das promessas de casamento». Mais à frente, *ob. cit.*, p. 445, refere que as decisões dos nossos tribunais superiores não se ficam pela análise técnica do preceito, antes reconhecem, na fundamentação que invocam, «uma fundamental concordância com os princípios de uma moral sexual repressiva».

[471] DÍAZ-SANTOS, Maria Del Rosario Diego e SÁNCHEZ LÓPEZ, Verginia, *Nuevas Questiones Penales*, p. 63, referem que «o CP espanhol incorpora uma opção político-criminal neopersonalista, mas socorre-se paralelamente na regulação dos diferentes tipos, a elementos normativos, de carácter valorativo-cultural, que não podem ser

entendimentos esses de todo carecidos de «legitimidade ético-política no contexto do direito penal contemporâneo»[472].

Não obstante as dificuldades acima indicadas, que apontam para a eliminação do tipo em análise tal como se mostra configurado, importa também apurar qual é o seu campo («virtual» ou «real») de actuação, para aferir da utilidade ou eficácia desta incriminação.

Realça Figueiredo Dias[473] que, antes da reforma de 1998, a incriminação do estupro (que só abrangia o resultado típico da cópula) «possuía ainda um qualquer relevo, uma protecção (se bem que subsidiária e de segunda grandeza) face a uma gravidez não querida» e que, agora, ao abranger-se (e equiparar-se à cópula) o coito oral e anal, parece que já não faz sentido.

O argumento do resultado ou consequência da gravidez («que tanto podia originar uma maternidade ou uma paternidade não querida») terá antes a ver com outro bem jurídico - que é a «liberdade de se ser ou não mãe», o que justificará a protecção reflexa consagrada na agravante prevista no artigo 177 nº 3 do CP - e não propriamente com uma maior ofensa da liberdade sexual[474].

---

interpretados senão recorrendo aos paradigmas sociais imperantes em relação à sexualidade».

[472] É COSTA ANDRADE, *Liberdade de Imprensa e Inviolabilidade Pessoal,* p. 121, que qualifica a «impostação paternalista» como «carecida de legitimidade ético-política no direito penal contemporâneo».

[473] FIGUEIREDO DIAS, *Comentário Conimbricense,* tomo I, p. 564.

[474] TORRÃO, Fernando, *ob. cit.,* pp. 566-567, acrescenta, ainda a propósito e, por causa da protecção reflexa da «liberdade de se ser ou não mãe», que "este maior grau de ilicitude só se justificará para aqueles casos em que da cópula forçada resulte perigo de gravidez em relação à vítima, ficando de fora os casos em que, não obstante o agressor seja um homem, a vítima uma mulher, e o acto sexual a cópula, pela própria natureza das coisas ou pelo uso de métodos anti-concepcionais, não resulte perigo (enquanto possibilidade físico-biológica provável) de gravidez". Conclui, sugerindo a autonomização do tipo de ilícito nos casos em que da «cópula forçada resulte o perigo de gravidez da vítima». Já BELEZA, José, *ob. cit.,* pp. 577-581, reportando-se ao CP de 1886, põe «em dúvida que alguma vez a circunstância de uma gravidez tenha sido um factor determinante ou mesmo de mediana importância para a construção do crime» de estupro. Argumenta, por um lado, que a sedução foi configurada apenas como um acto e não também como um «estado» e,

De resto, o argumento da gravidez também perdeu relevância quando, na versão de 1982 do Código Penal, se neutralizou o género dos sujeitos do crime de estupro, pese embora se continuasse a falar (a propósito do crime de violação) nesse outro bem jurídico reflexo que é "a liberdade de se ser (ou não) mãe ou pai"[475].

Curioso, também, que no caso de a mulher ser o sujeito activo do crime do artigo 174 do CP, ainda que venha a ficar grávida, o legislador não encontre razão que justifique "uma agravação do tipo, que proteja reflexamente a liberdade do sujeito passivo de não querer ser pai".

Parece, afinal, que para o legislador a liberdade de não querer ser pai, não tem o mesmo valor ou relevância da de não querer ser mãe, o que não é racional, nem coerente.

Talvez então tenha razão José Beleza[476], quando, embora analisando o regime do CP de 1886, concluía que o argumento da gravidez nada tinha a ver com o crime de estupro aí previsto.

Ou então, ter-se-á de concluir que (pelo menos aparentemente), o legislador intervém de forma discriminatória consoante a actividade sexual seja desenvolvida pelo homem ou pela mulher, mantendo a sua fidelidade a um «discurso falocrático que identifica a sexualidade feminina com a fecundidade e com a procriação»[477].

---

por outro, que representa uma profunda hipocrisia "querer agora usar-se o crime de estupro como escudo de defesa, ou querer fazer das situações de relacionamento humano donde ele emerge, a arena de prevenção e de combate a realidades e problemas sociais que, em correctos termos, nunca tiveram e nada têm a ver com aquela particularíssima espécie de «crimes contra os bons costumes» ". Conclui que «é muito estranha esta atitude da lei criminal de vir agora reclamar para si, através do crime de estupro – e sempre em nome do interesse da mulher – um papel contraceptivo!».

[475] Cf. a intervenção de COSTA ANDRADE, in *Código Penal. Actas e Projecto da Comissão de Revisão*, p. 249.

[476] BELEZA, José, *ob. cit.*, nota 326, p. 568, refere ainda que "a incriminação das relações sexuais com menor, de qualquer dos sexos, só até ao limite de idade dos 15 ou 16 anos – que pode, para alguns, parecer (pelo que se refere à rapariga, como é evidente) uma reforma demasiadamente arrojada, já foi considerada na Suécia (onde aquele limite é de 15 anos: Código Penal, II parte, cap. 6º, art. 3) como um possível «obstáculo a uma educação sexual efectiva e realista na escola» - são palavras do Ombudsman, no relatório de 1974, onde por isso se propunha o reexame da questão e do regime punitivo do código !".

[477] BELEZA, José, *ob. cit.*, p. 482.

De qualquer modo, também não será de todo aceitável que, por essa forma, se continue a dar cobertura a entendimentos (mais conservadores) que aceitam como «boa» e «útil» a iniciação sexual masculino mesmo que prematura, ao contrário da feminina que então qualificam de «má», «perigosa» ou «prejudicial».

Portanto, parece que a consequência da gravidez se esbate e não será argumento para justificar a incriminação em questão, tanto mais que, agora, ao lado da cópula (essa sim criadora do risco da gravidez para as mulheres[478]), estão incluídos os coitos anal e oral.

Outra questão, colocada por Figueiredo Dias, é a de saber até que ponto o desaparecimento de qualquer referência à «promessa de casamento» "esvazia o conteúdo mais característico do artigo 174 do CP e se restará muita coisa viva que continue a justificar o merecimento de uma criminalização, sobretudo por poderem ser criadas situações relativamente preocupantes"[479] (por exemplo quando vítima e agente têm idades próximas dos limites estabelecidos na norma).

Compreende-se esta preocupação porque mesmo a actual elevação da idade (de 16 anos para 18 anos) do sujeito activo, parece – ao menos a nosso ver – não ser ainda suficiente para justificar a incriminação.

Repara-se que hoje em dia se aceita, mesmo socialmente, que existam diferenças de idade entre os dois parceiros, não parecendo que seja «chocante» uma qualquer relação de namoro entre dois jovens, sendo um de 14 anos e outro de 21 anos por exemplo, nem que em virtude dessa diferença de idades, exista necessariamente aproveitamento de inexperiência do mais novo.

---

[478] Pertinente a observação de BELEZA, José, *ob. cit.*, pp. 577-578, quando a propósito da circunstância agravante do resultado gravidez (reportando-se à circunstância 31ª do artigo 34 do CP 1886, que hoje encontra correspondência na circunstância qualificativa prevista no artigo 177 nº 3 do CP revisto), refere que a lei acabou por «recusar "protecção" à mulher exactamente quando o perigo de gravidez é maior, ou seja, com a prática reiterada da cópula com o sedutor». Complementa esta conclusão argumentando, ainda (*ob. cit.*, nota 339), que «é um dado estatístico – e, sobretudo, da ciência médica – não passível de qualquer contestação, ser claramente menor a taxa de incidência da gravidez nas virgens do que nas mulheres que já antes praticaram cópulas completas».

[479] FIGUEIREDO DIAS, Jorge, *Reforma do Código Penal. Trabalhos Preparatórios*, vol. III, p. 114 ss.

E, também não faz sentido que se vá punir o abuso de inexperiência quando não esteja coberto por uma relação de namoro, considerando-se «socialmente adequado» e, portanto, lícito, o eventual «abuso de inexperiência» quando exista essa relação amorosa[480] ou, então, entendendo-se que essa relação amorosa (que dá cobertura ao «abuso de inexperiência»), é atípica por cair fora da área de tutela típica da incriminação em causa.

O que poderia levar à renovação de desgastadas discussões da nossa jurisprudência, agora sobre a seriedade do namoro, à semelhança da antiga exigência da «seriedade da promessa de casamento», como meio de sedução.

Por outro lado, a partir do momento em que o casamento deixou de ser entendido como a única forma de constituir família – portanto, diríamos, também deixou de ser o destino natural de qualquer jovem – e desde que se passou a aceitar como normais as chamadas «relações sexuais pré-matrimoniais», o crime do artigo 174 do CP perdeu conteúdo sociológico[481].

Se o que fica para punir é no fundo «um certo tipo de iniciação sexual precoce» de quem "sofre" (consentindo no) o abuso da sua inexperiência, por se considerar que é prejudicial e negativo para o seu desenvolvimento[482], então – perante essa lógica – mais valia punir todo o tipo de actos sexuais com menores dessa mesma idade (entre 14 e 16 anos).

---

[480] Efectivamente, uma determinada conduta pode na sua literalidade ser considerada típica, mas não ser punida por também ser socialmente adequada (o que tem a ver com a sua insignificância e com o facto de ser «socialmente tolerada»). Isto, não obstante, ROXIN, Claus, *ob. cit.*, pp. 292-297, concluir que a teoria da adequação social apesar de «[perseguir] o objectivo, em si mesmo correcto, de eliminar do tipo condutas não correspondentes ao específico tipo (classe) de ilícito, não constitui um "elemento" especial de exclusão do tipo e inclusivamente como princípio interpretativo pode ser substituído por critérios mais precisos».

[481] Assim, ORTS BERENGUER, Enrique, *Delitos contra la libertad sexual*, p. 247.

[482] BELEZA, José, *ob. cit.*, nota 333, p. 576, chama a atenção que «se a incriminação legal do estupro arrancasse directamente do facto de ser precoce a experiência sexual, a isso se atribuindo os efeitos negativos sobre as menores, então a atitude lógica seria proibir todas as relações sexuais abaixo de certa idade e não, como acontece, restringir a punição aos casos de cópula obtida por sedução». Mais à frente, *ob. cit.*, p. 596, conclui que "com o desaparecimento do crime de estupro pode encerrar-se um capítulo antigo e importante

Todavia, o legislador não seguiu essa via porque, seria um exagero, concluir que um acto sexual de relevo «geral» (que em princípio deveria significar menor gravidade que a cópula, o coito anal ou o coito oral, que são actos sexuais de relevo qualificados), consentido por quem (adolescente entre 14 e 16 anos) estivesse apto a determinar-se sexualmente (e cremos que haverá consenso quanto ao entendimento de que muitos dos jovens dessa idade, se não mesmo a totalidade, terão capacidade de autodeterminação sexual, pelo menos para esse tipo de actos, em princípio menos graves), ainda que obtido por meio de abuso de inexperiência, pudesse de alguma forma perturbar o desenvolvimento do jovem, quando é certo que não deixava de ser um relacionamento consentido por quem já não era criança, nem púbere.

Isto para realçar, mais uma vez, que será de considerar remota a hipótese de o meio do «abuso de inexperiência» poder de alguma forma implicar um qualquer efeito contraproducente no desenvolvimento da personalidade do jovem.

Mas, tal como o tipo se mostra actualmente construído, só de modo imperfeito e indirecto poderá proteger a «autodeterminação sexual» dos jovens inexperientes dela carecidos, tendo presente que os actos sexuais proibidos (cópula, coito anal e coito anal) poderão até não ser os mais perigosos, atento o bem jurídico tutelado.

Parece, por isso, que pouco ou nada fica para punir com o crime do artigo 174 do CP.

Salienta, ainda, Figueiredo Dias[483], que «hoje já quase ninguém é punido por estupro porque já não há negócio (antigamente havia o princípio *aut nubet, aut dotet*, que aqui seria transformado em "ou casas ou vais para a prisão"), porque há liberdade sexual desde uma idade mais temporã nos jovens e não é fácil provar uma inexperiência».

---

de repressão sexual, mas não termina a sua história, porque esta depende de uma série de factores económicos, ideológicos e políticos que não podem reduzir-se ao problema da «protecção» da virgindade ou da continência sexual dos menores".

[483] FIGUEIREDO DIAS, Jorge, *Reforma do Código Penal. Trabalhos Preparatórios*, vol. III, p. 117 ss.

O que também mostra que, hoje em dia, a incriminação prevista no artigo 174 é ineficaz, no sentido de não produzir qualquer efeito útil a nível da prevenção desses tais comportamentos «considerados socialmente danosos».

De resto, tendo a própria Comissão Revisora reconhecido a sua «virtual inaplicabilidade», o legislador deveria então ter tido a coragem de descriminalizar essa conduta.

E, nem faz sentido defender que se trata de «uma válvula de segurança do sistema protectivo de menores em matéria sexual», quando se restringe a conduta a um determinado tipo de actos sexuais e quando não se salvaguarda devidamente a possível «inexperiência» do próprio agente que, se tiver 18 anos, é tratado neste campo como um adulto «experiente».

Parece, pois, que se estará a tutelar «um interesse demasiado longínquo e indeterminado», o que põe em causa não só a sua relevância, como a dignidade e a necessidade de uma tutela jurídico-penal.

Por outro lado, a circunstância de estarmos em face de crimes que, por princípio, são semi-públicos[484] - com a ressalva apontada no artigo 178 do CP, designadamente, quanto à intervenção do Ministério Público - reforça a ideia de que, afinal, os actos em questão não tem tanta gravidade como isso, já que até pode nem iniciar-se o procedimento ou, então, podem deixar de ser punidos em face de uma desistência ou perdão concedido pelos representantes legais em beneficio do menor – que, aliás, deveria ser ouvido sobre essa questão por ser o próprio interessado e já ter idade compreendida entre 14 e 16 anos.

No fundo, tudo tem a ver com uma pergunta essencial que se deve fazer, quando se encara a sexualidade como actividade normal no rela-

---

[484] CORCOY BIDASOLO, Mirentxu, "El tratamiento del secreto y el derecho a la intimidad del menor. Eficacia del consentimiento", *in Protección de menores en el codigo penal*, p. 311, refere que «nos crimes semi-públicos, designadamente, nos que estão em causa menores, há como que um conflito de interesses, entre o interesse da justiça em que os factos que lesam bens jurídico-penais fundamentais sejam perseguidos e o interesse do menor, que pode ver-se gravemente lesado pela condenação do autor por esses factos». Defende também que, os próprios menores entre os 14 e os 16 anos, deveriam poder pronunciar-se sobre a queixa e sobre o perdão e não apenas os representantes legais.

cionamento humano, e que poderá ser formulada nestes termos: sem o recurso à moral sexual, o que fica por punir a nível do direito penal sexual?

E não se diga que, no estado actual da nossa sociedade, o interesse superior do menor fica preterido com a abolição do crime do artigo 174 do CP, já que este, como acima ficou dito, parece não ter campo de actuação, sendo certo que em vez de proteger, antes reprime a sexualidade que pode despertar nos jovens inexperientes, apesar de poder haver o «risco» de essa inexperiência vir a ser «aproveitada» por terceiros.

Isto, para além da incerteza que resulta da indefinição do meio típico do «abuso de inexperiência», no sentido de ser difícil apurar quando é que o mesmo ocorre e se determinou o consentimento dado pelo sujeito passivo.

E, mesmo interpretando o «abuso de inexperiência» por referência ao bem jurídico da falta de capacidade de determinação sexual do adolescente entre 14 e 16 anos, temos sérias dificuldades em estabelecer fronteiras, designadamente, nos casos limite, considerando ainda a própria ambiguidade que resulta do conceito de abuso neste caso.

O que recolocava a questão de ponderar, qual a idade mínima que se deveria exigir para o autor de tal incriminação, para que se pudesse falar de um verdadeiro «abuso sexual».

2.3. Notas particulares relativas ao crime previsto no artigo 175 do CP Português.

É ponto assente que o legislador reconhece de forma absoluta que, a prática de actos sexuais de relevo (hetero ou homossexuais, independentemente do seu «peso» ou «tipo») por si só não acarreta a violação do bem jurídico que se pretende proteger quando neles participam voluntariamente – como sujeitos activo e passivo – menores (do mesmo sexo ou de sexo diferente consoante a natureza do acto) entre os 14 e os 18 anos[485].

---

[485] Neste sentido, embora sem se referir à natureza do acto sexual de relevo em causa, ANTUNES, Maria João, *Comentário Conimbricense*, tomo I, p. 578, quando comenta o artigo 176.

A incriminação do artigo 175 do CP apenas pune o maior de 18 anos que pratica actos homossexuais de relevo com menor entre 14 e 16 anos ou que leva este a praticá-los com outrem.

Ou seja, para o legislador, os actos homossexuais de relevo (excluídos portanto os considerados irrelevantes) só prejudicam o desenvolvimento do adolescente entre os 14 e 16 anos se forem praticados com maior de 18 anos ou se o sujeito passivo for levado por maior de 18 anos a praticá-los com outrem do mesmo sexo - caso contrário, não há punição, certamente porque entende que, então, também não há prejuízo para o sujeito passivo.

O agente maior é punido não só quando pratica os actos homossexuais de relevo com o adolescente, como também - diferentemente do que sucede no caso dos artigos 173[486] e 174 do CP - quando leva o jovem (sempre entre os 14 e 16 anos) a praticá-los com outrem, podendo, neste caso, quem executa o acto não ser punido se for menor de 18 anos.

Por isso, quando só aqui, no tipo do artigo 175 do CP, se pune esta modalidade de acção (de levar, isto é, determinar o adolescente à pratica de actos homossexuais de relevo com outrem), poder-se-ia dizer que se estava a pretender transmitir uma certa ideia de que, por se tratar de actos homossexuais de relevo, o agente poderia, por esta via, estar a «fomentar a corrupção sexual do menor».

Mas, não parece que tivesse sido essa a intenção do legislador[187] porque também não cuidou de introduzir no teor da incriminação qualquer

---

[486] ANTUNES, Maria João, *ob. cit.*, p. 555, quando comenta o nº 1 do artigo 173, refere que «a circunstância de não se especificar que modalidade da acção é levar o adolescente a praticar consigo ou com outra pessoa aquele tipo de actos, tal como acontece nos arts. 163, 164 e 172, só pode querer significar que *não constitui modalidade da acção levar o adolescente entre 14 e 18 anos de idade a praticar com outra pessoa acto sexual de relevo,* eventualmente sob a forma de cópula, coito anal ou coito oral, afastando-se assim a hipótese de um terceiro poder ser agente da prática deste crime». Essa afirmação é exacta quanto ao tipo do artigo 173, por se tratar de crime específico mas, a conduta desse terceiro poderá ser punida se verificados os pressupostos de outros tipos legais, como sejam, por exemplo, os crimes previstos nos artigos 174, 175 ou 176.

[487] Mesmo em relação ao crime previsto no artigo 170 (lenocínio), veja-se a anotação de RODRIGUES, Anabela, *Comentário Conimbricense*, tomo I, p. 525, quando refere que

outro requisito adicional àquela modalidade da conduta que permitisse retirar tal conclusão.

Distinção esta, ou «lacuna de punibilidade» nos tipos previstos nos referidos artigos 173 e 174, que então apenas se pode compreender por se querer vincar uma censura especial à natureza (homossexual) do acto em causa.

A preocupação foi, por isso, proibir, de forma absoluta, a prática de actos homossexuais de relevo com menores entre 14 e 16 anos, no caso de tais actos serem executados com agentes maiores de 18 anos ou no caso de os mesmos menores serem determinados à sua prática por estes.

Porque é que então só quando o agente é um maior de 18 anos ou mais é que se entende que os actos homossexuais de relevo com menores entre 14 e 16 anos são prejudiciais ao desenvolvimento destes?

É que não deixa de haver uma certa incoerência e falta de lógica quando se afere e determina o prejuízo para o desenvolvimento do adolescente, em função da idade do agente em vez de ser em função do acto (e não da natureza homossexual) ou da modalidade de acção em causa.

Também o argumento da idade da vítima, que afinal ainda não atingiu a maioridade à face do direito civil, só por si é aqui falacioso, já que o legislador penal, em determinadas circunstâncias – inclusive a nível do comportamento sexual – trata o menor entre 14 e 16 anos como um adulto, considerando que então atingiu a «maioridade sexual»[488].

«fomentando a prática de actos sexuais de relevo, o agente "colabora no processo de decisão" e, favorecendo ou facilitando a prática dos referidos actos, o agente colabora no "processo de execução". O que quer dizer que o agente, *em qualquer dos casos,* apenas *colabora* no encaminhamento da vítima para a prostituição ou para a prática de actos sexuais de relevo, mas *não determina* a sua vontade para a prática dos referidos actos (não *a leva* à prática dos referidos actos)», concluindo não haver aqui qualquer "coacção" por parte do sujeito activo.

[488] FIGUEIREDO DIAS, Jorge, *Reforma do Código Penal, Trabalhos Preparatórios,* vol. III, p. 131, por razões distintas, recordou, com toda a razão, à deputada Odete Santos - quando esta insistia que a incriminação ambivalente do estupro continuava afinal a proteger a virgindade da mulher - que aí se tratava «de uma protecção adicional do tal livre desenvolvimento da personalidade do menor, numa fase da idade em que, verdadeiramente, ainda nem sequer existe maioridade à face do direito civil».

Outras vezes, não o pune, não por ter atingido essa «maioridade sexual» mas porque, apesar de tudo, não deixa de ser um vítima, como é o que sucede com a prostituição de menores - o que não quer dizer que não possa ser sujeito a medidas tutelares -, não obstante ainda não se ter conseguido eliminar, ou pelo menos diminuir de forma substancial, tal flagelo que não tem fronteiras.

Assim, se por exemplo o adolescente que tenha entre 14 e 16 anos, por sua iniciativa, decide dedicar-se à prática da prostituição heterossexual ou à prática de actos heterossexuais de relevo, não é punido, tal como também não é punido(a) aquele(a) que apenas «compartilhe» tais actos, designadamente, mediante o pagamento de qualquer contrapartida económica (cf. artigos 176 nº 1[489] e 174 do CP).

---

[489] O artigo 176 (lenocínio e tráfico de menores) na redacção da Lei nº 65/98 é do seguinte teor: 1- Quem fomentar, favorecer ou facilitar o exercício da prostituição de menor entre 14 e 16 anos, ou a prática por este de actos sexuais de relevo, é punido com pena de prisão de 6 meses a 5 anos. 2- Quem levar menor de 16 anos à prática, em país estrangeiro, da prostituição ou de actos sexuais de relevo é punido com pena de prisão de 1 a 8 anos. 3- Se o agente usar de violência, ameaça grave, ardil ou manobra fraudulenta, actuar profissionalmente ou com intenção lucrativa, ou se aproveitar de incapacidade psíquica da vítima, ou se esta for menor de 14 anos, é punido com pena de prisão de 2 a 10 anos. A Lei nº 99/2001 de 25/8 alterou a redacção do nº 2 (dispõe o actual nº 2 do artigo 176: Quem aliciar, transportar, proceder ao alojamento ou acolhimento de menor de 16 anos, ou propiciar as condições para a prática por este, em país estrangeiro, de prostituição ou de actos sexuais de relevo, é punido com pena de prisão de 1 a 8 anos) e do º 3 do artigo 176 (estabelece o actual nº 3 do artigo 176: Se o agente usar de violência, ameaça grave, ardil, manobra fraudulenta, abuso de autoridade resultante de uma relação de dependência hierárquica, económica ou de trabalho, actuar profissionalmente ou com intenção lucrativa, ou se aproveitar de incapacidade psíquica da vítima, ou de qualquer outra situação de especial vulnerabilidade, ou se esta for menor de 14 anos, é punido com pena de prisão de 2 a 10 anos). Note-se, como diz, ANTUNES, Maria João, *ob. ult. cit.*, p. 579, que o facto de o artigo 176 (tal como o artigo 170) não prever expressamente que o agente seja um terceiro relativamente aos intervenientes no acto sexual, não invalida que assim se tenha que entender. Acrescenta, *ibidem*, além do argumento da acepção tradicional do termo lenocínio, que «por outro lado, quando o agente intervém no acto sexual a tutela do bem jurídico em causa está já assegurada noutros tipos legais de crime ou, pura e simplesmente, não há necessidade de tutela. Assim, se o agente praticar actos sexuais de relevo com uma prostituta menor de 14 anos de idade comete o crime de abuso sexual de crianças (art. 172); e se praticar actos sexuais de relevo com uma prostituta entre 14 e 16 anos de idade, o comportamento do agente não é crime a qualquer título (...)».

Mas, se o mesmo adolescente decide dedicar-se à prática da prostituição homossexual ou à prática de actos homossexuais de relevo, apesar de continuar (e bem) a não ser punido, a situação do(a) parceiro(a) (ainda que igualmente se limite a «compartilhar» tais actos, mesmo sem qualquer contrapartida económica) é que já é diferente, se tiver 18 anos ou mais, porque passa a ser punido pelo crime do artigo 175 do CP.

Este diferente tratamento do agente que «utiliza» o adolescente entre 14 e 16 anos, consoante a natureza (hetero ou homossexual) do acto em causa é que parece não fazer sentido.

Ou bem que tal comportamento do agente prejudica o desenvolvimento do jovem entre 14 e 16 anos e, nesse caso, terá de ser objecto de punição independentemente de estar em causa um acto hetero ou homossexual, ou bem que não há prejuízo e, então, não faz sentido a dita punição, a não ser que se queira realçar que só o acto homossexual de relevo é que é gerador de um efectivo prejuízo (o que não deverá ter sido a intenção do legislador).

Isto, independentemente de aqui não se entrar na discussão de saber se, deve ou não haver uma incriminação que puna os clientes dos menores que se dedicam à prostituição, na medida em que, o pagamento da contrapartida económica, pode influenciar a vontade do menor e, portanto, pesar no processo motivador que o leva a aceder ao acto sexual que lhe é solicitado[490].

---

[490] Aliás, o artigo 2-c) ii) da Decisão-Quadro 2004/68/JAI do Conselho, de 22/12/2003, publicada no *JO* L 13 de 20/1/2004, pp. 0044-0048 (relativa à luta contra a exploração sexual de crianças e a pornografia infantil), estabelece que "cada Estado-Membro deve tomar as medidas necessárias para garantir que sejam puníveis (...) comportamentos intencionais [que consistam na] prática de actividades sexuais com uma criança, sempre que se ofereça dinheiro ou outras formas de remuneração ou pagamento, em troca da prática de actividades sexuais pela criança", entendendo-se (artigo 1-a) da mesma Decisão-Quadro), por "«criança» qualquer pessoa com menos de 18 anos de idade". Note-se que, no parecer do Parlamento Europeu de 12/6/2001, relativo à Proposta de decisão-quadro do Conselho relativa à luta contra a exploração sexual de crianças e a pornografia infantil [COM (2000) 854 – C5- 0043/2001 – 2001/0025 (CNS), publicada no *JO* C 62 E de 27/2/2001, pp. 0327-0330], publicado no *JO* C 53 E de 28/2/2002, pp. 0108-0114, introduziu-se uma alteração (que, todavia, não foi transposta para a Decisão-Quadro

De qualquer modo, quando é criminalizado o comportamento descrito no artigo 175, nos moldes em que o mesmo se encontra configurado, tudo indica que o legislador não deixa de olhar para os adolescentes (sujeitos passivos), com uma certa desconfiança ou suspeita[491] - talvez temendo pela futura decisão quanto à sua orientação - o que o leva a «querer» controlar a sua sexualidade, na vertente da homossexualidade.

No fundo parece que tudo tem a ver com a questão de saber quando e como é que uma pessoa se torna homossexual.

Jaime P. Stubrin[492] responde que não se sabe, tal «como tão pouco sabemos por que é que alguém se torna heterossexual».

2004/68/JAI) no sentido dos Estados-Membros tomarem as medidas necessárias para garantir a punição dos comportamentos dos "pais ou pessoas que gozem de poder paternal sobre a criança que permitam que a criança seja submetida à prostituição ou a comportamentos explícitos para a produção de material pornográfico" e de "qualquer pessoa que tenha conhecimento de que uma criança foi vítima de exploração sexual e não informe as autoridades responsáveis pela aplicação da lei, se bem que tenha a obrigação legal específica de o fazer".

[491] GARBARINO, James, ECKENRODE, John e POWERS Jane Levine, "el maltrato al adolescente", p. 209, muito a propósito escrevem que se «julga que as crianças são inocentes de todo o mal e que não se deve culpá-los pelos seus erros; pelo contrário, os adolescentes não evocam estas imagens de vitimização inocente. Não só podem cuidar-se a si próprios, escapar e procurar ajuda, senão que o seu maior tamanho físico e as suas capacidades cognitivas e físicas mais desenvolvidas implicam que podem autoproteger-se ou eludir as situações abusivas (Gelles e Cornell, 1990)».

[492] STUBRIN, Jaime P., "A psicanálise e as homossexualidades", *in Homossexualidade. Formulações psicanalíticas actuais*, p. 71. Acrescenta o mesmo Autor, *ob. cit.*, p. 73, que não se pode «negar a importância das identificações na constituição psicossocial de um indivíduo nem o efeito de *imprinting* que têm sobre o psiquismo humano. Mas tão pouco as identificações explicam tudo. Seguramente fazem parte desse enorme conjunto de circunstâncias – conhecidas e desconhecidas – que se devem dar para que uma pessoa seja homossexual ou heterossexual (...)». Por sua vez, GRAÑA, Roberto B., "Violência e sexuação: sobre algumas possíveis impropriedades da clínica psicanalítica", *in Homossexualidade. Formulações psicanalíticas actuais,* p. 87, também refere que Otto Kernberg, «após demonstrar a impossibilidade de se sustentar a hipótese de uma homossexualidade primária, por não se poder comprovar um factor genético-constitucional no estabelecimento da identidade psicossexual básica (...) acentuou a importância dos factores vinculares-ambientais, uma vez que se crê ser a configuração das relações objectais decisiva na atribuição do referente genérico e na constituição do género nuclear».

Objectivamente, parece-nos que o pressuposto do «prejuízo para o desenvolvimento do jovem adolescente» que determina a tutela penal, terá de previamente depender da resposta - positiva ou negativa - que se der à questão de saber se a prática de actos homossexuais de relevo efectivamente prejudicam ou não o desenvolvimento sexual do adolescente entre os 14 e os 16 anos.

Não é certamente a idade do agente, que pratica o acto homossexual de relevo com o adolescente ou que o leva a praticá-lo com outrem, que irá criar maior risco para o desenvolvimento do sujeito passivo.

Ainda para mais quando é certo que, ao deixar de se exigir qualquer manifestação de ter havido «desencaminhamento» da vítima – como sucedia no domínio do CP na versão de 1982 – é mais difícil configurar tal prejuízo.

E, também não será a prática de um acto homossexual de relevo isolado que irá criar esse risco de o sujeito passivo se tornar homossexual.

Ou bem que o sujeito passivo, aqui adolescente, já tem essa «inclinação», «preferência» ou então tudo não passará de uma «experiência» sem consequências, visto que também foi um acto «compartilhado» e aceite.

De qualquer forma, se houver prejuízo para o desenvolvimento do adolescente, tanto faz que seja praticado com um maior de 18 anos, como com um menor dessa idade.

Mas, ainda que se torne num homossexual[493] será legítima a incriminação prevista no artigo 175 do CP?

Cremos que não há dúvidas que, nesta faixa etária – entre os 14 e os 16 (18) anos – o legislador não quis punir a «mera actividade sexual».

E, quando se fala na «mera actividade sexual», não faz sentido distinguir a natureza (hetero ou homossexual) do acto em causa, não cabendo ao Estado, pela via penal, dirigir a sexualidade destes jovens dessa faixa etária[494].

---

[493] Apesar de moral ou eticamente se poder condenar a «homossexualidade», também não é legítimo, numa sociedade democrática que reconhece o direito à diferença, tratar os homossexuais como mais um «grupo marginal» a evitar.

[494] Em sentido aparentemente contrário ao defendido no texto, CRAVO ROXO, António Luís, quando relata o Ac. de 07.04.1999 proferido em processo crime pendente

Dizem alguns Autores que, as experiências sexuais entre menores de certa idade até favorecem o desenvolvimento da sua personalidade, razão pela qual entre os 14 até aos 18 anos tais condutas (independentemente da sua natureza ou tipo) não devem ser penalmente censuradas.

Mas, cremos que, afinal, continuam a ser as regras e as normas sociais que existem sobre o comportamento sexual[495] que, no fundo, criaram medos e enraizaram a ideia de que as práticas homossexuais podem influir na orientação sexual do jovem.

O que também tem a ver com a forma como a sociedade encara os comportamentos homossexuais e também com o facto de se querer «entender a homossexualidade a partir da heterossexualidade»[496].

Autores como Afonso de Albuquerque, Allen Gomes e Daniel Sampaio defendem que cientificamente a homossexualidade não é doença, nem deficiência (apesar de ser um comportamento claramente minoritário, não pode ser visto como «um desvio à normalidade» ou um «desvio ao que é natural»), é só uma questão de orientação sexual, sendo até desaconselhadas «terapêuticas de reorientação»[497].

Também, Júlio Machado Vaz[498], refere que já «em Dezembro de 1973, a Associação Psiquiátrica Americana deixou de considerar a

---

no Tribunal de Círculo de Oliveira de Azeméis, sustentando, em comentário ao crime de actos homossexuais com adolescentes, que «o que está em causa é a necessidade de controlar os reflexos que as experiências sexuais nesta fase de formação da personalidade provocam, pela sua importância no desenvolvimento adequado da sexualidade, como causa da direcção ou reforço da sua preferência sexual». Aqui se aceitando, ao menos aparentemente, uma intervenção penal de cariz educativo.

[495] PACHECO, José e GAMITO, Luís, *O sexo é de todas as idades*, p. 21, dizem com toda a razão que, «desde tempos imemoriais, houve tendência para estipular regras e normas sobre comportamento sexual».

[496] STUBRIN, Jaime P., *ob. cit.*, p. 79, refere que o papel do psicanalista não é «tentar entender a homossexualidade a partir da heterossexualidade, assim como não devemos fazê-lo com a feminilidade a partir da masculinidade ou superpor a homossexualidade masculina com a feminina».

[497] "Psiquiatras portugueses concordam: Homossexualidade Não É Doença nem Deficiência", artigo publicado no Jornal *Público* de 18/2/1999.

[498] MACHADO VAZ, Júlio, *Conversas no papel*, p. 133.

homossexualidade como doença, num processo bem mais relacionado com a legitima pressão de lobbies do que com a evolução de conhecimentos da classe».

Aliás, consta do DSM-IV-TR[499], quando trata das perturbações sexuais e da identidade do género, que "as expressões identidade do género e disforia do género devem distinguir-se da expressão orientação sexual, que se refere à atracção sexual por homens, por mulheres, ou por ambos".

Por sua vez, Jaime P. Stubrin[500], acrescenta que «as homossexualidades não são em si mesmas, uma enfermidade, uma perversão ou uma patologia psíquica. Isso não significa que não encontremos muitas pessoas homossexuais com sérios conflitos psíquicos, mas que não são dependentes da homossexualidade, e sim da patologia básica do sujeito (...)».

E, mais à frente, adianta este Autor que, «ser homossexual significa que o objecto de desejo de um sujeito é uma pessoa do seu mesmo sexo, e que as suas relações e fantasias sexuais são fundamentalmente com pessoas do seu mesmo sexo. É, afinal, uma parte da identidade».

Hoje em dia, do ponto de vista científico, já não se encara a homossexualidade como um transtorno sexual de natureza patológica e, muito menos se entende que, esse tipo de orientação sexual influi na capacidade intelectual do indivíduo.

Também, a ciência não confirma o pressuposto de que, nestes casos - em que os agentes são maiores de 18 anos -, há maiores riscos para o jovem adolescente de se tornar homossexual.

E, compreende-se porque, seguindo o mesmo tipo de raciocínio, poderíamos até ser levados a afirmar que, em casos em que os actos são heterossexuais e os agentes são maiores, também existiriam maiores riscos para o adolescente se tornar prostituto ou prostituta[501].

---

[499] DSM-IV-TR (trad. de ALMEIDA, José Nunes de, do *Diagnostic and Statistical Manual of Mental Disorders, Four Edition, Text Revision*, da 1ª publicação nos EUA feita por American Psychiatric Association, Washington D. C. and London, England, 2000), 1ª ed., Lisboa: Climepsi Editores, 2002, p. 535.

[500] STUBRIN, Jaime P., *ob. cit.*, pp. 65-66.

[501] Não é nossa intenção equiparar, como se fossem pólos contrários mas equivalentes, a homossexualidade e a prostituição heterossexual, mas simplesmente realçar o

Claro que, nesta última situação, seria mais fácil dizer que tal pressuposto estava errado.

Mas, então, é só porque no outro caso estão em causa actos homossexuais que já se criam maiores dúvidas na resposta a dar?

Se a resposta a esta pergunta for positiva, então temos de concluir que a incriminação existente, tal como se mostra configurada[502], não tem razão de ser.

Se a resposta for negativa, também não encontramos fundamento científico para tal conclusão, sendo certo que o direito penal não deve intervir para proteger fundamentos empíricos, sem um mínimo de razoabilidade ou consistência lógica[503].

---

contra-senso daqueles que pensam que a prática de actos homossexuais com menores, os torna naturalmente homossexuais.

[502] Repare-se que, ao contrário do que sucedia no crime do artigo 207 do CP na versão de 1982, hoje em dia, a conduta típica do crime do artigo 175 já não se reporta ao acto de «desencaminhar» o sujeito passivo.

[503] Aliás, na sua jurisprudência, o TEDH tem vindo a sustentar que o legislador de cada Estado, na sua liberdade de conformação, pode estabelecer uma diferença de tratamento desde que não seja discriminatória no sentido do artigo 14 da Convenção Europeia dos Direitos do Homem. Para tanto, essa lei nacional terá que ter uma justificação objectiva e razoável, sem que o direito em causa seja reduzido de tal modo que o afecte na sua substância ou essência, devendo as restrições fundar-se numa necessidade social imperiosa e ser proporcionais às finalidades legítimas visadas (entre outros, Caso Karner v. Áustria, ac. de 24/7/2003, onde se concluiu que a recusa do direito à transmissão do arrendamento ao companheiro do arrendatário falecido, com quem este vivia, mantendo relação homossexual, violava o artigo 14 da Convenção, combinado com o artigo 8, na medida em que não foram apresentadas razões particularmente graves que justificassem um diferente tratamento consoante a relação do casal fosse hetero ou homossexual; Caso S.L. v. Áustria, ac. de 9/1/2003, Caso L. and V. v. Áustria, ac. de 9/1/2003, citados na nota supra nº 217; Caso Christine Goodwin v. Reino Unido, ac. de 11/7/2002, onde se concluiu "não existir actualmente justificação para impedir o transsexual de se casar com pessoa do sexo oposto ao que apresenta, constituindo tal proibição uma violação do artigo 12 da Convenção"; Caso Fretté v. França, ac. de 26/2/2002, onde se concluiu que "a recusa do pedido de adopção formulado pelo requerente homossexual não violou o princípio da proporcionalidade, sendo a justificação do Governo objectiva e razoável, pelo que, a diferenciação de tratamento não é discriminatória para efeitos do art. 14 da Convenção"; Caso Salgueiro da Silva Mouta v. Portugal, ac. de 21/12/1999, onde se concluiu ter havido violação do artigo 8 da Convenção, combinado com o artigo 14, por o Tribunal da Relação de Lisboa ter decidido – em processo de regulação de poder paternal - entregar a criança

É que legislador penal não pune a prática de actos homossexuais de relevo «consensuais»:

- entre menores entre 14[504] e 18 anos, desde que o agente não seja a pessoa a quem o menor está confiado;
- e entre maiores de 18 anos.

à mãe, pelo facto do pai ter uma ligação homossexual; Caso Smith e Grady v. Reino Unido, ac. de 27/9/1999, onde se concluiu ter havido violação do artigo 8 da Convenção, por não se justificarem, as investigações levadas a cabo pela Força Aérea relativas às preferências sexuais de dois militares, que eram homossexuais; Caso Sutherland v. Reino Unido, citado na nota supra nº 217; Caso Karlheinz Schmidt v. Alemanha, ac. de 18/7/1994, onde se concluiu ter havido violação do artigo 14 da Convenção, conjugado com o artigo 4 nº 3-d), quando apenas era exigível aos homens, e não às mulheres, uma contribuição no caso de não prestarem serviço como bombeiros, sendo injustificável essa diferenciação fundada no sexo, por se tratar de uma obrigação cívica normal; Caso Dudgeon v. Reino Unido, ac. de 24/2/1983 [*in* BECERRA, Manuel José Terol, MICHEO, Fernando Álvarez-Ossorio e ORTEGA, Abraham Barrero, *Las Grandes Decisiones del Tribunal Europeo de Derechos Humanos*, Valencia: Tirant lo blanch, 2005, pp. 107-109], onde se concluiu que «hoje em dia [reportando-se a 1983] existe uma melhor compreensão e, por conseguinte, uma mais ampla tolerância da conduta homossexual, de tal modo que, na grande maioria dos Estados membros do Conselho da Europa, já não se considera necessário, nem conveniente, abordar as práticas homossexuais do tipo das aqui questionadas como constitutivas por si mesmas de uma conduta a que se deva aplicar uma pena. (…) Não pode sustentar-se, nestas circunstâncias, que haja uma "necessidade social importante" para converter esses actos em delitos penais, sem que exista uma justificação suficiente relativa ao risco de dano para sectores vulneráveis da sociedade que requeiram protecção ou pelo próprio reflexo na gente comum (…). Ainda que existam pessoas na sociedade que possam ficar incomodadas pela homossexualidade, considerando-a como imoral ou que possam ficar ofendidos ou perturbados pela comissão por outros de actos homossexuais privados, isso não pode por si mesmo justificar a aplicação de sanções penais, quando os que estão unicamente implicados nesses actos, são adultos que consentem livremente».

[504] De referir que, mesmo o abuso sexual entre menores de 14 anos poderá não ser objecto de «intervenção educativa», apesar da «legislação da justiça de menores». Com efeito, como referem RODRIGUES, Anabela Miranda e DUARTE-FONSECA, António Carlos, *Comentário da Lei Tutelar Educativa*, Coimbra: Coimbra Editora, 2000, p. 63, «o preenchimento da factualidade típica do crime de abuso sexual de menores por dois menores que se entregam a práticas sexuais consentidas pode traduzir-se em "contactos exploratórios" que se integram em processos normais de desenvolvimento do adolescente, que excluem o próprio desvalor objectivo do facto».

Por outro lado, no caso em que o sujeito passivo é já um adolescente entre 14 e 16 anos, parece que não deveria ser indiferente (embora tipicamente o seja no crime do artigo 175) «que a vítima [fosse] já sexualmente iniciada, que [possuísse] capacidade para entender o acto sexual em causa ou que [coubesse] à vítima uma intervenção activa (mesmo a iniciativa!)[505]».

Com efeito, não se descortina a razão pela qual alguns desses «factores» ligados à concreta vítima possam de alguma forma contribuir para afastar o meio típico do abuso de inexperiência previsto no artigo 174 e já não tenham, como não tem, qualquer relevância no tipo do artigo 175, tal como se mostra configurado.

Será que então a punição está reservada a um determinado tipo de autor (o maior de 18 anos que tem práticas homossexuais com jovem entre 14 e 16 anos ou que o leva a praticá-las com outrem)?

Se for assim, então podemos estar a criar perigosamente um tipo de direito penal de autor e a afastarmo-nos dos pressupostos de um direito penal de facto.

Para obviar ao recurso a considerações de direito penal de autor, teremos que fazer então uma interpretação restritiva do tipo previsto no artigo 175, no sentido de que o requisito da relação entre autor maior de 18 anos e vítima só pretende significar que aí existirá maior perigo para uma (livre) futura escolha da orientação sexual da vítima.

O que implica também aceitar um pressuposto que não está cientificamente comprovado e que, ao que parece, mais não é do que a consagração de uma consideração de natureza ético-social.

De resto, a entender-se que o acto homossexual de relevo não é punido em si (ou como tal) mas antes «pelo perigo que representa para a liberdade de autodeterminação da vítima», então estar-se-ia a antecipar a tutela penal de forma que talvez não seja a mais adequada, por se traduzir numa protecção mais distante do bem jurídico específico tutelado.

---

[505] FIGUEIREDO DIAS, *Comentário Conimbricense*, tomo I, p. 543, embora a propósito de comportamentos tipicamente indiferentes no crime do artigo 172.

Além de que, mesmo sendo legítima (quando está em causa um bem jurídico-penal de importância primária) a protecção de «condutas abstractamente perigosas», o legislador não pode, para avaliar essa perigosidade, deixar de partir de «correctas verificações empíricas».

A tutela antecipada deve ser reservada a «condutas socialmente indesejáveis e comprovadamente perigosas»[506].

Distinta é a situação dos menores de 14 anos, para os quais se compreende que o legislador se baste com a simples prática (ou levar a praticar consigo ou com outrem no caso do nº1 do artigo 172 do CP) de actos hetero ou homossexuais de relevo.

Efectivamente, se um menor com 16 anos praticar actos hetero ou homossexuais em menor de idade inferior a 14 anos, então tal conduta é punida pelo artigo 172 do CP, variando a punição, não em função da natureza do acto cometido mas antes consoante o seu tipo ou categoria.

No que respeita às diversas categorias (pela sua gravidade) de actos sexuais de relevo, o legislador encara o coito anal, em geral como um dos actos mais graves (ao lado da cópula e do coito oral) da conduta sexual e, excepcionalmente, não o distingue (em termos de punição) entre os demais actos sexuais de relevo (coito anal que é punido diferentemente consoante a respectiva incriminação em causa, não havendo distinção de punição nos tipos previstos nos artigos 173 e 176 do CP, tratando-se de adolescentes entre 14 e 16 (18) anos[507].

Assim, o coito anal previsto no nº 2 do citado artigo 172 do CP, abrange tanto a relação heterossexual como a homossexual masculina, ao

---

[506] Assim, SILVA DIAS, Augusto, "Crimes e contra-ordenações fiscais", in Direito Penal Económico e Europeu, vol. II, p. 442.

[507] Assim, no caso do crime previsto no artigo 173, onde se protegem adolescentes entre 14 e 18 anos, o coito anal, tal como qualquer outro acto sexual de relevo, é punido de igual forma com pena de prisão de 1 a 8 anos. Na incriminação prevista no artigo 176 nº 1, dirigida à protecção dos adolescentes entre 14 e 16 anos, a punição também é igual, ou seja, prisão de 6 meses a 5 anos, consoante, verificados os demais pressupostos, seja encarado como «exercício de prostituição», o que pressupõe uma qualquer compensação ou contrapartida, ou como prática de actos sexuais de relevo, portanto, mesmo sem a mediação de qualquer contrapartida.

contrário do que sucede no artigo 174, que apenas admite o coito anal resultante de relação heterossexual e, do que sucede no tipo do artigo 175, onde passa a ser considerado como um «geral» acto homossexual de relevo.

Quer dizer, enquanto no crime previsto no artigo 172 se distingue apenas o tipo de acto sexual em causa, independentemente da sua natureza (hetero ou homossexual) – tal como de resto também sucede nas incriminações previstas nos artigos 173[508] e 176 – já nos dos artigos 174 e 175 optou-se pela distinção essencialmente em função da natureza do acto sexual em causa.

Porque é que então o legislador sentiu necessidade de fazer esta distinção quanto à natureza do acto sexual em questão quando são envolvidos menores com idade entre 14 e 16 anos «não dependentes»[509], tratando-os também de forma diferente em relação aos da mesma idade mas que se encontram em situação de «dependência de determinadas pessoas» ou dos que são vítimas do crime de lenocínio e tráfico de menores?

Afinal, parece que se está a punir, de forma particular, a mera actividade homossexual que seja (socialmente) relevante[510].

---

[508] ANTUNES, Maria João, *Comentário Conimbricense*, tomo I, p. 574, refere que, verificando-se o crime do artigo 175 «ocorrerá concurso aparente de crimes quando a conduta do agente, maior de idade, preencher também o tipo legal de crime de abuso sexual de adolescentes (art. 173 nº 1)». Conclui que, nesse caso, «o crime praticado é o de *abuso sexual de adolescentes*, nada obstando a que a natureza do acto sexual de relevo possa ser valorada na determinação da medida concreta da pena a aplicar». Porém, parece-nos que, neste caso, na medida concreta da pena a aplicar, se deveria atender não necessariamente à natureza do acto cometido mas antes ao seu «peso», isto é, dever-se-ia ponderar a gravidade objectiva desse acto sexual, tendo em atenção o bem jurídico violado.

[509] Distinguimos aqui os «não dependentes» porque se forem «dependentes» existirá um concurso aparente de normas, efectuando-se a punição pelo crime mais grave, ou seja, pelo previsto no artigo 173.

[510] FERREIRA RAMOS, Fernando João, "Notas sobre os crimes sexuais no projecto de revisão do Código Penal de 1982 e na Proposta de Lei nº 92/VI", *RMP*, ano 15º, nº 59, Julho-Setembro 1994, p. 30, cita os ensinamentos do Prof. Henri Boll, «segundo o qual não é possível nem desejável sancionar penalmente a mera actividade sexual, o que é conforme ao princípio democrático que proclama pertencer ao cidadão, e só a ele, determinar o seu próprio comportamento sexual (uma das componentes essenciais da vida privada), apenas com a limitação decorrente da liberdade de outras pessoas em matéria sexual».

Aliás repare-se que, a própria referência plural a «actos homossexuais de relevo» já em si encerra um cariz estigmatizante, parecendo que o legislador ao optar por essa fórmula quis significar, por um lado, que a natureza do acto é que era importante e, por outro, que tal tipo de conduta manifesta-se sempre por uma multiplicidade de actos censuráveis e não por um acto isolado.

Ao discriminar no artigo 175 do CP a natureza do acto em causa, o legislador está a consagrar a «desvalorização social da homossexualidade», o que significa que está a proteger de forma ilegítima um bem jurídico transpessoal com conteúdo moral.

Por isso, não se deve acolher o critério da diferente natureza do acto (hetero ou homossexual, exigindo para a segunda «um grau de maturidade superior»[511]) para distinguir as diferentes incriminações.

Na verdade, do confronto do tipo do artigo 174 com o do artigo 175, resulta desde logo que o legislador gradua e protege, em moldes diferentes, a imaturidade do adolescente entre 14 e 16 anos, na medida em que, para se verificar o «abuso sexual», no primeiro caso exige - além da prática de actos heterossexuais de relevo qualificados (cópula ou coitos) - que o agente abuse da inexperiência da vítima, enquanto no segundo, se contenta com a simples prática de actos homossexuais de relevo (à semelhança do que sucede quando tutela os menores de 14 anos).

Isto é, no crime de actos homossexuais com adolescentes não exige qualquer elemento ou meio adicional limitativo da liberdade sexual, presumindo o «abuso sexual» se os actos de relevo forem de natureza homossexual e o agente for maior de 18 anos.

Dessa forma cria a incongruência de os jovens (a quem se destina a especial tutela penal) em princípio atingirem a «maioridade sexual», respectivamente aos 14 anos e aos 16 anos, consoante designadamente a natureza hetero ou homossexual dos actos de relevo em causa.

---

[511] Assim, PEREIRA, Rui, "Liberdade sexual. A sua tutela na reforma do Código Penal", *sub judice, justiça e sociedade,* nº 11, Janeiro-Junho, 1996, p. 46, referindo que, «a solução proposta de abranger vítimas entre 14 e 18 anos (proposta que acabou por não ser aceite) pressupõe que a prática de acto homossexual livre requer um grau de maturidade superior ao necessário para praticar um acto heterossexual livre – o que carece de fundamento racional».

Sobre a ratio das incriminações previstas nos artigos 174 e 175 do CP 283

Assim, tudo aponta que terá pleno cabimento a afirmação de Paul Bockelmann[512] quando escreve que, afinal, «a lei penal não quer apenas garantir a liberdade sexual mas também orientar para comportamentos não marginais».

E, efectivamente o tipo autónomo do artigo 175 do CP parece entender a homossexualidade como um comportamento marginal.

Aliás, no crime do artigo 175 do CP, parece que a conduta descrita não atenta contra um bem jurídico determinado, antes acabando por poder talvez dizer-se que limita de algum modo a liberdade sexual do titular do bem protegido na medida em que, para o parceiro não ser punido, apenas lhe é «permitido» a prática de actos homossexuais de relevo com menores de 18 anos.

O que não faz sentido, sendo contraditório que se acabe por aceitar que o sujeito passivo tem capacidade para se autodeterminar sexualmente, escolhendo a prática de comportamentos homossexuais desde que o parceiro seja menor de 18 anos e já se considere que é incapaz de se autodeterminar sexualmente quando escolhe um parceiro maior de 18 anos.

Para além de que, quando um jovem entre 14 e 16 anos pratica, voluntariamente e, de forma que poderíamos dizer «regular» ou até «habitual», actos homossexuais de relevo, normalmente é porque já tem tal «inclinação» ou «preferência» - o que todavia não quer dizer que a sua orientação sexual já está irremediavelmente comprometida -, sendo certo que, apesar de tudo, continuam a ser estatisticamente inferiores os casos de denúncia da prática de actos homossexuais de relevo relativamente aos da prática de actos heterossexuais de relevo[513].

---

[512] Paul Bockelmann, citado por SILVA PEREIRA, Maria Margarida, "Rever o Código Penal", p. 21, nota 37.

[513] SORIA, Miguel Ángel e HERNÁNDEZ, José Antonio, *El agressor sexual y la víctima*, Barcelona: editorial Boixareu Universitaria, 1994, p.97, embora alertando para a falta de dados precisos, referem que «por cada agressor homossexual existem dois heterossexuais (Revitch e Weiss, 1962)». Também, MANITA, Celina, "Quando as portas do medo se abrem... do impacto psicológico ao(s) testemunho(s) de crianças vítimas de abuso sexual", *in Cuidar da Justiça de Crianças e Jovens, A função dos Juízes Sociais, Actas do Encontro*, p. 233, esclarece que se «verifica que a maior parte dos abusos sexuais são heterossexuais,

284   *Crimes Sexuais com Adolescentes*

Por outro lado, a indeterminação do bem jurídico violado no crime previsto no artigo 175 do CP é mais patente quando é certo que, a prática de actos heterossexuais de relevo - que não sejam cópula, coito anal ou coito oral - com jovens «não dependentes» entre 14 e 16 anos não é punida e, também não é punida a prática de qualquer tipo de actos sexuais consentida entre menores entre 14 e 18 anos (excepto se o sujeito activo – maior de 16 anos – for a pessoa da qual dependem), não importando nestes casos a maior ou menor experiência dos intervenientes ou a natureza dos actos.

Aliás, o desvalor especial em relação aos «actos homossexuais de relevo» é realçado quando, no tipo do artigo 174 o legislador não se contenta com a simples prática de determinado tipo de actos heterossexuais – como seria lógico se seguisse os mesmos critérios do tipo do artigo 175 – exigindo adicionalmente o tal «abuso de inexperiência»[514].

O que mostra, também, uma certa «contradição normativa» entre o tipo do artigo 174 e o do artigo 175, quando é certo que a teleologia dos dois preceitos é (ou aponta para ser) a mesma, ou seja, a protecção do bem jurídico da liberdade e da autodeterminação sexual do jovem adolescente entre os 14 e os 16 anos de idade.

O paradoxo apontado é mais flagrante quando nos deparamos com situações equivalentes que, todavia, merecem tratamento penal diverso: é o caso, já acima abordado, de um indivíduo do sexo masculino, maior de 18 anos, praticar coito anal com uma adolescente entre 14 e 16 anos sem abuso de inexperiência, situação em que não é punido mas, sendo já punido pelo tipo do artigo 175, se o praticar (ou levar a praticar com outrem) com um adolescente da mesma idade do sexo masculino.

O coito anal – independentemente de ser fruto de uma relação heterossexual ou homossexual masculina – deve ser encarado pelo legis-

---

como apesar de existirem muitos rapazes vítimas de abuso, a maior parte das vítimas continua a ser do sexo feminino e a ser abusada por agressores do sexo masculino».

[514] PEREIRA, Rui Carlos, "Código Penal: as ideias de uma revisão adiada", *RMP*, ano 18º, nº 71, Julho-Setembro 1997, p. 58 ss., sugere que «para harmonizar as incriminações do estupro e dos actos homossexuais com menores, [se exija] também neste último crime que haja abuso da inexperiência da vítima».

lador da mesma forma (na coerência do sistema como um acto sexual de relevo qualificado), devendo merecer igual tratamento quando estão em causa jovens imaturos entre 14 e 16 anos, sob pena de estar a deixar transparecer preferências e valorações de conteúdo ético-social e moralista que, afinal, pretende evitar e abolir do Código Penal.

E, não se deve esquecer, por outro lado, que no crime de actos homossexuais com adolescentes há sempre, de certa forma, uma «convergência de vontades» entre ambos os parceiros sexuais.

O que deveria levar o legislador a ter o cuidado de não intervir – tal como sucede quando estão em causa determinado tipo de relações heterossexuais – quando a vontade manifestada pelo jovem fosse livre e esclarecida.

Porque é que então o abuso de inexperiência é exigido no caso de estarem em causa (determinado tipo de) relações heterossexuais e já não importa quando estão em causa relações homossexuais ?

Porquê a necessidade de autonomizar o crime do artigo 175 do CP?

Sénio Manuel dos Reis Alves, refere a propósito do artigo 175 que «o fim tutelado pela norma incriminadora é a protecção absoluta dos menores que, devido à sua natural ingenuidade e impreparação devem ser especialmente acautelados contra actos que ponham em perigo o seu normal desenvolvimento sexual. (...) há que protegê-los até deles próprios, até dos seus próprios desejos e impulsos»[515].

Parece então, na perspectiva deste Autor - se bem a entendemos - que concorda que o legislador procure, por esta via, orientar os jovens para a heterossexualidade, o que, a ser assim, subverte a função do direito penal.

---

[515] REIS ALVES, *ob. cit.*, p. 100. Também MOURAZ LOPES, José, *Os crimes contra a liberdade sexual e autodeterminação sexual no Código Penal (de acordo com a revisão do Código Penal operada pela Lei 65/98 de 2 de Setembro)*, 2ª ed. Coimbra: Coimbra Editora, 1998, p. 98, em anotação ao artigo 175 refere que "[mais] uma vez será a necessidade de controlar os reflexos que os tipos de experiências sexuais que uma pessoa tem, especialmente durante a adolescência, como causa da direcção «ou reforço do fluxo da sua preferência sexual». É, por isso, importante que nesta fase da formação da personalidade se procure um desenvolvimento adequado da sexualidade, sem grandes sobressaltos".

É que, preservar a liberdade e autodeterminação sexual dos jovens, implica também salvaguardar a futura escolha por qualquer orientação sexual.

E, pela singeleza da norma (artigo 175), por contraposição com o crime do artigo 174, o legislador considera imaturo o jovem (entre 14 e 16 anos) que pratique actos de natureza homossexual de relevo apenas no caso em que o «parceiro» seja um adulto de 18 anos ou mais mas, já o considera «maduro» (ressalvado a incriminação prevista no artigo 173) para praticar actos heterossexuais de relevo que não sejam a cópula e os coitos anal e oral.

Então, só se pode concluir pela ilegitimidade deste tipo de intervenção penal, na medida em que assume natureza educativa, discriminando um certo tipo de orientação sexual, mas não estando afinal em causa a imaturidade sexual, nem o livre desenvolvimento sexual do jovem.

Ora, se é certo que o legislador apostou no «direito penal como meio idóneo para combater a discriminação, mesmo a que encontra o seu fundamento no sexo da pessoa discriminada»[516], a verdade é que não se importou, como devia, na não discriminação em razão da orientação sexual fora dos paradigmas de «normalidade», «normalidade» que identifica com heterossexualidade.

O paternalismo do CP em relação aos jovens entre 14 e 16 anos – concretamente no que respeita aos crimes dos artigos 174 e 175 – é excessivo[517] e está em desacordo com a realidade social dos nossos dias em que cada vez mais esses jovens (dessa faixa etária), conquistam a sua emancipação designadamente a nível sexual[518].

---

[516] COPELLO, Patricia Laurenzo, "A discriminação em razão do sexo na legislação penal" (trad. por Alberto Esteves Remédio), *RMP*, ano 20, nº 78, Abril-Junho 1999, p. 57.

[517] Também COPELLO, *ob. ult. cit.*, p. 70, refere a propósito da legislação espanhola que «no campo da discriminação em razão do sexo, a legislação penal terá optado, uma vez mais, por um paternalismo excessivo».

[518] Noutras áreas, é a própria Comunidade Internacional que acaba por admitir uma emancipação prematura (nociva): veja-se a Convenção Sobre os Direitos da Criança (1989) – ratificada por Portugal através da Resolução da Assembleia da República nº 20/90 de 12/9 -, quando acaba por aceitar que, completados os 15 anos, qualquer pessoa

Sobre a ratio das incriminações previstas nos artigos 174 e 175 do CP

E não é pela via da criminalização e da repressão que se vão «preparar» melhor os jovens dessa faixa etária a nível sexual (isto é, para poderem mais tarde escolher em liberdade), sabido que estas vias normalmente são contraproducentes, não só pelos estigmas que criam na própria «vítima» mas também por «fomentarem sentimentos de culpa e de angústia sexual, pelo efeito psicológico da proibição»[519].

Aliás, é a própria censura, preconceitos e tabus existentes na sociedade que geram estados de confusão no adolescente quanto à sua orientação sexual, apesar de esta apenas se sedimentar de forma mais afirmativa no estado adulto, estado que os jovens hoje em dia atingem cada vez mais tarde.

De notar que, apesar de na própria Comissão de Revisão do Código Penal, Costa Andrade[520] ter referido que «a lógica levaria à eliminação

---

possa ser recrutada nas forças armadas (artigo 38 n.º 3) e, ao mesmo tempo, embora ressalvando as situações em que a maioridade seja concedida mais cedo em virtude de legislação que lhe seja aplicável, defende que, para efeitos desta convenção, considera-se criança todo o ser humano com menos de 18 anos (artigo 1). Quer dizer, a própria Convenção Sobre os Direitos da Criança acaba por aceitar que "crianças" com 15 anos sejam recrutadas nas forças armadas, o que não deixa de ser uma incongruência se olharmos aos princípios subjacentes a tal convenção. De resto, em Portugal, a partir dos 16 anos, os menores também são considerados maiores para trabalharem, para casarem e para responderem criminalmente. Porém, note-se que na Resolução do Parlamento Europeu (A 3-0172/92) de 8/7/1992, publicada no *JO* C 241 de 21/9/1992, pp. 0067-0073, (sobre uma Carta Europeia dos Direitos da Criança), preconizava-se que, para efeitos penais, a idade de 18 anos fosse considerada como idade mínima para que possam ser exigidas as respectivas responsabilidades (ponto 8.1.), que «nenhuma criança menor de 18 anos poderá ser obrigada a participar directamente em hostilidades bélicas ou outros conflitos armados (ponto 8.21.) e que às crianças (definidas no ponto 8.1 como sendo todo o ser humano de idade inferior a 18 anos, a menos que, em virtude de legislação nacional que lhe seja aplicável, tenha atingido anteriormente a maioridade) deverá ser «oferecida educação sexual que aborde aspectos como os cuidados médicos necessários e os meios de contracepção, no respeito das convicções filosóficas e religiosas».

[519] BELEZA, José, *ob. cit.,* pp. 571-578, nota 328, embora a propósito do crime de estupro mas, com plena actualidade e pertinência em relação, também, ao crime de homossexualidade com adolescentes.

[520] *Código Penal. Actas e Projecto da Comissão de Revisão,* 1993, Acta nº 24, de 17, 18 e 19/3/1990, p. 264.

288   *Crimes Sexuais com Adolescentes*

deste artigo» – reportando-se ao artigo 173 (acções homossexuais com menores) do Projecto do Código Penal então em discussão – acabou por se concluir que, «apesar de tudo é a heterossexualidade que representa a situação mais normal», sublinhando Figueiredo Dias (segundo o teor da Acta nº 24, de 17, 18 e 19/3/1990) que, «mesmo nos países onde se reconhece com latitude o direito à diferença, a verdade é que existe algo estatisticamente anormal», acordando a Comissão pela manutenção do artigo.

Por isso, Teresa Beleza[521], contesta o argumento («da regra da estatística da heterossexualidade») utilizado na Comissão – segundo o teor da respectiva Acta – dizendo que é «muito pouco convincente e de legitimidade constitucional assaz duvidosa. Em rigor, a suposta frequência estatística da orientação sexual poderia até levar à conclusão exactamente oposta: em termos de prevenção, teria mais probabilidade de sucesso, maior ameaça penal para um início precoce de relacionamento heterossexual...».

Essa invocada inconstitucionalidade apenas poderia transparecer do facto de, através do crime previsto no artigo 175 do CP, se estar a discriminar em função de um determinado tipo de orientação sexual e, consequentemente, estar a tratar-se diferentemente comportamentos sexuais consoante a sua natureza hetero ou homossexual (cf. artigos 9 -b), d) e h), 13 e 26 da CRP)[522].

---

[521] BELEZA, Teresa, "Sem sombra de pecado", p. 181. Também MOURAZ LOPES, José, *ob. ult. cit.*, pp. 97-98, refere a este propósito que «[poderá] por isso questionar-se constitucionalmente o tratamento desigual que é dado à homossexualidade, face a outras formas de sexualidade, com a criminalização das condutas em causa neste crime».

[522] De notar que, na 6ª Revisão Constitucional de 2004 (Lei Constitucional nº 1/2004 de 24/7), foi alterado o nº 2 do artigo 13 da CRP, no tocante à inclusão da "orientação sexual". Todavia, como diz MIRANDA, Jorge e MEDEIROS, Rui, *Constituição Portuguesa Anotada*, tomo I, Coimbra: Coimbra Editora, 2005, p. 121, «[o] fazer-se-lhe agora menção no nº 2 não equivale a mais do que uma explicitação, sem que daí possa extrair-se alguma consequência quanto a outras matérias, designadamente, quanto ao casamento e à adopção (artigo 36)». A CRP já foi objecto da 7ª Revisão Constitucional (Lei Constitucional nº 1/2005 de 12/8) mas, tratou-se apenas do aditamento do novo artigo 295 relativo ao referendo sobre o tratado europeu. Entretanto, foi também publicado o Ac. do Tribunal Constitucional nº 247/2005, proferido em 10/5/2005, que «julgou inconstitucional, por violação dos artigos 13 nº 2 e 26 nº 1, da Constituição, a norma do artigo 175 do Código

Sobre a ratio das incriminações previstas nos artigos 174 e 175 do CP

Ora, o princípio da «não discriminação em razão da orientação sexual»[523] aplicado a nível da intervenção penal implica, por um lado que se tratem as actividades sexuais entre pessoas do mesmo sexo da mesma

---

Penal, na parte em que pune a prática de actos homossexuais com adolescentes mesmo que se não verifique, por parte do agente, abuso da inexperiência da vítima». Em declaração de voto, Maria João Antunes (Relatora do mesmo acórdão), expõe as razões porque «votaria ainda a declaração de inconstitucionalidade da norma contida no artigo 175 do Código Penal, por violação do art. 18 n° 2 da CRP (...)», salientando, entre outras, a «evolução legislativa que aproxima o direito penal a um paradigma de intervenção mínima». Ver, também, Ac. do Tribunal Constitucional n.° 351/2005.

[523] O Tratado de Amesterdão (artigos 12 e 13) alarga o princípio da «não discriminação em razão da nacionalidade» inscrito no Tratado da CE (artigo 6), dando a possibilidade ao Conselho de "tomar as medidas necessárias para combater a discriminação em razão do sexo, raça ou origem étnica, religião ou crença, deficiência, idade ou orientação sexual" (cf. artigo 6-A introduzido pelo citado art. 13 do TA). Também na Declaração da União Europeia, feita em Viena em 10/12/1998, na ocasião do 50° aniversário da Declaração Universal dos Direitos do Homem, reafirmou-se que «logo que o Tratado de Amesterdão entrasse em vigor, o respeito dos direitos do homem e as liberdades fundamentais constituiria uma das condições de adesão à União Europeia, e uma violação grave e persistente destes direitos poderia levar à suspensão dos direitos de um Estado membro». BONTEMPI, Rinaldo, «Rapport sur le Plan d´action du Conseil et de la Comission concernant les modalités optimales de mise en oeuvre des dispositions du Traité d`Amsterdam relatives à l´établissement d´un espace de liberté, de sécurité et de justice (13844/98 – C4-0692/98 – 98/0923 (CNS))»: Commission des Libertés Publiques et des Affaires Intérieures, Parlement Européen, 18/3/1999, refere que se «[considera] urgente a apresentação pela Comissão de um plano global e de medidas concretas necessárias ao combate de toda a discriminação fundada sobre o sexo, a raça ou a origem étnica, a religião ou as crenças, uma deficiência, a idade ou a orientação sexual assim como ao combate das exclusões (artigos 6 A e 117 TCE – futuros artigos 13 e 136 TA)». Acrescente-se que, a adopção do artigo 13 do Tratado que institui a Comunidade Europeia (na redacção dos Tratados de Amesterdão e de Nice), como se diz no Livro Verde da Comissão - Igualdade e combate à discriminação na União Europeia alargada, Bruxelas, 28/5/2004, COM/2004/0379 final: Comissão das Comunidades Europeias, «configura o reconhecimento crescente da necessidade de desenvolver uma abordagem coerente e integrada da luta contra a discriminação. Esta abordagem tem por objectivo maximizar os esforços conjuntos de combate à discriminação e aproveitar a transferência de experiências e boas práticas nos vários domínios. Fornece uma base mais eficaz para tratar situações de discriminação múltipla e permite abordagens jurídicas e políticas comuns que abranjam os diferentes motivos, incluindo definições comuns de discriminação».

290 *Crimes Sexuais com Adolescentes*

forma que as actividades sexuais das pessoas de sexo diferente, que ocorram em circunstâncias equivalentes àquelas e, por outro lado, que seja estabelecida a mesma idade de consentimento para actividades hetero ou homossexuais.

Acresce que, ao manter o crime previsto no artigo 175 do CP, o Estado Português está a discriminar os homossexuais e a não ter em atenção, além do mais, a Resolução sobre o respeito pelos Direitos do Homem na UE (1997) (cf. acta de 17/12/98 onde se requer, no ponto 53, que «os Estados-Membros, que ainda o não tenham feito, eliminem todas as formas de discriminação dos homossexuais, requer nomeadamente à Áustria, à Grécia, a Portugal e ao Reino Unido que suprimam as diferenças de idades, para efeitos de consentimento de relações sexuais, entre homossexuais e heterossexuais»)[524] e a Convenção Europeia dos Direitos Humanos[525].

---

[524] Já em 1981, a Assembleia Parlamentar do Conselho da Europa, através da Recomendação n.º 924, solicitou a todos os governos da Europa que acabassem com a discriminação dos homens e mulheres homossexuais em áreas como a idade legal para manter relações sexuais. No mesmo sentido: Resolução do Parlamento Europeu de 8/2/1994, publicada no *JO* C 61 de 28/2/1994, p. 0010 (sobre a igualdade de direitos dos homens e mulheres homossexuais na CE, "na qual se solicitava aos Estados-Membros que utilizassem o mesmo critério etário para actividades heterossexuais e homossexuais"), Resolução do Parlamento Europeu de 17/9/1996, publicada no *JO* C 320 de 28/10/1996, p. 0036 (sobre o respeito dos direitos do Homem na União Europeia em 1994, "na qual se solicitava que fosse abolida toda e qualquer discriminação ou desigualdade de tratamento dos homossexuais, em especial no que se refere às diferenças que ainda subsistem em relação à idade a partir da qual são autorizadas relações homossexuais"), Resolução do Parlamento Europeu de 8/4/1997, publicada no *JO* C 132 de 28/4/1997, p. 0031 (sobre o respeito dos direitos humanos na União Europeia em 1995, "na qual se reiterava o pedido de que fosse abolida toda e qualquer desigualdade no que se refere à idade mínima legal para as relações sexuais e se solicitava explicitamente à Áustria que revogasse as disposições discriminatórias relativas à idade mínima para as relações sexuais"), Resolução do Parlamento Europeu de 17/2/1998, publicada no *JO* C 80 de 16/3/1998, p. 0043 (sobre o respeito dos direitos humanos na União Europeia em 1996, "na qual se reiterava o pedido ao Governo Austríaco para que revogasse as disposições discriminatórias relativas à idade mínima global para as relações sexuais contidas no Código Penal Austríaco) e Resolução do Parlamento Europeu de 17/9/1998, publicada no *JO* C 313 de 12/10/1998, pp. 0186-0188 (sobre a igualdade de direitos dos homens e mulheres homossexuais na UE, na qual se "solicita ao Governo e ao Parlamento austríacos que tomem medidas para revogar imediatamente o artigo 209 do Código Penal e amnistiem de imediato todas as

pessoas detidas por força do disposto no mesmo", instando-se, ainda, todos os países candidatos com os quais a UE já iniciou o processo de negociações para a adesão "a revogarem toda e qualquer legislação que viole os direitos dos homens e mulheres homossexuais, em especial as disposições discriminatórias relativas à idade legal mínima", solicitando à Comissão que "tome em consideração o respeito dos direitos humanos dos homens e mulheres homossexuais quando das negociações de adesão com os países candidatos" e que "examine criteriosamente a situação dos direitos humanos dos homens e mulheres homossexuais nesses países", consignando que "não dará o seu parecer favorável à adesão a qualquer país cuja legislação ou políticas violem os direitos dos homens e mulheres homossexuais"). O empenho constante e contínuo da UE contra qualquer forma de discriminação mantém-se actualmente: ver, nomeadamente, a Decisão 2000/750/CE do Conselho, de 27/11/2000, publicada no *JO* L 303 de 2/12/2000, pp. 0023-0027 (que estabelece um programa de acção comunitário de luta contra a discriminação para 2001-2006), a Directiva 2000/43/CE do Conselho, de 29/6/2000, publicada no *JO* L 180 de 19/7/2000, pp. 0022-0026 (que aplica o princípio da igualdade de tratamento entre as pessoas, sem distinção de origem racial ou étnica), a Directiva 2000/78/CE do Conselho, de 27 de/11/2000, publicada no *JO* L 303 de 2/12/2000, pp. 0016-0022 (que estabelece um quadro geral de igualdade de tratamento no emprego e na actividade profissional), a Directiva 2004/113/CE do Conselho, de 13/12/2004, publicada no *JO* L 373 de 21/12/2004, pp. 0037-0043 (que aplica o princípio de igualdade de tratamento entre homens e mulheres no acesso a bens e serviços e seu fornecimento) e a Proposta de decisão do Parlamento Europeu e do Conselho de 1/6/2005, COM (2005) 225 final 2005/0107 (COD), relativa ao Ano Europeu da Igualdade de Oportunidades para Todos (2007). Para uma Sociedade Justa, {SEC (2005) 690}: *Comissão das Comunidades Europeias.*

[525] A Convenção de Salvaguarda dos Direito do Homem e das Liberdades Fundamentais, aprovada em Roma em 4/11/1950 (posteriormente alterada por diversos protocolos), estabelece no Título I os direitos e liberdades reconhecidos a toda e qualquer pessoa. Entre outros, consagra no artigo 8 o direito ao respeito da vida privada e familiar (artigo 8 nº 1- toda a pessoa tem o direito ao respeito da sua vida privada e familiar, do seu domicílio e da sua correspondência. nº 2- Não pode haver ingerência de uma autoridade pública no exercício deste direito a não ser que essa ingerência esteja prevista na lei e constitua uma medida que, numa sociedade democrática, seja necessária à segurança nacional, à segurança pública, ao bem-estar económico do país, à defesa da ordem e à prevenção de infracções penais, à protecção da saúde ou da moral, ou à protecção dos direitos e liberdades de outrem.) e, estabelece no artigo 14 a proibição da discriminação (artigo 14 - O gozo dos direitos e liberdades reconhecidos na presente Convenção deve ser assegurado, sem qualquer distinção, fundada «particularmente» sobre o sexo, a raça, a cor, a língua, a religião, as opiniões políticas ou todas e quaisquer outras opiniões, a origem nacional ou social, a pertença a uma minoria nacional, a riqueza, o nascimento ou qualquer outra situação). Em 1/7/1997, no caso «*Sutherland* contra o Reino Unido», a Comissão Europeia dos Direitos Humanos concluiu – por 14 votos contra 4 - que não existia uma justificação objectiva e razoável para se manter uma idade legal de consentimen-

No capítulo III (igualdade) da Carta dos Direitos Fundamentais da União Europeia, de 7/12/2000[526], insere-se o artigo 21 (não discriminação), cujo nº1 dispõe que «[é] proibida a discriminação em razão, designadamente, do sexo, raça, cor ou origem étnica ou social, características genéticas, língua, religião ou convicções, opiniões políticas ou outras, pertença a uma minoria nacional, riqueza, nascimento, deficiência, idade ou orientação sexual».

A não discriminação é um princípio fundamental da União Europeia, "constitui um direito universal, reconhecido pela Declaração Universal dos Direitos do Homem, pela Convenção das Nações Unidas sobre a eliminação de todas as formas de discriminação contra as mulheres, pela Convenção Internacional sobre a eliminação de todas as formas de discriminação racial, pelos pactos internacionais das Nações Unidas sobre os direitos civis e políticos e sobre os direitos económicos, sociais e culturais, e pela Convenção para a Protecção dos Direitos do Homem e das Liberdades Fundamentais, de que todos os Estados-Membros são signatários"[527], que visa garantir a todos os indivíduos, independentemente da sua raça, origem étnica, religião, crença, deficiência, idade ou orientação sexual, o "direito a uma protecção uniforme contra a discriminação".

---

to maior no caso das relações homossexuais do que nas heterossexuais, considerando que esse entendimento originava um tratamento discriminatório por violação do artigo 8, em conjugação com o artigo 14, ambos da referida Convenção.

[526] Carta dos Direitos Fundamentais da União Europeia publicada no *JO* C 364 de 18/12/2000, pp. 0001-0022. Como diz, CANOTILHO, J. J. Gomes, "Compreensão jurídico-política da Carta", *in Carta de Direitos Fundamentais da União Europeia*, Corpus Iuris Gentium Conimbrigae 2, Coimbra: Coimbra Editora, 2001, pp. 13-14, «o seu [da carta europeia] primeiro objectivo é, assim, a positivação de direitos através da sua incorporação jurídica no ordenamento da União. Em segundo lugar, pretende-se positivar os direitos conferindo-lhe um valor de *Fundamental Rights* e atribuindo-lhes uma hierarquia materialmente superior no quadro das fontes de direito da União Europeia. Significa isto a *fundamentalização* formal e material desses direitos. (…) A terceira ideia a sedimentar é a de que a carta europeia de direitos fundamentais não substitui nem pode substituir as constituições dos Estados-membros».

[527] Assim, Directiva 2004/113/CE do Conselho, de 13/12/2004, publicada no *JO* L 373 de 21/12/2004, pp. 0037-0043.

Como se diz na Directiva 2000/78/CE do Conselho, de 27 de Novembro de 2000 (que estabelece um quadro geral de igualdade de tratamento no emprego e na actividade profissional)[528], "a discriminação baseada na religião ou nas convicções, numa deficiência, na idade ou na orientação sexual pode comprometer a realização dos objectivos do Tratado CE, nomeadamente a promoção de um elevado nível de emprego e de protecção social, o aumento do nível e da qualidade de vida, a coesão económica e social, a solidariedade e a livre circulação das pessoas. Para o efeito, devem ser proibidas em toda a Comunidade quaisquer formas de discriminação directa ou indirecta baseadas na religião ou nas convicções, numa deficiência, na idade ou na orientação sexual, nos domínios abrangidos pela presente directiva."

Ora, o Estado Português ao assumir compromissos internacionais, designadamente através da adesão à UE e a determinadas Convenções Internacionais[529], deve ter o cuidado de seguir e adaptar o direito interno às orientações e recomendações que são feitas[530], às quais aderiu, em vez de continuar afastado delas.

---

[528] *JO* L 303 de 2/12/2000, pp. 0016-0022.

[529] Vejam-se, entre outros, a Declaração Universal dos Direitos do Homem (*New York* 1948), a Convenção sobre os direitos da Criança (1989) e o Protocolo Facultativo à Convenção sobre os direitos da Criança relativo à venda de Crianças, Prostituição Infantil e Pornografia Infantil, adoptado pela Assembleia Geral das Nações Unidas em 25/5/2001, protocolo esse que entrou em vigor em 18/1/2002, tendo sido assinado por Portugal em 6/9/2000, sendo depois sujeito ao respectivo processo de ratificação (Decreto do Presidente da República nº 14/2003 de 5/3 e Resolução da Assembleia da República nº 16/2003 de 5/3, publicados na Série I-A do *DR* de 5/3/2003).

[530] Entre outras, a Acção Comum de 24/2/97, adoptada pelo Conselho da UE com base no artigo K.3 do tratado da União Europeia, relativo à luta contra o tráfico de seres humanos e contra a exploração sexual de crianças (97/154/JAI), publicada no *JO* L 063 de 4/3/1997, pp. 0002-0006, no título I, ponto B, ii), considerava como «exploração sexual» de uma criança, qualquer dos seguintes tipos de comportamento: a) – indução ou coacção de uma criança a participar em actividades sexuais ilícitas; b) – exploração de uma criança na prostituição ou em quaisquer outras práticas sexuais ilícitas; c) – exploração de uma criança em actividades e materiais pornográficos, incluindo a produção, venda e distribuição ou outras formas de tráfico de materiais desse tipo, bem como a sua posse. Pretendia-se com esta Acção Comum que, cada Estado-Membro pro-

294   *Crimes Sexuais com Adolescentes*

Aliás, o Estado Português está consciente «da necessidade de dar execução a compromissos internacionais» mas, não obstante isso, neste

---

cedesse, «na observância das normas constitucionais e costumes respectivos, à revisão da legislação interna...», quanto a determinados tipos de comportamento intencional, designadamente (além de situações de tráfico e exploração sexual de pessoas, que não sejam crianças, com fins lucrativos, quando se verifique coacção, especialmente violência ou ameaças, ou dolo, ou abuso de autoridade ou outras pressões, de tal ordem que essa pessoa não tenha outra solução real ou aceitável senão submeter-se a essas pressões ou abusos), «de situações de exploração sexual ou abuso sexual de crianças e tráfico de crianças com o objectivo de as explorar ou delas abusar sexualmente». Entre as diversas medidas a adoptar a nível nacional (cf. título II), indicava-se que «cada Estado-Membro procederá a uma revisão da legislação e práticas em vigor, a fim de assegurar que: a) - os tipos de comportamento referidos no ponto B do título I sejam qualificados como crimes; (...)». Essa Acção Comum (97/154/JAI) deixou de ser aplicável ao tráfico de seres humanos, quando foi publicada a Decisão-Quadro 2002/629/JAI do Conselho de 19/7/2002, publicada no *JO* L 203 de 1/8/2002, pp. 0001-0004 (relativa à luta contra o tráfico de seres humanos, a qual reforçou as medidas a tomar nesta área) e acabou por ser revogada pelo artigo 11 da Decisão-Quadro 2004/68/JAI do Conselho, de 22/12/2003, publicada no *JO* L 13 de 20/1/2004, pp. 0044-0048 (relativa à luta contra a exploração sexual de crianças e a pornografia infantil). Nesta última Decisão-Quadro, consta do art. 1-a) que se entende por «"criança", qualquer pessoa com menos de 18 anos de idade». Recorde-se que, já em 1999, CUESTA ARZAMENDI, José Luis de la, "Las nuevas corrientes internacionales en materia de persecución de delitos sexuales a la luz de los documentos de organismos internacionales y europeos", *in Delitos contra la libertad sexual,* p. 366, chamava à atenção para a importância de «harmonizar a idade limite para a consideração de alguém como criança para efeitos de exploração sexual. Enquanto frequentemente se identificam as crianças com os menores (como no Projecto de Protocolo para a Convenção de Crime Organizado), outras vezes, postulam-se, razoavelmente, idades inferiores: assim, no Projecto de Acção Comum da UE, 15 anos». Na Decisão nº 803/2004/CE do Parlamento Europeu e do Conselho, de 21 de Abril de 2004 *(JO* L 143 de 30/04/2004 pp. 0001 – 0008)*,* que adopta um programa de acção comunitário (2004-2008) de prevenção e de combate à violência exercida contra as crianças, os adolescentes e as mulheres e de protecção das vítimas e dos grupos de risco (programa DAPHNE II), consta do artigo 1º que, «Para efeitos do programa Daphne II, o termo "crianças" inclui os adolescentes até à idade de 18 anos, nos termos dos instrumentos internacionais relativos aos direitos da criança. Contudo, os projectos cujas acções se orientem especialmente para, por exemplo, os jovens dos 13 aos 19 anos ou as pessoas dos 12 aos 25 anos, são considerados como visando a categoria dos "adolescentes".

domínio tem-se mantido indiferente às recomendações que lhe são feitas[531].

Por isso, o legislador penal não deve (por não ser sua função) preocupar-se em fazer pedagogia, como sucede actualmente com os crimes dos artigos 174 e 175 do CP - impondo-se a mudança da opção político criminal de, nestes casos, punir os «actos sexuais com adolescentes» e os «actos homossexuais com adolescentes» ali descritos - importando apurar se, com a eliminação de tais incriminações, serão bastantes os restantes preceitos que punem o abuso sexual de adolescentes[532].

---

[531] Por exemplo, quando foi discutida a Proposta de Lei n.º 160/VII (proposta do Governo) - Relatório e parecer da Comissão de Assuntos Constitucionais, Direitos, Liberdades e Garantias, Diário da Assembleia da República, II Série - A, nº 37, de 14/3/1998 (VII Legislatura), 3ª sessão legislativa (1997-1998), pp. 886-887, referiu-se expressamente que «a apresentação da proposta de Lei nº 160/VII decorre ainda da necessidade de dar execução a compromissos internacionais de Portugal, nomeadamente pela sua integração na União Europeia, por forma a dar cumprimento a acções comuns contra a pedofilia e contra o racismo, bem como para respeitar o princípio do direito internacional, segundo o qual o Estado deve julgar criminosos quando não os pode extraditar. Acolhem-se ainda recomendações do Conselho da Europa e do Congresso de Estocolmo, de 1996, em matéria de crimes sexuais contra crianças». Na Proposta de Lei aprovada em Conselho de Ministros de 24/6/2004 (a que se seguiu a Proposta de Lei nº 149/IX, publicada no Diário da Assembleia da República, II Série –A, de 20/11/2004), propôs-se "a revogação do artigo 175.º e a alteração do artigo 174.º, de modo a que seja punida a prática, por um maior, de quaisquer actos sexuais de relevo com adolescente, independentemente da natureza heterossexual ou homossexual do acto, sempre que haja abuso da inexperiência do menor". Na exposição de motivos, destacou-se que "o Acórdão de 9 de Janeiro de 2003 do Tribunal Europeu dos Direitos do Homem (caso 45330/99) considerou que um preceito, entretanto revogado, do Código Penal austríaco, semelhante ao actual artigo 175.º, atentava contra direitos consagrados na Convenção Europeia dos Direitos do Homem". Ainda, no que respeita a alterações propostas, nela se fez menção que, «em certos tipos penais relativos à autodeterminação sexual, dá-se agora especial protecção a menores de 18 anos, de acordo com as recentes normas acordadas internacionalmente, no sentido de considerar como "criança" todo aquele que for menor».

[532] BELEZA, Teresa, "Sem sombra de pecado", p. 181, refere a propósito do crime de estupro que é «discutível a necessidade da sua manutenção face às disposições que protegem a infância e a adolescência nesta matéria - questão aliás brevemente posta no seio da Comissão de Revisão. Questionável também é a manutenção da incriminação da homossexualidade com menores (art. 175)». A mesma Autora, "A Revisão da Parte

É que também não se pode esquecer que decisões erradas em matéria de sexualidade, «podem ter consequências dolorosas para o jovem mas não conduzem à dessocialização ou marginalização»[533].

Faz parte, também, do processo de crescimento do jovem, tomar decisões que nem sempre são correctas.

E, é também com os seus próprios erros que aprende a crescer, a amadurecer e a desenvolver-se.

Uma certa margem de liberdade, «um espaço de transgressão razoável», tem também que existir, sendo indispensável para que o adolescente consiga vencer e ultrapassar a fase (de transição) em que se encontra[534].

De salientar, ainda, como é assinalado por Maria João Antunes[535], que «a diferente protecção dos menores consoante a idade revela-se também nas penas».

Efectivamente, o legislador «parece que pretendeu compensar o intuito descriminalizador frustado com a redução da pena aplicável»[536], o que realça (de forma negativa) uma intervenção penal meramente simbólica.

As incriminações previstas nos artigos 174 e 175 do CP, cuja punição não deixa de ser mais ou menos simbólica, tem uma eficácia preventiva

---

Especial na reforma do Código Penal: legitimação, reequilibrio, privatização, «individualismo»", *in Jornadas Sobre a Revisão do Código Penal*, Lisboa: AAFDL, 1998, p. 92, salienta que o crime do art. 175 CP «provoca uma discriminação de responsabilidade no contacto sexual precoce na faixa dos 14 - 16 anos: descriminar, isto é, deixar apenas vigente a incriminação "geral" do abuso (quer homossexual, quer heterossexual) seria preferível».

[533] GERSÃO, Eliana, "Crimes sexuais contra crianças", p. 21.

[534] Neste sentido, LORRAIN, Jean-Louis, «l'adolescence en crise», *Rapport d'Information nº 242 (2002-2003)*, citando M. Jean-Pierre CHARTIER, psychologue, psychanalyste, directeur de l'école de psychologues praticiens. Acrescenta que, o melhor meio de prevenir as condutas de risco dos adolescentes é talvez permitir-lhes que corram riscos mas, acompanhados por um adulto (devidamente formado para o efeito e voluntário), assim se canalisando as pulsões agressivas e sexuais que caracterizam a puberdade.

[535] ANTUNES, Maria João, *Comentário Conimbricense*, tomo I, p. 558.

[536] Assim, embora reportando-se ao crime de fraude sexual (art. 167), RODRIGUES, Anabela, *Comentário Conimbricense*, tomo I, p. 496.

duvidosa, acabando por poder ter um efeito contrário ao pretendido, na medida em que, de alguma forma, estigmatiza o que não devia ser estigmatizado.

Mas, ainda assim, poder-se-á dizer que, de qualquer modo, a própria moldura abstracta em si reduzida poderá de alguma maneira «permitir uma intervenção ao nível dos motivos do comportamento sexual do agente»[537].

Não pelo comportamento sexual em si mas, por o mesmo ter a ver com a «utilização» pelo agente de menores de certa idade para satisfazer as suas fantasias sexuais.

O que pode indiciar que esse agente[538] padece de transtornos psicopatológicos, que tem distorções cognitivas, que apresenta uma auto-esti-

---

[537] RODRIGUES, Anabela, *Comentário Conimbricense*, tomo I, p. 536, argumentando ainda com «o conteúdo de socialização contido na reacção criminal», a propósito da "tese da criminalização restrita que o legislador consagrou no art. 171" (actos exibicionistas).

[538] Segundo Revitch e Weiss (citados por SORIA, Miguel Ángel e HERNÁNDEZ, José Antonio, *ob. cit.*, p. 97), "os agressores de menores costumam ser de maior idade do que os restantes agressores sexuais; a idade média ronda os 40 anos. Quanto maior for a idade do agressor a preferência vai para vítimas mais jovens (menores de 10 anos). Pelo contrário, quando os agressores são mais jovens elegem vítimas entre os 12 e os 15 anos". No que respeita à pedofilia (incluída na classificação das parafilias), segundo o DSM-IV-TR, p. 571, o foco parafílico «implica a actividade sexual com uma criança na pré-puberdade (geralmente 13 anos ou menos)», sendo um dos critérios de diagnóstico para 302.2 Pedofilia [F65.4], «fantasias sexualmente excitantes, impulsos sexuais ou comportamentos, recorrentes e intensos, durante um período de pelo menos 6 meses, implicando actividade sexual com uma criança ou crianças na pré-puberdade». Não obstante, na *ob. cit.*, p. 572, constar que «o sujeito com Pedofilia tem pelo menos 16 anos ou mais e é pelo menos 5 anos mais velho do que a criança», chama-se à atenção, em nota, que nessa categoria não se deve incluir «um sujeito na adolescência tardia envolvido num relacionamento sexual com uma criança de 12 ou 13 anos». Sobre as características e o comportamento padrão dos pedófilos, ver WYRE, Ray, "Paedophile characteristics and patterns of behaviour (developing and using a typology)", *in Home Truths About Sexual Abuse, influencing policy and practice a reader*, ed. de Catherine Itzin, London: Routledge, 2000, pp. 49-69 e FESTA, Giuseppe Manuel e CARERI Micol, "Pedofilia Ed Imputabilita: note di psicopatologia e norme di legge", *in Psicologia e Giustizia*, anno 5, nº 1, Gennaio-Giugno 2004. De salientar, ainda, que a pedofilia, sendo uma doença, deve ser tratada, verificados os

ma diminuta, não consegue desenvolver relações com os adultos, tem medo de ser rejeitado, em suma, que é socialmente imaturo.

Intervenção que se pode traduzir, designadamente, em apoio terapêutico, social e na prestação de informação e educação sexual mas, claro, sempre dependendo do prévio consentimento do agente[539].

---

respectivos pressupostos, com a aplicação de medidas de segurança e não com penas de prisão.

[539] O que tem a ver com o «princípio da socialidade». FIGUEIREDO DIAS, "O Código Penal português de 1982 e a sua reforma", p. 174, diz que, "segundo este princípio - que assumirá dignidade jurídico-constitucional em toda a parte onde vigore, como sucede em Portugal, a cláusula do Estado de Direito Social - ao Estado que faz uso do *ius puniendi* incumbe, em compensação, uma obrigação de ajuda e de solidariedade para com o condenado, proporcionando-lhe o máximo de condições para prevenir a reincidência e prosseguir a vida no futuro sem cometer crimes. Nisto - mas só nisto - deve traduzir-se a finalidade político-criminal de socialização do delinquente; a qual, deste modo, nada tem a ver com qualquer «modelo terapêutico» ou «ideologia do tratamento», ou com a negação de um «direito à diferença». Com este «conteúdo mínimo» e dentro destes limites não diviso também, neste momento, alternativa viável a um direito penal socializador". Também RODRIGUES, Anabela, *Novo olhar sobre a questão penitenciária (estatuto jurídico do recluso e socialização, jurisdicionalização, consensualismo e prisão),* Coimbra: Coimbra Editora, 2000, p. 59, defende que "[o] «direito a não ser tratado» é parte integrante do «direito de ser diferente» que não pode ser posto em causa nas sociedades pluralistas e democráticas do nosso entorno cultural". Porém, na Alemanha, com a reforma publicada em 30/1/1998 (BGBl, número 160) - que regulamenta a persecução dos crimes sexuais e outros crimes perigosos e introduziu, entre outras, alterações à parte geral do StGB e ao StPO – consignou-se a possibilidade de internamento dos delinquentes sexuais em instituições socioterapêuticas e a imposição de tratamento mesmo sem o seu consentimento. Para justificar esta inovação inédita na história do direito penal alemão, refere SUMALLA TAMARIT, Josep Mª, *ob. cit.,* p. 52, que o Ministro da Justiça invocou que «os cientistas (científicos) e os terapeutas asseguraram que com uma terapia introduzida contra a vontade do paciente muitas vezes se consegue a necessária disposição à terapia». Uma forma de ultrapassar a questão da imposição de uma terapia, seria, como sugere o mesmo Autor, *ob. cit.,* p. 192, «implantar vias de compensação entre autor e vítima que supusessem o termo antecipado do procedimento judicial e a renúncia à pena nos abusos sexuais em que o agente reconhecesse o facto antes do julgamento, aceitasse submeter-se a tratamento e oferecesse algum tipo de reparação à vítima». O que, aliás, vem ao encontro da Recomendação R (99) 19, adoptada pelo Comité de Ministros do Conselho da Europa, em 15/9/1999 (sobre a mediação em matéria penal).

Porém, será duvidosa a eficácia da intervenção através da privação da liberdade[540], quando é certo que, nestes casos (artigos 174 e 175), se está a lidar com a pequena criminalidade.

Outro indício da menor relevância social destas incriminações (artigos 174 e 175), como já dito anteriormente, é a sua natureza, em princípio semi-pública, o que representa «um passo para a descriminalização, pois liberta a perseguição penal da obrigatoriedade do princípio da oficialidade, substituindo-o pelo princípio da livre decisão do ofendido»[541]

---

[540] Colocamos em dúvida a possibilidade de, através da pena de prisão, ocorrer uma intervenção ao nível dos motivos do comportamento do agente, porque seguindo ROXIN, "El desarrollo del derecho penal en el siguiente siglo" (trad. cast. de Manuel A. Abanto Vásquez, de "Zur Entwicklung des Strafrechts im Kommenden Jahrhundert", publ. na recopilação "Aus der Problematik des Strafrechts und der Krimilologie", editado por Emil W. Plywaczewski, Universidade de Varsóvia, pp.331-356), *in Dogmática Penal y Política Criminal*, Lima, Perú: IDEMSA, 1998, p. 451, «segundo o saber criminológico na pequena e média criminalidade, que constituem a maior quantidade dos crimes, é impossível uma (re-) socialização por meio da privação da liberdade. Não se pode aprender bem como levar em liberdade uma vida fiel à lei mediante a privação da liberdade: a perda do posto de trabalho e a separação da família, vinculadas com a pena privativa de liberdade, tem um efeito dessocializador adicional. A evolução ou desenvolvimento político criminal seguirá afastando-se da pena privativa de liberdade». Igualmente RODRIGUES, Anabela, *ob. ult. cit.*, p. 45, recorda que «a criminologia tem revelado que a prisão, a pena em torno da qual gira o sistema punitivo, não só produz efeitos de dessocialização como também cria problemas e dificuldades ulteriores, quando se perspectiva o regresso do recluso à comunidade».

[541] HASSEMER e MUÑOZ CONDE, *ob. cit.*, pp.147-148. Acrescentam estes Autores que «o requisito da queixa permite finalmente realizar uma política criminal orientada para a vítima». Apesar disso, convém ter presente que se devem evitar ou pelo menos reduzir ao máximo as consequências da vitimização secundária (resultantes das exigências de intervenção do menor nas diferentes fases processuais). Uma das formas de combater tais efeitos negativos é, como consta da Recomendação Rec (2001) 16, sobre a protecção das crianças contra a exploração sexual, adoptada pelo Comité de Ministros do Conselho da Europa, em 31/10/2001, criar condições particulares de audição das crianças vítimas ou testemunhas de casos de exploração sexual, por forma a reduzir o número de audições e os efeitos traumatizantes daí decorrentes para as vítimas, as testemunhas e suas famílias e por forma a aumentar a credibilidade das suas declarações, com respeito pela sua dignidade. No mesmo sentido, ver a Recomendação R (2000) 11, adoptada pelo Comité de Ministros do Conselho da Europa, em 19/5/2000 (sobre a luta contra o tráfico

ou dos seus representantes legais, embora com a ressalva apontada no artigo 178, quanto à intervenção do Ministério Público.

Também a circunstância da tentativa dos crimes previstos nos artigos 174 e 175 não ser punida, coloca a dúvida da conveniência e da necessidade político-criminal destas incriminações.

---

de seres humanos com o fim de exploração sexual). Quanto ao estatuto da vítima em processo penal ver Decisão-Quadro 2001/220/JAI do Conselho, de 15/3/2001 (*JO* L 82 de 22/3/2001, p. 0001) e, relativamente à indemnização das vítimas da criminalidade, consultar Directiva 2004/80/CE do Conselho, de 29/4/2004 (*JO* L 261 de 6/8/2004, p. 0015). Sobre esta matéria, o Acórdão do Tribunal de Justiça (Grande Secção), de 16/6/2005, Pupino, C-105/03 (*JO* C 193 de 6/8/2005, p. 0003), ainda não publicado na Colectânea, mas que pode ser consultado em http://europa.eu.int, declarou: «Os artigos 2º, 3º e 8º nº 4, da Decisão-Quadro nº 2001/220/JAI do Conselho, de 15 de Março de 2001, relativa ao estatuto da vítima em processo penal, devem ser interpretados no sentido de que o órgão jurisdicional nacional deve ter a possibilidade de autorizar que crianças de tenra idade que, como no processo principal, aleguem ter sido vítimas de maus tratos, prestem o seu depoimento segundo modalidades especiais que permitam assegurar a estas crianças um nível adequado de protecção, por exemplo sem ser na audiência pública e antes da sua realização. O órgão jurisdicional nacional é obrigado a tomar em consideração as regras de direito nacional no seu todo e interpretá-las, na medida do possível, à luz do texto e das finalidades da referida decisão-quadro.». Em resumo, tratou-se de um pedido de decisão prejudicial apresentado no âmbito de um processo penal a correr em Tribunal de Florença, contra Maria Pupino, educadora de infância, acusada do crime do artigo 571.º (abuso de meios disciplinares) e do crime previsto nos artigos 582.º, 585.º e 576.º, em conjugação com os nºs 2 e 11 do artigo 61.º (danos corporais agravados), todos do CP Italiano, por ter provocado ofensas à integridade física e psíquica a alunos com idade inferior a 5 anos, na escola onde trabalhava, em Janeiro e Fevereiro de 2001. Nesse tribunal italiano, o Juiz de Instrução, perante um incidente probatório apresentado pelo Ministério Público e a que se opuseram os advogados da arguida, suscitou ao TJ que se pronunciasse sobre a interpretação dos artigos 2, 3 e 8 da referida Decisão-Quadro 2001/220/JAI, para poder apurar se os artigos 392 nº 1 *bis* e 398 nº 5 *bis* CPP Italiano invocados pela acusação pública, eram compatíveis com as referidas disposições comunitárias (no essencial a questão colocava-se porque os crimes imputados à Maria Pupino "não se incluíam nos previstos no art. 392 nº 1 *bis* CPP Italiano, cujo âmbito está limitado à esfera dos crimes sexuais ou de cariz sexual", subsistindo ao tribunal de Florença "o problema da compatibilidade das referidas disposições do direito italiano com as disposições comunitárias"). Quanto ao sistema de reenvio prejudicial no Tribunal de Justiça das Comunidades, ver a "Nota Informativa relativa à apresentação de pedidos de decisão prejudicial pelos órgãos jurisdicionais nacionais", publicada no *JO* C 143 de 11/6/2005, pp. 0001-0004.

Tudo argumentos que apontam para o risco que o direito penal corre, nestas áreas, de se tornar simbólico e ineficaz.

O Estado devia preocupar-se mais em implementar políticas sociais educativas dos jovens em vez de adoptar a atitude mais fácil – em que se demite daquela função – de punir determinados comportamentos sexuais que, afinal, não contendem com o bem jurídico a tutelar.

De resto, eliminando-se os tipos dos artigos 174 e 175, passava a ser indiferente que os actos praticados fossem hetero ou homossexuais, deixando de se estabelecer um tratamento típico diferente em função da natureza desses mesmos actos[542].

Assim, importa perguntar:

Justifica-se a decisão normativa-axiológica de o legislador «presumir» que a prática de certo tipo de actos sexuais com menores entre os 14 e os 16 anos (ressalvado o tipo descrito no artigo 173), ainda que consentidos, prejudica gravemente o seu desenvolvimento global, necessitando por isso da protecção penal adicional nas situações específicas dos artigos 174 e 175?

Estar-se-á a utilizar a melhor forma de optimizar a protecção do bem jurídico em questão ou pelo contrário estar-se-á a desvirtuar o bem jurídico que se quer proteger?

O que é que é mais importante para garantir o livre desenvolvimento da personalidade do jovem entre os 14 e os 16 anos: conhecer e compreender (representar) o significado de qualquer acto sexual para poder livremente formar a sua vontade e decidir ou valorar o critério da «inexperiência» (e do seu consequente abuso)?

O meio típico do abuso de inexperiência tem dignidade punitiva? Reclama intervenção penal?

O abuso de inexperiência representa um ataque directo e fundamental ao bem jurídico típico? E é uma lesão particularmente grave?

---

[542] TAMARIT SUMALLA, Josep Mª, *ob. cit.*, p. 42, salienta que «uma característica da nova versão dos crimes sexuais é a renúncia a estabelecer um tratamento típico e punitivo distinto em função da natureza dos actos sexuais realizados, opção que responde a uma estratégia político-criminal dirigida a evitar práticas de signo vitimizador na aplicação forense destes tipos penais».

Está em causa o desenvolvimento sexual dos adolescentes nos tipos previstos nos artigos 174 e 175 do CP?

Qual o comportamento verdadeiramente digno de tutela quando as vítimas são adolescentes entre os 14 e os 16 anos, tendo consentido (com ou sem abuso da sua inexperiência) na prática de actos sexuais?

As restantes incriminações existentes (artigos 173 e 176 do CP) serão bastantes para proteger aqueles jovens, entre 14 e 16 (18) anos, que efectivamente carecem dessa tutela?

Dependendo das respostas que se derem a tais questões assim se poderá talvez chegar melhor à seguinte conclusão:

Parece que as incriminações previstas nos citados artigos 174 e 175 nada têm a ver com o desenvolvimento da personalidade do adolescente mas antes «com considerações éticas, representadas e avaliadas pelos adultos[543]», as quais – ainda que correspondam a «representações axiológicas dominantes» da sociedade – não devem ser protegidas pelo direito penal por não contenderem directamente com o bem jurídico típico.

---

[543] Serão ainda aqui representações correspondentes «à fantasia dos adultos» a justificar a intervenção penal. É BELEZA, Teresa, "Sem sombra de pecado", p. 170, que desta forma chama à atenção para a visão do legislador penal, nesta área dos crimes sexuais, quanto às vítimas menores (mais propriamente referindo-se às crianças que, dessa forma, «aparecem cristalizadas na sua imagem de inocência»).

CAPÍTULO IV

De lege ferenda.

1. Pressupostos.

1.1. Gerais.

O paradigma de o direito penal sexual «reduzir-se ao mínimo indispensável», traduz a preocupação de através dele garantir as condições mínimas e básicas para a promoção da auto-realização de cada pessoa na sociedade[544], o que inclui também realização a nível sexual.

Isto porque o direito penal deve, à custa da menor limitação possível – apenas na medida do estritamente necessário – da liberdade pessoal, assegurar os pressupostos essenciais ou imprescindíveis que permitam a convivência numa sociedade pluralista e democrática[545].

---

[544] Assim DIEZ RIPOLLÉS, José Luis, *El Derecho Penal Ante El Sexo (limites, critérios de concreción y contenido del Derecho Penal Sexual)*, Barcelona: BOSCH, 1981, pp. 38-39.

[545] Neste sentido DIEZ RIPOLLÉS, *ob. ult. cit.,* pp. 85-86. Mais à frente, *ob. cit.,* p. 98, acrescenta o mesmo Autor que «a sociedade pluralista há-de adoptar uma atitude neutra perante a conduta sexual no seu conjunto, já que, dadas as suas aspirações e propósitos político-criminais, não precisa de promover uma determinada orientação global para preservar a sua existência».

O que implica que a sua meta é, nesta área, proteger, de forma fragmentária[546], o bem jurídico da liberdade e da autodeterminação sexual, isto é, proteger este específico bem jurídico pessoal apenas dos ataques mais graves, intoleráveis e perigosos.

Em particular, no caso do jovem adolescente entre 14 e 16 anos de idade – especialmente o que ainda for imaturo sexualmente pelo menos em alguns aspectos – pretende-se salvaguardar a sua plena autonomia, por forma a que possa ter, na altura própria (quando atinge, em princípio, a completa maturidade sexual que, o legislador entende acontecer, em geral, aos 16 anos de idade, com excepção do tipo previsto no artigo 173, que então entende acontecer aos 18 anos), condições de escolher em liberdade e realizar-se designadamente no plano sexual, plano este que também faz parte do seu «processo de crescimento pessoal e social».

Só assim o direito penal pode proteger o indivíduo e os seus direitos fundamentais, permitindo, no Estado de Direito democrático e social em que vivemos, «a convivência pacífica de diferentes formas de vida e culturas»[547].

---

[546] O que decorre, também, como ensinam FIGUEIREDO DIAS e COSTA ANDRADE, *Direito Penal. Questões fundamentais*, pp. 38-39, do entendimento de que «o sistema jurídico-penal – constituindo embora um subsistema do sistema jurídico como um todo, o qual constitui por sua vez um subsistema do sistema social global – possui de todo o modo a sua teleologia própria, a sua específica índole funcional e a sua racionalidade estratégica. Ele é, nesta medida, mais que um sistema autónomo, um sistema *autopoiéti-co*. Esta confissão a favor de um sistema teleológico-funcional e teleológico-racional da dogmática jurídico-penal não significa porém a recusa da intervenção de considerações axiológicas, de pontos de vista de valor, de critérios de validade e de intencionalidade normativas na dogmática nem, muito menos, o pronunciamento a favor de argumentos de pura "engenharia social"».

[547] RÖSSNER, Dieter, "Los imprescindibles deberes del derecho penal en el sistema de control social (elementos de una teoría intercultural del derecho penal)", *in Política criminal comparada, hoy y mañana,* Madrid: Consejo General del Poder Judicial, 1999, p. 164, refere que «o direito penal não celebra nenhuma ideia cultural preconcebida, antes cria espaço para a livre actuação da convivência pacífica de diferentes formas de vida e culturas. Só são garantidos os princípios que servem à vida e são necessários para a vida, para a confluência dos diversos interesses».

Direito penal que deve promover e garantir (não limitar) a liberdade de expressão sexual, de quem é capaz e de quem é incapaz de se autodeterminar sexualmente, pelo que a sua intervenção deve orientar-se tendo em atenção os princípios da necessidade ou dignidade penal.

Para alcançar tal objectivo ou função do direito penal sexual numa sociedade pluralista, há que partir de critérios de tolerância com vista a «conseguir a maior liberdade possível para a pessoa e reduzir ao mínimo toda a sua limitação»[548] e há que conceber o Estado como a entidade que «há-de estabelecer as condições óptimas para o desenvolvimento pessoal dos seus cidadãos, para a sua auto-realização»[549].

Como diz Figueiredo Dias[550], importa determinar o que é que é punível, se deve ser punido e como deve ser punido.

Maurach[551], por sua vez, salienta que é decisivo averiguar em que termos se deve conceder protecção penal, isto é, apurar «o grau e seleccionar as distintas formas de agressão e analisar quais as que merecem protecção», portanto, tendo em atenção, por um lado, «determinadas formas de agressão e, por outro, a intensidade da agressão».

Ora, o tipo legal pressupõe a lesão ou perigo de lesão do bem jurídico-penal a proteger, bem jurídico este que, como já vimos, tem de estar claramente definido e determinado[552].

---

[548] DÍEZ RIPOLLÉS, *El Derecho Penal ante el sexo*, p. 31.

[549] *Ibidem.*

[550] FIGUEIREDO DIAS, "Os Novos Rumos", p. 6, a propósito do «novo estatuto da Política Criminal no conjunto das ciências criminais, à luz de um Estado de Direito material, social e democrático», refere que há que «construir e justificar três proposições que, em meu juízo, consubstanciam da melhor forma os rumos a trilhar pela Política Criminal do presente e do futuro próximo e que julgo poderei fazer corresponder *grosso modo,* a respostas às três grandes e clássicas perguntas sobre o *quê,* o *se* e o *como da punibilidade».*

[551] MAURACH, *ob. cit.*, vol. I, p. 335.

[552] Claro que, como acrescentam FIGUEIREDO DIAS e COSTA ANDRADE, *Direito Penal. Questões fundamentais*, p. 60 ss., «não é só partindo do bem jurídico que se pode concluir com segurança absoluta o que deve e o que não deve ser criminalizado. Muitas vezes não estará tanto em causa a preexistência ou não de um bem jurídico, quanto o grau de antecipação da sua lesão a partir do qual o direito penal deve sentir-se legitimado para intervir».

Na criação do tipo legal[553] diríamos, seguindo Anabela Rodrigues[554], que «o legislador penal está vinculado a um duplo ónus da prova: prova da danosidade social do comportamento e prova da indispensabilidade de uma tutela penal (...) não devendo utilizar meios restritivos de direito (no âmbito penal, penas ou medidas de segurança) que não sejam necessários à (neste sentido, desproporcionados em relação à necessidade de) protecção de bens jurídicos, isto é, ao objectivo pretendido».

Assim, apela também aos princípios da subsidiariedade e da proporcionalidade como limites da intervenção penal, princípios estes que, tal como o da legalidade, o da não retroactividade e o da culpa, «fazem parte – a partir dos ensinamentos de Beccaria – do património consolidado da política criminal liberal»[555].

Daí que, a intervenção penal não dependa só da dignidade penal do bem jurídico a proteger, mas dependa ainda desse critério adicional, de

---

[553] FIGUEIREDO DIAS, "Sobre o estado actual da doutrina do crime -1ª parte", p. 44, refere que "a função do direito penal - de protecção de bens jurídicos - e a justificação da intervenção penal - a estabilização das expectativas comunitárias na validade da norma violada - juntam-se na determinação funcional da categoria do ilícito: a esta categoria, *assim materialmente estruturada*, pertence por isso prioridade teleológica e funcional sobre a categoria do tipo, a ela advém *o primado na construção teleológica-funcional do crime*. Com a categoria do ilícito quer-se traduzir *o específico sentido de desvalor jurídico-penal* que atinge um *concreto* comportamento humano numa *concreta* situação, atentas portanto todas as condições *reais* de que ele se reveste ou em que tem lugar. E só a partir daqui ganha o tipo o seu verdadeiro significado: nesta acepção, na verdade, «sem ilícito não há tipo»; ou, de outro modo, todo o tipo é tipo de *ilícito*. O tipo surge assim - como em certo momento a doutrina dominante pareceu claramente dar-se conta, antes que a questão se complicasse (e obscurecesse) com a querela à volta dos «elementos negativos do tipo» - como «tipicização», «sedimentação concreta» ou «irradiação» de um ilícito, é um ilícito «cunhado tipicamente», é o «interposto de valoração jurídico-criminal», o portador da valoração» de um comportamento como ilícito".

[554] RODRIGUES, Anabela, *A determinação da medida da pena privativa de liberdade*, p. 301. Ver, também, com interesse FARIA COSTA, «Construção e interpretação do tipo legal de crime à luz do princípio da legalidade: duas questões ou um só problema?», *RLJ*, ano 134º, n º 3933, 2002, pp. 354-366.

[555] Assim, MARINUCCI, Giorgio e DOLCINI, Emilio, «Diritto penale "minimo" e nuove forme di criminalità», *RITalDPP*, nuova serie, ano XLII, 1999, p. 819.

que falam Figueiredo Dias e Costa Andrade[556], que é «a necessidade de tutela penal, no sentido de que se requer que essa intervenção seja absolutamente indispensável à livre realização da personalidade de cada um na comunidade».

Ou seja, é também preciso averiguar, previamente, se os meios não penais serão suficientes e bastantes para proteger eficazmente o bem jurídico que se pretende tutelar, caso em que será desnecessária a intervenção penal.

Isto significa, também, que se exige complementarmente a prova da eficácia, isto é, que «a opção penal, que implica custos, revele hipóteses racionalmente aceitáveis – o que significa, capazes de compensar os custos – e empiricamente verificáveis de alcançar o fim da defesa da sociedade»[557], sendo certo que «a custos bem conhecidos - o sacrifício do autor - devem contrapor-se benefícios - a tutela eficaz do bem»[558].

---

[556] FIGUEIREDO DIAS e COSTA ANDRADE, *Direito Penal. Questões fundamentais*, p. 66, referem que, para que tenha lugar a intervenção penal, tem de existir um bem jurídico digno de tutela penal e, além disso (critério adicional), tem que existir necessidade de tutela penal (no sentido de que se requer que «essa intervenção seja absolutamente indispensável à livre realização da personalidade de cada um na comunidade»).

[557] RODRIGUES, *A determinação da medida da pena privativa de liberdade*, p. 304. A mesma Autora, «A propósito do crime de poluição», p. 113, refere que «a valoração político-criminal da necessidade é comandada por critérios que não se esgotam no puro apelo à dignidade punitiva do facto, antes obedecem a razões de *subsidiariedade e eficácia.* A implicar que para a decisão de criminalização do legislador importe sempre determinar se, naquele momento histórico e naquelas condições concretas, não se encontram à disposição do Estado meios não criminais de política social adequados e suficientes para a protecção do bem jurídico em causa e, ainda, se a utilização de meios de natureza penal permite tutelar, de modo eficaz, esse mesmo bem jurídico».

[558] RODRIGUES, Anabela, *A determinação da medida da pena privativa de liberdade*, p. 304. No mesmo sentido, PIZARRO DE ALMEIDA, Carlota, "Algumas considerações a propósito do Acórdão 211/95 do Tribunal Constitucional", *in* Maria Fernanda PALMA, Carlota PIZARRO ALMEIDA e José Manuel VILALONGA (coord.), *Casos e Materiais de Direito Penal,* Coimbra: Almedina, 2000, p. 210, sustentando que «será ilegítimo recorrer à aplicação de penas quando estas comprovadamente não surtem qualquer efeito útil de protecção do bem jurídico».

308   *Crimes Sexuais com Adolescentes*

«O princípio da eficácia significa que quanto menor é a eficácia de uma norma, tanto mais esta perde justificação e se torna discutível a sua manutenção»[559].

Aqui convém não esquecer a importância da chamada «criminalidade oculta» («aquela que não chega a ser conhecida das instâncias formais de controlo») que, nesta área dos crimes sexuais – particularmente nos tipos de crime aqui em análise -, assume valor significativo por razões que se prendem com diversos factores, designadamente, com as características da própria vítima, com a maior ou menor «tolerância social do crime» em questão e com a «falta de confiança nas instâncias formais», o que também levaria a questionar «as formas de organização e o funcionamento das instâncias formais»[560].

Daí que, muitas vezes, devido à falta de correspondência entre as normas penais e as normas sociais, a existência de «altas cifras negras devem desencadear a consequência político-criminal da descriminalização»[561].

É que as «cifras negras» também podem significar que a criminalidade em causa talvez não seja tão grave como isso, o que pode justificar - quanto mais elevadas forem - a não intervenção penal, na medida em que não seja caso de «asseguramento das condições essenciais de funcionamento da sociedade»[562].

Ou seja, como diz Costa Andrade[563], numa formula sintética mas clara, a propósito do «discurso da criminalização», essa «carência de

---

[559] RODRIGUES, Anabela, *ob. ult. cit.,* p. 306.

[560] Sobre a «criminalidade oculta» e sobre a «mortalidade do crime no interior do sistema de instâncias de controlo», FIGUEIREDO DIAS e COSTA ANDRADE, *Criminologia,* pp. 132-136, cujo pensamento nos orientou.

[561] RODRIGUES, Anabela, *ob. ult. cit.,* p. 306.

[562] FIGUEIREDO DIAS e COSTA ANDRADE, *Direito Penal. Questões fundamentais,* p. 70.

[563] COSTA ANDRADE, "A «Dignidade Penal» e a «Carência de Tutela Penal» como referências de uma doutrina teleológico-racional do crime", *RPCC,* ano 2, fasc. 2º, Abril-Junho 1992, p. 186. Mais à frente, *ob. cit.,* p. 190, o mesmo Autor refere que "ao tipo cabe, assim, a função de «descrever como um ilícito agravado (*gesteigertes*), o ilícito digno de pena e carecido de tutela penal»".

tutela penal» «analisa-se num duplo e complementar juízo: - um juízo de necessidade (*Erforderlichkeit*), por ausência de alternativa idónea e eficaz de tutela não penal; - um juízo de idoneidade (*Geeignetheit*) do direito penal para assegurar a tutela e para o fazer à margem de custos desmesurados no que toca ao sacrifício de outros bens jurídicos, maxime a liberdade».

Por isso, realçam ainda Figueiredo Dias e Costa Andrade[564], «seria forçoso tratar como inconstitucional a lei que, em contravenção do princípio da subsidiariedade, recorresse a sanções penais para reprimir e prevenir manifestações de danosidade social quando, comprovadamente, pudesse alcançar-se o mesmo objectivo com formas mais benignas de censura e sanção».

O que também tem a ver com a opção de fundo por um direito penal de prevenção em vez de um direito penal retributivo[565].

Determinar se há meios não penais de proteger eficazmente o bem jurídico que se quer tutelar, é essencial nesta matéria, em que está em jogo a liberdade sexual e liberdade de autodeterminação sexual da pessoa, aqui mais propriamente do adolescente entre 14 e 16 anos que já goza de uma certa, embora limitada, autonomia sexual.

É o próprio legislador que, a nível dos crimes sexuais em que são vítimas menores, distingue os particularmente vulneráveis, isto é, aqueles que tem idade inferior a 14 anos – que carecem de uma protecção absoluta -, dos relativamente vulneráveis, isto é, os que tem entre 14 e 18 anos, cuja indispensabilidade de tutela penal apenas se justifica em particulares situações, consideradas como sendo as mais graves e intoleráveis.

Sendo de aceitar esses pressupostos, importa apurar quais são essas particulares situações que, para os jovens entre os 14 e os 16 (18) anos, são as que ofendem de forma mais grave e intolerável o específico bem

---

[564] FIGUEIREDO DIAS e COSTA ANDRADE, "Sobre os crimes de fraude na obtenção de subsídio ou subvenção e de desvio de subvenção, subsídio ou crédito bonificado", *in Direito Penal Económico e Europeu*, vol. II, p. 325.

[565] Ver DOLCINI, Emilio e MARINUCCI, Giorgio, "Constituição e escolha dos bens jurídicos", pp. 184-185.

jurídico pessoal que se deve proteger, para melhor se poder responder à questão de saber se merecem ou não censura penal as condutas típicas descritas nos artigos 174 e 175 do CP.

1.2. O destinatário da tutela.

Para tanto e, nesta área concreta a que nos circunscrevemos (relacionamento sexual consentido entre um maior de 18 anos ou mais e um menor entre 14 e 16 anos), cremos que o legislador terá de ter presente, em primeiro lugar, que o adolescente é normalmente permeável a (boas ou más) influências alheias, o que naturalmente lhe confere o direito de beneficiar de uma salvaguarda especial que o tutele, de forma segura, dos ataques mais graves ao desenvolvimento da sua personalidade[566].

Isto porque o adolescente tem direito a que lhe sejam fornecidos todos os meios que contribuam para que possa actuar livremente, de forma esclarecida e responsável.

Se não está esclarecido não está em condições de tomar uma decisão em liberdade, nem de actuar de forma responsável.

É, por isso, necessário que se reconheça ao adolescente o estatuto de sujeito de direitos e deveres, o que implica que seja encarado como uma pessoa «independente» - e não como "propriedade" dos adultos - a quem se tem de proporcionar um desenvolvimento adequado, de acordo com a sua idade e grau de maturidade, por forma a permitir-lhe, à medida do seu crescimento, conduzir-se, inclusive na esfera sexual, de forma plena e livre.

---

[566] BESTEN, Beate, *Abusos sexuales en los niños*, (trad. cast., por Cristina HALBERSTADT, de *Sexueller Mibrauch und wie man Kinder davor schützt*), Barcelona: Herder, 1997, p. 111, refere que «a sexualidade é muito mais que um intercâmbio sexual. A sexualidade está intimamente ligada a todos os aspectos da personalidade; tem muito em comum com a auto-estima, as relações entre as pessoas, a afirmação da vida e da alegria de viver. A sexualidade não é somente um comportamento, mas antes a energia vital que se manifesta desde a infância».

Imprescindível é ainda que o adolescente saiba «gerir a sua sexualidade» com responsabilidade, o que permitirá também evitar que, no futuro, venha a tornar-se em um «abusador de menores».

Daí que o assentimento ou acordo dado pelo adolescente entre 14 e 16 anos não possa ser menosprezado ou desvalorizado, quando o mesmo já seja suficientemente maduro para tomar decisões a nível da sua vida sexual, embora importe, ainda assim, nesse caso, acautelar as situações em que possa estar em causa a sua independência (como sucede quando se encontra numa relação de dependência relativamente ao agente).

Em segundo lugar é importante que se aceite o papel que o adolescente tem como «agente de mudança» - numa sociedade que rápida e constantemente evolui – e que se lhe facilite a sua participação activa na comunidade[567], como forma de melhor poder responder aos desafios que lhe são colocados no dia a dia.

---

[567] Quanto ao fomento da integração dos jovens na sociedade, com vista a favorecer o "exercício da sua cidadania activa" e "reforçar a sua participação efectiva na vida democrática", ver, a nível da UE, nomeadamente: a Resolução do Parlamento Europeu de 13/3/1997, publicada no *JO* C 115 de 14/4/1997, p. 0151 (sobre a sociedade da informação, a cultura e a educação), onde nos pontos 23 e 24 «insta os Estados-membros e outras autoridades competentes a providenciarem no sentido de incentivar os pais à aprendizagem, em simultâneo com os filhos, das utilizações possíveis e do potencial educativo das tecnologias da informação e «exorta os Estados-membros a examinarem a eficácia da utilização de serviços on-line para fins educativos, bem como as formas relevantes de utilização da Internet enquanto instrumento de aprendizagem»; o Parecer do Comité Económico e Social (adoptado em 29/11/2000) sobre o «Livro branco sobre política de juventude», publicado no *JO* C 116 de 20/4/2001, pp. 0084-0095; o Relatório da Comissão de 31/1/2001 (COM/2001/0059 final), sobre os objectivos futuros concretos dos sistemas educativos; a Resolução do Conselho de 27/7/2002 (*JO* C 168 de 13/7/2002, 0002-0005, relativa ao quadro para a cooperação europeia em matéria de juventude; a Resolução do Conselho de 19/12/2002 (*JO* C 13 de 18/1/2003, pp. 0002-0004), sobre a promoção de uma cooperação europeia reforçada em matéria de educação e de formação vocacionais; a Resolução do Conselho de 25/11/2003 (*JO* C 295 de 5/12/2003, pp. 0006 -0008), em matéria de objectivos comuns no domínio da participação e informação dos jovens; a Decisão nº 790/2004/CE do Parlamento Europeu e do Conselho, de 21/4/2004 (*JO* L 138 de 30/4/2004, pp. 0024-0030), que institui um programa de acção comunitário para a promoção de organismos activos no plano europeu no domínio da juventude; o Parecer do Comité das Regiões de 17/11/2004, sobre a «Proposta de decisão do Parlamento Europeu

O que implica ainda aceitar que, em certas áreas, o processo de aprendizagem tradicional de certa forma se inverteu, sendo antes os jovens adolescentes a contribuir para a «educação» dos adultos.

A aceitação e reconhecimento por parte dos adultos desta «troca» de informação e conhecimentos, não só facilita o contacto e proximidade com os adolescentes como, por sua vez, permite que estes se tornem mais responsáveis, confiantes e seguros.

Convêm também lembrar, ainda que numa perspectiva psicanalítica, que "a adolescência normal é um momento de transformação e de luto, de busca impetuosa de um objecto externo que repare a perda da bissexualidade. (...) As transformações corporais incontroláveis que se verificam na adolescência, bem como os imperativos sociais que exigem novos modelos de convivência, são de início vividos como uma invasão, que reactiva ansiedades primitivas. O adolescente tem de enfrentar a necessidade de elaborar lutos a diferentes níveis: o luto do corpo infantil, o luto da dife-

---

e do Conselho que cria o programa "Juventude em acção" para o período 2007-2013», publicado no *JO* C 71 de 22/3/2005, pp. 0034-0039; o Parecer do CESE (adoptado em 10/3/2005) sobre a «Proposta de decisão do Parlamento Europeu e do Conselho que adopta o programa "Juventude em Acção" para o período 2007-2013», COM (2004) 471 final – 2004/0152 (COD), publicado no *JO* C 234 de 22/9/2005, pp. 0046-0051; a Resolução do Conselho e dos Representantes dos Governos dos Estados-Membros, reunidos no seio do Conselho, de 24/5/2005 (publicada no *JO* C 141 de 10/6/2005, pp. 0005-0006), relativa à aplicação dos objectivos comuns em matéria de informação dos jovens; e a Comunicação da Comissão ao Conselho, Bruxelas, 30/5/2005, COM (2005) 206 final, sobre as políticas europeias de juventudes, responder às preocupações dos jovens europeus, aplicação do Pacto Europeu para a Juventude e promoção da cidadania activa {SEC (2005) 693}: *Comissão das Comunidades Europeias*. Repare-se que, já na Resolução do Conselho e dos Ministros da Juventude, reunidos no Conselho, de 8/2/1999 (publicada no *JO* C 42 de 17/2/1999, pp. 0001-0002), sobre a participação dos jovens, se convidavam os Estados-Membros «a que tomem os interesses dos jovens como princípio orientador de acção aplicável a todas as áreas políticas pertinentes e, se for caso disso, avaliem os potenciais efeitos das medidas a adoptar sobre as condições de vida dos jovens». A nível do Conselho de Europa, ver a Carta Europeia revista sobre a participação dos jovens na vida local e regional (carta não convencional), adoptada pelo Congresso dos Poderes Locais e Regionais do Conselho da Europa, na 10ª sessão de 21/5/2003, Anexo à Recomendação 128, onde se apontam várias políticas a desenvolver, nomeadamente, na área da formação e educação e da sexualidade.

De lege ferenda

renciação e da renúncia ao outro sexo e o luto dos pais da infância. A situação, extremamente móvel, obriga-o a reestruturações permanentes, externas e internas, que são vividas como intrusões no equilíbrio conseguido durante a infância. (...) Existe para o adolescente, a necessidade de se aventurar através de novos comportamentos a fim de se pôr à prova a si próprio no papel da identidade adulta"[568].

E, é na adolescência que se aprende o papel de adulto, razão pela qual os jovens «necessitam de conquistar a sua segurança e talvez por isso tratem de imitar a conduta das pessoas competentes que conhecem»[569].

Claro que, para tanto, os adolescentes, que pelas suas capacidades cognitivas «raciocinam de forma mais próxima dos adultos», necessitam, quando questionam os adultos em geral e os pais em particular, de respostas e explicações racionais e lógicas, o que a verificar-se, também vai facilitar que melhor aceitem as regras, designadamente, sociais dominantes.

Para além disso, é importante a partilha da dúvida, na medida em que também eleva a auto-estima do adolescente.

Cremos que a «liberdade pessoal individual», em qualquer das suas particulares manifestações, merece o mesmo tratamento e protecção específica quando se opta por orientar a intervenção penal em função da idade do sujeito passivo sob pena de se correr o risco de, através de um tratamento diferenciado (por exemplo só no campo sexual), apenas se salientarem certos tabus e preconceitos que persistem e resistem de forma ilógica.

Daí que, em terceiro lugar, no que respeita à sexualidade, seja necessário conciliar, de um lado, a exigência de garantir ao adolescente que ainda seja imaturo a tutela da sua liberdade e autodeterminação sexual e, por outro lado, a exigência de salvaguardar o seu direito à sexualidade.

---

[568] AGUILAR, Jaime, OLIVA, Maria Victòria e MARZANI, Carla (organizadores), *A Entrevista Psicanalítica, uma investigação empírica* (trad. de Miguel Serras Pereira), Coimbra: Almedina, 2003, pp. 64, 68, 69 e 70.

[569] GARBARINO, James, ECKENRODE, John e POWERS, Jane Levine, "el maltrato al adolescente", p. 204.

A ideia de que há sempre uma «posição de superioridade» no relacionamento sexual entre um adulto e um menor esbate-se quando está em causa um adolescente entre 14 e 16 (18) anos.

O mesmo sucede com o «impacto psicológico» resultante das relações sexuais entre adultos e adolescentes.

É que, se por um lado, se pode dizer que a personalidade do adolescente ainda não está consolidada e que é preciso tutelar o seu desenvolvimento, por outro lado, não se pode ignorar a «aceleração no desenvolvimento físico e na precocidade da puberdade observada no último decénio no ocidente e, também, a presença de uma igualmente antecipada maturação psíquica e social»[570].

Acresce que, não se pode cair na tentação de estabelecer uma «tutela intransigente com limitações e um controlo muito rígidos, os quais acabarão por constituir um idêntico abuso, mas de tipo institucional, relativamente à liberdade sexual do adolescente»[571].

Por isso, há que encontrar um ponto de equilíbrio que tenha em atenção todos esses pontos de vista e contrastes, sendo sempre preferível cair-se no défice de protecção do bem jurídico do que na penalização ilimitada, o mesmo é dizer, na criminalização excessiva.

1.3. Abuso sexual de adolescentes: consequências e prevenção.

Em geral o abuso sexual de menores (incluindo, portanto, de adolescentes), pode ser propiciado por vários factores, designadamente sociais (o tipo de educação que os jovens recebem consoante o sexo, a repartição de papéis em masculinos e femininos, a criação de relações de poder/dependência, a sexualização das relações) pessoais (do ponto de vista da vítima há que considerar a vivência familiar e a forma como encaram a autoridade e os adultos; do ponto de vista do agressor, os seus antecedentes designadamente como vítima de abuso sexual, a infra-valo-

---

[570] FIORENZA, Maria Caterina, *ob. cit.*, p. 2.
[571] *Ibidem.*

ração pessoal e dificuldades em integrar-se na sociedade) e familiares (famílias em que há isolamento, forte dependência, em que não há limites ou em que há funções especiais para cada membro que a compõe)[572].

Pela definição proposta no IV Colóquio Criminológico do Conselho da Europa, o "abuso sexual de um menor" deve englobar qualquer acto sexual que provoque lesão física, como qualquer acto sexual imposto à criança, não respeitando a sua liberdade de consentir, o que pressupõe que se estabeleça previamente a idade mínima segundo a qual se possa afirmar, de forma absoluta, a sua incapacidade para consentir[573].

Deste conceito amplo de abuso sexual de menores, resulta que foram determinantes para a sua definição, por um lado, as consequências (provocar lesão corporal) do acto sexual cometido e, por outro, a modalidade da acção quando consista numa qualquer forma de constrangimento ou quando não seja consentida, logicamente por quem tenha capacidade para consentir.

O abuso sexual sobre o qual nos debruçamos de modo particular é o que ocorre quando um adulto se relaciona sexualmente, de forma "consentida", com um adolescente entre 14 e 16 anos.

O conceito de "abuso" pressupõe sempre um qualquer excesso mas, no que respeita ao relacionamento entre um adulto e um adolescente, a simples diferença de idades não implica necessariamente que haja uma relação de dominação (de poder) em relação ao mais novo e, consequentemente, um seu aproveitamento.

Portanto, no relacionamento sexual entre um adulto e um adolescente, importa apurar se a "intromissão" do adulto tem relevância para ser qualificada como «abuso sexual» ou não, sendo certo que neste último caso não deve ser punido.

Para tanto é necessário concretizar o âmbito dos comportamentos susceptíveis de serem qualificados como abusos.

---

[572] Assim, de forma desenvolvida, BESTEN, Beate, *Abusos sexuales en los niños*, pp. 64-70. Também, sobre o contexto do abuso, ALBERTO, Isabel Maria Marques, *Maltrato e Trauma na Infância*, Coimbra: Almedina, 2004, pp. 63-70.

[573] FIORENZA, Maria Caterina, *ob. cit.*, p. 2.

A sua delimitação terá sempre de partir da exigência de «uma intensificação da ilicitude da conduta», sendo necessário que esta, em termos objectivos, «tenha potencial lesivo para o bem jurídico protegido»[574].

Será por isso de exigir que a conduta do adulto se traduza em um aproveitamento da vulnerabilidade do adolescente, quando esse aproveitamento tenha lugar no âmbito de uma qualquer relação de poder estabelecida entre os dois.

Além disso é de exigir que, objectivamente, essa conduta tenha aptidão para causar um prejuízo grave ao desenvolvimento do sujeito passivo ou à "normal" maturação da sua personalidade.

Prevenir tais abusos nos adolescentes entre 14 e 18 anos é essencial na medida em que se procura por um lado salvaguardar a sua plena autodeterminação sexual e, por outro lado, evitar as consequências negativas desses abusos.

O abuso sexual nos jovens dessa faixa etária, apesar de eventualmente mitigado pelo seu desejo de emancipação, pode efectivamente acarretar efeitos negativos principalmente naqueles que ainda não estão suficientemente esclarecidos e amadurecidos, designadamente sobre a temática da sexualidade.

Efeitos negativos que se podem sentir designadamente a nível da perda de auto-estima, da criação de estados de confusão, angústia e ansiedade, aliados a sentimentos de culpa e medo, que podem gerar ou culminar em depressões (que por vezes conduzem ao suicídio), em dificuldades de estabelecer relações, designadamente com pessoas do mesmo sexo do agressor, em alterações bruscas de comportamento (a nível da alimentação, do sono, do rendimento escolar, do relacionamento com os outros, designadamente no meio familiar) ou em reacções anti-sociais[575].

---

[574] TAMARIT SUMALLA, Josep Mª, *ob. cit.*, p. 189.

[575] Neste sentido, LÓPEZ SÁNCHEZ, Félix (dir.), *Abusos sexuales a menores. Lo que recuerdan de mayores*, 2ª ed., Madrid: Ministerio de Trabajo y Assuntos Sociales, 1996, p. 23. Com interesse, também, a nível da descrição de sintomas e consequências nos jovens abusados sexualmente, MAGALHÃES, Teresa, *Maus Tratos em Crianças e Jovens, guia prático para profissionais* (com a participação de GAMBOA, Maria José e MAIA NETO), Coimbra: Quarteto, 2004, p. 57 e CARMO, Rui, ALBERTO, Isabel e GUERRA,

Claro que os efeitos variam, dependendo de vários factores, como sejam, por exemplo, a idade do agressor e da vítima, a personalidade desta, o tipo ou natureza do abuso sexual, a sua duração ou frequência, a reacção do meio onde está inserido, designadamente familiar, escolar ou social[576].

A reacção da família, da própria vítima e do meio social em que está inserida podem ser determinantes para a superação ou não dos efeitos de um abuso sexual.

É por isso necessário que a sociedade em geral esteja alertada e consciente que é preciso respeitar e proteger os adolescentes em geral, em particular os ainda imaturos designadamente a nível sexual, proporcionando-lhes bem-estar físico e mental e é também importante que se deixe de encarar aqueles que são vítimas de abuso sexual, como co-responsáveis de tal abuso.

Além disso é essencial que a vítima do abuso sexual tenha alguém a quem possa recorrer (em quem confie), para contar o sucedido, que seja acreditada, que não se sinta culpada ou rejeitada[577], que fale sobre o suce-

---

Paulo, *O Abuso Sexual de Menores, Uma Conversa sobre Justiça entre o Direito e a Psicologia*, Coimbra: Almedina, 2002, pp. 36-38. Sobre a problemática da delinquência juvenil em França, ver CARLE, Jean-Claude e SCHOSTECK, Jean-Pierre, "Délinquance des mineurs: La République en quête de respect", Rapport d'Information nº 340, Tome I (2001-2002) et Tome II (2001-2002), apresentado pela Comissão de Inquérito (criada em virtude de uma resolução do Senado de 12/2/2002) ao Senado Francês em 26/6/2002 (consulta em htpp://www.senat.fr/rap/r01-340-1/r01-340-1.html e em http://www.senat.fr/rap/r 01-340-2/r01-340-2.html).

[576] Assim, LÓPEZ SÁNCHEZ, Félix e SÁNCHEZ, Amaia Del Campo, *Prevención de abusos sexuales a menores. Guia para padres y madres*, Salamanca: Ministerio de Trabajo y Assuntos Sociales, Amarú Ediciones, 1997, p. 19. Acrescentam os mesmos Autores (*ob. cit.*, p. 20) que «tudo parece indicar que as vítimas de abusos sexuais durante a infância tem mais dificuldades sexuais e desfrutam menos com a actividade sexual».

[577] CANHA, Jeni, *Criança Maltratada, O papel de uma pessoa de referência na sua recuperação, Estudo prospectivo de 5 anos*, 2ª ed., Coimbra: Quarteto, 2003, p. 200, refere que o «sentimento de rejeição social [é] mais frequente nas crianças vítimas de abuso sexual».

318 *Crimes Sexuais com Adolescentes*

dido (enfrentando o sucedido), que saiba que se reagir adequadamente não ficará com sequelas e que compreenda que o próprio agressor é alguém que também precisa de ajuda[578].

Saliente-se, ainda, a necessidade de implementar mais medidas (*v.g.* o registo audiovisual do depoimento da vítima menor)[579], com vista à

---

[578] Assim, SÁNCHEZ, Amaia Del Campo e LÓPEZ SÁNCHEZ, Félix, *prevención de abusos sexuales a menores. Unidade didáctica para educación secundaria (12-18 años)*, Salamanca: Ministerio de Trabajo y Assuntos Sociales, Amarú Ediciones, 1997, p. 9. Também LÓPEZ SÁNCHEZ, Félix e SÁNCHEZ, Amaia Del Campo, *Prevención de abusos sexuales a menores. Guia para padres y madres*, pp. 27-30.

[579] O que, aliás, vem ao encontro da vontade de harmonizar o direito processual penal e o direito penal material no território da UE, reafirmando-se o princípio do reconhecimento mútuo e reforçando-se a confiança mútua entre os Estados-Membros. Sobre esta matéria ver: Resolução do Parlamento Europeu de 12/12/1996, publicada no *JO* C 20 de 20/1/1997, p. 0170 (sobre as medidas de protecção dos menores na União Europeia), que no ponto 32 «convida os Estados-membros a melhorarem os seus códigos de processo penal, por exemplo através da utilização de vídeos ou outras novas tecnologias, por forma a que as crianças que tenham sido vítimas ou tenham testemunhado actos de violência não voltem a reviver delitos traumatizantes, antes contando, no seu interrogatório, com uma assistência psicológica adequada»; Acção Comum de 29/6/1998, adoptada pelo Conselho da UE com base no artigo K.3 do tratado da União Europeia, relativa às boas práticas de auxílio judiciário mútuo em matéria penal (98/427/JAI), publicada no *JO* L 191 de 7/7/1998, pp. 0001-0003; Acção Comum de 29/6/1998, adoptada pelo Conselho da UE com base no artigo K.3 do tratado da União Europeia, que cria uma rede judiciária europeia (98/428/JAI), publicada no *JO* L 191 de 7/7/1998, pp. 0004-0007; Programa de medidas destinadas a aplicar o princípio do reconhecimento mútuo das decisões penais, publicado no *JO* C 12 de 15/1/2001, pp. 0010-0022; Decisão 2002/630/JAI do Conselho, de 22/7/2002, publicada no *JO* L 203 de 1/08/2002, pp. 0005-0008, que estabelece um programa-quadro de cooperação policial e judiciária em matéria penal (AGIS); Livro Verde da Comissão - Garantias processuais dos suspeitos e arguidos em procedimentos penais na União Europeia, Bruxelas, 19/2/2003, COM/2003/0075 final: *Comissão das Comunidades Europeias*; Resolução do Parlamento Europeu de 6/11/2003, publicada no *JO* 83 E de 2/4/2004, pp. 0180-0185, relativa a Processos penais (garantias processuais), que contém uma proposta de recomendação dirigida ao Conselho sobre normas mínimas em matéria de garantias processuais dos suspeitos e arguidos em procedimentos penais na União Europeia (2003/2179 (INI)); Proposta de decisão-quadro do Conselho de 28/4/2004, relativa a certos direitos processuais no âmbito dos processos penais na União Europeia {SEC (2004) 491}, COM/2004/0328 final - CNS 2004/0113: *Comissão das Comunidades Europeias*; Livro Branco relativo ao intercâmbio de informações sobre con-

De lege ferenda   319

denações penais e ao efeito destas últimas na União Europeia (apresentado pela Comissão), Bruxelas, 25/1/2005, COM (2005) 10 final {SEC (2005) 63}: *Comissão das Comunidades Europeias*; Programa de Haia: Reforço da Liberdade, da Segurança e da Justiça na União Europeia, publicado no *JO* C 53 de 3/3/2005, 0001-0014; Proposta de decisão-quadro do Conselho, relativa à tomada em consideração das decisões de condenação entre os Estados-Membros da União Europeia por ocasião de um novo procedimento penal (apresentada pela Comissão), Bruxelas, 17.03.2005, COM (2005) 91 final – 2005/0018 (CNS): *Comissão das Comunidades Europeias*; Decisão-Quadro 2005/214/JAI do Conselho de 24/2/2005, publicada no *JO* L 76 de 22/3/2005, pp. 0016-0030 (relativa à aplicação do princípio do reconhecimento mútuo às sanções pecuniárias); Comunicação da Comissão ao Conselho e ao Parlamento Europeu que estabelece o programa-quadro «Direitos fundamentais e justiça» para o período de 2007 a 2013, incluindo Proposta de Decisão do Parlamento Europeu e do Conselho que estabelece o programa específico «Luta contra a violência (Daphne) e informação e prevenção em matéria de droga» para o período de 2007 a 2013 no âmbito do programa geral «Direitos fundamentais e justiça», Proposta de Decisão do Conselho que estabelece o programa específico «Direitos fundamentais e cidadania» para o período de 2007 a 2013 no âmbito do programa geral «Direitos fundamentais e justiça», Proposta de Decisão do Conselho que estabelece o programa específico «Justiça penal» para o período de 2007 a 2013 no âmbito do programa geral «Direitos fundamentais e justiça» e Proposta de Decisão do Parlamento Europeu e do Conselho que estabelece o programa específico «Justiça civil» para o período de 2007 a 2013 no âmbito do programa geral «Direitos fundamentais e justiça», Bruxelas, 6.4.2005, COM (2005) 122 final, 2005/0037 (COD), 2005/0038 (CNS), 2005/0039 (CNS), 2005/0040 (COD), {SEC (2005) 434}: *Comissão das Comunidades Europeias*; Comunicação da Comissão ao Conselho e ao Parlamento Europeu que estabelece o programa-quadro "Segurança e protecção das liberdades" para o período de 2007 a 2013, incluindo Proposta de Decisão do Conselho que estabelece o programa específico "Prevenção, preparação e gestão das consequências em matéria de terrorismo" para o período de 2007 a 2013 no âmbito do programa geral "Segurança e protecção das liberdades" e Proposta de Decisão do Conselho que estabelece o programa específico "Prevenir e combater a criminalidade" para o período de 2007 a 2013 no âmbito do programa geral "Segurança e protecção das liberdades", Bruxelas, 6/4/2005, COM (2005) 124 final, 2005/0034 (CNS), 2005/0035 (CNS), {SEC (2005) 436}: *Comissão das Comunidades Europeias*; Comunicação da Comissão ao Conselho e ao Parlamento Europeu, Bruxelas, 19.5.2005, COM (2005) 195 final, sobre o reconhecimento mútuo das decisões judiciais em matéria penal e reforço da confiança mútua entre os Estados-Membros, {SEC (2005) 641}: *Comissão das Comunidades Europeias*; Comunicação da Comissão ao Conselho e ao Parlamento Europeu - Programa de Haia: dez prioridades para os próximos cinco anos Parceria para a renovação europeia no domínio da liberdade, segurança e justiça, Bruxelas, 10.5.2005, COM (2005) 184 final": *Comissão das Comunidades Europeias*, onde se chama a atenção que «um espaço europeu de justiça não é apenas um espaço em que as

320 *Crimes Sexuais com Adolescentes*

decisões judiciais proferidas num Estado-Membro são reconhecidas e aplicadas noutros Estados-Membros, mas antes um espaço em que é garantido o acesso efectivo à justiça para obter e executar as decisões judiciais. Para o efeito, a União deve prever não só regras em matéria de competência, reconhecimento e conflitos de leis, mas também medidas que permitam desenvolver a confiança mútua entre Estados-Membros, estabelecendo normas processuais mínimas e garantindo elevados níveis de qualidade dos sistemas judiciários, principalmente no que se refere à igualdade de tratamento e ao respeito dos direitos da defesa. A compreensão mútua pode ser reforçada através da criação progressiva de uma "cultura judiciária europeia", defendida pelo Programa da Haia, baseada na formação e na criação de redes. É também indispensável elaborar uma estratégia coerente no que se refere às relações da UE com os países terceiros e organizações internacionais», acrescentando-se, quanto à justiça penal, que «a aproximação das disposições e o estabelecimento de normas mínimas relativas a diversos aspectos do direito processual (por exemplo, o princípio *ne bis in idem*, o tratamento das provas ou os julgamentos *in absentia*) desempenharão um papel fundamental para desenvolver a confiança mútua e prosseguir o reconhecimento mútuo. No que se refere a este último aspecto, devem ser desenvolvidas diversas acções para garantir uma acção eficiente e atempada por parte das autoridades responsáveis pela aplicação da lei (como o reconhecimento mútuo das medidas de controlo não privativas de liberdade tomadas antes do julgamento ou o reconhecimento e execução de sentenças que decretem penas de prisão) e, de forma mais geral, para substituir a assistência mútua tradicional por novos instrumentos baseados no reconhecimento mútuo. A Eurojust deve ser considerada o elemento-chave do desenvolvimento da cooperação judiciária europeia em matéria penal. O seu papel deve ser apoiado e as suas potencialidades plenamente exploradas à luz da experiência adquirida e na perspectiva do seu desenvolvimento futuro. Neste contexto, a Comissão prosseguirá os seus trabalhos anteriores e explorará as possibilidades proporcionadas pela Constituição no que se refere ao reforço da protecção dos interesses financeiros da União.»; Plano de acção do Conselho e da Comissão de aplicação do Programa de Haia sobre o reforço da liberdade, da segurança e da justiça na União Europeia, publicado no *JO* C 198 de 12/08/2005, pp. 0001 – 0022, que vai no mesmo sentido; e Parecer do Comité das Regiões de 14/4/2005, sobre o «Espaço de liberdade, de segurança e de justiça: Papel das autarquias locais e regionais na execução do Programa de Haia», publicado no *JO* C 231 de 20/9/2005, pp. 0083-0086, onde se realça que «as autoridades locais e regionais têm um papel central a desempenhar na criação de um espaço de liberdade, de segurança e de justiça na Europa» (...), prevendo aquele Comité «pronunciar-se a favor da criação de uma Agência Europeia dos Direitos Fundamentais», salientando que «a cidadania e os direitos fundamentais se exercem, em primeiro lugar, no âmbito da democracia de proximidade». Em particular, quanto a sanções penais, ver o Livro Verde da Comissão sobre a aproximação, o reconhecimento mútuo e a execução das sanções penais na União Europeia, Bruxelas, 30/4/2004, COM/2004/334 final: *Comissão das Comunidades Europeias* e a opinião de TRAVAIL-LOT, Françoise, "L`assistance mutuelle dans l`Union européene – La pratique française", redução das consequências resultantes da vitimização secundária, sabido que, a exigência de repetidas intervenções para prestar depoimento ao longo das diversas fases do processo, causa um novo prejuízo ao menor (cada vez que fala nos factos, volta a revivê-los), fragilizando ainda mais a sua estrutura afectiva e psicológica (podendo criar a convicção que a sua palavra é posta em dúvida, podendo começar a interiorizar um sentimento de culpabilidade e até podendo chegar a duvidar da sinceridade do seu depoimento)[580].

---

in *Dealing with european Evidence in Criminal Proceedings: National Practice and European Union Policy*, Trier: ERA-Forum Special Issue, 2005, p. 85, quando diz que «a existência de uma base jurídica para uma harmonização das sanções penais, parece prematura». Ainda, sobre o «melhoramento da cooperação», ver medidas indicadas por MOTA, José Luís Lopes da, "A eurojust e a emergência de um sistema de justiça penal europeu", *RPCC,* ano 13, fasc. 2, Abril-Junho 2003, p. 184, nota 1.

[580] Neste sentido, em França, ver o preâmbulo da *Circulaire de la Direction des Affaires Criminelles et des Grâces* de 20/4/1999. Também, BAAMONDE, Xulio Ferreiro, *La víctima en el processo penal*, Madrid: La Ley-Actualidad, SA, 2005, pp. 180-183, aponta várias soluções para evitar a vitimização secundária, partindo da ideia de que é necessário dotar o processo penal de uma nova orientação, tendo em atenção os interesses e as necessidades da vítima (*v.g.* a nível da administração da justiça – polícias, funcionários, magistrados - importa mudar a atitude e forma de contacto com a vítima, criando maior empatia; há que oferecer medidas de protecção e assistência se necessário; estando em causa vítimas menores, pode-se aliviar a ansiedade do depoimento, em julgamento, através da separação física em relação ao arguido, de modo a que não se estabeleça o contacto visual ou então permitir que as declarações sejam prestadas junto a uma pessoa que o apoie; pode-se adequar as instalações judiciais às necessidades das vítimas e testemunhas; nos tribunais ter salas de espera suficientes de modo a separar as testemunhas de acusação das da defesa; facilitar estacionamento, transporte público, pessoal habilitado a prestar informações, especialmente destinadas a resolver dúvidas, como informações pontuais sobre os horários previstos para as intervenções processuais e suspensões do julgamento; edição de folhetos informativos que indiquem os direitos das vítimas e os lugares onde podem obter assistência). Nas medidas que possam vir ainda a ser tomadas não se pode esquecer, além do mais, a garantia dos direitos de defesa do arguido, bem como o direito a um processo equitativo. Em particular, quanto ao depoimento prestado pelo menor, fora da presença do arguido, ver BARRETO, Irineu Cabral, "Os Direitos da Criança – na Convenção Europeia dos Direitos do Homem", *in Direitos das Crianças*, Corpus Iuris Gentium Conimbrigae 3, Coimbra: Coimbra Editora, 2004, pp. 85-88, alertando para a jurisprudência do TEDH, no sentido de «o princípio do contraditório ficar

protegido se o defensor ou o seu representante estiverem presentes e [o] possam interrogar», citando, ainda, os Casos A.M. v. Itália, ac. de 14/12/1999 e SE. v. Itália, ac. de 12/1/1999 (queixa nº 36686/97). Relativamente, ainda, a prova testemunhal, GASPAR, António Henriques, "Tribunal Europeu dos Direitos do Homem (Direito Penal e Processual Penal) 2002", *RPCC*, ano 13, fasc. 2, Abril-Junho 2003, pp. 26 e 27, recorda o Caso S.N. v. Suécia, ac. de 2/7/2002, no qual o "Tribunal apreciou a compatibilidade entre o modo como foram prestadas as declarações da vítima em processo por crime de natureza sexual e as garantias concedidas pelo artigo 6, § 3, alínea d), da Convenção», sendo certo que, «[nas] circunstâncias do caso, a testemunha que estava em causa – a vítima - foi a única prova na qual se baseou a convicção dos tribunais sobre a culpabilidade». Assim, «impôs-se ao Tribunal averiguar se o arguido dispôs de uma oportunidade adequada e suficiente de exercer os seus direitos de defesa a respeito da prova produzida por essa testemunha. (…) O TEDH fez notar que o registo de vídeo das primeiras declarações prestadas na polícia foi exibido durante o julgamento e na audiência no recurso, e que o registo das segundas declarações foi lido perante o tribunal do julgamento e a gravação destas declarações foi passada perante o tribunal de recurso. Nestas circunstâncias, tais medidas foram consideradas suficientes para permitir ao requerente contraditar, no decurso do processo, as declarações e a credibilidade da testemunha, tanto que tal contradita se revelou eficaz, pois o tribunal de recurso reduziu a pena aplicada ao requerente por considerar não provados parte dos factos de que era acusado. Embora reiterando que a prova obtida através de testemunha, em condições nas quais os direitos de defesa não são assegurados na extensão normalmente exigida pela Convenção, deve ser tratada com extrema cautela, o Tribunal considerou que, no caso, as instâncias internas haviam agido com a cautela exigível na avaliação das declarações prestadas pelo menor durante a investigação». No Caso Vissier v. Países Baixos, ac. de 14/2/2002, diz o mesmo Autor, *ob. cit.*, pp. 263 e 264, que «[o] Tribunal reiterou a sua jurisprudência relativamente a esta questão: a admissibilidade e a administração das provas constituem matéria que é regulada, em primeira linha, pela lei nacional, sendo regra geral competir aos tribunais nacionais avaliar a prova produzida perante eles. No que respeita à prova por testemunhas, a função do TEDH não é a de decidir sobre se as declarações das testemunhas foram adequadamente admitidas como prova, mas, diversamente, averiguar se o processo, considerado como um todo, incluindo o modo como foram prestadas as declarações, reveste carácter equitativo. Para além disto, toda a prova deve ser, por regra, produzida em audiência pública e segundo um procedimento contraditório; existem excepções a este princípio, que não podem, no entanto, afectar os direitos de defesa, exigindo o artigo 6, § 3, alínea d), que seja dada ao acusado uma adequada e oportuna possibilidade para confrontar e questionar directamente as testemunhas de acusação, quando estas prestem declarações ou em momento posterior do processo. O Tribunal também tem considerado, numa série de casos relativos a prova testemunhal que não foi produzida perante o tribunal de julgamento, que o artigo 6, § 3, alínea d), apenas impõe que tenha havido a possibilidade de interrogar contraditoriamente uma testemunha quando esta tenha um papel principal ou decisivo na formação da con-

É fundamental o apoio da família (família estruturada, onde haja um clima de confiança e de comunicação entre pais e filhos)[581] e, se necessário, de profissionais que possam ajudar o jovem (e a própria célula familiar) a superar os efeitos negativos de um abuso sexual.

Além disso, sendo o abuso sexual também um problema cultural e social, a sua prevenção exige o melhoramento das condições económicas, culturais e de vida das classes mais desfavorecidas e das famílias mais carenciadas (por aí se propiciar mais a criação de situações que podem culminar no abuso sexual)[582].

---

vicção do tribunal. No que respeita às declarações de testemunhas anónimas, o Tribunal considera que quando se procede à avaliação sobre se os procedimentos utilizados na produção de declarações foram suficientes para contrabalançar as dificuldades sentidas pela defesa, deve ser adequadamente ponderada a extensão em que as declarações da testemunha anónima foram decisivas na condenação: se uma testemunha se não revelar, de qualquer modo, decisiva, a defesa apenas foi afectada em grau ligeiro». Também, no Caso Craxi v. Itália, ac. de 5/12/2002, salienta o mesmo Autor, *ob. cit.*, p. 265, foi objecto de apreciação «a valoração de prova testemunhal produzida em fase anterior à audiência pública. (…) Com efeito, em certas circunstâncias, pode ser necessário que as autoridades judiciárias recorram a declarações prestadas na fase do inquérito ou da instrução, nomeadamente quando a impossibilidade de reiterar as declarações é devida a factos objectivos, como é por exemplo a morte do seu autor, ou quando seja necessário proteger o direito da testemunha a manter o silêncio sobre circunstâncias que podem originar a sua responsabilidade penal. Se o arguido tiver oportunidade, adequada e suficiente, de contraditar tais declarações, no momento em que foram produzidas ou posteriormente, a sua utilização não afecta, apenas por si mesma, o artigo 6, § 3, alínea d). No entanto, os direitos de defesa serão limitados de modo incompatível com o artigo 6 sempre que uma condenação se baseie, unicamente ou de maneira determinante, nas declarações de uma pessoa que o arguido não teve oportunidade de interrogar ou fazer interrogar, seja na fase anterior, seja durante a audiência».

[581] Ver LÓPEZ SÁNCHEZ, Félix e SÁNCHEZ, Amaia Del Campo, *Prevención de abusos sexuales a menores. Guia para padres y madres*, pp. 22-24. Também VÁSQUEZ MEZQUITA, Blanca, *Agresión sexual. Evaluación y tratamiento en menores*, Madrid: Siglo veintiuno de España Editores, S. A., 1995, p. 12, incidindo particularmente no incesto, escreve que «o tabu do incesto e o tabu da relação sexual entre um adulto e uma criança existiram sempre; todavia não aparecem leis que regulem estes problemas até princípios do séc. XX, já que, e isto é uma parte comum a todo o tema de abuso sexual em crianças, a par do tabu, aparece também o tabu de falar sobre isso».

[582] LÓPEZ SÁNCHEZ, Félix, *Abusos sexuales a menores. Lo que recuerdan de mayores*, p. 22, aponta como factores de maior risco para a existência de abuso sexual, o uso

Mas, também passa necessariamente pela preparação do jovem por forma a que saiba por si só identificar e distinguir tais situações, seja capaz de defender-se, isto é, possa por si próprio evitá-las (designadamente seja capaz de reagir ainda que seja surpreendido), mesmo que se encontre ou seja colocado nessa situação[583].

1.4. Tutela não penal.

A sexualidade é marcada pelo processo de socialização a que o menor é sujeito desde a infância, embora dependa sempre de uma construção individual.

Podemos afirmar que, a sexualidade nos adolescentes, apresenta uma vertente relacional (que tem a ver, também, com a relação com a "autori-

---

de violência sobre crianças, a pobreza, o baixo nível cultural, as habitações inadequadas de famílias carenciadas, as disfunções familiares, o conflito constante entre os pais, o abuso de álcool etc. Também, THOMAS, Marney, ECKENRODE, John e GARBARINO, James, "el abuso sexual en la familia", *in* James GARBARINO e John ECKENRODE, *Por qué las familias abusan de sus hijos. Enfoque ecológico sobre el maltrato de niños y de adolescentes,* p. 169, recorda que nos EUA, segundo a recolha de dados feita pelo Censo estima-se que, na actualidade, «metade das crianças passam algum tempo durante os seus primeiro dezoito anos em casas a cargo de progenitores solteiros, característica familiar que, se pensa, expõe as crianças a um maior risco de que sejam abusadas sexualmente, especialmente quando se combina com pobreza e consumo de substâncias tóxicas».

[583] BESTEN, Beate, *Abusos sexuales en los niños,* p. 143, refere que «perante uma situação de abuso sexual, a criança depende unicamente de si mesmo, das suas capacidades e das suas possibilidades para defender-se. (...) As crianças devem aprender a distinguir os indícios de uma situação contrária à sua vontade, ou seja, reconhecer onde começa um possível abuso e poder evitá-lo (o que não significa que toda a responsabilidade da sua segurança seja inteiramente sua). Para isso é importante que saibam perceber os seus próprios sentimentos e aceitá-los, que conheçam os seus direitos, a força do seu carácter e a possam canalizar conscientemente para um ponto determinado». Na mesma obra, pp. 84-85, sobre o modo como prevenir abusos sexuais, chama a atenção para a importância de os menores aprenderem a defender-se sozinhos, dizendo que «só poderão auto-proteger-se quando tenham a suficiente confiança em si mesmos, quando estejam conscientes da sua força, quando saibam quais são os seus direitos e como defendê-los e quando tenham a seu lado pessoas nas quais possam confiar e que neles acreditam sem vacilar».

dade", ou seja, com o relacionamento com os pais, professores etc.) e uma vertente individual (íntima).

A educação em geral pode contribuir para aumentar as capacidades da criança para que possa auto-proteger-se e defender-se, sendo para esse efeito necessário «trabalhar para fortalecer o seu carácter, fomentar a sua independência, ampliar a sua mobilidade e aumentar a sua liberdade»[584].

A família, concretamente os pais, tem um papel essencial na estruturação da personalidade dos filhos, incluindo no campo sexual[585].

É necessário abandonar os chamados «fantasmas sexuais» e começar a educar os filhos encarando-os também como sujeitos dotados de sexualidade, fornecendo-lhes, à medida do seu crescimento e das suas interrogações, toda a informação a que devem ter acesso sobre essa matéria, criando um ambiente aberto, dialogante, autêntico, sem tabus, preconceitos ou falsas representações, dessa forma se propiciando um amadurecimento gradual, que lhes vai permitir e facilitar a tomada de atitudes conscientes e responsáveis.

Em termos genéricos podemos dizer que a sexualidade, a prevenção de riscos e os diferentes tipos de abusos sexuais que existem, devem ser abordados abertamente e com verdade entre pais e filhos, sem medos, inibições ou terrores, sendo também determinante que os próprios pais saibam dar o exemplo, se tornem modelos a seguir e que sejam os primeiros a quem os filhos possam (sintam vontade de) confiar os seus sentimentos, dúvidas, interrogações ou segredos, que lhes vão surgindo à medida do seu desenvolvimento e curiosidade naturais[586].

---

[584] BESTEN, Beate, *Abusos sexuales en los niños*, p. 117.

[585] Como diz a psicóloga ALLEN GOMES, Ana, – ouvida pela jornalista CARNEIRO, Ivete, "O sexo dos anjos no reino dos tabus. Sexualidade dos deficientes portugueses continua negada pela sociedade e não faz parte da formação dos profissionais", *Jornal de Noticias* de 16/7/2000 – comentando o tabu da sexualidade nos deficientes e os fantasmas sexuais, «até mesmo os pais de gente dita "normal", não é capaz de encarar a sexualidade dos filhos pela simples razão de que, "para eles, os filhos são sempre crianças", sem direito à sexualidade».

[586] Os próprios pais, que estejam interessados em eficazmente «acompanhar» os filhos à medida do seu crescimento, têm cada vez mais acesso à informação necessária para esse efeito, designadamente no que respeita à educação sexual. Apesar de, os progressos,

Mas, todos os agentes de educação são importantes para o bem estar e para o desenvolvimento do menor, sendo de realçar a necessidade de estabelecer uma mais forte cooperação interdisciplinar entre os organismos oficiais e as ONG[587].

«A educação consiste em criar e edificar um conjunto de valores e atitudes, aptidões, convenções e comportamentos. A compreensão que as crianças tem de si mesmas e do seu mundo está moldada pelas suas

---

nesta matéria, serem lentos, já se encontram guias sexuais para as famílias não só em qualquer livraria, como nas instituições próprias e na Internet.

[587] Sobre esta matéria ver com interesse AHMED, Manzoor e FRIEDMAN, Sara Ann (red.), com o acessoramento de GODWIN, Nora, PIGOZZI, Mary, DALAIS, Cyril, REICHENBERG, Dita, QUESNEY, Francisco, NELSON, Janet, DICK, Bruce, CONNOLLY, Mark e FLOWERS, Rana, "Education: a force for change" (documento preparado pelo grupo de trabalho sobre educação da UNICEF para o Congresso Mundial contra a exploração sexual comercial das crianças, que decorreu entre 27 e 31 de Agosto de 1996, em Estocolmo): UNICEF, Working Group on Education, *United Nations*, Junho de 1996. Sobre apoios e cooperação com as ONG, ver, entre muitas outras, Decisão nº 293/2000/CE do Parlamento Europeu e do Conselho, de 24/1/2000, publicada no *JO* L 34 de 9/2/2000, pp. 0001-0005, que adopta um programa de acção comunitário (programa Daphne) (2000-2003) relativo a medidas preventivas de combate à violência exercida contra as crianças, os adolescentes e as mulheres. Consta das conclusões do Relatório final da Comissão ao Parlamento Europeu e ao Conselho sobre o Programa Daphne (2000 - 2003), 22/12/2004, {SEC (2004) 1595}, COM/2004/0824 final: *Comissão das Comunidades Europeias*, que: «[com] cerca de setecentas realizações, os trezentos e três projectos financiados permitiram dar uma resposta inicial, tendo contribuído significativamente para aumentar a sensibilização entre os grupos visados. Desempenharam também um papel importante na autonomia de muitas vítimas, aumentaram a sensibilização para o acesso à assistência, reforçaram os serviços oferecidos e contribuíram para a compreensão de alguns mecanismos de violência, etc. Estas realizações tiveram impacto não apenas nos parceiros, nos grupos-alvo e nos beneficiários finais, mas também na percepção social da violência, que se altera lentamente, bem como no desenvolvimento de políticas nacionais e da UE. Estão a ser explorados novos modelos e metodologias, desenvolvidos por instituições públicas, contribuindo todos eles para a criação de um quadro comum e para a convergência das políticas em todos os Estados-Membros. Uma outra constatação digna de menção é a de que 12% dos projectos teve impacto na legislação e/ou na alteração das políticas. Considerando que um dos objectivos prioritários do Programa Daphne não é a proposta de medidas legislativas ou a alteração de políticas, este é um efeito secundário que se deve ao forte envolvimento e dedicação de algumas organizações. Tal facto pode ser considerado um benefício acrescido».

De lege ferenda 327

relações com os adultos e pares que desempenham papéis importantes nas suas vidas, para os quais representam modelos de conduta, pelo que observam ou pelo que se lhes ensina»[588].

Segundo o nº 1 do artigo 29 da Convenção Sobre os Direitos da Criança, o acesso à educação, direito fundamental da criança, deve ser garantido pelos Estados Partes, visando: «a)- promover o desenvolvimento da personalidade da criança, dos seus dons e aptidões mentais e físicas na medida das suas potencialidades; b)- inculcar na criança o respeito pelos direitos do homem e liberdades fundamentais e pelos princípios consagrados na Carta das Nações Unidas; c)- inculcar na criança o respeito pelos pais, pela sua identidade cultural, língua e valores, pelos valores nacionais do país em que vive, do país de origem e pelas civilizações diferentes da sua; d)- preparar a criança para assumir as responsabilidades da vida numa sociedade livre, num espírito de compreensão, paz, tolerância, igualdade entre os sexos e de amizade entre todos os povos, grupos étnicos, nacionais e religiosos e com as pessoas de origem indígena; e)- promover o respeito da criança pelo meio ambiente».

Em Portugal, o direito à educação é reconhecido constitucionalmente, incumbindo ao Estado - de acordo com o nº 2 do artigo 73 (educação, cultura e ciência) da Constituição da República Portuguesa - promover «(...) a democratização da educação e as demais condições para que a educação, realizada através da escola e de outros meios formativos, contribua para a igualdade de oportunidades, a superação das desigualdades económicas, sociais e culturais, o desenvolvimento da personalidade e do espírito de tolerância, de compreensão mútua, de solidariedade e de responsabilidade, para o progresso social e para a participação democrática na vida colectiva».

Igualmente o artigo 43 (liberdade de aprender e ensinar) da CRP, dispõe no seu nº 2 que «[o] Estado não pode programar a educação e a cul-

---

[588] Assim, AHMED, Manzoor e FRIEDMAN, Sara Ann (red.), com o acessoramento de GODWIN, Nora, PIGOZZI, Mary, DALAIS, Cyril, REICHENBERG, Dita, QUESNEY, Francisco, NELSON, Janet, DICK, Bruce, CONNOLLY, Mark e FLOWERS, Rana, "Education: a force for change", p. 2.

328   *Crimes Sexuais com Adolescentes*

tura segundo quaisquer directrizes filosóficas, estéticas, políticas, ideológicas ou religiosas» e, segundo o nº 2 do artigo 70 (juventude) do mesmo diploma fundamental, «[a] política de juventude deverá ter como objectivos prioritários o desenvolvimento da personalidade dos jovens, a criação de condições para a sua efectiva integração na vida activa, o gosto pela criação livre e o sentido de serviço à comunidade».

O que significa que o Estado Português se comprometeu, de forma séria, pela adopção de políticas sociais que protejam os menores, designadamente através do reconhecimento do direito à educação, sempre com a preocupação da protecção do desenvolvimento da personalidade do jovem.

No que respeita em particular à educação sexual e planeamento familiar, através da Lei nº 3/84 de 24/3, o legislador reconhece que «[o] Estado garante o direito à educação sexual, como componente do direito fundamental à educação» (artigo 1 nº 1), estipulando no nº 2 do mesmo artigo 1º que «[incumbe] ao Estado, para protecção da família, promover pelos meios necessários, a divulgação dos métodos de planeamento familiar e organizar as estruturas jurídicas e técnicas que permitam o exercício de uma maternidade e paternidade conscientes».

Nesse diploma, invocando «o dever fundamental de proteger a família e o desempenho da incumbência de cooperar com os pais na educação dos filhos»[589], o Estado toma a seu cargo «a garantia da educação sexual dos jovens através da escola, das organizações sanitárias e dos meios de comunicação social» (artigo 2 nº 1), acrescentando que «os programas escolares incluirão, de acordo com os diferentes níveis de ensino, conhecimentos científicos sobre anatomia, fisiologia, genética e sexualidade humanas, devendo contribuir para a superação das discriminações em razão do sexo e da divisão tradicional de funções entre mulher e homem» (artigo 2 nº 2), garantindo que «serão criadas também condições adequadas de apoio aos pais no que diz respeito à educação sexual dos seus filhos» (artigo 2 nº 4).

---

[589] Segundo a alínea c) do nº 2 do art. 67 (família) da CRP, «[incumbe], designadamente, ao Estado para protecção da família cooperar com os pais na educação dos filhos».

Também o nº 1 do artigo 4 (conteúdo do planeamento familiar) da Lei nº 3/84 estabelece que «o planeamento familiar postula acções de aconselhamento genético e conjugal, de informação de métodos e fornecimento de meios de contracepção, tratamento da infertilidade e prevenção de doenças de transmissão sexual e o rastreio do cancro genital».

Tudo isto a significar que, em matéria de educação sexual, o Estado, e portanto também a sociedade, deve reconhecer, proporcionar e garantir o direito ao desenvolvimento da personalidade, com respeito pela dignidade humana, contribuindo para a erradicação de quaisquer formas de discriminação, por forma a permitir a efectiva realização pessoal de cada indivíduo, mas sempre tendo o cuidado de não «incutir» determinado tipo de educação.

Além disso, o Estado assumiu a tarefa de desenvolver toda uma política de apoio familiar, com vista a permitir a concretização de uma eficiente educação sexual do menor.

De acordo com tais princípios programáticos, a Lei de Bases do Sistema Educativo[590], no nº 2 do artigo 50, estabelece que «os planos cur-

---

[590] A Lei nº 46/86 de 14/10 (Lei de Bases do Sistema Educativo) foi alterada pela Lei nº 115/97 de 19/9 (que deu nova redacção aos seus artigos 12, 13, 31 e 33) e pela Lei nº 49/2005 de 30/8 (que deu nova redacção aos artigos 11, 12, 13, 31 e 59 e aditou os artigos 13-A, 13-B e 13-C). No artigo 1º (âmbito e definição) da citada Lei nº 46/86 estabelece-se no nº 2 que «o sistema educativo é o conjunto de meios pelo qual se concretiza o direito à educação, que se exprime pela garantia de uma permanente acção formativa orientada para favorecer o desenvolvimento global da personalidade, o progresso social e a democratização da sociedade». O artigo 2 (princípios gerais), além de reafirmar princípios já reconhecidos constitucionalmente, estabelece no nº 4 que «o sistema educativo responde às necessidades resultantes da realidade social, contribuindo para o desenvolvimento pleno e harmonioso da personalidade dos indivíduos, incentivando a formação de cidadãos livres, responsáveis, autónomos e solidários e valorizando a dimensão humana do trabalho» e, no nº 5 que «a educação promove o desenvolvimento do espírito democrático e pluralista, respeitador dos outros e das suas ideias, aberto ao diálogo e à livre troca de opiniões, formando cidadãos capazes de julgarem com espírito crítico e criativo o meio social em que se integram e de se empenharem na sua transformação progressiva». O sistema educativo organiza-se (além do mais), de forma a «contribuir para a realização do educando, através do pleno desenvolvimento da personalidade, da formação do carácter e da cidadania, preparando-o para uma reflexão consciente sobre os valores espi-

riculares do ensino básico incluirão, em todos os ciclos e de forma adequada uma área de formação pessoal e social, que pode ter como componentes a educação ecológica, a educação do consumidor, a educação familiar, a educação sexual, a prevenção de acidentes, a educação para a saúde, a educação para a participação nas instituições, serviços cívicos e outros do mesmo âmbito».

A partir do Projecto Experimental sobre "Educação Sexual e Promoção da Saúde nas Escolas", «desenvolvido entre os anos lectivos de 1995/96 e 1997/98, pelo PES e pela APF, com o apoio técnico da DGS», foi elaborado em Fevereiro de 1999, um documento relativo a educação sexual e promoção de saúde nas escolas, onde se sugerem «orientações técnicas sobre educação sexual em meio escolar»[591].

Consta do dito documento, que se pretende especificamente «clarificar o conceito e o quadro ético de referência da Educação Sexual; indicar pistas para a integração da Educação Sexual na vida escolar aos níveis curricular e extra-curricular e para os vários níveis de ensino; identificar o modelo orientador da formação dos professores e de outros agentes educativos das escolas para se envolverem em actividades e programas de Educação Sexual; e promover o desenvolvimento de acções de

---

rituais, estéticos, morais e cívicos e proporcionando-lhe um equilibrado desenvolvimento físico» (alínea b) do artigo 3), de forma a «assegurar o direito à diferença, mercê do respeito pelas personalidades e pelos projectos individuais da existência, bem como da consideração e valorização dos diferentes saberes e culturas» (alínea d) do mesmo artigo 3), de forma a «assegurar a igualdade de oportunidade para ambos os sexos, nomeadamente através das práticas de coeducação e da orientação escolar e profissional, e sensibilizar, para o efeito, o conjunto dos intervenientes no processo educativo» (alínea j) do mesmo artigo 3º) e por forma a «contribuir para desenvolver o espírito e a prática democráticos, através da adopção de estruturas e processos participativos na definição da política educativa, na administração e gestão do sistema escolar e na experiência pedagógica quotidiana, em que se integram todos os intervenientes no processo educativo, em especial os alunos, os docentes e as famílias» (alínea l) do mesmo artigo 3º).

[591] MARQUES, António Manuel; PEREIRA, António; SILVA, Beatriz; VILAR, Duarte e CADETE, Joaquina (coord.), *Orientações técnicas sobre educação sexual em meio escolar*, contributos das equipas do Projecto PES, APF e DGS: APF, Fevereiro de 1999 (consulta em http:www.apf.pt/activ/ppes.html).

Educação Sexual nas escolas, na sua necessária articulação com outros agentes educativos, nomeadamente as famílias e outros serviços e profissionais, como os da área da Saúde».

Realça-se ainda que, segundo o Relatório Interministerial para a Elaboração de um Plano de Acção em Educação Sexual e Planeamento Familiar[592], a educação sexual é entendida como (...) "uma componente essencial da educação e da promoção da saúde" (p. 4), sendo por isso assumido como necessário reforçar a concretização e aplicação das Leis vigentes, através da articulação das intervenções dos vários Ministérios, com vista a atingir os objectivos considerados prioritários:

- Promover a Saúde Sexual e Reprodutiva, tendo como alvo prioritário os adolescentes e as populações especialmente vulneráveis;

- Proporcionar condições para a aquisição de conhecimentos na vertente da Educação Sexual que contribuam para uma vivência mais informada, mais gratificante, mais autónoma e logo mais responsável da Sexualidade;

- Estimular o desenvolvimento de referências éticas, de atitudes, de afectos e de valores na família, na escola e na sociedade;

- Criar condições que permitam desenvolver as capacidades de cada cidadão para perceber e lidar com a sexualidade na base do respeito por si próprio e pelos outros e num clima de aceitação dos valores da tolerância, da não-discriminação e da não-violência, de abertura à diversidade e da capacidade crítica de debate e da experiência de responsabilidade e autonomia;

- Promover as capacidades individuais que ajudem a construir uma consciência clara da importância da tomada de decisão, de recusa de comportamento não desejado e do conhecimento dos recursos para apoio quando este for considerado necessário;

---

[592] A Resolução do Conselho de Ministros nº 124/98 de 1 de Outubro de 1998, publicada na Série-I-B do *DR* nº 243 de 21/10/98, além do mais, aprovou o relatório da comissão interministerial (composta por representantes dos Ministérios da Justiça, da Educação, da Saúde e do Trabalho e da solidariedade e da Secretaria de Estado e da Juventude) e o plano de acção nele proposto.

332 *Crimes Sexuais com Adolescentes*

- Criar condições para a gravidez planeada em que os factores de risco sejam atenuados, ou mesmo anulados através da melhoria da qualidade de prestações e cuidados de Saúde;
- Valorizar as actividades de educação e informação dirigidas a crianças e adolescentes facilitando condições adequadas para que estas tenham lugar; e
- Rentabilizar e aumentar, a nível regional e local, a oferta/cobertura de cuidados apropriados em Saúde Sexual e Reprodutiva, nomeadamente em Planeamento Familiar e Saúde Materna, particularmente nas áreas mais carenciadas"[593].

Como se salienta nesse mesmo documento, aponta-se «para um conceito de Educação Sexual que não se restringe aos aspectos biológicos e médicos, uma vez que se lhe associam as vertentes da formação pessoal e social das crianças e jovens».

O nosso legislador tem sido cuidadoso na contínua elaboração de diplomas sobre esta matéria, pese embora a sua aplicabilidade fique aquém do desejável, continuando a assistir-se à proclamação de princípios válidos mas que tem ficado apenas pelo papel, confiando-se, porém, que a breve trecho e de forma progressiva tudo se venha a modificar de forma positiva.

Mais um exemplo das «boas intenções» do legislador, é conseguido através da Lei nº 120/99 de 11/8[594]- que veio «reforçar as garantias do di-

---

[593] Ver Relatório Interministerial para a Elaboração de um Plano de Acção em Educação Sexual e Planeamento Familiar; pp. 19-20 (apud MARQUES, António Manuel; PEREIRA, António; SILVA, Beatriz; VILAR, Duarte e CADETE, Joaquina (coord.), *Orientações técnicas sobre educação sexual em meio escolar*, pp. 8-9).

[594] O DL nº 259/2000, publicado na Série I-A do *DR* de 17/10/2000, regulamenta a Lei nº 120/99 de 11/8, fixando condições de promoção da educação sexual e de acesso dos jovens a cuidados de saúde no âmbito da sexualidade e do planeamento familiar. De notar que, em Esclarecimento de 25/5/2005 (a propósito de notícia publicada no semanário "Expresso", edição nº 1698 de 14/5/2005), o Ministério da Educação afirmava que «[não] existe a disciplina de Educação Sexual nos currículos quer do ensino básico quer do ensino secundário, nem tão pouco um programa oficial, como é afirmado na notícia do Expresso. A Educação Sexual é uma temática transversal aos currículos tal como a Educação Alimentar ou a Educação Ambiental». Passados alguns dias, em 3/6/2005, o

reito à saúde reprodutiva» - na qual consigna logo no artigo 1º (âmbito) que «o presente diploma visa conceder maior eficácia aos dispositivos legais que garantam a promoção a uma vida sexual e reprodutiva saudável, mais gratificante e responsável, consagrando medidas no âmbito da educação sexual, do reforço do acesso ao planeamento familiar e aos métodos contraceptivos, tendo em vista, nomeadamente, a prevenção de gravidezes indesejadas e o combate às doenças sexualmente transmissíveis, designadamente as transmitidas pelo HIV e pelo vírus das hepatites B e C».

Incluído no capítulo II, sob a epígrafe «promoção da saúde sexual», dispõe o nº 1 do artigo 2º (educação sexual) da Lei nº 120/99 que, «nos estabelecimentos de ensino básico e secundário será implementado um programa para a promoção da saúde e da sexualidade humana, no qual será proporcionada adequada informação sobre a sexualidade humana, o aparelho reprodutivo e a fisiologia da reprodução, sida e outras doenças sexualmente transmissíveis, os métodos contraceptivos e o planeamento da família, as relações interpessoais, a partilha de responsabilidades e a igualdade entre os géneros», especificando-se no nº 2 que «os conteúdos referidos no número anterior serão incluídos de forma harmonizada nas diferentes disciplinas vocacionadas para a abordagem interdisciplinar desta matéria, no sentido de promover condições para uma melhor saúde, particularmente pelo desenvolvimento de uma atitude individual responsável quanto à sexualidade e a uma futura maternidade e paternidade conscientes», tendo ainda o cuidado de acrescentar no nº 3 que, «a educação para a saúde sexual e reprodutiva deverá adequar-se aos diferentes níveis etários, consideradas as suas especificidades biológicas, psicológicas e sociais, e envolvendo os agentes educativos», propugnando-se no nº

Ministério da Educação informou que «vai criar uma comissão, presidida pelo Professor Daniel Sampaio, para avaliar, propor novas soluções de concretização e de monitorização da educação sexual nas escolas portuguesas. Farão ainda parte da referida comissão o professor Miguel Oliveira da Silva, a professora Margarida Gaspar de Matos e um assessor do Ministério da Educação. O objectivo desta decisão é melhorar as condições de ensino e aprendizagem, das questões da educação para a saúde, onde se incluem os temas da educação sexual e da alimentação, entre outros. ».

4 que, «na aplicação do estipulado nos números anteriores deverá existir uma colaboração estreita com os serviços de saúde da respectiva área e os seus profissionais, bem como as associações de estudantes e com as associações de pais e encarregados de educação».

Também no seu capítulo III, sobre o planeamento familiar, o artigo 4º (campanhas de divulgação destinadas a jovens) estabelece que «o Estado e demais entidades públicas, no cumprimento das obrigações estabelecidas no artigo 7º da Lei n.º 3/84, de 24 de Março[595], promoverão, com as finalidades e objectivos ali previstos, campanhas de divulgação especificamente dirigidas aos jovens».

E, facilita-se o esclarecimento dos jovens quando se dispõe no artigo 5 que, «podem ser atendidos em qualquer consulta de planeamento familiar, ainda que em centro de saúde ou serviço hospitalar que não seja da área da sua residência».

A nível internacional, a Carta de Direitos Sexuais e Reprodutivos aprovada no Conselho Central e na Assembleia Geral da IPPF (*International Planned Parenthood Federation*), em 1995, «tem como objectivo fundamental a promoção dos direitos e liberdades sexuais e reproduti-

---

[595] Texto do artigo 7º (divulgação de métodos e meios de planeamento familiar) da citada Lei nº 3/84:

«1- É dever do Estado e demais entidades públicas, designadamente as autarquias e as empresas públicas de comunicação social, promover e praticar periodicamente, com sentido pedagógico, informação eficaz sobre a existência e as vantagens dos métodos e meios de planeamento familiar, bem como sobre os locais, os horários e o regime de funcionamento dos respectivos centros de consulta.

2- É dever especial dos serviços de saúde, da Comissão da Condição Feminina e das associações de protecção da família colaborar em acções e campanhas de divulgação dos métodos e meios de planeamento familiar.

3- A informação prestada nos termos dos números anteriores deve respeitar os princípios consignados no nº 2 do artigo 6º e promover a assunção consciente e responsável de opções em matéria de planeamento familiar».

Segundo o referido nº 2 do artigo 6 (gratuitidade das consultas sobre planeamento familiar) da mesma lei «as informações e os conselhos prestados devem ser objectivos e baseados exclusivamente em dados científicos».

vas em todos os sistemas políticos, económicos e culturais», como salienta a Associação Para o Planeamento da Família[596].

No ponto 2 dessa Carta consigna-se que «todas as pessoas têm o direito de poder desfrutar e controlar a sua vida sexual e reprodutiva, no respeito pelos direitos dos outros; todas as pessoas têm o direito de não estarem sujeitas a assédio sexual; todas as pessoas têm o direito de estar livres do medo, vergonha, culpa, falsas crenças ou mitos e outros factores psicológicos que inibam ou prejudiquem o seu relacionamento sexual ou resposta sexual».

No ponto 3 diz-se que «ninguém deve ser discriminado, no âmbito da sua vida sexual e reprodutiva, no acesso aos cuidados e/ou serviços; todas as pessoas têm direito à igualdade no acesso à educação e informação de forma a preservar a sua saúde e bem-estar, incluído o acesso à informação, aconselhamento e serviços relativos à sua saúde e direitos sexuais e reprodutivos e nenhuma pessoa deve ser discriminada no seu acesso à informação, cuidados de saúde, ou serviços relacionados com as suas necessidades de saúde e direitos sexuais e reprodutivos ao longo da sua vida, por razões de idade, orientação sexual, "deficiência" física ou mental».

Ainda sobre orientação sexual refere-se, no ponto 4 da mesma Carta, que «todas as pessoas têm o direito de exprimir a sua orientação sexual a fim de poder desfrutar de uma vida sexual segura e satisfatória, respeitando contudo o bem estar e os direitos dos outros, sem receio de perseguição, perda da liberdade ou interferência de ordem social»[597].

Por último, mas também com interesse, consigna-se no ponto 6 que «todas as pessoas têm o direito de receber uma educação e informação

---

[596] A Carta da IPPF dos Direitos Sexuais e Reprodutivos, na versão portuguesa foi aprovada pela APF - criada em 1967 e federada na IPPF – e pelo Grupo de Trabalho "Direitos Sexuais e Reprodutivos" das ONG do Conselho Consultivo para a Igualdade e Direitos das Mulheres.

[597] Estipula-se ainda no ponto 4 da carta da IPPF que «todos os serviços de cuidados em saúde sexual e reprodutiva incluindo os serviços de informação e aconselhamento devem estar disponíveis para todas as pessoas e casais em particular os mais jovens, numa base de respeito aos seus direitos de privacidade e confidencialidade».

336   *Crimes Sexuais com Adolescentes*

suficientes de forma a assegurar que quaisquer decisões que tomem, relacionadas com a sua vida sexual e reprodutiva, sejam exercidas com o seu consentimento pleno, livre e informado».

A nível comunitário, a Resolução do Parlamento Europeu de 3/7/2002, sobre direitos em matéria de saúde sexual e reprodutiva (2001/2128 (INI))[598], tendo em atenção, nomeadamente, a «falta de uma educação sexual de elevada qualidade, bem como de aconselhamento e serviços especificamente vocacionados para a saúde sexual e reprodutiva dos adolescentes em alguns Estados-Membros», recomenda aos governos, entre outras medidas, (…) «que desenvolvam políticas nacionais de saúde sexual e reprodutiva de elevada qualidade» (…), «que [pugnem] pela distribuição de contraceptivos e pela existência de serviços de saúde sexual e reprodutiva em regime de gratuitidade, ou a custo reduzido, para os grupos sociais carenciados, tais como os jovens, as minorias étnicas e os excluídos socialmente» e que «recorram a diferentes métodos para chegar aos jovens – educação formal e informal, campanhas publicitárias, comercialização social para o uso de preservativos e projectos como serviços confidenciais de ajuda por telefone – e que tenham em conta as necessidades de grupos especiais, encorajando a intervenção de educadores do mesmo grupo na educação sexual».

E, no Regulamento (CE) n° 1567/2003 do Parlamento Europeu e do Conselho de 15/7/2003, relativo à ajuda para políticas e acções em matéria de saúde reprodutiva sexual e direitos conexos nos países em desenvolvimento[599], refere-se, na alínea b) do artigo 2, que «[as] activi-

---

[598] *JO* C 271E de 12/11/2003, pp. 0369-0374.

[599] *JO* L 224 de 6/9/2003, pp. 0001-0006. Para melhor compreender a versão definitiva deste Regulamento, ver a Proposta de Regulamento do Parlamento Europeu e do Conselho relativa à ajuda para as políticas e acções em matéria de saúde reprodutiva e sexual e direitos conexos nos países em desenvolvimento (apresentada pela Comissão em 7/3/2002), COM (2002) 120 final – 2002/0052 (COD), publicada no *JO* C 151 E de 25/6/2002, pp. 0260-0263 e a Posição do Parlamento Europeu aprovada em primeira leitura em 13 de Fevereiro de 2003 tendo em vista a adopção do Regulamento (CE) n° .../2003 do Parlamento Europeu e do Conselho relativa à ajuda para as políticas e acções em matéria de saúde reprodutiva e sexual e direitos conexos nos países em desenvolvimento, publicada no *JO* C 43 E de 19/2/2004, pp. 0343-0350.

dades desenvolvidas ao abrigo do presente regulamento têm por objectivo [permitir] às mulheres, aos homens e aos adolescentes o acesso a uma gama completa de serviços, fornecimentos, educação e informação seguros, acessíveis, a preços comportáveis, fiáveis e de qualidade em matéria de saúde reprodutiva e sexual, incluindo informações sobre todos os métodos de planeamento familiar existentes».

Destaque-se, no que aqui interessa abordar, a alínea c) do nº 1 do artigo 3 do mesmo Regulamento, onde se diz que «o apoio financeiro da Comunidade é concedido a acções especificamente vocacionadas para as populações mais pobres e mais vulneráveis das zonas rurais e urbanas (...) em especial às acções que visam [propiciar] aos adolescentes e jovens adultos programas educativos que se centrem na interacção entre planeamento familiar, saúde reprodutiva, doenças sexualmente transmissíveis e a influência do VIH/SIDA nas relações entre parceiros, prestar-lhes as informações, os serviços e os conselhos necessários para proteger a saúde reprodutiva e sexual, evitar gravidezes não desejadas e envolvê-los plenamente na concepção e execução de tais programas».

Acrescenta-se, no nº 2 desse mesmo artigo 3º, que «[a] execução dos objectivos supra citados implica que se preste especial atenção à necessidade de melhorar os sistemas de saúde dos países em desenvolvimento. Neste processo, deve ser garantida a participação e consulta das comunidades, famílias e outros interessados a nível local, concedendo-se particular atenção aos pobres, às mulheres e aos adolescentes. Além disso, a fim de que os progressos realizados em matéria de saúde e de bem-estar sejam sustentáveis, é necessário que as acções sejam acompanhadas por amplos investimentos no sector social, abrangendo a educação, a participação das comunidades, a consciência da equidade e das questões do género, a melhoria do ambiente, a prosperidade económica, a segurança alimentar e a nutrição».

Portanto, parece que tudo se conjuga no sentido da implementação da educação sexual desde a infância[600], não só na escola, como na família

---

[600] A este propósito, com interesse, ver por exp. SÁNCHEZ, Amaia Del Campo e LÓPEZ SÁNCHEZ, Félix, *prevención de abusos sexuales a menores. Unidade didáctica*

e no meio onde está inserido, por forma a que cada menor possa desenvolver a sua personalidade à medida do seu crescimento, de forma livre e responsável, aprendendo, além do mais, a prevenir-se de eventuais abusos sexuais, o que implica que, desde tenra idade, esteja consciente de determinados princípios que, por exemplo, Beate Besten[601], sintetiza da seguinte forma: «1- o meu corpo só a mim pertence; 2- sentimentos positivos e negativos; 3- toques agradáveis e desagradáveis; 4- dizer não; 5- segredos bons e maus; 6- procurar ajuda».

Educação sexual que não se deve basear em falsas e hipócritas crenças sociais ou em deturpações da realidade, nem tão pouco em «formas de lavagem ao cérebro»[602] mas, antes deve permitir e possibilitar aos jovens «a adopção de uma postura positiva perante a sexualidade»[603], que seja simultaneamente gratificante, com respeito por si próprios e também pelos outros, que lhes permita tomar atitudes responsáveis no relacionamento sexual, o que pressupõe informação, comunicação e envolvimento afectivo e amoroso.

É que é também o bem-estar físico e psíquico que está em causa quando se fala em sexualidade, sendo por isso necessário «preparar» a

---

para educación infantil (3 - 6 años), colecção Estudios de sexología, Ministerio de Trabajo y Assuntos Sociales, Salamanca: Amarú Ediciones, 1997.

[601] BESTEN, Beate, *Abusos sexuales en los niños*, pp. 144-145.

[602] ROTMAN, Edgardo, "O conceito de Prevenção do Crime" (trad. por André G. Dias Pereira, do relatório apresentado pelo Autor nas Jornadas da Fundação Internacional Penal e Penitenciária, que tiveram lugar em Berlim, em Outubro de 1996, subordinadas ao tema «Aspectos jurídicos da prevenção da criminalidade»), *RPCC,* ano 8, fasc. 3º, Julho-Setembro 1998, p. 326, salienta que «mesmo a educação pode transformar-se numa forma de lavagem ao cérebro e condicionamento incompatíveis com um modelo democrático e antropocêntrico de prevenção do crime».

[603] BESTEN, Beate, *ob. ult. cit.*, p. 91, refere que «a educação sexual ocupa um lugar primordial nas tarefas de prevenção. Antes de tudo é necessário que as crianças aprendam a adoptar uma postura positiva ante a (própria) sexualidade. Que aprendam a relacionar--se com o seu corpo de uma forma natural, livre e lúdica; e aprendam que a sexualidade e as carícias são importantes, além de saudáveis, assim se criando uma base sólida que permitirá falar às crianças de abusos sexuais de forma que não interpretem a sexualidade como algo de negativo».

criança e o jovem à medida do seu crescimento e desenvolvimento para que possa agir com segurança.

A este nível saliente-se o papel fundamental que os instrumentos de socialização - como por exemplo a escola, determinado tipo de serviços de saúde, os meios de comunicação social e as ONG - devem assumir com vista a preparar a criança e o jovem a adquirir plena autonomia e maturidade, inclusive no capítulo da sexualidade[604].

De notar, porém, que o facto de os jovens, desde o mais cedo possível[605], começarem a ser esclarecidos e informados sobre a temática da sexualidade não arrasta consigo um despertar precoce para esta matéria ou a imediata necessidade da sua «experimentação», como muitos podem pensar de forma pouco esclarecida, mas antes e tão só que, quando se decidirem pelo inicio da sua vida sexual, a venham a exercer e conduzir de forma livre e consciente e com sentido de responsabilidade[606].

---

[604] Cf. MARQUES, António Manuel; PEREIRA, António; SILVA, Beatriz; VILAR, Duarte e CADETE, Joaquina (coord.), *Orientações técnicas sobre educação sexual em meio escolar*, pp. 25-26. Também na "resolução sobre o livro verde relativo à protecção dos menores e da dignidade humana nos novos serviços audiovisuais e de informação (COM (96) 483 final– C 4-0621/96)", no ponto 21 o Parlamento Europeu «[pede] insistentemente aos Governos dos Estados membros que introduzam no sistema educativo um ensino adequado para o desenvolvimento de uma capacidade crítica de análise por parte dos menores relativamente às mensagens audiovisuais».

[605] Desde cedo queremos dizer desde os 3 / 4 anos – altura em começam a descobrir o corpo e a sexualidade – sempre tendo presente que a informação e esclarecimentos prestados sobre a matéria deverão ter em atenção o seu grau de desenvolvimento e capacidade de entendimento.

[606] Ver com interesse o "Guia para pais e professores", disponível na APF, onde se refere que «durante muito tempo defendeu-se que não se deveriam abordar estas temáticas por se considerar que falar de sexualidade despoletaria nos jovens curiosidade que levaria a uma experimentação sexual precoce. Os estudos realizados têm provado que esta crença não tem fundamento. Constata-se, pelo contrário, que os jovens que recebem uma educação sexualizada ou educação sexual formal, com informação sobre sexualidade e contracepção, tendem a iniciar a sua vida sexual mais tarde, como opção consciente e prevenidos contra as possíveis situações de risco». Sobre a evolução das acções desenvolvidas relativas à "Promoção da Educação Sexual em Meio Escolar", ver o 8° e o 10° Relatórios das Actividades Realizadas no Âmbito do Protocolo celebrado entre a APF e o Ministério da Educação, respectivamente de 1 de Abril de 2004 a 31 Julho de 2004 e de 1

Como diz Eliana Gersão[607], referindo-se aos adolescentes, o direito à autodeterminação sexual «deve ser-lhes reconhecido clara e honestamente, ou seja, dando-lhes os meios de gerirem a sua sexualidade em liberdade e em segurança», o que implica a existência de educação sexual nas escolas, de planeamento familiar, de apoio de natureza psicopedagógica etc.

É tempo, por isso, de o Estado enveredar pela prática efectiva das políticas sociais que tomou a seu cargo, políticas essas destinadas a promover e a proporcionar o desenvolvimento dos jovens, inclusivamente na esfera sexual[608].

Repare-se que o Parecer do Comité das Regiões sobre a «Proposta de decisão do Parlamento Europeu e do Conselho que estabelece um programa de acção integrado no domínio da aprendizagem ao longo da vida»[609], adoptado, por unanimidade, na 58ª reunião plenária de 23 e 24 de Fevereiro de 2005 , alerta que «de acordo com os valores do Eurotast (2001), uma média de 19,6% dos jovens da UE entre os 18 e os 24 anos

---

de Janeiro a 31 de Março de 2005, também disponível na APF (consulta em http:www.apf.pt/educacao/relatorio_activ.doc e em http://www.apf.pt/educacao/relatorio2005.htm).

[607] GERSÃO, Eliana, "Crimes sexuais contra crianças", p. 19.

[608] COPELLO, Patricia Laurenzo, *ob. ult. cit.*, p. 71, dissertando sobre os inconvenientes de recorrer ao papel simbólico do Direito Penal e sobre a discriminação da mulher, escreve que «é muito mais fácil e cómodo para o Estado ampliar o catálogo dos crimes tipificados no Código Penal do que empreender acções positivas destinadas a remover os autênticos obstáculos que impedem a mulher de ocupar uma posição autónoma na sociedade dos nossos dias».

[609] Parecer, publicado no *JO* C 164 de 5/7/2005, p. 0059. Nele são apontadas preocupações em satisfazer as actuais necessidades de competências, não só a nível da formação profissional mas, também, a nível social. Ver ainda, quanto ao mesmo assunto, a Proposta de Decisão do Parlamento Europeu e do Conselho de 14/7/2004, que estabelece um programa de acção integrado no domínio da aprendizagem ao longo da vida {SEC (2004) 971}, COM/2004/0474 final - COD 2004/0153: *Comissão das Comunidades Europeias* e o Parecer do CESE (adoptado em 10/2/2005) sobre essa «Proposta de decisão do Parlamento Europeu e do Conselho que estabelece um programa de acção integrado no domínio da aprendizagem ao longo da vida», publicado no *JO* C 221 de 8/9/2005, pp. 0134 -0140.

De lege ferenda   341

não estão envolvidos em educação ou formação contínua, e 20% a 30% dos finalistas do ensino secundário não prosseguem a sua educação ou formação, seja profissional seja geral».

Acrescente-se, como é salientado em "Educação e formação para 2010", A urgência das reformas necessárias para o sucesso da estratégia de Lisboa — Relatório intercalar conjunto do Conselho e da Comissão sobre a realização do programa de trabalho pormenorizado relativo ao seguimento dos objectivos dos sistemas de ensino e formação na Europa, que «em alguns países, a percentagem de abandono escolar precoce tem vindo a baixar regularmente desde o princípio dos anos 90. É o caso, por exemplo, da Grécia, da França e do Luxemburgo. Na Dinamarca e em Portugal, no entanto, a tendência de redução observada no início dos anos 90 inverteu-se a partir de meados desta mesma década, pelo que a taxa de abandono escolar está próxima da do início dos anos 90»[610].

---

[610] *JO* C 104 de 30/4/2004, pp. 0001-0019. Entre nós, como se reconhece no despacho conjunto nº 24/2005 (que aprova o regulamento que define o regime de acesso aos apoios concedidos no âmbito da medida nº 4, acção 4.1., «Reconhecimento, validação e certificação de conhecimentos e competências adquiridas ao longo da vida»), publicado na II Série do *DR* de 10/1/2005, «a distância que separa as qualificações certificadas da população adulta portuguesa em matéria de conhecimentos escolares do padrão de qualificações académicas da generalidade dos países europeus é ainda grande». Também, o despacho conjunto nº 453/2004, publicado na II Série do *DR* de 27/7/2004, assumindo a necessidade de promover o sucesso escolar e de prevenir os diferentes tipos de abandono escolar, designadamente o desqualificado, criou «cursos de educação e formação» destinados «preferencialmente, a jovens com idade igual ou superior a 15 anos, em risco de abandono escolar ou que já abandonaram antes da conclusão da escolaridade de 12 anos, bem como àqueles que após a conclusão dos 12 anos de escolaridade, não possuindo uma qualificação profissional, pretendem adquiri-la para ingresso no mundo do trabalho». Ainda inserido na mesma «estratégia de combate ao abandono escolar precoce», ver despacho conjunto nº 263/2005, publicado na II Série do *DR* de 21/3/2005 (aprova o regulamento que define o regime de acesso aos apoios concedidos no âmbito da medida nº 3, acção nº 3.3, "Rede de escolas de referência EDUTEC", da Intervenção Operacional da Educação, publicada em anexo). A Portaria nº 256/2005, publicada na Série I-B do *DR* de 16/3/2005, aprova a actualização da Classificação Nacional das Áreas de Educação e Formação (CNAEF), tendo em vista «a preparação das pessoas para a inserção ou reinserção no mercado do trabalho». Por sua vez, no despacho nº 5071/2005, publicado na II Série do *DR* de 9/3/2005, após se dizer que o governo (da época) «tem demonstrado pro-

Ora, tendo também em atenção o Programa de "Educação e formação para 2010", impõe-se concluir que Portugal terá de melhorar a sua política educativa e formativa, o que é essencial na transmissão de conhecimentos, na aquisição de competências, na melhoria de desempenhos e na renovação da sociedade, com vista a satisfazer as novas necessidades no âmbito da coesão social, da cidadania activa e da realização pessoal.

E, efectivamente o Estado Português pode desenvolver uma política nacional global efectiva de protecção das crianças e dos jovens (*v.g.* política familiar, política de educação, enquanto formação e informação e política de saúde pública, em meio escolar, sendo a presença de médicos, psicólogos, enfermeiros, primordial na sinalização e na superação de comportamentos problemáticos), a executar de forma descentralizada.

Pode, nomeadamente, investir na formação dos professores, dos educadores, dos profissionais da saúde e da área social (proporcionando co-

---

funda preocupação no que concerne à formação pessoal e social das crianças e adolescentes, traduzida não só em projectos de colaboração com especialistas nesta área, mas também, designadamente, na execução de acções de formação de alunos e professores nas escolas em articulação com as famílias», acaba por se concluir que «o momento é de reorganização e redefinição das políticas a empreender», razão pela qual se criou, «no Ministério da Educação, no âmbito da Direcção-Geral de Inovação e Desenvolvimento Curricular, um grupo de trabalho para a educação na saúde (GTES), com o objectivo de planear, coordenar, avaliar e acompanhar uma investigação no âmbito do ensino e, em concreto, implementar a execução faseada de uma nova área disciplinar no âmbito da formação e do desenvolvimento pessoal e social, ficando ainda responsável pelo processo de formação dos professores nesta área específica». Diz-se, ainda, na fundamentação desse despacho, que a «investigação sobre esta área disciplinar dará especial ênfase a diversos domínios como a prevenção rodoviária, a educação alimentar, a sexualidade, a prevenção do consumo de substâncias ilícitas, entre outras, devendo incluir-se num âmbito mais vasto da formação e desenvolvimento pessoal, abordada sempre numa perspectiva positiva da cultura de responsabilidade e de livre adopção de comportamentos saudáveis». Por outro lado, por estar a crescer «a taxa de desemprego de titulares de cursos superiores», o governo da altura viu-se na necessidade de «ajustar a oferta à procura e flexibilizar os mecanismos que visam tal fim», razão pela qual, com a Portaria nº 71/2005 de 25/1, publicada na I-A Série do *DR* de 25/1/2005, visou implementar «medidas de curto prazo que reforcem a eficácia do combate de situações de desemprego de longa duração e de desemprego dos jovens».

nhecimentos específicos e reforçando a colaboração multidisciplinar e a partilha de experiências), pode incentivar maiores contactos institucionais com a família (a nível da escola, de serviços públicos de saúde, de serviços sociais, sensibilizando, ensinando e ajudando os pais no "contacto" com os filhos), pode incrementar a criação de linhas telefónicas (SOS) orientadas para a ajuda de jovens que a elas gostem mais de recorrer, pode reinvestir nos ritos de passagem da adolescência ao estado adulto (*v.g.* cultivando a aprendizagem e formação profissional para facilitar uma futura inserção na vida activa, concedendo bolsas para viagens aos estrangeiro com vista à partilha de experiências de vida) etc [611].

Por outro lado, pode intervir, de forma mais eficaz, na luta contra a marginalização social e contra a exclusão social, melhorando as condições económicas, culturais e de vida das classes mais desfavorecidas e das famílias mais carenciadas, por aí se proporcionar mais a criação de situações que podem culminar em abuso sexual.

A este propósito, recorde-se o teor da Comunicação da Comissão, de 12 de Dezembro de 2003, relativa ao relatório conjunto sobre a inclusão social, que sintetiza os resultados da análise dos Planos de Acção Nacionais para a Inclusão Social (2003-2005)[612], quando refere

---

[611] A este propósito ver LORRAIN, Jean-Louis, «l'adolescence en crise», *Rapport d'Information n° 242 (2002-2003)*. Ver, também, entre outras, a Decisão n.° 803/2004/CE do Parlamento Europeu e do Conselho, de 21 de Abril de 2004 (*JO* L 143 de 30/04/2004 pp. 0001 – 0008), que adopta um programa de acção comunitário (2004-2008) de prevenção e de combate à violência exercida contra as crianças, os adolescentes e as mulheres e de protecção das vítimas e dos grupos de risco (programa DAPHNE II). A nível do Conselho da Europa, ver a Recomendação 1531 (2001), adoptada pela Assembleia Parlamentar em 24/9/001, sobre segurança e prevenção da criminalidade nas cidades: criação de um observatório europeu, a Recomendação Rec (2003) 20, adoptada pelo Comité de Ministros em 24/9/2003 (sobre novos modos de tratamento da delinquência juvenil e ao papel da justiça dos menores) e a Recomendação Rec (2003) 21, adoptada pelo Comité de Ministros em 24/9/2003 (sobre "parceria" na prevenção da criminalidade).

[612] Comunicação da Comissão de 12/12/2003, , não publicada no Jornal Oficial. De notar que, já na Recomendação 92/441/CEE, publicada no *JO* L 245 de 26/8/1992, pp. 0046-0048, o Conselho instou os Estados-Membros a reconhecerem «no âmbito de um dispositivo global e coerente de luta contra a exclusão social, o direito fundamental dos indivíduos a recursos e prestações suficientes para viver em conformidade com a di-

344   *Crimes Sexuais com Adolescentes*

gnidade humana», propósito que manteve na Recomendação 92/442/CEE, publicada no *JO* L 245 de 26/8/1992, pp. 0049-0052. Por outro lado, a Decisão nº 50/2002/CE do Parlamento Europeu e do Conselho, de 7/12/2001, publicada no *JO* L 10 de 12/1/2002, pp. 0001-0007 (alterada pela Decisão nº 786/2004/CE do Parlamento Europeu e do Conselho, de 21/4/2004, publicada no *JO* L 138 de 30/04/2004, pp. 0007 – 0011, no que respeita ao enquadramento financeiro para a execução do programa, no período entre 1 de Janeiro de 2002 e 31 de Dezembro de 2006, que subiu de 75 milhões de euros para 85,04 milhões de euros, incluindo despesas técnicas e administrativas) estabeleceu um programa de acção comunitária de incentivo à cooperação entre os Estados-Membros em matéria de luta contra a exclusão social para o período compreendido entre 1 de Janeiro de 2002 e 31 de Dezembro de 2006. Quanto a resultados desta iniciativa veja-se o Parecer do Comité das Regiões de 22/4/2004, publicado no *JO* C 121 de 30/4/2004, pp. 0032-0035, sobre o Relatório Conjunto sobre Inclusão Social que sintetiza os resultados da análise dos Planos de Acção Nacionais para a Inclusão Social (2003-2005). Consta deste Parecer que «é necessário mobilizar todas as vontades para reduzir substancialmente o número de cidadãos europeus, avaliado actualmente em 55 milhões, isto é 15 % da população europeia, que vivem na pobreza e mesmo em situação de extrema pobreza». De lembrar, ainda, que o «Conselho Europeu de Lisboa, de Março de 2000, instou os Estados--Membros e a Comissão a tomarem medidas ambiciosas e com impacto decisivo na erradicação da pobreza até 2010». No Parecer do CESE (adoptado em 9/3/2005) sobre «A dimensão social da globalização – contributo das políticas da UE para tornar os benefícios extensíveis a todos», COM (2004) 383 final, publicado no *JO* C 234 de 22/9/2005, pp. 0041-0045, também se refere que «os dois biliões de pessoas que vivem abaixo do limiar da pobreza em todo o mundo vivem principalmente em países que não participam activamente na globalização e correm o risco de ficar à margem da economia mundial. (…) O CESE considera que a UE pode desempenhar um papel fundamental no apoio e na promoção da dimensão social da globalização, enveredando por e perseguindo activamente uma política que convença os governos da necessidade de um quadro jurídico e judicial justo, de respeito dos direitos de propriedade, de mecanismos de resolução de conflitos e de execução de contratos eficazes em termos de custos, de acesso à educação e formação, de instituições financeiras bem regulamentadas e acessíveis, de um regime fiscal justo e do reconhecimento do papel central do desenvolvimento humano. (…) A educação deveria ser outra prioridade ao fazer corresponder a educação às necessidades do mercado de trabalho e ao fornecer aos indivíduos a competências e os conhecimentos básicos indispensáveis». O combate à exclusão social passa, também, pela intervenção a nível urbano, sendo esta uma das prioridades da UE, designadamente com a iniciativa comunitária URBAN (o início do projecto piloto Urban ocorreu no período entre 1989-1993, sucedendo-lhe a iniciativa Urban I no período entre 1994-1996 e a iniciativa Urban II no período entre 2000-2006), cuja avaliação inicial pode ser consultada na Comunicação da Comissão aos Estados-Membros, de 28 de Abril de 2000, C (2000) 1100, publicada no *JO* C 141 de 19/5/2000, pp. 0008-0016, na Comunicação da Comissão ao Conselho, ao Parlamento

que, em "Portugal, a taxa de pobreza é uma das mais elevadas da União Europeia".

Nessa Comunicação indica-se a abordagem estratégica a efectuar no combate à pobreza, nomeadamente, a nível da criação de uma "Rede Social", a nível da educação, da formação, da revalorização das pensões mínimas de reforma, tendo em atenção certos grupos vulneráveis (crianças, jovens, sem-abrigo, imigrantes) e na implementação de um maior acesso dos cidadãos à informação sobre os seus direitos sociais.

O plano de acção nacional para a inclusão social[613] deverá, por isso, assentar, na coordenação eficaz de políticas económicas, sociais e de emprego que permitam reduzir a pobreza e a exclusão social (os desafios a vencer, apontados pela União Europeia, incidem, nomeadamente, no alargamento do mercado de emprego, "enquanto direito de oportunidade para todos", nos sistemas de segurança social, na multiplicação das oportunidades de educação e de formação ao longo da vida, em habitação condigna para todos, na melhoria da qualidade dos serviços públicos para corresponder às necessidades locais e individuais, na integração de grupos minoritários, no reforço de políticas de apoio à família, às redes de

---

Europeu, ao Comité Económico e Social e ao Comité das Regiões - Programação dos Fundos estruturais 2000-2006: avaliação inicial da iniciativa Urban, COM/2002/0308 final: Comissão das Comunidades Europeias e, no Parecer do CESE sobre a "Comunicação da Comissão ao Conselho, ao Parlamento Europeu, ao Comité Económico e Social e ao Comité das Regiões — Programação dos Fundos estruturais 2000-2006: Avaliação inicial da iniciativa Urban" (COM (2002) 308 final), publicado no *JO* C 133 de 06/06/2003, pp. 0053- 0058.

[613] Face a necessidades de «adequar a intervenção que o Programa de Luta Contra a Pobreza tem vindo a desenvolver», através da Portaria nº 730/2004, publicada na Série I-B do *DR* de 24/6/2004, foi criado o Programa para a Inclusão e Desenvolvimento. Também a Lei nº 45/2005, publicada na Série I-A do *DR* de 29/8/2005, introduziu a primeira alteração à Lei nº 13/2003 de 21/5, que revoga o rendimento mínimo garantido, previsto na Lei nº 19-A/96, de 29/6, e cria o rendimento social de inserção. Sobre a dimensão da pobreza em Portugal (e noutros países), ver o *Social Watch Report 2005*, que pode ser consultado, na versão inglesa ou espanhola, no site da Oikos - Cooperação e Desenvolvimento (Organização Não Governamental para o Desenvolvimento, que é membro da rede internacional Social Watch, «formada por mais de 400 organizações não governamentais»): http://www.oikos.pt/imprensa/sw/SW-ENG-2005.pdf).

346   *Crimes Sexuais com Adolescentes*

assistência social e de protecção dos direitos das crianças, na regeneração das áreas com carências múltiplas etc.).

Elevando o nível económico, cultural e social da população, sensibilizando-a para o respeito dos direitos e liberdades fundamentais da pessoa (particularmente o respeito pelos direitos das crianças e dos jovens) e para o combate de todas as formas de violência e de discriminação, certamente que se conseguirá melhor prevenir a criminalidade, designadamente, na área dos abusos sexuais[614].

---

[614] Como diz, STANGELAND, Per, "El papel del criminólogo en la cooperación internacional", *in Modernas tendencias en la ciencia del derecho penal y en la criminologia* (Congreso Internacional, Facultad de Derecho de la UNED, Madrid, 6 al 10 de noviembre de 2000), Madrid: Universidad Nacional de Educación a Distancia, 2001), p. 237, «a miséria e a marginalização social fomentam a delinquência, e esta delinquência depois converte-se num impedimento sério para poder sair da miséria». Apontando programas de prevenção com diferentes tipos de abordagem, MAGALHÃES, Teresa, «A intervenção médico-legal em casos de maus tratos em crianças e jovens», *in Cuidar da Justiça de Crianças e Jovens, A função dos Juízes Sociais, Actas do Encontro*, pp. 185-187. Com interessse, também, a Recomendação Rec (2000) 20 adoptada pelo Comité de Ministros do Conselho da Europa, em 6/10/2000 (sobre o papel da intervenção psicosocial precoce na prevenção de comportamentos criminais), onde (no respectivo anexo é apresentado o programa a adoptar) são indicados aspectos particulares a atender nas medidas a tomar visando os factores de risco, são apontadas medidas para promover os factores de protecção, chamando-se à atenção para que as intervenções psicosociais sigam princípios de eficácia, intervenção mínima, proporcionalidade, não estigmatização e não descriminação. Por sua vez, a Recomendação 1532 (2001), adoptada pela Assembleia Parlamentar em 24/9/2001, debruça-se sobre a necessidade de implementar "uma política social dinâmica em favor das crianças e dos adolescentes do meio urbano", indicando várias medidas nesse sentido. Sobre o combate à violência, com indicação, designadamente, de planos de acção no âmbito de uma política integrada, ver Projet intégré 2 – *Faire face a la violence quotidienne: une aproche integree*, rapport final du projet intégré «responses à la violence quotidienne dans une société démocratique», 2002-04 (11/10/2004), Conseil de L`Europe, Strasbourg: IP2 (2004) 28 REV. (web). Entre nós, a nível do combate à violência familiar, ver a Resolução do Conselho de Ministros nº 20/2005, publicada na Série I-B do *DR* de 28/1/2005 (que aprova o relatório de execução anual do II Plano Nacional contra a Violência Doméstica e cria uma estrutura de missão denominada «Estrutura de Missão contra a Violência Doméstica») e a Resolução do Conselho de Ministros nº 104/2005, publicada na Série I-B do *DR* de 27/7/2005, também relativa à «Estrutura de Missão contra a Violência Doméstica».

De lege ferenda

Cremos, por isso, que através de meios não penais é possível, de forma eficaz, evitar muitas das "intromissões" dos adultos na sexualidade dos adolescentes ainda imaturos, designadamente, quando pela sua falta de gravidade ou porque não colocam em causa o desenvolvimento da sua personalidade, permitem concluir pela desnecessidade da intervenção penal.

O que o Estado não pode é, na falta de execução das políticas sociais que assumiu, enveredar pela via de uma criminalização excessiva.

De qualquer modo, quando determinadas condutas não são punidas criminalmente, isso não significa que passem a ser permitidas ou lícitas, mas tão só que, continuando a merecer censura, devem ser controladas através de outros sistemas alternativos ao sistema penal, que serão «mais eficazes e menos [onerosos] do que as oferecidas» por aquele[615].

A tutela penal deverá ser, por isso, reservada àquelas situações de "abuso sexual" que afectem de forma directa e grave o desenvolvimento da personalidade dos adolescentes ainda imaturos sexualmente e às que envolvam adolescentes que, embora com capacidade de se determinarem sexualmente, se encontrem numa situação de dependência em relação à pessoa que deles abusa, para além das situações de lenocínio e tráfico de menores, sobre as quais não nos debruçamos, a não ser pontualmente, na medida da necessidade desta exposição.

---

[615] FIGUEIREDO DIAS e COSTA ANDRADE, *Criminologia*, p. 403. Acrescentam que o que está em causa é «apenas uma mais adequada e racional reavaliação das vantagens e das possibilidades do sistema penal». E, mais à frente, *ob. cit.*, p. 404, referindo que «o discurso da descriminalização obedece à mesma lógica do discurso da criminalização», concluem que se trata «numa perspectiva diacrónica, de identificar uma conduta socialmente danosa e intolerável; de questionar a *legitimidade* e a *necessidade* de o Estado controlar jurídico-penalmente a sua expressão; e, por último, de indagar se o sistema penal o pode fazer com vantagens, sem se converter ele próprio numa fonte autónoma de disfunções sociais, isto é, num factor criminógeno».

1.5. Tutela penal.

O que efectivamente se pretende – tendo em atenção o estudo que nos propusemos fazer – é determinar a forma como se deve proteger eficazmente o adolescente, vítima de abusos sexuais considerados graves, cometidos por meios não violentos ou equiparados.

Com isto não queremos dizer que o «tabu» da relação sexual entre um adulto e um adolescente não deva ser mantido enquanto for necessário garantir o desenvolvimento da personalidade do jovem.

Simplesmente pretendemos que seja assegurado ao adolescente o seu direito, embora por vezes sujeito a necessárias limitações, a de forma livre e autónoma, poder decidir sobre a sua sexualidade.

Isto, porque, por regra, qualquer acto sexual, no que aqui importa analisar, significa uma partilha a dois, equilibrada, sendo, por isso, necessário que o adolescente esteja consciente do acto em que participa e que esteja em condições de poder dar, de forma livre e consciente, o seu acordo ou "consentimento", para poder também sentir satisfação e encarar a sexualidade de forma positiva, natural e saudável, como forma de se auto-realizar como pessoa[616].

É porque o adolescente está mais sujeito a ser influenciado - o que pode perturbar a sua liberdade de decisão e de acção -, que existe a preocupação de salvaguardar a sua (plena) capacidade de se determinar sexualmente.

No fundo o perigo que existe é de - através de estratégias que envolvam o abuso da confiança estabelecida entre os dois parceiros, o aproveitamento de situações favoráveis (designadamente resultante de ignorância sexual), o eventual recurso ao engano ou à persuasão - o adolescente poder não estar em condições de gozar de plena liberdade de

---

[616] DÍEZ RIPOLLÉS, *El Derecho Penal ante el sexo*, p. 8, salienta que «a sexualidade passou a ser valorada positivamente, como a fonte de satisfação e de auto-realização da pessoa, como elemento constitutivo decisivo do seu desenvolvimento corporal e espiritual, e certamente não ligada à instituição matrimonial, sendo socialmente reconhecido e apreciado o seu exercício fora de tal instituição».

De lege ferenda

349

determinação para escolher, para livremente poder formar a sua vontade e decisão[617].

O que também coloca a questão de saber se, tais formas de actuação são equiparáveis e se merecem ou não o mesmo tratamento, concretamente se merecem ser criminalizadas as condutas levadas a cabo por meio dessas estratégias.

Claro que estas estratégias, quando utilizadas por adultos[618], tornam--se potencialmente mais perigosas na medida em que o jovem, ao aspirar ser reconhecido como um adulto, pode - de forma mais ou menos variável (conforme designadamente a sua maior ou menor subserviência aos adultos em geral), também pela insegurança que o caracteriza e pela desigualdade da relação de poder entre os dois parceiros - deixar-se persuadir (mas sem que isso envolva da parte do adulto qualquer forma de «pressão» próxima da coacção) pela influência ou ascendente do mais velho, que em princípio goza de plena maturidade, se apresenta aparentemente como uma pessoa normal, apesar de poder ter eventualmente «deficiências no seu processo de socialização»[619].

---

[617] LÓPEZ SÁNCHEZ, Félix, *Abusos sexuales a menores. Lo que recuerdan de mayores*, p. 180, refere que "os agressores quase sempre empregam estratégias de engano e persuasão, abusando da sua familiaridade com o menor e da «surpresa» desconhecimento da vítima".

[618] Normalmente, a este tipo de abuso sexual, associa-se a ideia de que através dele o menor é utilizado para «gratificação sexual de um adulto». Assim, DEMETRIO CRESPO, Eduardo e SANZ HERMIDA, Ágata María, *ob. ult. cit.*, p. 61. Subjacente está sempre também o pressuposto de que o menor de 18 anos, dependendo da idade e do seu estado físico, estará por princípio numa situação de inferioridade em relação ao sujeito activo que seja adulto. No *Rapport LC 21 – Décembre 1996*, "Législation comparée: Les abus sexuels sur les mineurs", entende-se como «abuso sexual», segundo a definição adoptada pelas associações de salvaguarda da criança, «toda a utilização do corpo de uma criança para o prazer de uma pessoa mais velha do que ela, quaisquer que sejam as relações entre eles, e mesmo sem coacção nem violência».

[619] Sobre as características gerais das pessoas que cometem abusos sexuais, ver LÓPEZ SÁNCHEZ, Félix e SÁNCHEZ, Amaia Del Campo, *Prevención de abusos sexuales a menores. Guia para padres y madres*, pp. 17-18.

350   *Crimes Sexuais com Adolescentes*

No fundo, pretende-se salvaguardar o adolescente de condutas sexuais abusivas que possam «criar um estado de compressão ilícita do bem jurídico protegido» mas, sem cair no excesso de proibir ou impedir o exercício livre e consciente da sexualidade.

É preciso ter presente que, nem toda a limitação da liberdade de determinação sexual justifica a necessidade de intervenção penal, desde logo se atentarmos na natureza necessariamente fragmentária do direito penal.

Por outro lado, sem que haja uma justificação objectiva e razoável, a tutela a conceder não deve criar situações de tratamento diferenciado consoante o sexo do sujeito passivo[620].

---

[620] Se é certo que, por um lado, as jovens do sexo feminino ainda continuam a ser estatisticamente vítimas em maior número de abusos sexuais, não se pode desvalorizar o abuso sexual em que são vítimas os jovens do sexo masculino (que muitas vezes não chegam a ser denunciados devido a valorações irracionais que tem a ver com a circunstância de se entender erradamente que dessa forma se coloca em causa a «masculinidade» da vítima). Mas isso não significa que não se possa conceder protecção penal à pessoa (independentemente do sexo) dela carecida. Importante aqui considerar o *mainstreaming* (elemento importante resultante da IV Conferência Mundial das Nações Unidas sobre a mulher, realizada em *Beijing,* 1995) que, segundo DYBKJAER, Lone, Relatório sobre «os relatórios anuais da Comissão "Igualdade de Oportunidades entre Homens e Mulheres na União Europeia – 1997, 1998 e 1999" (COM (1998) 302-C5-0106/1999, COM (1999) 106 –C5-0289/2000 e COM (2000) 123 – C5-0290/2000 –1999/2109 (COS)): Comissão dos Direitos da Mulher e da Igualdade de Oportunidades, *Parlamento Europeu,* 13/7/2000, p. 11, «é definido como a promoção activa e visível, por parte dos governos e dos demais actores, da integração da perspectiva de género em todas as políticas e programas, de modo a que, antes de adoptar uma decisão, se leve a cabo uma análise das consequências que a mesma terá para as mulheres e os homens». Acrescenta-se nesse relatório, que «[a] integração da perspectiva de género na UE foi consagrada pela primeira vez como um dos objectivos da União com a entrada em vigor do Tratado de Amesterdão, nomeadamente com os seus artigos 2º e 3º, que estipulam que a discriminação, incluindo a discriminação em razão do sexo, é inaceitável». Com interesse, quanto às iniciativas para concretização do princípio da igualdade de oportunidades e de tratamento entre Homens e Mulheres, ver, entre outros, a Directiva 2002/73/CE do Parlamento Europeu e do Conselho, de 23/9/2002 (*JO* L 269 de 5/10/2002, p. 0015), que até definiu «assédio» e «assédio sexual», o Parecer do CESE sobre «O papel das organizações das mulheres como agentes não governamentais na aplicação do acordo de Cotonou», publicado no *JO* C 074 de 23/3/2005, pp. 0039-0044, o Parecer do CESE sobre a «Proposta de directiva do Parlamento Europeu e do

De lege ferenda 351

Nem tão pouco se deve traduzir numa forma de discriminação em função da inclinação ou preferência por determinada orientação sexual.

Importante e merecedor de tutela penal poderá ser a situação em que o agente adulto abusa da vulnerabilidade da vítima, decorrente de uma relação de superioridade (de poder) estabelecida entre ambos ou decorrente da situação de necessidade (psicológica ou económica) em que a vítima se encontra.

Mas, tais situações, apenas deverão ser punidas na medida em que conduzam a uma precocidade sexual induzida, capaz de prejudicar de forma grave o desenvolvimento do jovem ainda imaturo.

O que significa que para se justificar a criminalização mesmo nessas situações tem de haver uma «excessiva compressão do espaço de liberdade e autonomia» do adolescente.

Por isso, podemos desde já adiantar que estratégias como a do mero uso da «persuasão» ou da «surpresa», apesar da maior ou menor vulnerabilidade do adolescente, só por si não terão significado e idoneidade bastante na medida em que não representam um entrave importante da liberdade de determinação sexual do adolescente.

O factor «surpresa» será até difícil configurar quando estiver em causa a prática de cópula, coito anal ou coito oral, apenas podendo ter sentido na prática de alguns tipos de actos instantâneos de natureza (hetero[621] ou) homossexual de relevo.

Conselho relativa à aplicação do princípio da igualdade de oportunidades e igualdade de tratamento entre homens e mulheres em domínios ligados ao emprego e à actividade profissional», COM (2004) 279 final – 2004/0084 (COD), publicado no *JO* C 157 de 28/6/2005, p. 0083 e o Parecer do CESE (adoptado em 9/2/2005) «Beijing dez anos depois: avaliação dos progressos na Europa e nos países em desenvolvimento em matéria de igualdade entre homens e mulheres», publicado no *JO* C 221 de 8/9/2005, pp. 0046-0051. Também, não se pode cair no erro de desvalorizar o abuso sexual em que as vítimas são do sexo feminino com o recurso à imagem da «Lolita precoce e sedutora» (expressão utilizada por BESTEN, Beate, *ob. cit.*, p. 55, esclarecendo que «[ela] representa a mulher que apanha nas suas redes os homens com pouca vontade, os quais sucumbem assim aos seus encantos»), na qual se culpabiliza a jovem, que é encarada como uma «provocadora sexual» dos homens.

[621] A referência à natureza heterossexual de actos de relevo simples é apenas feita em termos teóricos, para facilitar o raciocínio, visto que, face à lei penal actual, tais actos,

Porém, mesmo nesses casos, afigura-se-nos que esse meio comissivo (surpresa) limita de forma substancial o tipo de actos em causa, o que nos permite concluir que, ainda assim, não será colocado em perigo o bem jurídico que se deve proteger.

Já no que respeita à «persuasão», se acompanhada do aproveitamento da vulnerabilidade do sujeito passivo, decorrente de uma qualquer relação desequilibrada de poder entre os dois parceiros sendo um deles adulto, então poderá ser idónea a afectar de forma importante o bem jurídico protegido, na medida em que coloque directamente em causa o desenvolvimento do adolescente.

Portanto, não basta a simples criação de um perigo potencial para o desenvolvimento do adolescente, sendo necessário que esse perigo tenha origem em uma situação de abuso de poder em relação ao adolescente e que prejudique de forma grave o seu desenvolvimento, para se justificar a intervenção penal.

Por outro lado, estratégias como o abuso da confiança, o aproveitamento de situações favoráveis (designadamente resultantes da ignorância ou curiosidade sexual) ou de situações de necessidade (nomeadamente por razões económicas ou psíquicas, fruto, por exemplo, do desamparo paternal e do próprio «abandono» do Estado) ou mesmo o recurso ao engano, na medida em que possam contender com a imaturidade da vítima e porem em causa a capacidade de formar e exprimir a vontade neste

---

se praticados de surpresa (de forma imprevista, sem uso de violência ou meio equiparado), não são punidos desde que o sujeito passivo tenha 14 anos ou mais e não seja dependente do sujeito activo. Porém, no Ac. TRC de 12/1/96, *CJ* 1996, I, 35, entendeu-se como violência e, como conduta integradora do crime do art. 163 do CP, na versão de 1995, a actuação de um indivíduo que meteu a mão por baixo da *T shirt* que uma rapariga de 14 anos trazia vestida, tendo-lhe apalpado os seios, contra a vontade dela. Diz-se nessa decisão que "a actuação do arguido encerra uma sujeição psíquica, uma humilhação, sempre algo de surpresa, porque não houve consentimento da ofendida". Parece, assim, que foi o movimento rápido e de surpresa levado a cabo pelo arguido, que motivou o enquadramento dos factos no conceito de violência. Todavia, não se pode deixar de criticar esta decisão uma vez que, tudo indica que se confundiu o imprevisto (surpresa) com a violência, esquecendo-se que se tratam de conceitos distintos.

De lege ferenda

domínio, poderão apontar para a carência de uma qualquer tutela, designadamente, sendo absolutamente indispensável, de uma tutela penal[622].

Isto na medida em que o "consentimento" dado pelo adolescente pode não ser livre e esclarecido, o que implica que tenha de ser considerado ineficaz.

Por isso, importa apurar como se vai proteger esta imaturidade sexual, no caso dos adolescentes que dela careçam, por forma a não lhes limitar de forma excessiva a liberdade de se autodeterminarem sexualmente, sendo este o dilema a resolver.

E, na medida em que tais situações tenham a ver com a imaturidade sexual, há que ponderar a forma de evitar esse abuso ou aproveitamento, o que implica que se faça um juízo de prognose sobre possíveis alternativas à via do sistema penal, que é consabidamente o mais gravoso[623].

O que nos remete novamente para a ideia de que os jovens, desde tenra idade, devem estar esclarecidos e informados sobre os papéis (sexuais) de cada um e familiarizados (no sentido de serem conhecedores) com a temática da sexualidade humana.

E, por muito puro e angélico que seja o reconhecimento de que «as crianças devem crescer na relativa inocência»[624], a verdade é que, hoje em

---

[622] BELEZA, José, *ob. cit.*, nota 353, p. 587, coloca a questão de saber até que ponto a "exigência do «engano»", sobrepondo-se ou substituindo-se à pura factualidade do acto carnal é a roupagem moderna de uma proibição que, se muda de imagem, não muda de sentido (ou de propósito) fundamental ao longo dos vários séculos de vigência". Questão esta que também se pode colocar em relação às restantes «estratégias» referidas no texto se dissociadas da exigência da prova da imaturidade sexual do sujeito passivo.

[623] FIGUEIREDO DIAS e COSTA ANDRADE, *Criminologia*, p. 408, ensinam que «[todas] as respostas dadas em sede de *carência* – e eficácia – de tutela implicam uma dada representação da realidade, *sc.*, da conduta a criminalizar/descriminalizar, das suas manifestações típicas, do enquadramento ambiental e interactivo, do grau de danosidade social, bem como um juízo prognóstico sobre as possibilidades e alternativas de controlo social».

[624] BELEZA, Teresa, "Sem sombra de pecado", p. 165, interpretando a postura do legislador português a nível dos crimes sexuais, refere que o bem jurídico protegido será, no caso dos menores, «a liberdade de crescer na relativa inocência até à adolescência até se atingir a idade da razão para aí se poder exercer plenamente aquela liberdade». Todavia, não deixa de criticar o legislador quando salienta que «as crianças aparecem nos preceitos

dia, tal ingenuidade é, mesmo para as crianças, parcialmente incompatível com as necessidades de preparação e educação para a vida adulta, na sociedade sexualizada em que vivemos, que exige, até das crianças, que também aprendam a defender-se, quando necessário, de eventuais abusos a que sejam sujeitas.

Compreende-se, assim, que o legislador opte pela absoluta indispensabilidade de tutela penal dos adolescentes (desde os 14 anos) até aos 18 anos, no caso do tipo previsto no artigo 173[625] (abuso sexual de menores dependentes), na medida em que as relações especiais de dependência pessoal aí previstas são suficientemente fortes, sérias e graves, que colocam em risco a capacidade de decisão (formação e expressão da vontade) do jovem e, por isso, agridem de forma intensa e directa o bem jurídico que se quer proteger, o qual só por essa forma é tutelado eficazmente.

Mas, esse mesmo grau de gravidade e intolerabilidade já não existe nos tipos previstos nos artigos 174 e 175, quando é certo que também aqui o bem jurídico protegido é de natureza eminentemente pessoal e não transpessoal.

Cremos, por isso, que nesta área, a tutela penal dos adolescentes entre 14 e 16 anos, apenas se deve limitar a proteger os imaturos e os que, apesar de já gozarem de capacidade para poderem decidir por si só, estão privados da liberdade de decisão (como será o caso daqueles que, por alguma forma, dependem do agente).

Assim, na área a que nos circunscrevemos, importaria tratar como abuso sexual todas as situações que prejudicassem gravemente o desenvolvimento do adolescente, considerando inválido o "consentimento" dado, quer pelo adolescente imaturo (*v.g.* abuso da sua vulnerabilidade - resultante de uma relação de confiança ou de uma relação de poder, uso

---

do Código Penal cristalizadas na sua imagem de inocência, o que corresponde à fantasia dos adultos. Por isso, elas surgem tipicamente enquanto vítimas de crimes sexuais qualificados».

[625] Adiante-se desde já que, pelos motivos à frente indicados, talvez não seja a configuração actual do tipo do artigo 173 a mais adequada e conforme com a realidade social.

De lege ferenda 355

de erro ou engano no âmbito de uma relação de poder), quer pelo adolescente que estivesse privado da liberdade de decisão (*v.g.* por se encontrar sujeito a uma relação de dependência ou por estar em situação de necessidade, por razões económicas ou psicológicas).

Nesses casos, ainda que fosse dado o "consentimento", justificar-se-ia a intervenção penal e o seu tratamento como abusos sexuais de adolescentes.

2. Opção pela descriminalização das incriminações previstas nos artigos 174 e 175 do Código Penal Português.

O meio típico do abuso da inexperiência[626] ou a simples prática de determinado tipo de actos sexuais de relevo (como sejam os actos homossexuais de relevo) só por si não terão a carga necessária para justificar a intervenção penal quando é certo que a prática desses mesmos actos sexuais (consoante os casos, cópula, coito anal, coito oral e actos homossexuais de relevo) não deixam de ser aceites pelos adolescentes entre os 14 e os 16 anos, quer no crime previsto no artigo 174, quer no previsto no artigo 175.

Quando dizemos que há um consenso ou aceitação por parte da vítima para a prática desse tipo de actos, queremos significar que não haverá, de todo, uma sua oposição, uma vez que o agente, caso estivesse a actuar contra a vontade da vítima, certamente que – atenta a idade desta e natural capacidade de reacção a actos com os quais não concordasse mas que lhe quisessem impor[627] – sempre teria que a «pressionar» e «constranger»,

---

[626] Abuso de inexperiência que não priva a vítima do poder de decidir, o que, de certa forma, retira ou diminui a dignidade penal de tal conduta.

[627] É que, apesar de a vítima ser um menor incapaz, a verdade é que, atenta a sua idade (entre 14 e 16 anos), é de esperar e de exigir – assim o dizem as regras da experiência -, que não assuma uma atitude de passividade perante um acto que lhe é propos-

ou por outra forma coagir, para vencer a sua oposição, o que o faria incorrer noutro tipo legal de crime[628].

Querer justificar a manutenção das incriminações previstas nos artigos 174 e 175 do CP simplesmente pela sua carga simbólica ou pelos eventuais «efeitos pedagógicos» futuros, não faz qualquer sentido e descaracteriza a função primordial do direito penal[629].

A questão a resolver implica, além da clara individualização de um bem jurídico determinado a tutelar[630], que se apure da necessidade (ou carência) dessa tutela penal no caso particular dos tipos previstos nos artigos 174 e 175 e que se averigue, também, se essa protecção que se dis-

---

to, com o qual não concorda. No caso de o constrangimento utilizado não preencher qualquer dos tipos previstos nos artigos 163 nº1 ou 164 nº1, sempre poderia ocorrer um concurso efectivo de crimes, designadamente, entre o previsto no artigo 174 ou no artigo 175 com o crime de ameaças (artigo 153) ou de coacção (artigo 154). Se, ainda assim, não se verificassem os meios típicos destes dois últimos referidos crimes, então também não se poderia falar em coacção ou constrangimento relevante em termos jurídico-penais. Isso só não seria assim se a vítima padecesse de qualquer anomalia psíquica, caso em que, então, ocorrendo os respectivos pressupostos, se poderia verificar o crime previsto no artigo 165. De qualquer forma é pressuposto dos crimes previstos na secção II que as condutas aí tipificadas sejam levadas a cabo, como diz COSTA ANDRADE (cf. nota supra nº 395) "sem violência, coacção ou fraude e ocorrerem, *hoc sensu*, com o «consentimento» do menor".

[628] Se o meio utilizado fosse qualquer dos previstos no artigo 163 nº 1, sempre poderia incorrer neste crime ou no do artigo 164 nº1, consoante o tipo de acto em causa.

[629] SILVA PEREIRA, Maria Margarida, *Reforma do Código Penal. Trabalhos Preparatórios*, vol. III, p. 115, quando se debruça sobre o tipo do artigo 174, refere que «tal como ele está descarnado, e bem descarnado, pergunto-me se terá um efeito muito positivo. Será com certeza pedagógico enquanto norma ambivalente, mas fazer pedagogia nesta sede não deve ser preocupação de um direito penal protector de bens jurídicos e subsidiário como o nosso».

[630] Convém ter presente, como já anteriormente foi dito, que «a protecção de bens jurídicos não significa necessariamente protecção através do Direito Penal», como também realça MUÑOZ CONDE, "Principios inspiradores del nuevo Codigo Penal Español", *Cadernos da RMP*, nº 7, 1996, p. 18, chamando à atenção para a ineficácia de se querer utilizar o Direito Penal «como pretexto para suprimir as deficiências de regulamentação ou de funcionamento de outras instituições jurídicas».

De lege ferenda

pensa, tem uma razoável esperança de ser eficaz ou se, pelo contrário, é ineficaz, podendo até ter, eventualmente, «efeitos perversos»[631].

Pelo que já foi dito, parece linear a conclusão de que, em termos de gravidade de conduta, não são equiparáveis as situações previstas por um lado nos tipos dos artigos 173 e 176 e, por outro, nos tipos dos artigos 174 e 175.

Repare-se que, nestas situações (em que não há uso da violência, nem de outros meios típicos equiparáveis), o próprio legislador apenas encontra justificação para estender a protecção dos jovens (dos 14) até aos 18 anos no caso do tipo do artigo 173.

Acresce ainda que, desde que ninguém (maior de 16 anos) fomente, favoreça ou facilite o exercício da prostituição ou a prática de actos sexuais de relevo, os jovens entre os 14 e os 16 anos também "gozam" de autonomia e independência, para se dedicarem a tais práticas (cf. artigo 176 nº 1)[632], sem consequências a nível penal.

O próprio "cliente" não é punido (salvo se estiverem em causa actos de natureza homossexual, sendo maior) ao contrário do que sucede, por exemplo, em Espanha, Dinamarca, Itália ou França.

O que também realça a menor gravidade das incriminações previstas nos artigos 174 e 175.

---

[631] Como salienta FIGUEIREDO DIAS, *Comentário Conimbricense*, tomo I, p. 553, «vale a pena enfatizar uma alegação frequente da ciência criminológica: a de que a "hesteria de massas" contra abusadores sexuais de crianças é tão ou (por vezes) mais responsável por perigos (ou danos) para o desenvolvimento harmonioso da personalidade da criança na esfera sexual do que os próprios agentes do crime».

[632] Saliente-se aqui a crítica pertinente feita por ANTUNES, Maria João, *Comentário Conimbricense*, tomo I, p. 577, no sentido da incriminação prevista no nº 1 do artigo 176 (lenocínio e tráfico de menores) ter «ido longe demais, ao prescindir de alguns elementos constitutivos do tipo legal de crime de lenocínio (...), o que faz com que, em bom rigor, se tivessem criminalizado condutas que não violam o bem jurídico que se pretende tutelar». E, mais à frente, *ob. cit.*, p. 579, conclui que «já é questionável a necessidade de tutela do bem jurídico da liberdade e da autodeterminação sexual quando o agente fomenta, favorece ou facilita a *prática de actos sexuais de relevo* por menor entre 14 e 16 anos actuando profissionalmente ou com intenção lucrativa».

O problema da criminalização das condutas descritas nos artigos 174 e 175, coloca-se, pois, questionando também o tipo de protecção que se concede (longínqua em relação ao bem jurídico específico em causa), apurando da sua dignidade penal e, de forma mais visível ou contundente, averiguando se é absolutamente indispensável a tutela penal conferida por tais dispositivos legais.

Será que os tipos previstos nos artigos 174 e 175 do CP constituem «estados de compressão ilícitos», dignos e merecedores de tutela penal?

E será que pela via da criminalização se protege eficazmente o bem jurídico-penal protegido ou, pelo contrário, não há qualquer resultado eficaz, não sendo essa a melhor forma de prevenir abusos sexuais nos adolescentes entre 14 e 16 anos de idade[633]?

É que a legitimidade da criminalização também é posta em causa quando o direito penal é ineficaz[634] ou quando a protecção que se concede é indirecta ou «demasiado longínqua».

Cremos que não há razão que justifique a punição do relacionamento sexual entre um jovem (que tenha entre 14 e 16 anos) e um adulto, ainda que particularmente experiente, se esse relacionamento se basear numa vontade livre e consciente[635].

---

[633] FIGUEIREDO DIAS e COSTA ANDRADE, *Criminologia*, p. 409, informam que «parece, com efeito, adquirido que a eficácia preventiva das normas não é tanto função do *quantum doloris* abstractamente cominado, como Feuerbach acreditava; é-o, sobretudo, das representações colectivas sobre as probabilidades e o grau da sua aplicação efectiva».

[634] FIGUEIREDO DIAS e COSTA ANDRADE, "Sobre os crimes de fraude na obtenção de subsídio ou subvenção e de desvio de subvenção, subsídio ou crédito bonificado", p. 325, referem que "«[a] afirmação da carência de tutela penal significa que a tutela penal é necessária». Isto pressuposta naturalmente a idoneidade e eficácia protectiva do direito penal, outra dimensão da carência de tutela cuja ausência pode, também ela, pôr em causa a legitimidade da criminalização. Em síntese conclusiva: à luz das concepções dominantes há-de negar-se legitimidade à criminalização (de condutas) que não se revele idónea e necessária à tutela de bens jurídicos. Uma censura a que em princípio não escaparão, como de vários lados se acentua, as (cada vez mais frequentes) leis penais de sentido meramente simbólico."

[635] FERREIRA RAMOS, "Notas sobre os crimes sexuais no projecto de revisão do Código Penal de 1982 e na Proposta de Lei nº 92/VI", pp. 29-49, aqui referindo que «o

Nesta área da sexualidade, em especial quando se trata de relacionamentos consensuais ou não violentos ou equiparados, o legislador preocupa-se em proteger sempre o adolescente, independentemente de aparecer sob a veste de sujeito activo ou de sujeito passivo.

Aliás, até se nota que a protecção vai mais longe, estendendo-se até aos 18 anos, quando o adolescente actua como sujeito activo dos crimes previstos nos artigos 174 e 175, na medida em que tais condutas nesse caso (agente que não completou 18 anos de idade) deixam de ser punidas.

Contudo, não deixa de ser curioso que, na configuração do mesmo tipo de crime (quer no caso do artigo 174, quer no do artigo 175), se utilize de forma distinta o «critério da idade» do adolescente, consoante o papel que este assume, realçando-se que não será relevante, para justificar a punição, uma diferença de idades de quase 4 anos entre o sujeito activo e o sujeito passivo, por exemplo, no caso extremo do primeiro ter 18 anos menos 1 dia e do segundo ter 14 anos de idade acabados de fazer.

Diferença essa (de quase 4 anos) que, aparentemente sem justificação, passa a ser só de quase 2 anos quando sujeito activo e passivo tem idades próximas dos limites máximos legais (como é o caso de o sujeito activo ter 18 anos menos 1 dia e o sujeito passivo ter 16 anos menos 1 dia) – e também mais próximas entre si – o que causa uma certa perplexidade visto que a diferença de idades deveria manter-se, se não mesmo elevar--se, à medida que o sujeito passivo estivesse mais próximo da idade limite (16 anos), objecto de protecção.

Ou seja, nesta particular situação, o legislador preocupa-se mais com o facto de ambos os sujeitos serem jovens entre 14 e 16/18 anos de idade – independentemente do grau de maturidade ou de qualquer ascendente que o sujeito activo possa ter sobre o passivo – protegendo o sujeito activo de forma surpreendentemente superior em relação ao sujeito passivo.

---

principal fundamento da intervenção jurídico-criminal no domínio da sexualidade há-de ser o abuso sexual da vítima, independentemente de esta ser homem ou mulher, punindo só as ingerências na liberdade sexual de outra pessoa, mas não os actos sexuais que se baseiam numa vontade livre e consciente».

Será que então, quando o agente tem entre os 16 e os 18 anos, o legislador ao não punir as condutas tipificadas nos artigos 174 e 175 está de certa forma a responsabilizar a vítima que tem entre 14 e 16 anos?

Certamente que não terá sido essa a intenção, nem o propósito do legislador.

É apenas, porque são jovens de certa idade, que desaparece a dignidade punitiva do facto[636].

Ou seja, permite-se aos jovens entre os 14 e os 18 anos (quer actuando como sujeitos activos, quer como sujeitos passivos) que se relacionem sexualmente, desde que o sujeito activo não use de meios violentos ou equiparados ou não seja a pessoa da qual dependem, casos estes em que então passa a ser punido pela legislação penal «para adultos» se tiver atingido os 16 anos e, se tiver idade inferior a 16 anos, é em princípio sujeito a medidas tutelares, de acordo com a respectiva legislação de menores -, independentemente do grau de maturidade sexual que tiver alcançado.

Por isso, também se coloca a questão de saber se o legislador não estará aqui – apenas porque está em causa a sexualidade - a «superproteger» os jovens, quando é certo que, noutras áreas, não encontra a mesma motivação para intervir.

Por outro lado, as eventuais «experiências traumáticas» talvez não sejam tão graves como isso, ou até talvez sejam piores os «efeitos estigmatizantes»[637] resultantes da existência de incriminações como as previstas nos artigos 174 e 175.

---

[636] FIGUEIREDO DIAS, *Comentário Conimbricense*, tomo I, p. 565.

[637] Veja-se que são raros os tipos em que o legislador prevê uma punição específica quando o sujeito passivo é um adolescente menor de 16 anos, ainda que tenha sido posta em causa a sua liberdade de determinação. Recordemos aqui TAIPA DE CARVALHO, Américo, *Comentário Conimbricense*, tomo I, p. 340, quando em anotação ao capítulo IV «dos crimes contra a liberdade pessoal», escreve a propósito da autonomização do capítulo V que «não há razões fortes para a autonomização sistemática dos crimes contra a liberdade sexual face aos crimes contra a liberdade pessoal». Acrescentando, mais à frente, que «parece que o legislador ainda terá reflectido o peso da tradição ou pensado que os crimes sexuais revestem características que os singularizam face a outros crimes contra a liber-

Mas, sendo assim, pode de alguma forma indiciar-se que, afinal, talvez não se justifiquem as ditas incriminações (tal como se mostram configuradas), mesmo quando os sujeitos activos sejam adultos com 18 anos ou mais, independentemente da sua maior ou menor experiência e/ou maturidade.

Claro que é sempre mais difícil descriminalizar do que criminalizar[638] mas, tal obstáculo, a que não são estranhos interesses simplesmente políticos, não pode funcionar como um entrave à busca da mais adequada, útil e eficaz forma de protecção e prevenção de eventuais abusos sexuais dirigidos a adolescentes e por estes "consentidos" por razões que se prendem com a imaturidade ou com a falta de liberdade.

Por isso, é nossa convicção que os mecanismos não penais podem e devem assegurar de forma eficaz a necessária tutela do bem jurídico a proteger, nestes casos em que os sujeitos passivos (ressalvado o tipo previsto no artigo 173) têm entre 14 e 16 anos e "consentem" ou dão o seu assentimento ao relacionamento sexual, como sucede quando estão em causa condutas do tipo das descritas nos artigos 174 e 175.

Dever-se-ia, pois, optar pela eliminação de tais ilícitos penais[639], assegurando-se por essa forma uma melhor concretização da natureza fragmentária do direito penal.

---

dade. Na realidade, os crimes sexuais, para além do acto em si atentatório da liberdade de autodeterminação sexual, estigmatizam, muitas vezes e duradouramente, a própria vítima». No mesmo sentido, DIEZ RIPOLLÉS, *El Derecho Penal ante el sexo,* p. 101, refere que «o hábito de agrupar os crimes sexuais numa epígrafe específica dos códigos mostra que a conduta sexual é objecto de uma determinada valoração global, pois, de contrário, seriam suficientes os preceitos genéricos que protegem a integridade corporal ou a liberdade pessoal».

[638] FIGUEIREDO DIAS e COSTA ANDRADE, *Criminologia,* pp. 413-414, dão-nos noticia que Hart escreveu que «[como] a nossa história inequivocamente demonstra é relativamente fácil promulgar leis criminais, mas é extremamente difícil revogá-las». Acrescentam que «[descriminalizar] é, com efeito um acto político que tem contra si as representações e as crenças do público em geral e, por via disso, o interesse dos políticos». E, com plena actualidade, salientam «a frequência do recurso à *guerra ao crime* como expediente de capitalização política sobre o medo e a insegurança e, por isso, de legitimação das formas mais agressivas de poder».

[639] DOLCINI e MARINUCCI, "Constituição e escolha dos bens jurídicos", p. 186, salientam que «mesmo quando fosse dúbia a eficácia preventiva desses outros instrumen-

Assim, entende Figueiredo Dias[640] quando, referindo-se ao crime previsto no artigo 174, escreve que «parece ser de recomendar, em termos de *iure dando*, a descriminalização deste tipo de conduta atribuindo a tutela do desenvolvimento da vida sexual do adolescente, nesta parte, a outros meios de política social, nomeadamente de carácter moral, educativo e religioso».

Cremos que também se inclinou pela eliminação do crime previsto no artigo 175, quando este preceito foi discutido na Comissão de Revisão[641].

Destaque-se aqui também a posição de José Beleza[642], acérrimo defensor da descriminalização do crime de estupro, quando escreve que se trata de "crime «por causa do sexo», mas não crime «sexual», o estupro voluntário é, tão-só, uma das formas por que o direito criminal cumpriu – ao lado, por exemplo, da punição do adultério da mulher e do aborto – a sua quota parte na sexualização artificial das nossas relações sociais".

E igualmente Teresa Beleza[643], Eduardo Maia Costa[644], Maria Margarida Silva Pereira[645], entre outros, defendem a descriminalização das

---

tos (referem-se a outros instrumentos de controlo social e jurídico menos gravosos do que a pena), a renúncia à pena poderia ser imposta pela verificação empírica de que a pena comporta custos superiores aos benefícios: a incondicionada tutela penal de um bem não só pode determinar o sacrifício de um ou mais bens não menos eminentes, como pode ter até efeitos criminógenos, arrastando outros comportamentos ilegais, lesivos de outros bens, às vezes mesmo de maior importância».

[640] FIGUEIREDO DIAS, *Comentário Conimbricense*, tomo I, p. 564.

[641] *Código Penal, Actas e Projecto da Comissão de Revisão,* 1993, p. 264, onde o artigo 173 (acções homossexuais com menores) aparece embora com um ponto de interrogação à frente, referindo FIGUEIREDO DIAS «que a dúvida relevante neste dispositivo está na admissão do desvalor especial relativo à homossexualidade».

[642] BELEZA, José, *ob. cit.*, pp. 594-595. Este Autor, com recurso a variados argumentos, demonstra como, afinal, a incriminação do estupro «se inscreve numa linha de repressão da sexualidade (e não só) feminina», sendo «a ilustração decantada e sofisticada dessa *moral dupla,* aqui imediatamente dirigida aos/às adolescentes, mas com reflexo exemplar em todos os homens e todas as mulheres».

[643] BELEZA, Teresa, "Sem sombra de pecado", p.180.

[644] MAIA COSTA, "A Revisão do Código Penal", p. 80, refere que «outro crime que também mereceria destino diferente (ou seja a eliminação) é o de estupro (art. 174). Apesar de reduzida a sua previsão (que agora tutela apenas o menor - sem distinção de

condutas tipificadas nos artigos 174 e/ou 175, invocando argumentos que se prendem com a necessidade de maior «contenção» da intervenção penal nesta área especialmente dirigida a proteger os jovens adolescentes.

Aliás, é essa também a lição do direito comparado, como se pode verificar pelo que já ficou exposto no ponto 2 do capítulo II supra[646].

Questão distinta é saber se, quando está em causa o relacionamento sexual "consentido" de um adulto com um jovem entre 14 e 16 anos, sendo este imaturo ou estando privado da liberdade de decisão, a protecção penal se deve bastar pela punição das práticas sexuais que decorrem das situações previstas nos artigos 173 e 176.

3. Opção pela despenalização com reformulação dos tipos existentes (artigos 173 e 176 do Código Penal Português).

Entendendo-se que, sendo eliminadas as incriminações previstas nos artigos 174 e 175, as apontadas soluções alternativas à via penal não são bastantes para acautelar a liberdade e autodeterminação sexual dos jovens adolescentes[647] que dela careçam e que a tutela resultante dos tipos previstos nos artigos 173 e 176 é insuficiente, então talvez seguindo uma

---

sexo - entre 14 e 16 anos que é submetido a cópula por meio de abuso da sua «inexperiência»), tendo ficada afastada a protecção da virgindade, que tradicionalmente essa incriminação protegia, o crime manteve-se. Aqui persistiu o entendimento da cópula como acto especialmente gravoso, o que é anacrónico e incoerente com outras opções tomadas no domínio dos crimes sexuais, e que já foram analisadas».

[645] Ver SILVA PEREIRA, Maria Margarida (deputada do PSD), no parecer que relatou elaborado em 28/6/94 pela Comissão de Assuntos Constitucionais, Direitos, Liberdades e Garantias.

[646] Quem sabe se não será uma meta político-criminal a atingir futuramente, seguindo HASSEMER e MUÑOZ CONDE, *Introdución a la Criminologia y al Derecho Penal*, p. 62, «a adopção de uma política de descriminalização da criminalidade menor ou de bagatela no âmbito da criminalidade clássica».

[647] Vejam-se também os argumentos utilizados, entre outros, por Rui Pereira, Eliana Gersão e Carmona da Mota, já apontados resumidamente no texto supra (cap. III, 1.3.).

solução mais próxima da adoptada no Código Penal Alemão, melhor se concretizasse uma eficaz e útil tutela penal.

Efectivamente, as incriminações existentes, designadamente as previstas nos artigos 173 (abuso sexual de menores dependentes) e 176 (lenocínio e tráfico de menores), com algumas alterações na sua configuração, seriam bastantes para proteger os adolescentes entre os 14 até aos 16/18 anos, eliminando-se, consequentemente, as infracções previstas nos artigos 174 e 175, não sendo necessária s.m.o. a criação de outra incriminação – nos termos sugeridos por M.ª João Antunes e Jorge Dias Duarte - que substituísse as que se pretendem eliminar.

Alterações que deveriam ter em atenção as situações que, real e concretamente, pudessem constituir prejuízo grave para a autodeterminação sexual dos jovens adolescentes que dela carecessem, o que determinava (sempre partindo desse prévio pressuposto) configurar tais incriminações de molde a:

a) – abranger a protecção daqueles jovens adolescentes entre 14 e 16 anos que ainda fossem incapazes de se determinar sexualmente, protegendo, portanto, aqueles que concretamente carecessem de tutela pela sua incipiente maturidade a nível do relacionamento sexual e, bem assim, aqueles que embora já gozassem de capacidade de determinação estivessem privados de liberdade de decisão;

b) – fazer operar a presunção do abuso sexual quando o menor entre 14 e 16 anos estivesse confiado ao agente (por parentesco, educação, assistência ou outra relação que não fosse «precária» ou «pontual», desde que a situação criada retirasse ao sujeito passivo as condições necessárias para poder decidir livremente), exigindo-se a prova do aproveitamento dessa relação de dependência em relação a menores entre os 16 até aos 18 anos, como sucedia antes da reforma de 1998[648];

---

[648] Aliás, fazer funcionar a presunção do abuso sexual até aos 18 anos, no caso dos dependentes, é de certa forma um contra-senso e uma contradição quando é certo que é também a própria lei civil que reconhece e concede aos menores que atingiram os 16 anos

De lege ferenda

c) – abranger o abuso sexual cometido através de engano ou erro susceptível de influenciar ou interferir, de forma relevante, na formação da vontade do adolescente entre 14 até aos 16 anos, que ainda fosse comprovadamente imaturo sexualmente, desde que tivesse lugar no âmbito de uma relação de poder estabelecida entre os dois parceiros;

d) – abranger o abuso sexual resultante do aproveitamento de relação estabelecida entre o agente e a vítima com idade compreendida entre 14 e 16 anos, relação que originasse uma posição de superioridade daquele em relação a esta, que não fosse precária ou efémera, desde que se comprovasse que essa situação criada retirava ao sujeito passivo as condições necessárias para poder decidir livremente;

e) – abranger o abuso sexual cometido através do aproveitamento de situações de «necessidade» - económica ou psíquica no sentido de salvaguardar o desenvolvimento da personalidade que ainda não estivesse estruturada – de adolescentes entre 14 e 16 anos, designadamente resultantes do adolescente estar em situação de «abandono», sem qualquer tipo de «tutela» por parte dos pais[649] ou representantes legais ou por parte do Estado;

f) – incluir também a prática de actos sexuais de relevo com adolescente entre 14 e 18 anos mediante contrapartida económica (oferta de "dinheiro ou outras formas de remuneração ou pagamento") por aumentar a sua vulnerabilidade (enquanto forma de

---

capacidade para contrair casamento (arts. 1600 e 1601-a) do Código Civil). Estender a protecção dos dependentes até aos 18 anos só faz sentido se então se exigir (entre os 16 e os 18 anos) a prova efectiva do aproveitamento dessa relação de dependência.

[649] Em Espanha, através do art. 189 nº 5 do Código Penal, pune-se com pena de multa de 6 a 12 meses a falta de intervenção do responsável do menor (por relação de poder paternal, tutela, guarda ou quem esteja encarregado do acolhimento de um menor de idade ou incapaz) que, com conhecimento do seu estado de prostituição ou corrupção, não faça o possível por impedir a sua continuação nesse estado, ou não se socorra da autoridade competente para o mesmo fim se carece de meios para a custódia do menor ou incapaz.

influenciar a vontade e o processo de motivação do menor) e consequentemente o seu aproveitamento[650];

g) – ter em atenção a punição de todos os actos sexuais de relevo (cópula, coitos ou outros actos sexuais) independentemente da sua natureza hetero ou homossexual e, bem assim, abranger a prática desses actos com o agente e, consoante assim se justificasse, a circunstância de as vítimas serem levadas pelo agente a praticá-los com outrem ou nelas próprias (autocontacto);

h) – exigir que o sujeito activo tivesse uma diferença de idade, em relação ao sujeito passivo, superior pelo menos a 5 anos, devendo apontar-se para a atenuação especial da pena desde que essa diferença fosse pelo menos de mais de 5 anos e no mínimo de 10 anos.

4. Síntese de sugestões.

Eliminação dos tipos previstos nos artigos 174 e 175 do CP, devendo a protecção penal de práticas sexuais (independentemente da natureza do acto) "consentidas" com adolescentes dos 14 até aos 16/18 anos, limitar-se à tutela daqueles que ainda fossem imaturos ou que não gozassem de plena liberdade de se determinarem, punindo-se os comportamentos que integrassem abusos sexuais que acarretassem prejuízo grave para o desenvolvimento da sua personalidade, tendo em atenção:

1) - quanto ao sujeito activo, que houvesse uma diferença de idades em relação à vítima superior pelo menos a 5 anos, devendo apontar-se para a atenuação especial se essa diferença fosse pelo menos de mais de 5 anos e no mínimo de 10 anos.

---

[650] O que estaria de acordo com o artigo 2-c) ii) da Decisão-Quadro 2004/68/JAI do Conselho, de 22/12/2003, publicada no *JO* L 13 de 20/1/2004, pp. 0044-0048 (relativa à luta contra a exploração sexual de crianças e a pornografia infantil).

2) - quanto ao sujeito passivo entre 14 até aos 16 anos:
- presumir o abuso sexual quando exista uma relação de dependência (por parentesco, educação, assistência ou outra relação que não fosse «precária» ou «pontual», desde que a situação criada retirasse ao sujeito passivo as condições necessárias para poder decidir livremente) entre o agente e o jovem;
- punir o abuso sexual resultante do aproveitamento de situação de «necessidade» (económica – incluindo o decorrente do pagamento de uma contraprestação económica, como a oferta de "dinheiro ou outras formas de remuneração ou pagamento" - ou psíquica no sentido de salvaguardar o desenvolvimento da personalidade que ainda não estivesse estruturada) em que se encontrasse o adolescente;
- punir o abuso sexual resultante do aproveitamento da falta de maturidade sexual de menores entre 14 e 16 anos que concretamente dela carecessem, designadamente decorrente do aproveitamento de uma relação de superioridade (aqui podendo incluir-se, nos termos atrás descritos, os abusos sexuais cometidos com aproveitamento da vulnerabilidade do sujeito passivo resultante de uma relação de confiança ou de uma relação de poder, nomeadamente conseguidos através de engano ou erro susceptível de influenciar ou interferir de forma relevante na formação da vontade do adolescente imaturo);

3) - quanto ao sujeito passivo entre 16 e até aos 18 anos:
- punir o abuso sexual cometido através do aproveitamento da relação de dependência (entendida nos termos acima referidos) pelo agente a quem o jovem está confiado;
- punir a prática de actividades sexuais obtidas mediante a oferta de "dinheiro ou outras formas de remuneração ou pagamento";

4) - situações essas (anteriormente descritas) cuja punição deveria abranger todos os actos sexuais de relevo, independentemente da sua natureza (hetero ou homossexual) e bem assim incluir, consoante assim se justificasse, a circunstância de as vítimas serem levadas pelo agente a praticá-los com outrem ou nelas próprias (autocontacto).

CONCLUSÕES.

Perante o que afirmamos ao longo destas páginas, e chegados ao momento de extrair as devidas conclusões, expomo-las seguidamente.

Propomos, então:

1 - Aceitar, como princípio orientador do direito penal sexual de menores, que os jovens entre 14 e 16 anos são sujeitos de direitos e deveres, que já gozam de uma certa capacidade de determinação sexual, capacidade essa que deve ser reconhecida como forma de melhor assegurar a sua maturidade sexual;

   a) - tal princípio pressupõe que sejam fornecidos ao menor (através de políticas sociais, designadamente educativas e informativas) todos os dados necessários para que, de forma esclarecida, responsável e livre (independente), à medida do seu crescimento, possa formar, estruturar e consolidar a sua personalidade também na esfera sexual;

   b) - pressupõe preparar o menor de modo a que saiba reconhecer quando é envolvido numa situação que possa conduzir a um eventual abuso sexual, habilitando-o a defender-se de situações de perigo;

   c) - implica reconhecer ao adolescente, embora de forma mais ou menos limitada (salvaguardando, portanto, interesses preponderantes que tenham em atenção o desenvolvimento da sua vida futura, isto é o livre desenvolvimento da sua personalidade ainda não consolidada), capacidade de consentir e dispor de determinados direitos de que é titular, apesar de ainda não ter atingido a maioridade civil;

d) - não esquecendo que o adolescente, pelas suas capacidades cognitivas e físicas mais desenvolvidas, está em melhores condições de se auto-proteger e de iludir ou evitar situações de abuso sexual, o que, porém, não significa que não deva ser sujeito de medidas de protecção penal mas, sempre partindo da opção por uma concepção positiva da sexualidade.

2 - Deverá ter-se sempre presente que o abuso sexual é acima de tudo um problema cultural e social, dependendo também da própria sociedade (das respostas e das decisões colectivas adoptadas) e, portanto dos elementos que a compõem, que deverão ser cada vez mais sensibilizados para o reconhecimento e respeito dos menores, enquanto sujeitos de direitos, o que implica proporcionar aos menores o bem-estar físico e mental que carecem e merecem, tarefa que poderá ser conseguida através designadamente:

a) - do melhoramento das condições económicas, culturais e de vida das classes mais desfavorecidas e das famílias mais carenciadas (por aí se propiciar mais a criação de situações que podem culminar em abuso sexual);

b) - do apoio às vítimas de violência e abusos sexuais e às famílias das quais façam parte;

c) - da divulgação - *v. g.* por campanhas informativas e educativas (onde designadamente a escola e os media, como agentes educadores, poderão contribuir para a sensibilização da população em geral) - dos direitos e liberdades fundamentais da pessoa, dos direitos da criança e do jovem (por forma a que possam ser conhecidos e reconhecidos por todos), do respeito pela dignidade humana e da eliminação de todas as formas de violência e de discriminação[651], valores esses que devem ser incutidos em todos os elementos da sociedade;

---

[651] Ver GAUTIER, Gisèle, «Rapport d'activité 2004 de la délégation aux droits des femmes et à l'égalité des chances entre les hommes et les femmes» [*Rapport d'informa-*

d) - de uma política educativa que contribua para a prevenção de qualquer forma de abuso, designadamente, sexual;

e) - do reforço e promoção das condições que permitam a qualquer pessoa, independentemente da idade, sexo ou qualquer forma de discriminação, participar plena e igualitariamente na construção de um mundo melhor numa sociedade livre, tolerante e responsável.

3 - Também importa não esquecer que o recurso ao direito penal, pese embora contribua para assegurar «a confiança e as expectativas da comunidade na manutenção da vigência da norma violada», funcionando como «forma de superação contrafáctica dos conflitos sociais», não é o único meio adequado a prevenir situações de abuso sexual.

4 - Com o maior recurso aos meios não penais, implementando-se e executando-se as medidas necessárias para proteger os menores de todas as formas de abuso, designadamente sexual, também se alcançará um maior respeito e protecção dos direitos humanos.

5 - Deverá ainda o legislador distanciar-se de toda a forma de pressão social irracional (designadamente proveniente da opinião pública, dos media ou de grupos políticos), evitando cair na «tentação» de criar um direito penal simbólico ou de através do direito penal procurar moralizar ou educar sexualmente os jovens.

6 - A opção pelo agravamento das sanções penais, concretamente o agravamento de penas de prisão, também não será a solução eficaz para prevenir os abusos sexuais nos jovens adolescentes, devendo ainda procurar evitar-se, ou pelo menos reduzir ao máximo, as consequências da

---

tion n° 430 (2004-2005), feito em nome da delegação dos direitos das mulheres, depositado em 28/6/2005]: Sénat Français (consulta em http://www.senat.fr/rap/r04-430/r04-430.html). Neste relatório é também analisada a situação dos direitos das mulheres nos dez novos Estados-membros da UE.

vitimização secundária (resultantes das exigências de intervenção do menor nas diferentes fases processuais).

7 - Importante é estruturar o direito penal sexual de menores (concretamente o abuso sexual de adolescentes *hoc sensu* consentido) tendo em vista a protecção directa e eficaz do único bem jurídico a proteger (ou seja, o livre e pleno desenvolvimento da personalidade do menor inclusive na esfera sexual), não esquecendo:

a) - que apenas deverão ser penalizados os atentados mais graves e intoleráveis que afectem o bem jurídico protegido (isto é, que afectem o pleno exercício futuro da liberdade sexual);

b) - que a gravidade e intolerabilidade deve ser aferida tendo em atenção a idade (no caso entre 14/16/18 anos) do sujeito passivo e a relevância do "consentimento" que seja dado de forma livre, consciente e responsável;

c) - que por princípio não se deve punir a mera actividade sexual "consentida" e querida conscientemente pelo adolescente mas, antes punir a utilização pelo agente de determinados meios ou estratégias para conseguir o acordo ou a não oposição do sujeito passivo no âmbito de relações desequilibradas de poder estabelecidas entre ambos;

d) - que o simples relacionamento sexual entre um adulto e um adolescente sexualmente amadurecido (isto é, o relacionamento sexual que não é mediatizado por qualquer meio que influencie a capacidade de determinação do sujeito passivo) não deve por princípio ser punido.

8 - Também não deverá estabelecer-se um tratamento punitivo diferenciado consoante a natureza (hetero ou homossexual) do acto sexual em que o jovem seja envolvido.

9 - O abuso sexual deveria compreender todo tipo de actos sexuais de relevo (e não apenas determinado tipo de actos) realizados pelo agente (no menor e, consoante assim se justificasse, também a circunstância de as vítimas serem levadas pelo agente a praticá-los com outrem ou nelas

Conclusões

próprias - autocontacto), agente que aproveite de uma situação de «superioridade» em que se encontre em relação ao sujeito passivo, desde que a conduta levada a cabo cause prejuízo grave para o desenvolvimento da personalidade do adolescente;

a) - porém a punição deverá ser diferente consoante haja ou não um qualquer tipo de penetração no sujeito passivo;

b) - devendo também admitir-se, a possibilidade de alternativas à acusação[652] e até de renúncia à pena nos abusos sexuais em que *v.g.* o agente reconhecesse o facto antes do julgamento, aceitasse submeter-se a tratamento se fosse caso disso e oferecesse algum tipo de reparação à vítima.

10 - A intervenção penal justificar-se-á (apenas) relativamente a abusos sexuais (causadores de prejuízos graves para o «desenvolvimento sexual do adolescente») cometidos sobre:

a) - jovens que concretamente carecem de tutela pela sua incipiente maturidade no plano sexual;

b) - jovens sujeitos a uma relação de dependência ou equiparada, na medida em que sejam colocados em situação capaz de influenciar a formação da sua personalidade e a expressão da sua vontade, comprometendo o seu desenvolvimento sexual;

c) - jovens que se encontrem em situação de necessidade económica ou psíquica, por estarem mais vulneráveis.

---

[652] À semelhança do que sucede, designadamente em França, depois da entrada em vigor da Lei Lei nº 2004-204 de 9/3/2004. Sobre esta matéria ver PRADEL, Jean, «a vontade do autor da infracção na decisão sobre a dedução de acusação. Aspectos do direito francês», (trad. de Sónia Fidalgo), *RPCC*, ano 15º, fasc. 1º, Janeiro-Março de 2005, pp. 73-88.

374   *Crimes Sexuais com Adolescentes*

11 - Os meios susceptíveis de comprometer a liberdade sexual dos jovens entre 14 e 16 anos ainda imaturos, deveriam ser apenas aqueles em que o abuso sexual fosse conseguido através:

    a) - de engano ou erro - em situações de abuso da posição de superioridade - susceptível de interferir (manipular) de forma determinante (essencial) na formação da vontade do adolescente;

    b) - do aproveitamento de situação em que o agente através da sua posição de superioridade, conseguisse de forma determinante induzir o jovem ao relacionamento sexual, desde que se comprovasse que essa situação criada retirava ao sujeito passivo as condições necessárias para poder decidir livremente;

    c) - de contrapartida económica ou de aproveitamento do estado de abandono ou de necessidade do adolescente, sempre exigindo que a utilização de tais meios causassem prejuízos graves ao «desenvolvimento sexual» do adolescente.

12 - A presunção de abuso sexual de jovens entre 14 e 16 anos, apenas deveria operar:

    a) - nas situações de parentesco entre o jovem e o agente;

    b) - quando existisse uma relação de dependência entre o agente e o jovem (educação, assistência ou outra que não fosse «precária» ou «pontual», neste último caso desde que a situação criada retirasse ao sujeito passivo as condições necessárias para poder decidir livremente), exigindo-se, contudo, uma diferença de idades superior (pelo menos) a 5 anos.

13 - Excepcionalmente punir o aproveitamento de relação de dependência (nos termos acima referidos) que envolvesse jovens entre 16 e 18 anos, bem como punir a prática de actividades sexuais obtidas mediante a oferta de "dinheiro ou outras formas de remuneração ou pagamento";

14 - Em todo o caso, deveria ser também acautelada a própria inexperiência do agente, apontando-se para a atenuação especial da pena

quando a diferença de idades entre agente e vítima fosse pelo menos de mais de 5 anos e no mínimo de 10 anos.

15 - Eliminar as incriminações previstas nos artigos 174 e 175 do CP, alterando as incriminações existentes (artigos 173 e 176 do mesmo código) por forma a abranger as situações de abuso sexual supra descritas, que ainda nelas não estivessem incluídas.

16 - Ressalvadas as particularidades decorrentes do abuso sexual de dependentes e de situações de lenocínio e tráfico de menores, nesta área (dos abusos sexuais *hoc sensu* consentidos), a intervenção penal deveria ser afastada:

a) - quando o sujeito passivo que tivesse entre 14/16/18 anos de idade actuasse de forma livre e responsável, representando o alcance e significado do acto sexual em questão;
b) - ou quando não fosse colocado em causa o bem jurídico protegido, isto é, quando a conduta sexual não se traduzisse em prejuízo grave para o desenvolvimento da personalidade da vítima;
c) - quando a diferença de idades entre agente e vítima fosse pelo menos de 5 anos.

Com este trabalho e propostas que dele decorrem, esperamos ter contribuído, de algum modo, para uma oportuna discussão sobre a mudança de opção político-criminal nesta área, destinada especialmente à protecção de adolescentes, a qual, pela sua particular importância, continuará a merecer da nossa parte toda a atenção.

BIBLIOGRAFIA

1. Estudos

Actas das Sessões da Comissão Revisora do Código Penal, Parte Especial, Lisboa: AAFDL, 1979 (citado Actas).

AGUILAR, Jaime, OLIVA, Maria Victòria e MARZANI, Carla (organizadores), *A Entrevista Psicanalítica, uma investigação empírica* (trad. de Miguel Serras Pereira), Coimbra: Almedina, 2003.

AHMED, Manzoor e FRIEDMAN, Sara Ann (red.), com o acessoramento de GODWIN, Nora, PIGOZZI, Mary, DALAIS, Cyril, REICHENBERG, Dita, QUESNEY, Francisco, NELSON, Janet, DICK, Bruce, CONNOLLY, Mark e FLOWERS, Rana, "Education: a force for change" (documento preparado pelo grupo de trabalho sobre educação da UNICEF para o Congresso Mundial contra a exploração sexual comercial das crianças, que decorreu entre 27 e 31 de Agosto de 1996, em Estocolmo): UNICEF, *Working Group on Education*, United Nations, Junho de 1996.

ALBERO, Ramón García, "El nuevo delito de corrupción de menores (artículo 189.3)", *in Delitos contra la libertad sexual*, Madrid: Consejo General del Poder Judicial, 1999, pp. 112-213.

ALBERTO, Isabel Maria Marques, *Maltrato e Trauma na Infância*, Coimbra: Almedina, 2004.

ALMEIDA, Carlota, Pizarro de, "Algumas considerações a propósito do Acórdão 211/95 do Tribunal Constitucional", *in* Maria Fernanda PALMA, Carlota Pizarro ALMEIDA e José Manuel VILALONGA (coord.), *Casos e Materiais de Direito Penal*, Coimbra: Almedina, 2000, pp. 201-211.

ALVES, Sénio Manuel Reis, *Crimes Sexuais. Notas e Comentários aos artigos 163º a 179º do Código Penal*, Coimbra: Almedina, 1995.

ANDRADE, Manuel da Costa, "O novo Código Penal e a moderna criminologia", *in Jornadas de Direito Criminal. O Novo Código Penal Português e Legislação Complementar, fase I*, Lisboa: Centro de Estudos Judiciários, 1983, pp. 185-234.

- "Direito Penal e modernas técnicas biomédicas", *Revista de Direito e Economia, ano XII, 1986*, pp. 99-127.

- *Consentimento e Acordo em Direito Penal (Contributo para a Fundamentação de um Paradigma Dualista)*, Coimbra: Coimbra Editora, 1991 (citado *Consentimento e Acordo*).

- "A "Dignidade Penal" e a "Carência de Tutela Penal" como referências de uma doutrina teleológico-racional do crime", *RPCC, ano 2, fasc. 2º, Abril-Junho 1992*, pp. 173-205.

- "Sobre a Reforma do Código Penal Português. Dos crimes contra as pessoas, em geral, e das gravações e fotografias ilícitas, em particular", *RPCC, ano 3, fasc. 2º-4º, Abril-Dezembro 1993*, pp. 427-497.

- *Liberdade de Imprensa e Inviolabilidade Pessoal, uma perspectiva jurídico-criminal*, Coimbra: Coimbra Editora, 1996 (citado *Liberdade de Imprensa e Inviolabilidade Pessoal*).

ANTOLISEI, F., *Manuale di Diritto Penale, Parte Speciale, I, 12ª ed.*, Milano: Dott. A. Giuffrè Editore, 1996.

ANTUNES, Maria João, "Sobre a irrelevância da oposição ou da desistência do titular do direito de queixa (artigo 178 nº 2 do Código Penal). Acordão da Relação do Porto de 10/2/1999", *RPCC, ano 9, Fasc. 2º, Abril-Junho 1999*, pp. 315-329.

- "Anotação ao artigo 173 (Abuso sexual de menores dependentes)", "Anotação ao artigo 175 (Actos homossexuais com adolescentes)", "Anotação ao artigo 176 (Lenocínio e tráfico de menores)", *in* FIGUEIREDO DIAS, Jorge (dir.), *Comentário Conimbricense do Código Penal, Parte Especial, Tomo I, Artigos 131 a 201*, Coimbra: Coimbra Editora, 1999 (citado *Comentário Conimbricense*).

- "Oposição de maior de 16 anos à continuação de processo promovido nos termos do artigo 178 n.º 4 do Código Penal", *RMP*, ano 26, n.º 103, Julho-Setembro 2005, pp. 21-37.

ARÁN, Mercedes García, "Problemas interpretativos en los tipos penales relativos al menor", *in Protección de menores en el código penal*, Madrid: Consejo General del Poder Judicial, 1999, pp. 63-100.

ARZAMENDI, José Luis de la Cuesta, "Las nuevas corrientes internacionales en materia de persecución de delitos sexuales a la luz de los documentos de organismos internacionales y europeos", *in Delitos contra la libertad sexual, Madrid: Consejo General del Poder Judicial, 1999*, pp. 323-373.

BAAMONDE, Xulio Ferreiro, *La víctima en el processo penal, Madrid: La Ley-Actualidad*, SA, 2005.

BARÓN, Ángel Velázquez, *Los abusos sexuales*, Barcelona: Bosch, 2001.

BARRETO, Irineu Cabral, "Os Direitos da Criança - na Convenção Europeia dos Direitos do Homem", *in Direitos das Crianças, Corpus Iuris Gentium Conimbrigae 3,* Coimbra: Coimbra Editora, 2004, pp. 75-100.

BECERRA, Manuel José Terol, MICHEO, Fernando Álvarez-Ossorio e ORTE-GA, Abraham Barrero, *Las Grandes Decisiones del Tribunal Europeo de Derechos Humanos*, Valencia: Tirant lo blanch, 2005.

BEERNAERT, Marie-Aude, TULKENS, Françoise, VANDERMEERSCH, Damien (com a colaboração de WISPELAERE, Anne-Michèle Druetz-de), *Code pénal, 6ª édition à jour au 1er septembre 2004,* Bruxelas: Bruylant, 2004.

BELEZA, José, "O princípio da igualdade e a lei penal. O crime de estupro voluntário simples e a discriminação em razão do sexo", *in Estudos em Homenagem ao Prof. Doutor J. J. Teixeira Ribeiro, III Iuridica,* Boletim da Faculdade de Direito, Universidade de Coimbra, número especial, 1983, pp. 437-608.

BELEZA, Teresa Pizarro, *Direito Penal, 2ª ed., vol. I,* reimp. Lisboa: AAFDL, 1995.

- Mulheres, Direito, *Crime ou a Perplexidade de Cassandra*, Lisboa: AAFDL, 1990 (citado *Mulheres, Direito, Crime*).

- "O Conceito Legal de Violação", *RMP, ano 15°, n° 59, Julho-Setembro 1994,* pp. 51-64.

- "A Regularização Jurídica da Sexualidade no CP", *in Estudos Comemorativos do 150° Aniversario do Tribunal da Boa-Hora*, Ministério da Justiça, 1995, pp. 169-174.

- "Como uma manta de Penélope": sentido e oportunidade da Revisão do C. P. (1995)", *in As reformas penais em Portugal e Espanha, RMP, cadernos 7, 1995,* pp. 33-52.

- "Sem sombra de pecado. O repensar dos crimes sexuais na revisão do Código Penal", *in Jornadas de Direito Criminal, Revisão do Código Penal, vol. I,*

Lisboa: Centro de Estudos Judiciários, 1996, pp. 157-183 (citado "Sem sombra de pecado").

- "A Revisão da Parte Especial na reforma do Código Penal: legitimação, reequilíbrio, privatização, "individualismo"", *in Jornadas Sobre a Revisão do Código Penal (Faculdade de Direito da Universidade de Lisboa)*, Lisboa: AAFDL, 1998, pp. 89-118 .

BERENGUER, Enrique Orts, *Delitos contra la libertad sexual*, Valencia: Tirant lo blanch, 1995.

BESTEN, Beate, *Abusos sexuales en los niños* (trad. cast., por Cristina HAL-BERSTADT, de Sexueller Mibbrauch und wie man Kinder davor schützt), Barcelona: Herder, 1997.

BIDASOLO, Mirentxu Corcoy, "El tratamiento del secreto y el derecho a la intimidad del menor. Eficacia del consentimiento", *in Protección de menores en el codigo penal*, Madrid: Consejo General del Poder Judicial, 1999, pp. 293-325.

BLEI, Hermann, *Strafrecht, II. Besonderer Teil, 12ª ed.*, München: C.H.Beck, 1983.

BONTEMPI, Rinaldo, "Rapport sur le Plan d´action du Conseil et de la Comission concernant les modalités optimales de mise en oeuvre des dispositions du Traité d`Amsterdam relatives à l´établissement d´un espace de liberté, de sécurité et de justice (13844/98 - C4-0692/98 - 98/0923 (CNS)": *Comission des Libertés Publiques et des Affaires Intérieures*, Parlement Européen, 18/3/1999.

CALDERÓN, Ángel e CHOCLÁN, José Antonio, *Manual de Derecho Penal, parte ge-neral, tomo I*, Barcelona: Deusto Jurídico, 2005.

- *Manual de Derecho Penal, parte especial, tomo II*, Barcelona: Deusto Jurídico, 2005.

CANHA, Jeni, *Criança Maltratada, O papel de uma pessoa de referência na sua recuperação, Estudo prospectivo de 5 anos, 2ª ed.*, Coimbra: Quarteto, 2003.

CANOTILHO, J. J. Gomes, "Compreensão jurídico-política da Carta", *in Carta de Direitos Fundamentais da União Europeia, Corpus Iuris Gentium Conimbrigae 2*, Coimbra: Coimbra Editora, 2001, pp. 13-15.

CARLE, Jean-Claude e SCHOSTECK, Jean-Pierre, "Délinquance des mineurs: La République en quête de respect", *Rapport d`Information nº 340, Tome I (2001-2002) et Tome II (2001-2002), commission d'enquête*, 26/6/2002: Sénat Français (http://www.senat.fr/rap/r01-340-1/r01-340-1.html e http://www.senat.fr/rap/r01-340-2/r01-340-2.html),

CARMO, Rui, ALBERTO, Isabel e GUERRA, Paulo, *O Abuso Sexual de Menores, Uma Conversa sobre Justiça entre o Direito e a Psicologia*, Coimbra: Almedina, 2002.

CARVALHO, Américo Taipa de, *As Penas no Direito Português Após a Revisão de 1995, separata das Jornadas de Direito Criminal. Revisão do Código Penal*, Lisboa: Centro de Estudos Judiciários, 1998.

- "Anotação ao artigo 153 (Ameaça)", in FIGUEIREDO DIAS, Jorge (dir.), *Comentário Conimbricense do Código Penal, Parte Especial, Tomo I, Artigos 131 a 201*, Coimbra: Coimbra Editora, 1999 (citado *Comentário Conimbricense*).

Code pénal suisse, editado pela Chancelaria Federal, actualizado até 28/12/2004, cujo texto (em formato pdf) pode ser consultado no site da Chancellerie de la Confédération suisse (http://www.admin.ch/ch/f/rs/c311_0.html),

Codice Penale e di Procedura Penale (coord. Massimo Drago), Milano: Edízione Alpha Test, 2005.

Código Penal. Actas e Projecto da Comissão de Revisão, Lisboa: Ministério da Justiça, 1993.

Código Penal (Ley Orgánica 10/1995, de 23 de Noviembre), edición preparada por Enrique Gimbernat Ordeig, com la colaboración de Esteban Mestre Delgado, 11ª edición actualizada Sptiembre de 2005, Madrid: Tecnos, 2005.

CONDE, Francisco Muñoz, "Principios inspiradores del nuevo Código penal español", *in As reformas penais em Portugal e Espanha, RMP, cadernos 7, 1995*, pp. 9-31.

- *Derecho Penal, Parte Especial, 12ª ed.*, Valencia: Tirant lo blanch, 1999.

CONDE, Francisco Muñoz e ARÁN, Mercedes García, *Derecho Penal, Parte General, 4ª ed.* Valencia: Tirant lo blanch, 2000.

COPELLO, Patricia Laurenzo, "A discriminação em razão do sexo na legislação penal" (trad. por Alberto Esteves Remédio), *RMP, ano 20, nº 78, Abril-Junho 1999*, pp. 55-72.

CORDEIRO, J. C. Dias, *O adolescente e a família (com a colaboração de Maria José Dias Cordeiro)*, Lisboa: Moraes Editores, 1979.

CORREIA, Eduardo, "As grandes linhas da Reforma Penal", *in Jornadas de Direito Criminal. O Novo Código Penal Português e Legislação Complementar, fase I*, Lisboa: Centro de Estudos Judiciários, 1983, pp. 17-37.

- *Direito Criminal* (com a colaboração de Figueiredo Dias), vol. I, reimp., Coimbra: Almedina, 1999.

COSTA, Eduardo Maia, "A revisão do Código Penal: tendências e contradições", *in As reformas penais em Portugal e Espanha, RMP, cadernos 7, 1995,* pp. 69-85 (citado "A revisão do Código Penal").

COSTA, José Francisco de Faria, *O Perigo Em Direito Penal* (Contributo para a sua Fundamentação e Compreensão Dogmáticas), Coimbra: Coimbra Editora, 1992.

- "Construção e interpretação do tipo legal de crime à luz do princípio da legalidade: duas questões ou um só problema?", *RLJ, ano 134°, n° 3933, 2002,* pp. 354-366.

COSTA, Mário Júlio Almeida, *História do Direito Português, 3ª ed.* Coimbra: Almedina, 1999.

CRESPO, Eduardo Demetrio e HERMIDA, Ágata María Sanz, "Problemática de las redes de explotación sexual de menores", in Mª. Del Rosario Diego DÍAZ-SANTOS e Verginia SÁNCHEZ LÓPEZ (coord.), *Nuevas Cuestiones Penales*, Madrid: Editorial Colex, 1998, pp. 57-74.

CUNHA, Maria da Conceição Ferreira da, "*Constituição e crime*". *Uma perspectiva da criminalização e da descriminalização*, Porto: Universidade Católica Portuguesa - Editora, 1995.

- "Crimes sexuais contra crianças e jovens", *in Cuidar da Justiça de Crianças e Jovens, A função dos Juízes Sociais*, Actas do Encontro, Câmara Municipal do Porto, Fundação para o Desenvolvimento Social do Porto e Universidade Católica Portuguesa, Faculdade de Direito do Porto, Porto: Almedina, 2003, pp. 189-227.

DIAS, Augusto Silva, "Crimes e contra-ordenações fiscais", *in Direito Penal Económico e Europeu: Textos doutrinários, Volume II, Problemas especiais*, Coimbra: Coimbra Editora, 1999, pp. 439-480 (citado Direito Penal Económico e Europeu, vol. II).

DIAS, Carlos Amaral e VICENTE, Teresa Nunes, *A depressão no adolescente*, Porto: edição Afrontamento, 1984.

DIAS, Graça e José Sebastião da Silva, *Os Primórdios da Maçonaria em Portugal, Vol. I, Tomo I,* Lisboa: Instituto Nacional de Investigação Científica, 1980.

DIAS, Jorge Figueiredo, "Ónus de alegar e de provar em processo penal?", *RLJ 105°, n° 3473 e 3474, 1972,* pp. 125-128 e pp. 139-143.

- "Os novos rumos da Política Criminal e o Direito Penal Português do Futuro", *separata da ROA, ano 43, Janeiro-Abril 1983,* pp. 5-40 (citado "Os Novos Rumos").

- "Sobre o estado actual da doutrina do crime - 1ª parte: sobre os fundamentos da doutrina e a construção do tipo-de-ilícito", *RPCC, ano 1, fasc. 1º, Janeiro-Março 1991*, pp. 9-53 (citado "Sobre o estado actual da doutrina do crime -1ª parte").
- "O Código Penal Português de 1982 e a sua reforma", *RPCC, ano 3, fasc. 2º-4º, Abril-Dezembro 1993*, pp. 161-195.
- *Direito Penal Português - parte geral II - as consequências jurídicas do crime*, Lisboa: Editorial Noticias, 1993.
- *Liberdade, Culpa Direito Penal, 3ª ed.*, Coimbra: Coimbra Editora, 1995.
- "Oportunidade e sentido da revisão do Código Penal Português", *in Jornadas de Direito Criminal, Revisão do Código Penal, vol. I*, Lisboa: Centro de Estudos Judiciários, 1996, pp. 15-40.
- "Para uma dogmática do direito penal secundário", *in Direito Penal Económico e Europeu: Textos doutrinários, Volume I, Problemas gerais*, Coimbra: Coimbra Editora, 1998, pp. 35-74.
- "Nótula antes do artigo 131", "Nótula antes do artigo 163", "Anotação ao artigo 163 (Coacção sexual), "Anotação ao artigo 172 (Abuso sexual de crianças)", "Anotação ao artigo 174 (Actos sexuais com adolescentes), in FIGUEIREDO DIAS, Jorge (dir.), *Comentário Conimbricense do Código Penal, Parte Especial, Tomo I, Artigos 131 a 201*, Coimbra: Coimbra Editora, 1999 (citado *Comentário Conimbricense*).
DIAS, Jorge Figueiredo e ANDRADE, Manuel da Costa, "Problemática Geral das Infracções Antieconómicas", *BMJ 262, 1977*, pp. 5-49.
- *Direito Penal, Questões fundamentais. A doutrina geral do crime (apontamentos e materiais de estudo da cadeira de Direito Penal do 3º ano)*, Coimbra: ed. policop., Faculdade de Direito da Universidade de Coimbra, 1996 (citado Direito Penal. Questões fundamentais).
- *Criminologia, o homem delinquente e a sociedade criminógena, 2ª reimp.*, Coimbra: Coimbra Editora, 1997 (citado Criminologia).
- "O crime de fraude fiscal no novo Direito Penal Tributário Português", *in Direito Penal Económico e Europeu: Textos doutrinários, Volume II, Problemas especiais*, Coimbra: Coimbra Editora, 1999, pp. 411-438 (citado *Direito Penal Económico e Europeu, vol. II*).
- "Sobre os crimes de fraude na obtenção de subsídio ou subvenção e de desvio de subvenção, subsídio ou crédito bonificado", *in Direito Penal Económico e Europeu: Textos doutrinários, Volume II, Problemas espe-*

ciais, Coimbra: Coimbra Editora, 1999, pp. 321-345 (citado *Direito Penal Económico e Europeu*, vol. II).

DIAS, Maria do Carmo S. M. da Silva, "A propósito do crime de violação: ainda faz sentido a sua autonomização?", *RMP, ano 21º, nº 81, Janeiro-Março 2000*, pp. 57-90.

Digesto de Justiniano, vol. III, Pamplona: editorial Aranzadi, 1975.

DOLCINI, Emilio e MARINUCCI, Giorgio, "Constituição e escolha dos bens jurídicos" (trad. de José Faria Costa), *RPCC, ano 4, fasc. 2º, Abril - Junho 1994*, pp. 151-198.

DREHER/TRÖNDLE, *Strafgesetzbuch und Nebengesetze, 47ª ed.*, München: C.H. Beck, 1995.

DSM-IV-TR (trad. de ALMEIDA, José Nunes de, do *Diagnostic and Statistical Manual of Mental Disorders, Four Edition, Text Revision*, da 1ª publicação nos EUA feita por American Psychiatric Association, Washington D. C. and London, England, 2000), 1ª ed., Lisboa: Climepsi Editores, 2002.

DUARTE, Jorge Dias, "Homossexualidade com menores. Art. 175 do Código Penal", *RMP, ano 20, nº 78, Abril-Junho 1999*, pp. 73-113.

DYBKJAER, Lone, *Relatório sobre "os relatórios anuais da Comissão "Igualdade de Oportunidades entre Homens e Mulheres na União Europeia - 1997, 1998 e 1999"* (COM (1998) 302-C5-0106/1999, COM (1999) 106 - C5-0289/2000 e COM (2000) 123 - C5-0290/2000 -1999/2109 (COS)): Comissão dos Direitos da Mulher e da Igualdade de Oportunidades, Parlamento Europeu, 13/7/2000.

Études de législation comparée nº 79, Octobre 2000 - Le regime juridique de la prostitution feminine: Sénat Français (consulta em http://www.senat.fr/lc/lc79/lc79.html),

Études de législation comparée nº 102, Février de 2002- La repression de l'incest: Sénat Français (consulta em http://www.senat.fr/lc/lc102/1 c102. html),

Études de législation comparée nº 52, février 1999 - la responsabilité penales des mineurs: Sénat Français (consulta em http://www.senat.fr/lc/lc52/lc52_ mono.html),

Études de législation comparée nº 133, mars 2004 - les infractions sexuelles commises sur les mineurs: Service des Etudes Juridiques (mars 2004): Sénat Français (consulta em http://www.senat.fr/lc/lc133/lc133.html),

FERNÁNDEZ, María Rosario Ornosa, *Derecho Penal de Menores, comentarios a la Ley Orgánica 5/2000, de 12 de enero, reguladora de la responsabilidade penal de los menores y a su Reglamento, aprobado por Real Decreto 1774/2004, de 30 de julio, 3ª ed.*, Barcelona: Bosch, 2005.

FERRÃO, F. A. F. Silva, *Theoria do Direito Penal applicada ao Código Penal Portuguez, vol. I*, Lisboa: Tipografia Universal, 1856.

- *Theoria do Direito Penal applicada ao Codigo Penal Portuguez, vol. VII*, Lisboa: Imprensa Nacional, 1857.

FERREIRA, Manuel Cavaleiro de, *Lições de Direito Penal, Parte Geral, I, A lei penal e a teoria do crime no Código Penal de 1982, 4ª ed. reimp.*, Lisboa: Verbo, 1997.

FESTA, Giuseppe Manuel e CARERI Micol, "Pedofilia Ed Imputabilita: note di psicopatologia e norme di legge", *in Psicologia e Giustizia, anno 5, n° 1*, Gennaio-Giugno 2004.

FIORENZA, Maria Caterina, "La disciplina giuridica della violenza al minore", Firenze: *Centro di Documentazione l'altro diritto*, Dipartimento di Teoria e Storia del Diritto dell'Università di Firenze.

GARBARINO, James, ECKENRODE, John e POWERS Jane Levine, "el maltrato al adolescente", *in* James GARBARINO e John ECKENRODE, *Por qué las familias abusan de sus hijos. Enfoque ecológico sobre el maltrato de niños y de adolescentes* (trad. cast. por L. Wolfson, de Understanding abusive families), Barcelona: Granica, 1999, pp. 197-222 (citado "el maltrato al adolescente").

GASPAR, António Henriques, "Tribunal Europeu dos Direitos do Homem (Direito Penal e Processual Penal) 2002", *RPCC ano 13, fasc. 2, Abril-Junho 2003*, pp. 253-270,

GAUTIER, Gisèle, "Rapport d'activité 2004 de la délégation aux droits des femmes et à l'égalité des chances entre les hommes et les femmes" [*Rapport d'information n° 430 (2004-2005), feito em nome da delegação dos direitos das mulheres, depositado em 28/6/2005]: Sénat Français* (consulta em http:www.senat.fr/rap/r04-430/r04-430.html),

GENOVÉS, Vicente Garrido e ILLESCAS, Santiago Redondo, *Manual de criminologia aplicada*, Argentina: Ediciones Juridicas Cuyo, 1997.

GERSÃO, Eliana, "Crimes sexuais contra crianças", *Revista Infância e Juventude, 97 -2, Abril-Junho*, pp. 9-29.

GIUDICELLI, André, "Présentation des dispositions procédurales de la loi du 1er juillet 1996 modifiant l'ordonnance du 2 février 1945 relative à l'enfance délinquante", *RSCDPC, (1), janv.-mars 1997*, pp.29-33.

GONÇALVES, Manuel Maia, *Código Penal Português, 5ª ed.* Coimbra: Almedina, 1980.

- *Código Penal Português. Anotado e Comentado e Legislação Complementar, 7ª ed.* Coimbra: Almedina, 1994.

GRAÑA, Roberto B., "Violência e sexuação: sobre algumas possíveis impropriedades da clínica psicanalítica", *in* GRAÑA, Roberto B. (org.), *Homossexualidade. Formulações psicanalíticas actuais,* Porto Alegre: ARTMED, 1998, pp. 85-108.

Grande Enciclopédia Portuguesa e Brasileira, vols. II, VI, X, XVI, Lisboa: Editorial Enciclopédia, 1978.

GURIDI, Francisco Etxberria, "La ausencia de garantías en las bases de datos de ADN en la investigación penal", *in Derechos humanos y nuevas tecnologías,* (XXI Cursos de Verano en S. Sebastian, XIV Cursos Europeos - UPV/EHU 2002), Colección "Jornadas sobre derechos humanos", Espanha, Vitoria-Gasteiz: Ararteko, 2002, pp. 99-144.

HASSEMER, Winfried e CONDE, Francisco Muñoz, *Introdución a la Criminologia y al Derecho Penal,* Valencia: Tirant lo blanch, 1989.

JAKOBS, Günther, Derecho Penal. Parte General. *Fundamentos y Teoria de la Imputación* (trad. cast., por Joaquin Cuello Contreras e José Luis S. González de Murillo, da 2ª ed.-1991 de Strafrecht. Allgemeiner Teil. Die Grundlagen und die Zurechnungslehre), 2ª ed. corrigida, Madrid: Marcial Pons, 1997.

JESCHECK, Hans-Heinrich, *Tratado de Derecho Penal. Parte General,* (trad. cast., por José Luis Manzanares Samaniego, da 4ª ed. - 1988 de Lehrbuch des Strafrechts. Allgemeiner Teil), 4ª ed. corrigida e ampliada, Granada: editorial Comares, 1993.

JESIONEK, Udo, "Jurisdicción de menores en Austria", *in Legislación de menores en el siglo XXI: análisis de derecho comparado,* Madrid: Consejo General del Poder Judicial, 1999, pp. 52-71.

JORDÃO, Levy Maria, *Commentario ao Codigo Penal Portuguez,* vol. IV, Lisboa: Tip. de José Batista Morando, 1854.

LEAL-HENRIQUES, Manuel de Oliveira; SANTOS, Manuel José Carrilho Simas, *O Código Penal de 1982, referências doutrinárias, indicações legislativas, resenha jurisprudencial, vol. III,* Lisboa: Rei dos Livros, 1986.

- *Código Penal anotado,* 2ª ed., reimp., vol. II, Lisboa: Rei dos Livros, 1997.

LEANDRO, Armando Gomes, "Protecção dos Direitos da Criança em Portugal", *in Direitos das Crianças, Corpus Iuris Gentium Conimbrigae 3,* Coimbra: Coimbra Editora, 2004, pp. 101-119.

LEZAÚN, J. J. Begué, *Delitos contra la libertad e indemnidad sexuales* (*Ley Orgánica 11/99 de 30/4*), Barcelona: Bosch, 1999.

LISZT, Franz V., *Tratado de Derecho Penal* (trad. cast., por Quintiliano Saldaña, da 18 ed. alemã), 4ª ed., vol. I, Madrid: Editorial Reus, 1999.

LOPES, José Mouraz, *Os crimes contra a liberdade sexual e autodeterminação sexual no Código Penal* (*de acordo com a revisão do Código Penal operada pela Lei 65/98 de 2 de Setembro*), 2ª ed. Coimbra: Coimbra Editora, 1998.

LORRAIN, Jean-Louis, "l`adolescence en crise", *Rapport d`Information nº 242* (2002-2003), *Commission des Affaires Sociales: Sénat Français* (consulta em http:www.senat.fr/rap/r02-242/r02-242.html).

MAGALHÃES, Teresa, *Maus Tratos em Crianças e Jovens, guia prático para profissionais* (com a participação de GAMBOA, Maria José e MAIA NETO), Coimbra: Quarteto, 2004.

- "A intervenção médico-legal em casos de maus tratos em crianças e jovens", *in Cuidar da Justiça de Crianças e Jovens, A função dos Juízes Sociais, Actas do Encontro,* Câmara Municipal do Porto, Fundação para o Desenvolvimento Social do Porto e Universidade Católica Portuguesa, Faculdade de Direito do Porto, Porto: Almedina, 2003, pp. 175-188.

MANITA, Celina, "Quando as portas do medo se abrem... do impacto psicológico ao(s) testemunho(s) de crianças vítimas de abuso sexual", *in Cuidar da Justiça de Crianças e Jovens, A função dos Juízes Sociais, Actas do Encontro,* Câmara Municipal do Porto, Fundação para o Desenvolvimento Social do Porto e Universidade Católica Portuguesa, Faculdade de Direito do Porto, Porto: Almedina, 2003, pp. 229-253.

MARINUCCI, Giorgio e DOLCINI, Emilio, "Diritto penale "minimo" e nuove forme di criminalità", *RITalDPP, nuova serie, ano XLII, 1999,* pp. 802-820.

MARQUES, António Manuel; PEREIRA, António; SILVA, Beatriz; VILAR, Duarte e CADETE, Joaquina (coord.), *Orientações técnicas sobre educação sexual em meio escolar, contributos das equipas do Projecto PES, APF e DGS: APF, Fevereiro de 1999* (pode ser consultado em http://www.apf.pt/activ/ppes.htm),

MARTÍN, Ricardo M. Mata y, *Bienes jurídicos intermedios y delitos de peligro,* Granada: Editorial Comares, 1997.

MAURACH, Reinhart, na versão actualizada por ZIPF, Heinz, *Derecho Penal, Parte General, I, Teoria general del derecho penal y estructura del hecho punible* (trad. cast., por Jorge Bofill Genzsch e Henrique Aimone Gibson, da 7ª ed.-1987 de Strafrecht. Allgemeiner Teil. Teilband I, Grundlehren des Strafrechts und Aufbau der Straftat), Buenos Aires: Editorial Astrea, 1994.

MEZQUITA, Blanca Vásquez, *Agresión sexual. Evaluación y tratamiento en menores*, Madrid: Siglo veintiuno de España Editores, S. A., 1995.

MIRANDA, Jorge e MEDEIROS, Rui, *Constituição Portuguesa Anotada, tomo I*, Coimbra: Coimbra Editora, 2005.

MONCADA, Luís Cabral, *Filosofia do Direito e do Estado, vol. I*, Coimbra: Coimbra Editora, 1995.

MORICI, Silvia, "Homossexualidade: um lugar na história da intolerância social, um lugar na clínica", *in* GRAÑA, Roberto B. (org.), *Homossexualidade. Formulações psicanalíticas actuais*, Porto Alegre: ARTMED, 1998, p 147-171.

MOTA, J. Carmona da, "Crimes contra a liberdade sexual, crimes contra a autodeterminação sexual", *in Jornadas de Direito Criminal, Revisão do CP, Alterações ao Sistema Sancionatório e Parte Especial, vol. II*, Lisboa: Centro de Estudos Judiciários, 1998, pp. 199-226.

MOTA, José Luís Lopes da, "A eurojust e a emergência de um sistema de justiça penal europeu", *RPCC ano 13, fasc. 2, Abril-Junho 2003*, pp. 177-205.

NATSCHERADETZ, Karl Prelhaz, *O Direito Penal Sexual: conteúdo e limites*, Coimbra: Almedina, 1985.

ORDEIG, Enrique Gimbernat, "La mujer y el CP Español", *in Estudios de Derecho Penal*, Madrid: Tecnos, 1990, pp. 78-87.

- "Prólogo a la décima edición", in Código Penal (Ley Orgánica 10/1995, de 23 de Noviembre), 11ª edición actualizada Sptiembre de 2005, Madrid: Tecnos, 2005.

Ordenações Afonsinas, vol. V, Lisboa: Fundação Calouste Gulbenkian, 1984.

Ordenações Manuelinas, vol. V, Lisboa: Fundação Calouste Gulbenkian, 1984.

Ordenações Filipinas, vols. IV e V, Lisboa: Fundação Calouste Gulbenkian, 1985.

OSÓRIO, Luís, *Notas ao Código Penal Português, 2ª ed.*, Coimbra: Coimbra Editora, vols. I (1923), II (1923) e III (1924).

PACHECO, José e GAMITO, Luís, *O sexo é de todas as idades*, Lisboa: Caminho, 1993.

PELLETIER, Hervé e PERFETTI, Jean, *Code pénal 2005, 17ª édition à jour au 15 août 2004*, Paris: LexisNexis Litec, 2004.

PEREIRA, Maria Margarida Silva, relatora do parecer elaborado em 28/6/94 pela Comissão de Assuntos Constitucionais, Direitos, Liberdades e Garantias, *in Reforma do Código Penal. Trabalhos Preparatórios, vol. I*, pp. 141.

- "Rever o Código Penal. Relatório e parecer da Comissão de Assuntos Constitucionais, Direitos, Liberdades e Garantias sobre a Proposta de Lei nº 92/VI", *sub judice, justiça e sociedade, nº 11, Janeiro-Junho, 1996*, pp. 7-26 (citado "Rever o Código Penal").

PEREIRA, Rui Carlos, "Liberdade sexual. A sua tutela na reforma do Código Penal", *sub judice, justiça e sociedade, nº 11, Janeiro-Junho, 1996*, pp. 41-48.

- "Código Penal: as ideias de uma revisão adiada", *RMP, ano 18º, Julho-Setembro 1997*, nº 71, pp. 49-84.

POLÓNIO, Pedro, *Psiquiatria Forense*, Lisboa: Coimbra Editora, 1975.

PRADEL, Jean e DANTI-JUAN, Michel, *Droit Penal. Droit penal spécial, vol. III*, Paris: Editions Cujas, edition a jour au 1º Octobre 1995.

PRADEL, Jean, "a vontade do autor da infracção na decisão sobre a dedução de acusação. Aspectos do direito francês", (trad. de Sónia Fidalgo), *RPCC, ano 15º, fasc. 1º, Janeiro-Março de 2005*, pp. 73-88.

PREISENDANZ, Holger, *Strafgesetzbuch: Lehrkommentar, 30ª ed.*, Berlin: Schweitzer, 1978.

"Promoção da Educação Sexual em Meio Escolar, 8º Relatório das Actividades Realizadas no Âmbito do Protocolo celebrado entre a APF e o Ministério da Educação", de 1 de Abril de 2004 a 31 Julho de 2004, também disponível no site da APF (consulta em http://www.apf.pt/educacao/relatorio_activ.doc)

"Promoção da Educação Sexual em Meio Escolar, 10º Relatório das Actividades Realizadas no Âmbito do Protocolo celebrado entre a APF e o Ministério da Educação", de 1 de Janeiro a 31 Março de 2005, também disponível no site da APF (consulta em http://www.apf.pt/educacao/relatorio2005.htm),

Projet intégré 2 - Faire face a la violence quotidienne: une aproche integree, rapport final du projet intégré "responses à la violence quotidienne dans une société démocratique", 2002-04 (11/10/2004), Conseil de L`Europe, Strasbourg: IP2 (2004) 28 REV. (web).

PUIG, Santiago Mir, *El Derecho Penal en el Estado Social y Democrático de Derecho*, Barcelona: Ariel Derecho, 1994.

RAMOS, Fernando João Ferreira, "Notas sobre os crimes sexuais no projecto de revisão do Código Penal de 1982 e na Proposta de Lei nº 92/VI", *RMP, ano 15º, nº 59, Julho-Setembro 1994*, pp. 29-49.

- "Estupro e Violação - Ontem e Hoje", in *Jornadas de Direito Criminal, Revisão do CP, Alterações ao Sistema Sancionatório e Parte Especial, vol. II*, Lisboa: Centro de Estudos Judiciários, 1998, pp. 181-198.

Rapport LC 21 - Décembre 1996, "Législation comparée: les abus sexuels sur les mineurs": Division des études de législation comparée du Service des Affaires Européennes (citado Rapport LC 21 - Décembre 1996): *Sénat Français* (consulta em http://www.senat.fr/lc/lc21/lc21.html),

REIG, Javier Boix, *El delito de estupro fraudulento*, Madrid: Publicaciones del Instituto de Criminologia de la Universidad Complutense de Madrid, ano LXXIX, 1979.

Relatório e parecer da Comissão de Assuntos Constitucionais, Direitos, Liberdades e Garantias, sobre a Proposta de Lei nº 160/VII (proposta do Governo), *Diário da Assembleia da República, II Série - A, nº 37, de 14/3/1998* (VII Legislatura), 3ª sessão legislativa (1997-1998), pp. 885-891.

"Relazione al Parlamento sullo stato di attuazione della legge 3 agosto 1998, nº 269 (norme contro lo sfruttamento della prostituzione, della pornografia, del turismo sessuale in danno di minore, quali nuove forme di riduzione in schiavitú. Anni 1998-1999)", Itália: *Presidenza del Consiglio dei Ministri, Dipartimento per gli Affari Sociale*, 10/7/2000.

Reforma do Código Penal. Trabalhos Preparatórios, vols. I, II, III, Lisboa: Assembleia da República - Divisão de Edições, 1995.

REYMOND-RIVIER, Berthe, *O desenvolvimento social da criança e do adolescente*, Lisboa: editorial Aster, 1983.

RIPOLLÉS, José Luis Díez, *El Derecho Penal Ante El Sexo (limites, critérios de concreción y contenido del Derecho Penal Sexual)*, Barcelona: BOSCH, 1981 (citado *El Derecho Penal ante el sexo*).

- *La proteccion de la libertad sexual, insuficiencias actuales y propuestas de reforma*, Barcelona: Bosch, 1985.

- "El objeto de protección del nuevo derecho penal sexual", in *Delitos contra la libertad sexual*, Madrid: Consejo General del Poder Judicial, 1999, pp. 215-259.

ROCHA, Manuel Lopes, "O Novo Código Penal Português. Algumas Questões de Política Criminal", *BMJ 322/37-77*.

RODRIGUES, Anabela Miranda, *A Determinação da Medida da Pena Privativa de Liberdade* (*Os Critérios da Culpa e da Prevenção*), Coimbra: Coimbra Editora, 1995 (citado *A determinação da medida da pena privativa de liberdade*).
- "Sistema punitivo português. Principais alterações no Código Penal revisto", *sub judice, justiça e sociedade, nº 11, Janeiro-Junho, 1996,* pp. 27-39.
- "Repensar o Direito de Menores em Portugal - Utopia ou Realidade?", *RPCC, ano 7, fasc. 3º, Julho - Setembro 1997,* pp. 355-386.
- "A propósito do crime de poluição", *Direito e Justiça, vol. XII, tomo 1 (1998),* pp. 103-143.
- "Anotação ao artigo 167 (Fraude sexual)", "Anotação ao artigo 170 (Lenocínio)", "Anotação ao artigo 171 (Actos exibicionistas)", *in* FIGUEIREDO DIAS, Jorge (dir.), *Comentário Conimbricense do Código Penal, Parte Especial, Tomo I, Artigos 131 a 201,* Coimbra: Coimbra Editora, 1999 (citado *Comentário Conimbricense*).
- *Novo olhar sobre a questão penitenciária (estatuto jurídico do recluso e socialização, jurisdicionalização, consensualismo e prisão),* Coimbra: Coimbra Editora, 2000.
RODRIGUES, Anabela Miranda e DUARTE-FONSECA, António Carlos, *Comentário da Lei Tutelar Educativa,* Coimbra: Coimbra Editora, 2000.
RODRÍGUEZ, Carlos Suárez, *El delito de agresiones sexuales asociadas a la violación,* Navarra: Aranzadi editorial, 1995.
ROMANO, Bartolomeo, *La Tutela Penale Della Sfera Sessuale, indagine alla luce delle recenti norme contro la violenza sessuale e contro pedofilia,* Milano: Dott. A. Giuffrè Editore, 2000.
RÖSSNER, Dieter, "Los imprescindibles deberes del derecho penal en el sistema de control social (elementos de una teoría intercultural del derecho penal)", *in Política criminal comparada, hoy y mañana,* Madrid: Consejo General del Poder Judicial, 1999, pp. 153-180.
- "Derecho Penal de Menores en Alemania con especial consideración de los adolescentes", in *Legislación de menores en el siglo XXI: análisis de derecho comparado,* Madrid: Consejo General del Poder Judicial, 1999, pp. 305- 328.
ROTMAN, Edgardo, "O conceito de Prevenção do Crime", (tradução por André G. Dias Pereira, do relatório apresentado pelo Autor nas Jornadas da Fundação Internacional Penal e Penitenciária, que tiveram lugar em Berlim,

em Outubro de 1996, subordinadas ao tema "Aspectos jurídicos da prevenção da criminalidade"), *RPCC, ano 8, fasc. 3°, Julho-Setembro 1998,* pp. 319-371.

ROXIN, Claus, "El desarrollo del derecho penal en el siguiente siglo" (trad. cast. de Manuel A. Abanto Vásquez, de "Zur Entwicklung des Strafrechts im Kommenden Jahrhundert", publ. na recopilação "Aus der Problematik des Strafrechts und der Krimilologie", editado por Emil W. Plywaczewski, Universidade de Varsóvia, pp.331-356), *in Dogmática Penal y Politica Criminal,* Lima, Perú: IDEMSA, 1998, pp. 435-463.

- *Derecho Penal, Parte General. Fundamentos. La estructura de la teoria del delito* (trad. da 2ª ed. de Strafrecht. Allgemeiner Teil. Band I: Grundlagen. Der Aufbau der Verbrechenslehre, 1994, tradução e notas por Diego-Manuel Luzõn Peña, Miguel Díaz y Garcia Conlledo e Javier de Vicente Remesal), reimp., vol. I, Madrid: Editorial Civitas, 2000.

- "Prólogo", *in* Emilio Eiranova ENCINAS (coord.), *Código Penal Alemán (StGB) Código Processal Penal Alemán (StPO)*, Madrid: Marcial Pons, 2000.

SAMPAIO, Daniel, *Ninguém Morre Sózinho. O adolescente e o suicídio,* 7ª ed., Lisboa: Editorial Caminho, 1997.

SÁNCHEZ, Félix López (dir.), *Abusos sexuales a menores. Lo que recuerdan de mayores,* 2ª ed., Madrid: Ministerio de Trabajo y Assuntos Sociales, 1996.

SÁNCHEZ, Amaia Del Campo e SÁNCHEZ, Félix López, *Prevención de abusos sexuales a menores. Unidade didáctica para educación infantil (3 - 6 años),* Salamanca: Ministerio de Trabajo y Assuntos Sociales, Amarú Ediciones, 1997.

- *Prevención de abusos sexuales a menores. Unidade didáctica para educación secundaria (12-18 años),* Salamanca: Ministerio de Trabajo y Assuntos Sociales, Amarú Ediciones, 1997.

- *Prevención de abusos sexuales a menores. Guia para padres y madres,* Salamanca: Ministerio de Trabajo y Assuntos Sociales, Amarú Ediciones, 1997.

SANTOS, José Beleza dos, "O crime de ultraje à moral pública", *RLJ 55°, n° 2194, 1922,* pp. 65-67.

- "O crime de estupro voluntário", *RLJ, ano 57°, 1924, n ° 2249,* pp. 17-20, n° 2250, pp. 34-35, n° 2251, pp. 49-52, n° 2252, pp. 65-69, n° 2553, pp. 81-84, n° 2254, pp. 97-101.

- "O crime de violação", *RLJ 57º, 1925, nº 2270*, pp. 353-356.
- "O crime de atentado ao pudor", *RLJ 58º, 1925/1926, nº 2290, 257-260, nº 2292*, pp. 290-291, nº 2295, pp. 337-339, nº 2296, pp. 353-354.
- "O crime de ultraje público ao pudor", *RLJ 59º, 1926/1927, nº 2312*, pp. 193-196, nº 2314, pp. 225-227, nº 2315, pp. 241-244, nº 2315, pp. 257-260, nº 2317, pp. 273-276, nº 2318, pp. 289-292.

SILVA, M. Gomes, *Lições de Direito de Família, Parte II* (segundo as prelecções ao 4º ano jurídico de 1946-47, coligidas por António Maria Pereira), Lisboa: ed. policop, 1948.

Social Watch Report 2005, que pode ser consultado, na versão inglesa, no site da Oikos - Cooperação e Desenvolvimento: http://www.oikos.pt./imprensa/sw/SW-ENG-2005.pdf.

SORIA, Miguel Ángel e HERNÁNDEZ, José Antonio, *El agressor sexual y la víctima*, Barcelona: editorial Boixareu Universitaria, 1994.

STANGELAND, Per, "El papel del criminólogo en la cooperación internacional", *in Modernas tendencias en la ciencia del derecho penal y en la criminologia* (Congreso Internacional, Facultad de Derecho de la UNED, Madrid, 6 al 10 de noviembre de 2000), Madrid: Universidad Nacional de Educación a Distancia, 2001.

STUBRIN, Jaime P., "A psicanálise e as homossexualidades", *in* GRAÑA, Roberto B. (org.), *Homossexualidade. Formulações psicanalíticas actuais*, Porto Alegre: ARTMED, 1998, pp.65-84.

SUMALLA, Josep Mª Tamarit, "Muerte y resurrección del delito de corrupción de menores", *in Aranzadi Penal, 6, junio 99*, pp. 1-8;
- *La protección penal del menor frente al abuso y explotación sexual (análisis de las reformas penales de 1999 en materia de abusos sexuales, prostitución y pornografía de menores),* Navarra: Aranzadi Editorial, 2000.

THOMAS, Marney, ECKENRODE, John e GARBARINO, James, "el abuso sexual en la familia", *in* James GARBARINO e John ECKENRODE, *Por qué las familias abusan de sus hijos. Enfoque ecológico sobre el maltrato de niños y de adolescentes* (trad. cast. por L. Wolfson, de Understanding abusive families), Barcelona: Granica, 1999, pp. 159-179.

TOLOSA, José Luis Jori, "prevención de la delinquencia que afecta a los menores. Personalid de los agressores", *in Protección de menores en el codigo penal*, Madrid: Consejo General del Poder Judicial, 1999, pp. 271-291.

TOMILLO, Manuel Gómez, "Derecho Penal Sexual y Reforma Legal. Análisis desde una perspectiva político criminal", *in Revista Electrónica de Ciencia Penal y Criminologia n° 07-04 (2005)*, pp. 1-35 (consultado em http://criminet.ugr.es/recpc).

TORRÃO, Fernando, "A propósito do bem jurídico protegido nos crimes sexuais", *Boletim da Faculdade de Direito*, Universidade de Coimbra, vol. LXXI, 1995, pp. 545-570.

TRAVAILLOT, Françoise, "L`assistance mutuelle dans l`Union européene - La pratique française", *in Dealing with european Evidence in Criminal Proceedings: National Practice and European Union Policy, Trier: ERA-Forum Special Issue, 2005*, pp. 76-85.

VAZ, Júlio Machado, *Conversas no papel, 2ª ed.*, Lisboa: Relógio de Água, 1998.

VELOSO, Jorge A., *Erro em direito penal*, Lisboa: AAFDL, 1993.

WELZEL, Hans, *Das Deutsche Strafrecht, Eine systematische, 11ª ed.*, Berlin: Walter de Gruyter & Co., 1969.

WYRE, Ray, "Paedophile characteristics and patterns of behaviour (developing and using a typology)", *in Home Truths About Sexual Abuse, influencing policy and practice a reader*, ed. de Catherine Itzin, London: Routledge, 2000, pp. 49-69.

ZORRILLA, Maider, *La Corte Penal Internacional ante el crimen de violencia sexual*, Cadernos Deusto de Derechos Humanos n° 34, Bilbao: Universidade de Deusto, 2005.

2. Jurisprudência

Caso Dudgeon v. Reino Unido, ac. do TEDH de 24/2/1983,

Caso Karlheinz Schmidt v. Alemanha, ac. do TEDH de 18/7/1994,

Caso Sutherland v. Reino Unido, decisão da Comissão Europeia dos Direitos Humanos, aprovada em 1/7/1997,

Caso Smith e Grady v. Reino Unido, ac. do TEDH de 27/9/1999,

Caso A.M. v. Itália, ac. do TEDH de 14/12/1999,

Caso Salgueiro da Silva Mouta v. Portugal, ac. do TEDH de 21/12/1999,

Caso Sutherland v. Reino Unido, ac. do TEDH de 27/3/2001,

Caso Vissier v. Países Baixos, ac. do TEDH de 14/2/2002,

Caso Fretté v. França, ac. do TEDH de 26/2/2002,

Caso S.N. v. Suécia, ac. do TEDH de 2/7/2002,

Caso Christine Goodwin v. Reino Unido, ac. do TEDH de 11/7/2002,

Caso Craxi v. Itália, ac. do TEDH de 5/12/2002,

Caso S.L. v. Áustria, ac. do TEDH de 9/1/2003,

Caso L. e V. v. Áustria, ac. do TEDH de 9/1/2003,

Caso Karner v. Áustria, ac. do TEDH de 24/7/2003,

(os acórdãos acima citados podem ser consultados no site do TEDH em http://cmiskp.echr.coe.int/tkp197/search.asp?skin=hudoc-en),

Ac. do Tribunal de Justiça de 16/6/2005, Pupino, C-105/03, JO C 193 de 6/8/2005, p. 3, ainda não publicado na Colectânea (que pode ser consultado em http://europa.eu.int/eur-lex/lex/Notice.do?val=403100:cs&lang=pt&lism =406016:cs,403100:cs,403098:cs,281193:cs,&pos=2&page=1&nbl= 4&pgs=10&checktexte= checkbox&visu=#texte),

Sentença n° 63 de 13/1/2005 do Tribunal Constitucional Italiano, que pode ser consultada em http://www.camerapenale-bologna.org/intros/giuris_4.htm,

Ac. do Tribunal Constitucional Português n° 247/2005, que pode ser consultado em http://www.tribunalconstitucional.pt/tc/acordaos/20050247.html,

Ac. do Tribunal Constitucional Português n° 351/2005, que pode ser consultado em http://www.tribunalconstitucional.pt/tc/acordaos/20050351.html,

Ac. de 1ª instância de 07/04/1999 relatado por CRAVO ROXO, António Luís, em processo crime pendente no Tribunal de Círculo de Oliveira de Azeméis,

Ac. TRC de 8/3/1989, *CJ* 1989, II, 82,

Ac. TRC de 12/1/96, *CJ* 1996, I, 35,

Ac. TRP de 4/7/1978, *CJ* 1978, 1196,

Ac. TRL de 31/10/1984, *CJ* 1984, IV, 155,

Ac STJ de 10/8/1926, *RLJ* 59°, n° 2309/153-154,

Ac. STJ de 31/10/58, *BMJ* 80/403,

Ac. STJ de 14/7/1971, *BMJ* 209/65 ss.,

Ac. STJ de 14/7/1971, *BMJ* 209/65 ss.,

Ac. STJ de 18/10/89, *BMJ* 390/161,

Ac. STJ de 10/11/89, *BMJ* 391/214 ss.,

Ac. STJ de 3/4/91, *BMJ* 406/291 ss.,

Ac. STJ de 24/3/1994, *BMJ* 435/551-557,

Ac. STJ de 2/11/94, *CJ* de 1994, III, 222,

Ac. STJ de 9/11/94, *CJ STJ*, 1994, III, 248,

Ac. STJ de 16/11/95, *CJ STJ*, III, 239,

Ac. STJ de 11/1/95, *CJ STJ*, III, 178,

Assento *STJ* de 1/5/1936, publicado no *DG*, 1ª Série, de 21/5/1936.

3. Regulamentação Diversa

Acção Comum de 24/2/97, adoptada pelo Conselho da UE com base no artigo K.3 do tratado da União Europeia, relativo à luta contra o tráfico de seres humanos e contra a exploração sexual de crianças (97/154/JAI), publicada no *JO L 063 de 4/3/1997*, pp. 0002 - 0006,

Acção Comum de 29/6/1998, adoptada pelo Conselho da UE com base no artigo K.3 do tratado da União Europeia, relativa às boas práticas de auxílio judiciário mútuo em matéria penal (98/427/JAI), publicada no *JO L 191 de 7/7/1998*, pp. 0001-0003,

Acção Comum de 29/6/1998, adoptada pelo Conselho da UE com base no artigo K.3 do tratado da União Europeia, que cria uma rede judiciária europeia (98/428/JAI), publicada no *JO L 191 de 7/7/1998*, pp. 0004-0007,

Carta dos Direitos Fundamentais da União Europeia, publicada no *JO C 364 de 18/12/2000*, pp. 0001-0022,

Carta Europeia revista sobre a participação dos jovens na vida local e regional (carta não convencional), adoptada pelo Congresso dos Poderes Locais e Regionais do Conselho da Europa, na 10ª sessão de 21/5/2003, Anexo à Recomendação 128: *Conselho da Europa*,

Comunicação da Comissão aos Estados-Membros, de 28 de Abril de 2000, C (2000) 1100, publicada no *JO C 141 de 19/5/2000*, pp. 0008-0016 (que estabelece as orientações relativas à iniciativa comunitária de revitalização económica e social das cidades e dos subúrbios em crise, a fim de promover um desenvolvimento urbano sustentável - URBAN II),

Comunicação da Comissão ao Conselho, ao Parlamento Europeu, ao Comité Económico e Social e ao Comité das Regiões - Programação dos Fundos estruturais 2000-2006: avaliação inicial da iniciativa Urban, COM/2002/0308 final: *Comissão das Comunidades Europeias*,

Comunicação da Comissão, de 12 de Dezembro de 2003, relativa ao relatório conjunto sobre a inclusão social, que sintetiza os resultados da análise dos Planos de Acção Nacionais para a Inclusão Social (2003-2005), COM (2003) 773: *Comissão das Comunidades Europeias*,

Comunicação da Comissão ao Conselho, ao Parlamento Europeu, ao Comité Económico e Social Europeu e ao Comité das Regiões, 15/12/2003, COM (2003) 784 final, sobre "o futuro da política europeia de regulação audiovisual": *Comissão das Comunidades Europeias*,

Comunicação da Comissão ao Conselho e ao Parlamento Europeu que estabelece o programa-quadro "Direitos fundamentais e justiça" para o período de 2007 a 2013, incluindo Proposta de Decisão do Parlamento Europeu e do Conselho que estabelece o programa específico "Luta contra a violência (Daphne) e informação e prevenção em matéria de droga" para o período de 2007 a 2013 no âmbito do programa geral "Direitos fundamentais e justiça", Proposta de Decisão do Conselho que estabelece o programa específico "Direitos fundamentais e cidadania" para o período de 2007 a 2013 no âmbito do programa geral "Direitos fundamentais e justiça", Proposta de Decisão do Conselho que estabelece o programa específico "Justiça penal" para o período de 2007 a 2013 no âmbito do programa geral "Direitos fundamentais e justiça" e Proposta de Decisão do Parlamento Europeu e do Conselho que estabelece o programa específico "Justiça civil" para o período de 2007 a 2013 no âmbito do programa geral "Direitos fundamentais e justiça", Bruxelas, 6/4/2005, COM (2005) 122 final, 2005/0037 (COD), 2005/0038 (CNS), 2005/0039 (CNS), 2005/0040 (COD), {SEC (2005) 434}: *Comissão das Comunidades Europeias*,

Comunicação da Comissão ao Conselho e ao Parlamento Europeu que estabelece o programa-quadro "Segurança e protecção das liberdades" para o período de 2007 a 2013, incluindo Proposta de Decisão do Conselho que estabelece o programa específico "Prevenção, preparação e gestão das consequências em matéria de terrorismo" para o período de 2007 a 2013 no âmbito do Programa geral "Segurança e protecção das liberdades" e Proposta de Decisão do Conselho que estabelece o programa específico "Prevenir e combater a criminalidade" para o período de 2007 a 2013 no âmbito do Programa geral "Segurança e protecção das liberdades", Bruxelas, 6/4/2005, COM (2005) 124 final, 2005/0034 (CNS), 2005/0035 (CNS), {SEC (2005) 436}: *Comissão das Comunidades Europeias*,

Comunicação da Comissão ao Conselho e ao Parlamento Europeu - Programa de Haia: dez prioridades para os próximos cinco anos Parceria para a renovação europeia no domínio da liberdade, segurança e justiça, Bruxelas, 10/5/2005, COM (2005) 184 final: *Comissão das Comunidades Europeias*,

Comunicação da Comissão ao Conselho e ao Parlamento Europeu, Bruxelas, 19/5/2005, COM (2005) 195 final, sobre o reconhecimento mútuo das decisões judiciais em matéria penal e reforço da confiança mútua entre os Estados--Membros, {SEC (2005) 641}: *Comissão das Comunidades Europeias*,

Comunicação da Comissão ao Conselho, Bruxelas, 30/5/2005, COM (2005) 206 final, sobre as políticas europeias de juventudes, responder às preocupações dos jovens europeus, aplicação do Pacto Europeu para a Juventude e promoção da cidadania activa {SEC (2005) 693}: *Comissão das Comunidades Europeias,*

Comunicação da Comissão ao Conselho e ao Parlamento Europeu, Bruxelas, 2/6/2005, COM (2005) 232 final, sobre "elaboração de um conceito estratégico para combater a criminalidade organizada", {SEC (2005) 724}: *Comissão das Comunidades Europeias,*

Conclusões do Conselho de 17 de Fevereiro de 1997, relativas ao Livro Verde sobre a protecção de menores e a dignidade humana nos serviços audiovisuais e de informação, publicadas no *JO C 70 de 6/3/1997*, p. 0004,

Conclusões do Conselho de 23 de Julho de 2001, respeitantes ao relatório de avaliação da Comissão sobre a aplicação da recomendação relativa à protecção dos menores e da dignidade humana, publicadas no *JO C 213 de 31/07/2001,* pp. 0010 - 0011,

"Educação e formação para 2010" A urgência das reformas necessárias para o sucesso da estratégia de Lisboa - Relatório intercalar conjunto do Conselho e da Comissão sobre a realização do programa de trabalho pormenorizado relativo ao seguimento dos objectivos dos sistemas de ensino e formação na Europa, publicado no *JO C 104 de 30/4/2004*, pp. 0001-0019,

Decisão nº 276/1999/CE do Parlamento Europeu e do Conselho, de 25/1/1999, publicada no *JO L 33 de 6/2/1999*, pp. 0001-0011 (que adopta um plano de acção comunitário plurianual para fomentar uma utilização mais segura da Internet através do combate aos conteúdos ilegais e lesivos nas redes mundiais),

Decisão 2000/375/JAI do Conselho, de 29/5/2000, publicada no *JO L 138 de 9/6/2000*, pp. 0001-0004 (sobre o combate à pornografia infantil na Internet),

Decisão 2000/750/CE do Conselho, de 27/11/2000, publicada no *JO L 303 de 2/12/2000*, pp. 0023-0027 (que estabelece um programa de acção comunitário de luta contra a discriminação para 2001-2006),

Decisão 2002/630/JAI do Conselho, de 22/7/2002, publicada no *JO L 203 de 1/08/2002*, pp. 0005-0008, que estabelece um programa-quadro de cooperação policial e judiciária em matéria penal (AGIS),

Decisão nº 293/2000/CE do Parlamento Europeu e do Conselho, de 24/1/2000, publicada no *JO L 34 de 9/2/2000*, pp. 0001-0005 (adopta um programa de

acção comunitário (programa Daphne) (2000-2003) relativo a medidas preventivas de combate à violência exercida contra as crianças, os adolescentes
e as mulheres),

Decisão nº 50/2002/CE do Parlamento Europeu e do Conselho, de 7/12/2001,
publicada no *JO L 10 de 12/1/2002*, pp. 0001-0007 (estabelece um programa
de acção comunitária de incentivo à cooperação entre os Estados-Membros
em matéria de luta contra a exclusão social),

Decisão nº 790/2004/CE do Parlamento Europeu e do Conselho, de 21/4/2004,
publicada no *JO L 138 de 30/4/2004*, pp. 0024-0030 (institui um programa
de acção comunitário para a promoção de organismos activos no plano
europeu no domínio da juventude),

Decisão nº 786/2004/CE do Parlamento Europeu e do Conselho, de 21/4/2004,
publicada no *JO L 138 de 30/04/2004*, pp. 0007 - 0011 (altera as Decisões nºs
1720/1999/CE, 253/2000/CE, 508/2000/CE, 1031/2000/CE, 1445/2000/CE,
163/2001/CE, 1411/2001/CE, 50/2002/CE, 466/2002/CE, 1145/2002/CE,
1513/2002/CE, 1786/2002/CE, 291/2003/CE e 20/2004/CE com vista a
adaptar os montantes de referência para ter em conta o alargamento da União
Europeia),

Decisão nº 803/2004/CE do Parlamento Europeu e do Conselho, de 21 de
Abril de 2004, publicada no *JO L 143 de 30/04/2004,* pp. 0001 - 0008, que
adopta um programa de acção comunitário (2004-2008) de prevenção e de
combate à violência exercida contra as crianças, os adolescentes e as mulheres e de protecção das vítimas e dos grupos de risco (programa
DAPHNE II),

Decisão nº 854/2005/CE do Parlamento Europeu e do Conselho, de 11 de Maio
de 2005, que adopta um programa comunitário plurianual para a promoção
de uma utilização mais segura da Internet e das novas tecnologias em linha,
publicada no *JO L 149 de 11/6/2005*, p. 0001,

Decisão-Quadro 2001/220/JAI do Conselho, de 15/3/2001, publicada no *JO L 82
de 22/3/2001*, p. 0001 (relativa ao estatuto da vítima em processo penal),

Decisão-Quadro 2002/629/JAI do Conselho de 19/7/2002, publicada no *JO L 203
de 1/8/2002*, pp. 0001-0004 (relativa à luta contra o tráfico de seres
humanos),

Decisão-Quadro 2004/68/JAI do Conselho, de 22/12/2003, publicada no *JO L 13
de 20/1/2004*, pp. 0044-0048 (relativa à luta contra a exploração sexual de
crianças e a pornografia infantil),

Decisão-Quadro 2005/214/JAI do Conselho de 24/2/2005, publicada no *JO L 76 de 22/3/2005*, pp. 0016-0030 (relativa à aplicação do princípio do reconhecimento mútuo às sanções pecuniárias),

Directiva 89/552/CEE do Conselho, de 3/10/1989, publicada no *JO L 298 de 17/10/1989*, pp. 0023-0030 (relativa à coordenação de certas disposições legislativas, regulamentares e administrativas dos Estados-Membros relativas ao exercício de actividades de radiodifusão televisiva),

Directiva 97/36/CE do Parlamento Europeu e do Conselho, de 30/6/1997, publicada no *JO L 202 de 30/7/1997*, pp. 0060-0070 (que altera a Directiva 89/552/CEE do Conselho relativa à coordenação de certas disposições legislativas, regulamentares e administrativas dos Estados-Membros relativas ao exercício de actividades de radiodifusão televisiva),

Directiva 2000/43/CE do Conselho, de 29/6/2000, publicada no *JO L 180 de 19/7/2000*, pp. 0022-0026 (que aplica o princípio da igualdade de tratamento entre as pessoas, sem distinção de origem racial ou étnica),

Directiva 2000/78/CE do Conselho, de 27//11/2000, publicada no *JO L 303 de 2/12/2000*, pp. 0016-0022 (que estabelece um quadro geral de igualdade de tratamento no emprego e na actividade profissional),

Directiva 2002/73/CE do Parlamento Europeu e do Conselho, de 23/9/2002, publicada no *JO L 269 de 5/10/2002*, pp. 0015-0020 (altera a Directiva 76/207/CEE do Conselho relativa à concretização do princípio da igualdade de tratamento entre homens e mulheres no que se refere ao acesso ao emprego, à formação e promoção profissionais e às condições de trabalho),

Directiva 2004/80/CE do Conselho, de 29/4/2004, publicada no *JO L 261 de 6/8/2004*, p. 0015 (relativa à indemnização das vítimas da criminalidade),

Directiva 2004/113/CE do Conselho, de 13/12/2004, publicada no *JO L 373 de 21/12/2004*, pp. 0037-0043 (que aplica o princípio de igualdade de tratamento entre homens e mulheres no acesso a bens e serviços e seu fornecimento),

Livro Verde da Comissão - Garantias processuais dos suspeitos e arguidos em procedimentos penais na União Europeia, Bruxelas, 19/2/2003, COM/2003/0075 final: *Comissão das Comunidades Europeias*,

Livro Verde da Comissão sobre a aproximação, o reconhecimento mútuo e a execução das sanções penais na União Europeia, Bruxelas, 30/4/2004, COM/2004/334 final: *Comissão das Comunidades Europeias*,

Livro Verde da Comissão - Igualdade e combate à discriminação na União Europeia alargada, Bruxelas, 28/5/2004, COM/2004/0379 final: *Comissão das Comunidades Europeias*,

Livro Branco relativo ao intercâmbio de informações sobre condenações penais e ao efeito destas últimas na União Europeia (apresentado pela Comissão), Bruxelas, 25/1/2005, COM (2005) 10 final {SEC (2005) 63}: *Comissão das Comunidades Europeias*,

Nota Informativa relativa à apresentação de pedidos de decisão prejudicial pelos órgãos jurisdicionais nacionais, publicada no *JO C 143 de 11/6/2005*, pp. 0001-0004,

Parecer do Comité Económico e Social (adoptado em 29/11/2000) sobre o "Livro branco sobre política de juventude", publicado no *JO C 116 de 20/4/2001*, pp. 0084-0095,

Parecer do Comité Económico e Social Europeu (CESE) sobre a "Comunicação da Comissão ao Conselho, ao Parlamento Europeu, ao Comité Económico e Social e ao Comité das Regiões - Programação dos Fundos estruturais 2000-2006: Avaliação inicial da iniciativa Urban" (COM (2002) 308 final), publicado no *JO C 133 de 06/06/2003*, pp. 0053- 0058,

Parecer do CESE sobre "O papel das organizações das mulheres como agentes não governamentais na aplicação do acordo de Cotonou", publicado no *JO C 074 de 23/3/2005*, pp. 0039-0044,

Parecer do CESE (adoptado em 16/12/2004) sobre a "Proposta de decisão do Parlamento Europeu e do Conselho que adopta um programa comunitário plurianual para a promoção de uma utilização mais segura da Internet e das novas tecnologias em linha", COM (2004) 91 final - 2004/0023 (COD), publicado no *JO C 157 de 28/06/2005,* pp. 0136 - 0140,

Parecer do CESE sobre a "Proposta de directiva do Parlamento Europeu e do Conselho relativa à aplicação do princípio da igualdade de oportunidades e igualdade de tratamento entre homens e mulheres em domínios ligados ao emprego e à actividade profissional", COM (2004) 279 final - 2004/0084 (COD), publicado no *JO C 157 de 28/6/2005*, p. 0083,

Parecer do CESE (adoptado em 9/2/2005) "Beijing dez anos depois: avaliação dos progressos na Europa e nos países em desenvolvimento em matéria de igualdade entre homens e mulheres", publicado no *JO C 221 de 8/9/2005*, pp. 0046- 0051,

Parecer do CESE (adoptado em 9/2/2005) sobre a "Proposta de recomendação do Parlamento Europeu e do Conselho relativa à protecção dos menores e da dignidade humana e ao direito de resposta em relação ao desenvolvimento da competitividade da indústria europeia de serviços audiovisuais e de informação", COM (2004) 341 final - 2004/0117 (COD), publicado no *JO C 221 de 8/9/2005*, pp. 0087- 0093,

Parecer do CESE (adoptado em 10/2/2005) sobre a "Proposta de decisão do Parlamento Europeu e do Conselho que estabelece um programa de acção integrado no domínio da aprendizagem ao longo da vida", COM (2004) 474 final - 2004/0153 (COD), publicado no *JO C 221 de 8/9/2005*, pp. 0134-0140,

Parecer do CESE (adoptado em 9/3/2005) sobre "A dimensão social da globalização - contributo das políticas da UE para tornar os benefícios extensíveis a todos", COM (2004) 383 final, publicado no *JO C 234 de 22/9/2005*, pp. 0041-0045,

Parecer do CESE (adoptado em 10/3/2005) sobre a "Proposta de decisão do Parlamento Europeu e do Conselho que adopta o programa "Juventude em Acção" para o período 2007-2013", Com (2004) 471 final - 2004/0152 (COD), publicado no *JO C 234 de 22/9/2005*, pp. 0046-0051,

Parecer do Comité das Regiões de 22/4/2004, sobre o Relatório Conjunto sobre Inclusão Social que sintetiza os resultados da análise dos Planos de Acção Nacionais para a Inclusão Social (2003-2005), publicado no *JO C 121 de 30/4/2004*, pp. 0032-0035,

Parecer do Comité das Regiões de 17/11/2004, sobre a "Proposta de decisão do Parlamento Europeu e do Conselho que cria o programa "Juventude em acção" para o período 2007-2013", publicado no *JO C 71 de 22/3/2005*, pp. 0034-0039,

Parecer do Comité das Regiões de 17/6/2004, sobre a "Comunicação da Comissão ao Conselho, ao Parlamento Europeu, ao Comité Económico e Social Europeu e ao Comité das Regiões - O futuro da política europeia de regulação audiovisual", publicado no *JO C 318 de 22/12/2004*, pp. 0027 - 0029,

Parecer do Comité das Regiões sobre a "Proposta de decisão do Parlamento Europeu e do Conselho que estabelece um programa de acção integrado no domínio da aprendizagem ao longo da vida", publicado no *JO C 164 de 5/7/2005*, pp. 0059-0064,

Parecer do Comité das Regiões de 14/4/2005, sobre o "Espaço de liberdade, de segurança e de justiça: Papel das autarquias locais e regionais na execução do Programa de Haia", publicado no *JO C 231 de 20/9/2005*, pp. 0083-0086,

404 *Crimes Sexuais com Adolescentes*

Parecer do Parlamento Europeu de 12/6/2001, relativo à Proposta de decisão-
-quadro do Conselho relativa à luta contra a exploração sexual de crianças e
a pornografia infantil (COM (2000) 854 - C5- 0043/2001 - 2001/0025
(CNS)), publicado no *JO C 53 E de 28/2/2002*, pp. 0108-0114,

Plano de acção do Conselho e da Comissão de aplicação do Programa de Haia
sobre o reforço da liberdade, da segurança e da justiça na União Europeia,
publicado no *JO C 198 de 12/08/2005*, pp. 0001 - 0022,

Posição do Parlamento Europeu aprovada em primeira leitura em 13 de Fevereiro
de 2003 tendo em vista a adopção do Regulamento (CE) n° .../2003 do
Parlamento Europeu e do Conselho relativa à ajuda para as políticas e acções
em matéria de saúde reprodutiva e sexual e direitos conexos nos países em
desenvolvimento, publicada no *JO C 43 E de 19/2/2004*, pp. 0343-0350,

Programa de Haia: Reforço da Liberdade, da Segurança e da Justiça na União
Europeia, publicado no *JO C 53 de 3/3/2005*, pp. 0001-0014,

Programa de medidas destinadas a aplicar o princípio do reconhecimento mútuo
das decisões penais, publicado no *JO C 12 de 15/1/2001*, pp. 0010-0022,

Proposta de decisão do Parlamento Europeu e do Conselho de 14/7/2004, que
estabelece um programa de acção integrado no domínio da aprendizagem ao
longo da vida {SEC (2004) 971}, COM/2004/0474 final - COD 2004/0153:
Comissão das Comunidades Europeias,

Proposta de decisão do Parlamento Europeu e do Conselho de 12/3/2004, que
adopta um programa comunitário plurianual para a promoção de uma utilização mais segura da Internet e das novas tecnologias em linha {SEC (2004)
148}, COM/2004/0091 final - COD 2004/0023: *Comissão das Comunidades
Europeias,*

Proposta de decisão do Parlamento Europeu e do Conselho de 1/6/2005, COM
(2005) 225 final 2005/0107 (COD), relativa ao Ano Europeu da Igualdade de
Oportunidades para Todos (2007). Para uma Sociedade Justa, {SEC (2005)
690}: *Comissão das Comunidades Europeias,*

Proposta de decisão-quadro do Conselho, relativa à luta contra a exploração sexual de crianças e a pornografia infantil, COM (2000) 854 - C5- 0043/2001
- 2001/0025 (CNS), publicada no *JO C 62 E de 27/2/2001*, pp. 0327-0330,

Proposta de decisão-quadro do Conselho de 28/4/2004, relativa a certos direitos
processuais no âmbito dos processos penais na União Europeia {SEC (2004)
491}, COM/2004/0328 final - CNS 2004/0113: *Comissão das Comunidades
Europeias,*

Proposta de decisão-quadro do Conselho, relativa à tomada em consideração das decisões de condenação entre os Estados-Membros da União Europeia por ocasião de um novo procedimento penal (apresentada pela Comissão), Bruxelas, 17/03/2005, COM (2005) 91 final - 2005/0018 (CNS): *Comissão das Comunidades Europeias*,

Proposta de Regulamento do Parlamento Europeu e do Conselho, relativa à ajuda para as políticas e acções em matéria de saúde reprodutiva e sexual e direitos conexos nos países em desenvolvimento (apresentada pela Comissão em 7/3/2002), COM (2002) 120 final - 2002/0052 (COD), publicada no *JO C 151 E de 25/6/2002*, pp. 0260-0263,

Proposta de Recomendação do Parlamento Europeu e do Conselho de 30/4/2004, relativa à protecção dos menores e da dignidade humana e ao direito de resposta em relação ao desenvolvimento da competitividade da indústria europeia de serviços audiovisuais e de informação, COM (2004) 341 final - 2004/0117 (COD): *Comissão das Comunidades Europeias*,

Quarto relatório da Comissão ao Conselho, ao Parlamento Europeu, ao Comité Económico e Social Europeu e ao Comité das Regiões sobre a aplicação da Directiva 89/552/CEE "Televisão sem Fronteiras", COM/2002/0778 final: *Comissão das Comunidades Europeias*,

Recomendação 92/441/CEE do Conselho, de 24 de Junho de 1992, relativa a critérios comuns respeitantes a recursos e prestações suficientes nos sistemas de protecção social, publicada no *JO L 245 de 26/8/1992*, pp. 0046-0048,

Recomendação 92/442/CEE do Conselho, de 27 de Julho de 1992, relativa à convergência dos objectivos e políticas de protecção social, publicada no *JO L 245 de 26/8/1992*, pp. 0049-0052,

Recomendação 98/560/CE do Conselho, de 24 de Setembro de 1998, relativa ao desenvolvimento da competitividade da indústria europeia de serviços audiovisuais e de informação através da promoção de quadros nacionais conducentes a um nível comparável e eficaz de protecção dos menores e da dignidade humana, publicada no *JO L 270 de 7/10/1998*, pp. 0048-0055,

Recomendação do Comité de Ministros aos Estados-Membros Rec (92) 1 de 10/2/1992 (sobre a utilização de análises de ADN no quadro do Sistema de Justiça Penal),

Recomendação R (99) 19, adoptada pelo Comité de Ministros do Conselho da Europa, em 15/9/1999 (sobre a mediação em matéria penal),

Recomendação R (2000) 11, adoptada pelo Comité de Ministros do Conselho da Europa, em 19/5/2000 (sobre a luta contra o tráfico de seres humanos com o fim de exploração sexual),

Recomendação Rec (2000) 20, adoptada pelo Comité de Ministros do Conselho da Europa, em 6/10/2000 (sobre o papel da intervenção psicossocial precoce na prevenção de comportamentos criminais),

Recomendação Rec (2003) 20, adoptada pelo Comité de Ministros do Conselho da Europa, em 24/9/2003 (sobre novos modos de tratamento da delinquência juvenil e ao papel da justiça dos menores),

Recomendação Rec (2003) 21, adoptada pelo Comité de Ministros do Conselho da Europa, em 24/9/2003 (sobre "parceria" na prevenção da criminalidade),

Recomendação Rec (2001) 16, adoptada pelo Comité de Ministros do Conselho da Europa, em 31/10/2001 (sobre a protecção das crianças contra a exploração sexual),

Recomendação 1531 (2001), adoptada pela Assembleia Parlamentar em 24/9/001 (sobre segurança e prevenção da criminalidade nas cidades: criação de um observatório europeu),

Recomendação 1532 (2001), adoptada pela Assembleia Parlamentar em 24/9/2001 (sobre "uma política social dinâmica em favor das crianças e dos adolescentes do meio urbano"),

Regulamento (CE) nº 1567/2003 do Parlamento Europeu e do Conselho de 15/7/2003, relativo à ajuda para políticas e acções em matéria de saúde reprodutiva sexual e direitos conexos nos países em desenvolvimento, publicado no *JO L 224 de 6/9/2003*, pp. 0001-0006,

Relatório de avaliação da Comissão ao Conselho e ao Parlamento Europeu relativos à aplicação da recomendação do Conselho de 24 de Setembro de 1998, em relação à protecção de menores e da dignidade humana, 27/2/2001, COM (2001) 0106 final: *Comissão das Comunidades Europeias*,

Relatório final da Comissão ao Parlamento Europeu e ao Conselho sobre o Programa Daphne (2000 - 2003), 22/12/2004, {SEC (2004) 1595}, COM/2004/0824 final: *Comissão das Comunidades Europeias*,

Resolução do Conselho de 9/6/1997, publicada no *JO C 193 de 24/6/1997*, pp. 0002-0003 (relativa ao intercâmbio de resultados de análises de ADN),

Resolução do Conselho e dos Ministros da Juventude, reunidos no Conselho, de 8/2/1999, publicada no *JO C 42 de 17/2/1999*, pp. 0001 e 0002 (sobre a participação dos jovens),

Bibliografia 407

Resolução do Conselho de 25/6/2001, publicada no *JO C 187 de 3/7/2001*, pp. 0001-0004 (relativa ao intercâmbio de resultados de análises de ADN),

Resolução do Conselho de 27/7/2002, publicada no *JO C 168 de 13/7/2002*, pp. 0002-0005 (relativa ao quadro para a cooperação europeia em matéria de juventude),

Resolução do Conselho de 19/12/2002, publicada no *JO C 13 de 18/1/2003*, pp. 0002-0004 (sobre a promoção de uma cooperação europeia reforçada em matéria de educação e de formação vocacionais),

Resolução do Conselho de 20/10/2003, publicada no *JO C 260 de 29/10/2003*, pp. 0004-0005 (relativa a iniciativas em matéria de luta contra o tráfico de seres humanos, em particular mulheres),

Resolução do Conselho de 25/11/2003, publicada no *JO C 295 de 5/12/2003*, pp. 0006 -0008 (em matéria de objectivos comuns no domínio da participação e informação dos jovens),

Resolução do Conselho e dos Representantes dos Governos dos Estados- -Membros, reunidos no seio do Conselho, de 24/5/2005, publicada no *JO C 141 de 10/6/2005*, pp. 0005-0006 (relativa à aplicação dos objectivos comuns em matéria de informação dos jovens),

Resolução do Parlamento Europeu (A 3-0172/92) de 8/7/1992, publicada no *JO C 241 de 21/9/1992*, pp. 0067-0073 (sobre uma Carta Europeia dos Direitos da Criança),

Resolução do Parlamento Europeu de 8/2/1994, publicada no *JO C 61 de 28/2/1994*, p. 0010 (sobre a igualdade de direitos dos homens e mulheres homossexuais na CE),

Resolução do Parlamento Europeu de 17/9/1996, publicada no *JO C 320 de 28/10/1996*, p. 0036 (sobre o respeito dos direitos do Homem na União Europeia em 1994),

Resolução do Parlamento Europeu de 12/12/1996, publicada no *JO C 20 de 20/1/1997*, p. 0170 (sobre as medidas de protecção dos menores na União Europeia),

Resolução do Parlamento Europeu de 13/3/1997, publicada no *JO C 115 de 14/4/1997*, p. 0151 (sobre a sociedade da informação, a cultura e a educação),

Resolução do Parlamento Europeu de 8/4/1997, publicada no *JO C 132 de 28/4/1997*, p. 0031 (sobre o respeito dos direitos humanos na União Europeia em 1995),

408 *Crimes Sexuais com Adolescentes*

Resolução do Parlamento Europeu de 24/4/1997, publicada no *JO C 150 de 19/5/1997*, p. 0038 (sobre a comunicação da Comissão intitulada "Conteúdo lesivo na Internet"),

Resolução do Parlamento Europeu de 24/10/1997, publicada no *JO C 339 de 10/11/1997*, p. 0420, sobre o Livro Verde da Comissão sobre a protecção dos menores e da dignidade da pessoa humana nos serviços audiovisuais e de informação (COM (96) 0483 - C4-0621/96),

Resolução do Parlamento Europeu de 17/2/1998, publicada no *JO C 80 de 16/3/1998*, p. 0043 (sobre o respeito dos direitos humanos na União Europeia em 1996),

Resolução do Parlamento Europeu de 17/9/1998, publicada no *JO C 313 de 12/10/1998*, pp. 0186-0188 (sobre a igualdade de direitos dos homens e mulheres homossexuais na UE),

Resolução do Parlamento Europeu de 11/4/2002, publicada no *JO 127 E de 29/05/2003,* pp. 0667 - 0671, sobre o relatório de avaliação da Comissão ao Conselho e ao Parlamento Europeu relativo à aplicação da recomendação do Conselho de 24 de Setembro de 1998 sobre a protecção dos menores e da dignidade humana (COM (2001) 106 - C5-0191/2001 - 2001/2087 (COS)),

Resolução do Parlamento Europeu de 3/7/2002, publicada no *JO C 271 E de 12/11/2003*, pp. 0369-0374, sobre direitos em matéria de saúde sexual e reprodutiva (2001/2128 (INI)),

Resolução do Parlamento Europeu de 6/11/2003, publicada no *JO 83 E de 2/4/2004*, pp. 0180-0185, relativa a Processos penais (garantias processuais), que contém uma proposta de recomendação dirigida ao Conselho sobre normas mínimas em matéria de garantias processuais dos suspeitos e arguidos em procedimentos penais na União Europeia (2003/2179 (INI)),

(A regulamentação acima citada, relativa à UE, também pode ser consultada em http://europa.eu.int e, a relativa ao Conselho da Europa, pode ser consultada em http://www.coe.in).

ÍNDICE

Nota Prévia 9

Desenvolvimento de Siglas 11

Introdução 15

CAPÍTULO I - Antecedentes históricos no Direito Português
dos crimes de "estupro" e de "homossexualidade com menores":
desde as Ordenações até à entrada em vigor do Código Penal
na versão do DL nº 400/82 de 23/9... 19

1. Do crime de estupro 19

    1.1. Nas Ordenações 19
    Principal legislação então vigente 19
    Análise crítica 28
    1.2. Na Legislação Extravagante 32
    Diplomas legais mais significativos 32
    Análise crítica 34
    1.3. No Código Penal de 1852 37
    Tipo objectivo de ilícito 37
    Tipo subjectivo de ilícito 41

A pena	42
Análise crítica	43
1.4. No Código Penal de 1886	44
Tipo objectivo de ilícito	44
Tipo subjectivo de ilícito	49
A pena	50
Análise crítica	51
1.5. No Anteprojecto do Código Penal de 1966	54
"Nova" configuração do tipo	54
Análise crítica	56
1.6. No Código Penal na versão do DL nº 400/82 de 23/9	57
Tipo objectivo de ilícito	57
Tipo subjectivo de ilícito	61
A pena	62
Análise crítica	63
1.7. Preocupações comuns nas sucessivas reformas	65

2. Do crime de homossexualidade com menores 67

2.1. Nas Ordenações	67
Principal legislação então vigente	67
Análise crítica	71
2.2. No Código Penal de 1852	71
Os crimes de ultraje público ao pudor e de atentado ao pudor	71
Análise crítica	73
2.3. No Código Penal de 1886	74
Os crimes de ultraje público ao pudor e de atentado ao pudor	74
As reformas de	78
1912	78
1931	81
1954	82
Análise crítica	83
2.4. No Anteprojecto do Código Penal de 1966	84
Nova configuração do tipo	84
Análise crítica	86
2.5. No Código Penal na versão do DL nº 400/82 de 23/9	87
Tipo objectivo de ilícito	87
Tipo subjectivo de ilícito	89

A pena	90
Análise crítica	91
2.6. Preocupações comuns nas sucessivas reformas	91

CAPÍTULO II - Análise das incriminações previstas
nos artigos 174 e 175 do Código Penal Português
e aproximação ao direito comparado 93

**1. No Direito Português: Código Penal na versão revista
(aprovada pelo DL nº 48/95 de 15/3) até à actualidade** 93

1.1. Crime de "estupro", hoje designado por crime de "actos sexuais com adolescentes"	93
Tipo objectivo de ilícito	94
Tipo subjectivo de ilícito	97
A pena	98
1.2. Crime de "actos homossexuais com menores", hoje designado por crime de "actos homossexuais com adolescentes"	100
Tipo objectivo de ilícito	100
Tipo subjectivo de ilícito	105
A pena	105

2. No Direito Comparado 106

2.1. Considerações gerais	106
2.2. Considerações particulares	112
Alemanha	112
Áustria	123
Bélgica	131
Dinamarca	136
Espanha	141
França	152
Inglaterra e País de Gales	160
Itália	176
Suíça	184

412   *Crimes Sexuais com Adolescentes*

CAPÍTULO III - Sobre a ratio das incriminações previstas
nos artigos 174 e 175 do Código Penal Português 189

1. A perspectiva do legislador 189
    1.1. Considerações gerais sobre a evolução do conceito
    de bem jurídico-penal 189
    1.2. Bem jurídico protegido na área dos "crimes sexuais" 202
    Considerações gerais 202
    Bem jurídico complexivo protegido em particular na área
    dos "crimes sexuais contra menores" 214
    1.3. Fundamentos específicos invocados para justificar
    as incriminações em estudo 219

2. Considerações críticas 224

    2.1. Notas gerais 224
    2.2. Notas particulares relativas ao crime previsto
    no artigo 174 do CP Português 247
    2.3. Notas particulares relativas ao crime previsto
    no artigo 175 do CP Português 268

CAPÍTULO IV - *De lege ferenda* 303

1. Pressupostos 303

    1.1. Gerais 303
    1.2. O destinatário da tutela 310
    1.3. Abuso sexual de adolescentes: consequências e prevenção 314
    1.4. Tutela não penal 324
    1.5. Tutela penal 348

**2. Opção pela descriminalização das incriminações previstas
nos artigos 174 e 175 do Código Penal Português** 355

3. Opção pela despenalização com reformulação dos tipos existentes (artigos 173 e 176 do Código Penal Português) 363

4. Síntese de sugestões 366

Conclusões 369

Bibliografia 377

    1. Estudos 377
    2. Jurisprudência 395
    3. Regulamentação diversa 397

Índice 409